Wilhelm Tieke
Nach der Stunde Null
Not und Hungerjahre im Oberbergischen
1945 — 1949

Wilhelm Tieke

Nach der Stunde Null

Not und Hungerjahre im Oberbergischen
1945–1949

Verlag Gronenberg

Herausgeber: E. H. Ullenboom
Reproduktion: Gronenberg, Gummersbach
Satz und Druck: Gronenberg, Gummersbach
Buchbinder: Berenbrock, Wuppertal
© 1987 Verlag Gronenberg, Gummersbach
ISBN 3-88265-145-8

Inhaltsverzeichnis

	Seite
Vorwort	7
Zeittafel 1945—1949	9
Die Konferenzen von Casablanca bis Potsdam	17
Flucht aus Ostpreußen	24
Flucht aus Pommern	31
Als die Amerikaner kamen, von Marlene Rück	45
Lazarett Denklingen in der Zeit des Umbruchs	52
Die Russen-Tragödie von Lindlar, von Richard Fabritius	64
Plünderungen und Raubüberfälle	69
Militärregierung und erste deutsche Verwaltungen	100
Bestandsaufnahme und Beseitigung der Kriegsschäden	110
Die britischen Verwaltungspläne	114
Ernährung und Rationierung	117
„Schmaacht" machte die Morsbacher erfinderisch, von Christoph Buchen	132
Care-Pakete	136
Das Oberbergische unter britischer Militärverwaltung	139
Gründung des Landes Nordrhein-Westfalen	180
Kein Ende der Not und erste freie Wahlen	187
Aus „Steinmüller Blätter"	202
Besatzungslasten	205
Wiedereröffnung der Schulen	210
Politische Umerziehung, Entnazifizierung, Militärgerichtsbarkeit	224
Wiederaufbau von Piene	242
Die Industrie- und Wirtschaftspläne für Deutschland	250
Neubeginn bei der Firma Schmidt+Clemens, Kaiserau	253
Neubeginn bei der Firma L.&C. Steinmüller, Gummersbach	256
Neubeginn bei der Firma Dr. H.E. Müller, Bergneustadt	266
Flüchtlinge und Vertriebene, Wohnungs- und Versorgungsnöte	275
Streiflichter	290
Wenn der Holzvergaser eine (Weinbrand-)Fahne hat, von Herbert Krüger	296
Als Morsbach an der „Zonengrenze" den Namen „Republik" erhielt, von Christoph Buchen	298
Eine „Hamstertour", von Marlene Rück	301
Erinnerungen an eine schwere Zeit, von Hans Münch	306
Beginn des Wiederaufbaues — Ein Bauführer erzählt	313

Währungsreform 321
Heimkehr von russischer Kriegsgefangenschaft,
von Pastor Engelbert Groß-Blotekamp † 327

Anhang 342

Karten:

Deutschland nach 1945. Zoneneinteilung 21
Weg der Hoene-Trecks 37
Sicherungskreise um das Lager bei S+C 87
Häufigkeit der Plünderungen in der Gm. Gimborn/Hülsenbusch 95
Kurland 1945. Durch russ. Kriegsgefangenenlager 329

Eingeschaltete Dokumente:

Registrierungskarte 106
Brit. Anordnung über Sperrstunden 108
Anordnung: Anstelle Kartoffeln — Brot 125
Bestellschein für Speisekartoffeln 130
Anordnung: Gas, Elektrizität, Rundfunkgeräte 143
Ablieferung von Polizeiuniformen 151
Sperrstunden-Anordnung vom 14. 4. 1946 153
Monatsbericht vom 26. 2. 1946 156
Registrierung ehem. deutscher Soldaten 168
Militär-Entlassungsschein 169
Verwaltungsbericht vom 24. 7. 1946 173
Bericht. Allgemeine Übersicht (21. 9. 1946) 188
Kohlebericht vom 15. 10. 1946 197
Speisezettel für Schulspeisung 219
Entnazifizierungsschein 231
Permit, Arbeitsgenehmigung für S+C, Berghausen 254

Vorwort

Schon bei der Arbeit an meinem Buch „... bis zur Stunde Null" wurde ich von Mitarbeitern und Zeitzeugen aufgefordert, auch die Zeit nach dem Zusammenbruch in einem weiteren Band festzuschreiben. Die Jahre von 1945 bis zur Währungsreform 1948 waren in Deutschland im wahrsten Sinne des Wortes Elends- und Hungerjahre. Ein fast sechsjähriger „totaler Krieg" und ein zerschlagenes „tausendjähriges Reich" hatten überall ihre Spuren hinterlassen. Schon während des Krieges mußten die oberbergischen Städte und Gemeinden Bombengeschädigte und Evakuierte aufnehmen. Bei und nach Kriegsende kamen noch einmal Tausende von Flüchtlingen und Heimatvertriebene hinzu, deren Unterbringung und Ernährung riesige Probleme schaffte. Plünderungen, Versorgungsnöte, ein politischer Neuanfang und der Beginn des Wiederaufbaues sind weitere Themen dieses Buches. Über jedes Thema könnte ein dickes Buch geschrieben werden, denn es gab tausende von Einzelschicksalen. So mußte ich mich auf Beispiele beschränken, die für tausende stehen. Aus diesen Beispielen entstand noch einmal das düstere Bild jener Jahre, die sich nie wiederholen mögen.

Den Rahmen für das Buch bildeten die monatlichen Meldungen der Städte und Gemeinden an den Kreis und die Verwaltungsberichte des Kreises an den britischen Militärgouverneur. Diese Berichte betreffen allerdings nur den alten Oberbergischen Kreis, wie er bis zur Gebietsreform 1975 bestanden hat.

Mein Dank gilt den Archivaren des Kreises, der Städte und Gemeinden und des Werksarchivs Steinmüller, die mich in jeder Weise unterstützten.

Besonderer Dank geht an Frau Marlene Rück und die Herren Christoph Buchen, Richard Fabritius, Herbert Krüger und Hans Münch als Verfasser eigener Beiträge, sowie an Herrn Dietrich Groß-Blotekamp für die freundliche Genehmigung zum Abdruck eines Beitrages aus dem Nachlaß seines Vaters, des Pastors Engelbert Groß-Blotekamp.

Sehr zu danken habe ich Herrn Ernst-Herbert Ullenboom und dem Gronenberg-Verlag in Gummersbach für die gute Zusammenarbeit und die vorzügliche Herstellung und Ausstattung des Werkes.

Und schließlich ein herzliches Dankeschön an die vielen „Zuarbeiter", die in zahlreichen Gesprächen, durch Aufzeichnungen und Dokumente, durch Bilder und Anregungen dieses Buch mitgestaltet haben; es sind die Damen und Herren:

Dieter Birkenbeul, Hans-Gerd Bisterfeld, K. Walter Blass, Sylvain Daubresse, Werner Engelbert, Rudolf Felsch, Horst Gerhards, Josef Halbe, Kurt Hopp, Frau E. Horst, Frau Margret Knabe, Jürgen Müller, Direktor i.r. Werner Müller, Direktor i.r. Werner Oehler, Frau Herta Potthoff, Eduard Reitmeister, Dr. Günter Röhrs, Friedhelm Röttger, Lehrer i.R. Franz Rübenach, Kurt Spies, Paul Schmidt, Jost W. Schneider, Kurt Sprunkel, Willy Veldgen, Helmut Wölk, Frau Milly Zapp, Wilfried Zindler.

Der Inhalt dieses Buches ist nach über 40 Jahren Geschichte, Heimatgeschichte geworden und er bietet einen anschaulichen Vergleich mit dem Heute im Überfluß.

Experten schätzten und veranschlagten damals 60 Jahre für den Wiederaufbau Deutschlands; er wurde in viel kürzerer Zeit geschafft. Niemand hätte es für möglich gehalten, daß es einen so schnellen Wiederaufstieg geben könnte. Der unbändige Lebenswille eines Volkes besiegte verhältnismäßig schnell Hunger, Not und räumliche Enge, Deutschland blühte schöner als je zuvor aus den Trümmern auf.

Wilhelm Tieke
Wilhelm Tieke

Gummersbach-Erbland im Sommer 1987

Zeittafel

1945

April:
Eroberung und Besetzung des Oberbergischen Landes durch amerikanische Truppen. Einsetzung von neuen Bürgermeistern in den Städten und Gemeinden. Dr. Köchling neuer Landrat. Dr. Goldenbogen wird vom Kreis angestellt.

30. April:
Hitler begeht Selbstmord in der Reichskanzlei in Berlin.

7. Mai:
Dr. August Dresbach wird neuer Landrat des Oberbergischen Kreises.

9. Mai:
Gesamtkapitulation der Deutschen Wehrmacht.

5. Juni:
Die alliierten Oberkommandierenden Schukow (UdSSR), Eisenhower (USA), Montgomery (Großbritannien) und de Lattre de Tassigny (Frankreich) erlassen in Berlin eine Erklärung in der die Übernahme der Regierungsgewalt in Deutschland durch die im Kontrollrat vertretenen Militärgouverneure verkündet wird. Deutschland soll als wirtschaftliches Ganzes behandelt werden.

18. Juni:
Die amerikanischen Besatzungstruppen werden im Oberbergischen durch britische ersetzt. Kreiskommandant Captain Humphrey geht, der britische Oberstleutnant Taylor kommt.

26. Juni:
In der Konferenz von San Franzisco wird die Charta der Vereinten Nationen unterzeichnet. — Die polnische Regierung verkündet die Aussiedlung der Deutschen aus den Gebieten östlich der Oder-Neiße-Linie.

Anfang Juli:
Einmarsch der Russen in Sachsen und Thüringen, das von den Amerikanern geräumt wurde. Die Westalliierten rücken in ihre Sektoren in Berlin ein.

11. Juli:
Errichtung einer alliierten Kommandantur in Berlin. (Amtierte bis zum Herbst 1946.)

17. Juli bis 2. August:
Konferenz von Potsdam, in der über das Schicksal Deutschlands entschieden wurde.

26. Juli:
Sieg der Labour-Partei bei der britischen Unterhauswahl. Churchill geht, Attlee wird neuer Premierminister.

30. Juli:
Erste Sitzung des alliierten Kontrollrates in Berlin.

6. August:
Abwurf der ersten Atombombe auf Hiroshima in Japan.

8. August:
Die UdSSR erklärt Japan den Krieg. — Londoner Viermächteabkommen über die Verfolgung der Hauptkriegsverbrecher.

9. August:
Abwurf der zweiten Atombombe auf Nagasaki in Japan.

August/September:
Gründung von Parteien auf Länderebene in der britischen Besatzungszone.

2. September:
Bedingungslose Kapitulation Japans.

12. September:
Anordnung der britischen Militärregierung zur Bildung von beratenden Ausschüssen als Vorläufer für neue Gemeindeparlamente. Die Vertreter wurden vom Bürgermeister und von den Parteien vorgeschlagen und von der Militärregierung bestätigt. Auf höherer Ebene auch so für den Kreis.

19. September:
Proklamation der amerikanischen Militärregierung zur Bildung der Länder Bayern, Württemberg und Hessen.

6. November:
Bildung eines Länderrates in der amerikanischen Besatzungszone.

20. November:
Abkommen der Siegermächte über die Verteilung der Ostvertriebenen (6,65 Millionen Deutsche aus Polen, der Tschechoslowakei und Ungarn) auf die Besatzungszonen. Beginn des Kriegsverbrecherprozesses in Nürnberg.

Ende 1945:
Bildung der neuen, ernannten Gemeindevertretungen und des ernannten Kreistages im Oberbergischen nach der Anordnung vom 12. September. Einführung der Zweigleisigkeit in den örtlichen und in der Kreis-Verwaltung. Ehrenamtliche Bürgermeister und Gemeinde- bzw. Stadtverordnetenvertreter als bestimmende und fest besoldete Gemeinde- bzw. Stadt- und (Ober-)Kreisdirektoren und ihre Verwaltungen als ausführende Organe.

1946

5.-26. Februar:
Konstituierende Sitzungen der neu ernannten Gemeinde- und Stadtvertretungen im Oberbergischen Kreis.

27. Februar:
Konstituierende Sitzung des neuen, ernannten Kreistages im Sitzungssaal des Landratsamtes in Gummersbach unter Vorsitz von Landrat Dr. Dresbach. Dr. Friedrich Wilhelm Goldenbogen zum Oberkreisdirektor gewählt.

26. März:
Der Kontrollrat stellt einen Industrieplan über das erlaubte Höchstmaß der deutschen Produktion auf.

1. April:
Die neue Gemeindeordnung tritt in Kraft und ersetzt die alte vom 30.1.1935. Abkehr vom Führerprinzip und Rückkehr zur Selbstverwaltung auf demokratischer Grundlage.

18. April:
Der Völkerbund löst sich auf und überträgt seine Befugnisse auf die UN.

25. April:
Außenministerkonferenz in Paris ohne sich viel mit deutschen Fragen zu befassen.

4. Mai:
Einstellung von Reparationslieferungen an die Sowjetunion aus der amerikanischen Besatzungszone.

15. Juli:
Dr. Adenauer (CDU) und Dr. Schumacher (SPD) werden in Berlin vom stellvertretenden britischen Militärgouverneur Robertson über die Bildung des Landes Nordrhein-Westfalen unterrichtet.

18. Juli:
Offizielle Bekanntgabe der Bildung des Landes Nordrhein-Westfalen in Berlin auf einer Pressekonferenz durch Luftmarschall Douglas, britischer Militärgouverneur von Deutschland.

Juli:
Reorganisation der britischen Militärverwaltung. Oberst Taylor, Kommandeur der Kreisgruppe Siegkreis, Oberbergischer- und Rheinisch-Bergischer-Kreis mit Sitz in Bergisch Gladbach. Major Iver für den Oberbergischen Kreis zuständig.

23. August:
Verordnung Nr. 46, wonach die Bildung des Landes Nordrhein-Westfalen Gesetzeskraft erhielt. Dr. Amelunxen, Oberpräsident von Westfalen, erster Ministerpräsident des neuen Landes.

30. August:
Bildung des Landes Rheinland-Pfalz, franz. Zone.

5. September:
Vertrag zum Zusammenschluß der amerikanischen und der britischen Zone durch die Mil. Gouverneure zur Bizone.

6. September:
US-Außenminister Byrnes leitet mit einer Rede in Stuttgart eine neue gemäßigte Deutschlandpolitik ein.

15. September:
Gemeinde- und Stadtratswahlen im Oberbergischen Kreis.

1. Oktober:
Urteilsverkündung im Nürnberger Kriegsverbrecherprozeß. Vollstreckung der Todesurteile am 16. Oktober.

2. Oktober:
Erste Sitzung des „ernannten" Landtages im Düsseldorfer Opernhaus.

13. Oktober:
Erste freie und geheime Wahlen für die Kreistage in Nordrhein-Westfalen nach dem Mehrheitssystem.

21. Oktober:
Konstituierende Sitzung des neuen gewählten Kreistages für den Oberbergischen Kreis.

11. November:
Bei der Kreistagssitzung wird Dr. Goldenbogen für sechs Jahre zum Oberkreisdirektor gewählt.

1947

1. Januar:
In der britischen Zone wird die Neugliederung der Länder Nordrhein-Westfalen, Niedersachsen, Schleswig-Holstein und Hamburg abgeschlossen.

21. Januar:
Das Land Lippe wird dem neuen Land Nordrhein-Westfalen einverleibt. Aufnahme der lippischen Rose in das Landeswappen.

25. Februar:
Beschluß des Kontrollrates über die Auflösung Preußens.

Ende März:
Auflösung des britischen Kreisgruppenkommandos in Bergisch Gladbach. Rückkehr Oberst Taylors nach Gummersbach.

März/April:
Vierte Außenministerkonferenz in Moskau ohne Fortschritte in den deutschen Fragen.

12. April:
Verkündung der Truman-Doktrin, die das weitere Vordringen des Kommunismus in Europa auch als eine Bedrohung der Vereinigten Staaten von Nordamerika ansieht.

20. April:
In der britischen Zone finden die ersten Landtagswahlen statt. Dr. Karl Arnold (CDU) neuer Ministerpräsident von Nordrhein-Westfalen.

5. Juni:
US-Außenminister Marshall verkündet in einer Rede vor der Harvard-Universität den Marshall-Plan, einen Hilfsplan für Europa, einschließlich Deutschlands.

6./7. Juni:
Treffen der Ministerpräsidenten der deutschen Länder in München. Erörterungen zur Zusammenarbeit in wirtschaftlichen und politischen Fragen. Die Vertreter der sowjetischen Besatzungszone verlassen die Konferenz.

25. Juni:
Errichtung des Wirtschaftsrates der Bizone in Frankfurt/M.

27. Juni:
Außenministerkonferenz in Paris.

2. Juli:
Die Sowjetunion lehnt den Marshall-Plan ab und zwingt auch die Tschechoslowakei dazu, die bereits ihre Zustimmung gegeben hatte. Molotow (UdSSR) verläßt aus Protest gegen den Marshall-Plan die Außenministerkonferenz.

28. August:
Großbritannien, Frankreich und die USA beschließen bei der Konferenz in London die Milderung des Industrieplanes für Deutschland.

2. November:
Neue Demontageliste für die Bizone. Nur noch 700 Betriebe sollen demontiert werden.

Nov./Dez.:
Außenministerkonferenz der drei Westmächte in London ohne Ergebnisse in den deutschen Fragen.

1948

6. März:
Außenministerkonferenz der drei Westmächte in London. Errichtung der Ruhrbehörde. Empfehlung für eine verfassunggebende Versammlung Westdeutschlands.

20. März:
Der sowjetische Vertreter verläßt den Alliierten Kontrollrat; damit Ende der Arbeit des Viermächte-Gremiums.

6. April:
Neues Wahlgesetz in der britischen Zone nach Verhältnisgrundsätzen.

7. Juni:
Die Außenminister der drei Westmächte legen in London die künftige, gemäßigte Deutschlandpolitik fest.

18. Juni:
Gesetz über die Währungsreform in den Westzonen. Die Sowjets blockieren Westberlin, das von den Westmächten aus der Luft versorgt wird.

20. Juni:
Geldumtausch. Kopfquote 60 Reichsmark gegen 40 Deutsche Mark.

1. Juli:
Die Außenminister der Westmächte fordern von den in Frankfurt tagenden Ministerpräsidenten der deutschen Länder (ohne sowjet. Bes.-Zone) die Wahl einer verfassunggebenden Versammlung.

7. Juli:
Die westdeutschen Ministerpräsidenten schlagen anstelle einer verfassunggebenden Versammlung die Bildung eines Parlamentarischen Rates aus Abgeordneten der deutschen Landtage vor.

11.-23. August:
In Herrenchiemsee erarbeiten Verfassungsexperten der Länder einen Entwurf für ein Grundgesetz.

1. September:
Der Parlamentarische Rat tritt in Bonn zusammen.

30. September:
Magistrat und Verwaltung von Gesamtberlin werden gespalten. Ernst Reuter regierender Bürgermeister von Westberlin.

Herbst:
Erste Marshall-Plan-Lieferungen treffen in Deutschland ein.

17. Oktober:
Kreistagswahlen nach neuem Wahlgesetz vom 6. April. Ergebnis im Oberberg. Kreis: SPD 39,7 % (16 Sitze), CDU 32 % (13), FDP 18,4 % (7), Zentrum 5,8 % (2), KPD 3,9 % (0). Dr. Dresbach bleibt mit den Stimmen von CDU, FDP und Zentrum Landrat des Oberbergischen Kreises.

18. Dezember:
Ruhrstatut.

1949

1. April:
Durch Anschluß der französischen Zone an die Bizone entsteht die Trizone.

4. April:
In Washington wird der Atlantikpakt geschlossen. Eine deutsche Beteiligung bereits vorgesehen.

10. April:
Die westdeutschen Länder vereinbaren mit den westlichen Besatzungsbehörden das Besatzungsstatut.

4. Mai:
Beendigung der Berlin-Blockade durch die Sowjetunion.

August:
Brigadegeneral J.P. Duke löst Oberst Taylor als Militärgouverneur für den Oberbergischen Kreis ab.

14. August:
Die Westdeutschen wählen den 1. Deutschen Bundestag.

12. September:
Theodor Heuss wird zum ersten deutschen Bundespräsidenten gewählt.

15. September:
Mit dem Zusammentritt des ersten deutschen Bundestages beginnt ein neuer Abschnitt im politischen Leben Deutschlands. Zum ersten Bundeskanzler wird Dr. Konrad Adenauer gewählt.

20. September:
Bildung einer Koalitionsregierung aus CDU, CSU, FDP und DP.

7. Oktober:
Gründung der Deutschen Demokratischen Republik in der sowjetischen Besatzungszone. Teilung Deutschlands in zwei Staaten vollzogen.

Bei Nacht und Nebel über die deutsch-deutsche Grenze. In den ersten Nachkriegsjahren gab es wegen Materialmangel weder Stacheldrahtzäune noch Mauer.

Die Konferenzen von Casablanca bis Potsdam

Gegen Ende des Jahres 1942 begann die Erlahmung der Kampfkraft der Deutschen Wehrmacht an allen Fronten. In Ägypten waren die Briten gegen das deutsch-italienische Afrika-Korps zur Gegenoffensive übergegangen. Am 7. November 1942 landeten dazu in Marokko und Algerien britische und amerikanische Streitkräfte, die zunächst ungehindert entlang des Mittelmeeres nach Osten vorstießen, so die deutsch-italienischen Kräfte im Rücken bedrohten und sie schließlich bis zum Mai 1943 im Brückenkopf Tunesien zerschlugen.

Vom 14. bis 24. Januar 1943 fand in Casablanca in Marokko eine Zusammenkunft zwischen Churchill und Roosevelt und den Chefs der militärischen Führungsstäbe Großbritanniens und der USA statt, bei der die Strategie der westlichen Alliierten gegen Deutschland und seine Verbündeten festgelegt wurde. Stalin lehnte seine Teilnahme ab, da er infolge der Entwicklung bei Stalingrad nicht abkommen könne, forderte aber die Schaffung einer zweiten Front in Frankreich zur Entlastung der Sowjetunion. Die Schaffung einer zweiten Front über den Ärmelkanal wurde für den Herbst 1943 in Aussicht gestellt. Ohne Stalins eventuelle Widersprüche konnte nun der britische Premierminister Churchill seinen Plan durchsetzen, der auf die Wahrnehmung der britischen Interessen im Mittelmeerraum abzielte. Dazu sollte zunächst die Ausgangsbasis Nordafrika gefestigt werden und dann eine Landung über Sizilien auf das italienische Festland erfolgen. In weiterführenden Operationen sollte ganz Italien erobert werden. Eine Aufbrechung der „Festung Europa", wie Deutschland seinen militärischen Machtbereich nannte, also von Süden her. Viele Punkte mußten noch unbeantwortet bleiben, nur auf die bedingungslose Kapitulation der Achsenmächte als Kriegsziel einigte man sich auf der Konferenz von Casablanca. Als „Nebenprodukt" kam es zur äußerlichen Versöhnung der französischen Generale de Gaulle und Giraud.

Die erste große Konferenz der Alliierten mit Roosevelt, Stalin und Churchill fand vom 28.1. bis 1.12.1943 in Teheran statt. Dort wurde man sich in den Fragen der weiteren Kriegsführung einig, nicht aber über Europa und das Schicksal der Deutschen und ihres Reiches. Viele Entscheidungen wurden verschoben, die Behandlung offen gebliebener Fragen späteren Konferenzen vorbehalten.

Zu den politischen Absprachen gehörte die Zukunft des neuen Polens, für das sich insbesondere der britische Premierminister Churchill verantwortlich fühlte. Die Grenze zwischen Polen und der Sowjetunion sollte etwa die Linie Grodno - Brest sein, wie sie der britische Außenminister Curzon nach dem Ende des 1. Weltkrieges schon einmal vorgeschlagen hatte. Das neue Polen sollte dafür durch eine Westverlagerung territorial entschädigt werden. Der Drang der Sowjetunion zur

Machtentfaltung nach Westen war unverkennbar und das neue Polen — wie es Churchill anstrebte — blieb ein großes Fragezeichen. Prinzipiell wurde man sich darüber einig, Deutschland zu zerstückeln und so zu schwächen, daß es nie mehr einen Krieg anfangen könnte.

Roosevelt betraute dann seinen Finanzminister Henry Morgenthau mit der Ausarbeitung eines Planes für Deutschland, der als sogenannter „Morgenthau-Plan" in die Geschichte eingegangen ist. Nach einer Europareise legte Morgenthau Anfang September 1944 seinem Präsidenten seinen Plan vor, der den Deutschlandplanungen des US-Außenministeriums in vielen Punkten widersprach. Von den 14 Punkten des „Morgenthau-Planes" waren die wesentlichsten:

— Bestrafung aller Deutschen;
— Vernichtung der deutschen Industrie;
— Umwandlung Deutschlands in einen Agrarstaat;
— Aufsplitterung in einen norddeutschen und einen süddeutschen Staat
— Internationalisierung des Ruhrgebietes, des Rheinlandes und der am Nord-Ostseekanal gelegenen Gebiete.

Der „Morgenthau-Plan" war ein vom Haß diktierter Strafplan, der nach Bekanntwerden in der amerikanischen Öffentlichkeit auf breite Ablehnung stieß, insbesondere auch durch das Außen- und Kriegsministerium. Er war mit den Grundsätzen amerikanischer Demokratie nicht vereinbar. Angesichts der bevorstehenden Präsidentenwahl mußte sich Roosevelt schließlich vom „Morgenthau-Plan" öffentlich distanzieren, um wiedergewählt zu werden. In neuen Plänen blieben nur die Grundzüge erhalten.

Die deutsche Kriegspropaganda malte den „Morgenthau-Plan" in den schwärzesten Farben, um den deutschen Siegeswillen zu stärken, und Goebbels sprach von einer „Ziegenweide", die Deutschland nach dem Willen der Feinde werden sollte.

Für die konkrete Deutschlandplanung wurde eine Europäische Beratende Kommission geschaffen, die in London ihre Sitzungen abhielt. Sie bestand aus Vertretern der USA, Großbritanniens und der Sowjetunion, zu denen später noch Franzosen kamen. Diese Kommission arbeitete u.a. die Entwürfe für die bedingungslose Kapitulation Deutschlands, die Besatzungszonen, die Verwaltung von Groß-Berlin und das Kontrollsystem aus.

Vom 4. bis 11. Februar 1945 fand in Jalta auf der russischen Krim die zweite Konferenz der „großen Drei" statt, wobei die Forderungen der Alliierten an Deutschland konkretisiert und die Schaffung der Organisation der Vereinten Nationen (UNO) beschlossen wurden. Da sich die militärische Lage zugunsten der Sowjetunion stark verbessert hatte (die Rote Armee stand mit Spitzen an der Oder), trat

Konferenz von Jalta. Churchill, Roosevelt, Stalin.

Stalin härter und fordernder auf, und Roosevelt machte ihm Zugeständnisse, um seinen Plan der UNO zu verwirklichen. Als polnische Ostgrenze wurde die Curzon-Linie gebilligt. Die Oder-Neiße-Linie wurde als neue Westgrenze Polens diskutiert; Endgültigkeit sollte erst in einem Friedensvertrag mit Deutschland herbeigeführt werden. Eine künftige polnische Regierung sollte aus freien und geheimen Wahlen hervorgehen, eine Forderung Churchills, der immer noch ein nach dem Westen ausgerichtetes Polen im Auge hatte. Aber es war schon deutlich erkennbar, daß Stalin seine Westgrenze und damit den Einfluß der Sowjetunion so weit wie möglich nach Westeuropa zu verschieben gedachte. Die Besatzungszonen wurden endgültig abgesteckt, wobei auf Churchills Vorschlag, gegen den Widerstand Stalins, Frankreich auch eine Besatzungszone aus Abtretungen der amerikanischen und britischen Zone zugestanden wurde. Weiter wurden behandelt: Politische Umerziehung der Deutschen, Entnazifizierung, Entmilitarisierung, Reparationen, Beseitigung und Kontrolle wichtiger Schlüsselindustrien. In Jalta wurde eine Absteckung künftiger Interessensphären der USA und der Sowjetunion erkennbar, unter Zurückdrängung der britischen Ansichten und Ziele. Forderungen und Zugeständnisse führten zu Kompromissen, doch Stalin setzte weitgehend seinen Willen durch. Er versprach auch den Kriegseintritt gegen Japan binnen zwei bis drei Monaten nach Beendigung des Krieges mit Deutschland. Nach der Konferenz von Jalta beschäftigten sich einschlägige Kommissionen und Stäbe der Alliierten mit der konkreten, künftigen Besatzungspolitik für Deutschland.

Am 9. Mai 1945 war der Krieg zu Ende. Am 5. Juni 1945 gaben in Berlin die Oberbefehlshaber der in Deutschland stehenden Streitkräfte der USA, der Sowjetunion, Großbritanniens und Frankreichs offiziell die bedingungslose Kapitulation der deutschen Wehrmacht bekannt. Zweitens wurde festgestellt, daß es in Deutschland weder eine Regierung noch zentrale Behörden gibt, die die Verwaltung des Landes und die Aufrechterhaltung der Ordnung gewährleisten und den Forderungen der Siegermächte nachkommen könnten. Angesichts dieser Situation haben Großbritannien, die Vereinigten Staaten von Nordamerika, die Sowjetunion und die Französische Republik die Regierungsgewalt in Deutschland übernommen.

Alle Deutschland betreffenden Fragen sollten auf einer Konferenz in Berlin im Juli 1945 geklärt werden. Da, wo der 2. Weltkrieg ausgegangen war, sollte er auch seinen endgültigen Abschluß finden, aber im zerstörten Berlin fanden sich keine Unterbringungsmöglichkeiten für die alliierten Staatsmänner und ihre zahlreichen Mitarbeiter und Berater. Stattdessen fand diese Konferenz vor den Toren Berlins statt, in Potsdam, an der Winston Churchill, Josef Stalin und für die USA Harry Truman — für den am 12.4.1945 verstorbenen Franklin D. Roosevelt — sowie ihre Außenminister teilnahmen. Im Mittelpunkt der Konferenz von Potsdam standen Deutschlands Vergangenheit und Zukunft.

Die Potsdamer Konferenz war vom 17. Juli bis 2. August 1945 im kleinen Schloß Cäcilienhof. Um die gleiche Zeit befand sich Großbritannien im Wahlkampf für ein neues Unterhaus, dessen Ergebnis die Ablösung Churchills durch Clement Attlee als neuen Premierminister war, der nun Großbritannien in Potsdam vertrat. Es waren schwierige Verhandlungen, und viele Fragen blieben offen. Dennoch wurde das Abschlußprotokoll von Truman, Attlee und Stalin unterschrieben. Im nach dem Protokoll geschriebenen und meistens verbreiteten Kommuniqué wurden folgende Punkte herausgestellt:

— Die „Großen Drei" versichern, „daß ihre Regierungen und Völker zusammen mit anderen Vereinten Nationen die Schaffung eines gerechten und dauerhaften Friedens sichern werden".

— Errichtung eines Rates der Außenminister für alle Deutschland betreffenden Fragen und die Entwicklung zu einem demokratischen Staat, an dessen Ende wieder eine eigene deutsche Regierung stehen soll.

— Abrüstung und Entmilitarisierung Deutschlands, Entnazifizierung, Verfolgung und Aburteilung der Kriegsverbrecher, Erneuerung des Gerichts- und Schulwesens, Aufbau der örtlichen Selbstverwaltungen und von höheren, dezentralisierten Verwaltungen (Länderregierungen).

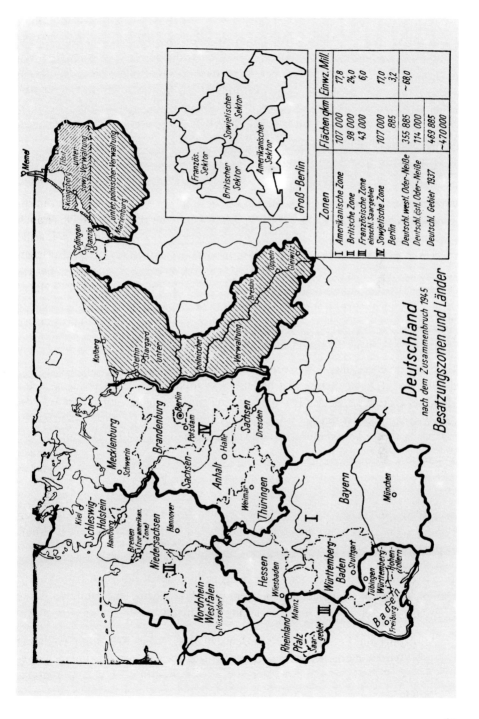

— Vernichtung der deutschen Kriegsindustrie, Dezentralisierung (Entflechtung) der Wirtschaft, Förderung der Landwirtschaft und der Friedensindustrie für den eigenen Bedarf. Die Behandlung Deutschlands als eine wirtschaftliche Einheit während der Besatzungszeit. Schaffung eines alliierten Kontrollrates zur Überwachung der deutschen Wirtschaft, zur Kontrolle der deutschen Auslandsvermögen und zur Sicherung der Finanzierung notwendiger Importe. Errichtung von deutschen Verwaltungen zur Unterstützung der Besatzungsbehörden.

— Die von Deutschland zu leistenden Reparationen; hierunter Demontagen und Auslieferung von Industrieanlagen, Maschinen, Patenten, Verfahren und anderen Produktionsunterlagen.

— Aufteilung der deutschen Kriegs- und Handelsflotte unter den Siegermächten und den von Deutschland geschädigten Staaten.

— Abtretung des östlichen Ostpreußens mit Memel und Königsberg „vorbehaltlich der endgültigen Bestimmung der territorialen Fragen bei der Friedensregelung" — die heute noch aussteht.

— Ein Abschnitt befaßte sich mit Polen, dessen endgültige Grenzen ebenfalls bei einem Friedensvertrag festgelegt werden sollten. Die deutschen Ostgebiete einschließlich Danzigs kamen unter die Verwaltung Polens.

Ende der Potsdamer Konferenz. Von links nach rechts: Attlee, brit. Premierminister; Truman, US-Präsident; Stalin, sowjet. Staatsführer; dahinter: Admiral Leahy (USA); Bevin, brit. Außenminister; Byrnes, US-Außenminister; Molotow, sowjet. Außenminister.

— Ausweisung (Vertreibung) der Deutschen aus den Gebieten jenseits von Oder und Neiße, aus der Tschechoslowakei und aus Ungarn. Es sollten „geordnete und humane Bevölkerungsumsiedlungen" vorgenommen werden.

Zusammenfassend schrieb Ernst Deuerlein in seinem Buch „Potsdam 1945 — Ende und Anfang": „Sie (die Konferenz) war eine Art weltgeschichtlicher Bestandsaufnahme... sie sollte eine Neuordnung Deutschlands und auch Europas vornehmen... Ihre Verhandlungen, zweimal für etliche Tage unterbrochen, waren... außerordentlich schwierig. Die Konferenz drohte zu scheitern; durch Kompromißformulierungen der Beschlüsse wurde die Gefahr gebannt. Sie fand, da der amerikanische Präsident angesichts der sich abzeichnenden Entwicklung auf dem asiatischen Kriegsschauplatz (er hatte bereits die Genehmigung zum Abwurf der ersten Atombombe auf Japan erteilt) zur Heimkehr drängte, ein eiliges, ja geradezu überstürztes Ende. Ihre Ergebnisse wurden in einem Protokoll niedergelegt... Unmittelbar nach der Unterzeichnung setzte eine bis zum heutigen Tag anhaltende Kontroverse über die Auslegung und den Vollzug des Potsdamer Abkommens ein, die zum Bestandteil der politischen Auseinandersetzung über und in Deutschland wurde. Sie beweist, daß die Konferenzmächte nicht das Gleiche meinten, wenn sie von Gleichem sprachen."

Bankett der Sieger.

Flucht aus Ostpreußen

Dieser Bericht stützt sich auf ein Tonbandinterview, das am 11. Juni 1986 aufgenommen wurde. Hierin wird der Fluchtweg der Bauersfrau Wilhelmine Balk (Name geändert) mit ihren zwei Kindern von Ostpreußen nach Westdeutschland beispielhaft mit allen Nöten und Gefahren geschildert. Und es gab Millionen, die einen ähnlichen Weg gehen mußten, gegangen sind, bis sie endlich in Restdeutschland eine neue Bleibe gefunden hatten, da die alte Heimat verloren gegangen war.

Die Balks hatten in Schmauch, Kreis Preußisch Holland in Ostpreußen einen Bauernhof mit dem entsprechenden Viehbesatz und Inventar, den sie ohne fremde Hilfskräfte bewirtschafteten. Als der Krieg an Ostpreußen herangekommen war, war Hans Balk, der Bauer, als Landesschütze zur Bewachung von russischen Kriegsgefangenen eingesetzt. Seine Frau Wilhelmine bewirtschaftete den Hof. Helmut Balk, deren 13jähriger Sohn, mußte schon tüchtig mithelfen, damit alle Arbeiten fertig wurden, und auch seine 14jährige Schwester Erna wurde dabei eingespannt.

Im Herbst 1944 kamen schon die ersten deutschen Flüchtlinge aus dem Raum Goldap durch Schmauch. Sorgenvoll dachten die Dorfbewohner an ihre Zukunft, und auch sie sahen sich schon auf der Flucht. Nur die Hoffnung, daß die Russen zurückgeschlagen werden konnten, hielt sie bis zuletzt — und oft zu spät — in ihren Dörfern. Wer verläßt schon Haus und Hof, um auf Wanderschaft in eine ungewisse Zukunft zu gehen?!

Mitte Januar 1945 rückte die Front bedenklich näher, und am 20. Januar kam dann auch der Räumungsbefehl für Schmauch. Da aber der russische Angriff wieder aufgehalten wurde, blieben viele Dorfbewohner, auch Frau Balk mit ihren Kindern und ihrem alten Vater. Dann war es schon bald zu spät. Schmauch wurde Niemandsland. In dieser Zeit drangen russische Panzerspitzen an Schmauch vorbei weiter in das westliche Ostpreußen ein. Die zurückgebliebenen Dorfbewohner glaubten nun nicht mehr wegzukommen. Am 2. Februar 1945 berührten schwache deutsche Kräfte, die von den Russen überflügelt worden waren, noch einmal den Ort. Es kam zu einem kleinen Gefecht, bei dem Opa Sens, der Vater von Frau Balk, der von der Haustür das Geschehen beobachtet hatte, durch ein Geschoß tödlich getroffen wurde. Sie brachten Opa Sens ins Zimmer. Die deutschen Soldaten rieten Frau Balk, sofort zu flüchten, weil sie nicht mehr lange den Gegner aufhalten könnten. Frau Balk und ihre Kinder suchten schnell ein paar Sachen zusammen und flohen durch die Schlucht, die sich am Dorf entlang zog, nach Westen. Nachdem das Gefecht abgeebbt war, ging Frau Balk mit ihrer Tochter noch einmal zurück; der Schock um den toten Vater ließ sie noch nicht klar

denken. Auf dem Hof angekommen, setzten sich die deutschen Soldaten gerade ab. Wilhelmine Balk und ihre Tochter rafften noch schnell ein paar Sachen zusammen, nahmen weinend Abschied vom aufgebahrten Toten und flüchteten durch die Schlucht. Zum Glück hatte Helmut trotz der Schießerei am Ende der Schlucht auf Mutter und Schwester gewartet, sodaß sie nun zusammen am Spätnachmittag des 2. Februar 1945 ihre Flucht antreten konnten. Zurück blieb ein stattlicher Hof mit allem Vieh. Gleich hinter der Schlucht, an der Straße, wurden sie von einem deutschen Militärgespann mitgenommen. „Als wir einige Kilometer hinter uns gebracht hatten", so Helmut Balk, „sahen wir abends noch einmal unser Dorf — es brannte bereits. Das war die letzte Erinnerung an die Heimat."
Die Straße lag schon unter russischem Artilleriefeuer. Sie fuhren die ganze Nacht. In Wusen schliefen die Balks ein paar Stunden, in einem Zimmer, das schon von Flüchtlingen und verwundeten Soldaten überbelegt war.
Am nächsten Morgen ging es auf einem anderen Troßwagen der Deutschen Wehrmacht weiter. Mehrmals griffen russische Tiefflieger die von Fahrzeugen und Flüchtlingen übervollen Straßen an. Die Balks hatten Glück und kamen ungeschoren davon. Am Abend erreichten sie im Strom der Flüchtlinge einen Bahnhof, wo ein Zug mit geschlossenen und offenen Güterwaggons stand. Nur die Lok fehlte noch. In der Hoffnung, mit diesem Zug abgefahren zu werden, stiegen die Flüchtlinge in die Waggons ein, und viele verbrachten die bitterkalte Nacht darin. Da am nächsten Morgen noch keine Lok da war und sich der Flüchtlingsstrom wieder in Bewegung setzte, warteten die Balks auch nicht länger und schlossen sich dem Strom der Fliehenden an. Es ging nach Norden, weil der Weg nach Westen schon von den Russen versperrt war.
Bei Eisenberg bei Heiligenbeil erreichten sie am 9. Februar das Frische Haff. „Den Marsch über das zugefrorene Haff", so Helmut Balk, „werde ich nie vergessen. Ein Strom von Zivilisten und Soldaten, von Pferdefuhrwerken und Handwagen bewegte sich übers Haff der Frischen Nehrung zu. Überall lagen tote Menschen und Pferde und zerschossene Fahrzeuge. Hier und da sah man Löcher im Eis, von Bombenwürfen russischer Flugzeuge. Wir sind in mondheller Nacht über das Eis gegangen, weil wir da keine Angst vor den Flugzeugen haben brauchten, doch Mutters größte Sorge war — wie immer —, daß wir zusammen blieben.
Am nächsten Morgen erreichten wir die Frische Nehrung und gingen auf dieser nach Westen, bis Kalberg, einem kleinen Bade- und Erholungsort am Ende der Nehrung. Wir gingen zum kleinen Hafen, in der Hoffnung, dort mit einem Schiff weiterzukommen, aber an diesem Tage kamen wir nicht auf ein Schiff. Wir sind dann wieder nach Kalberg zurückgegangen, haben uns Brot erbettelt und schliefen dann nachts in einem Massenquartier.
Am nächsten Morgen trieb uns — wie alle — die Unruhe wieder zum Hafen. Im Hafen wimmelte es von Menschen und Fahrzeugen. Alle wollten nach Danzig,

nach Westen. Den ganzen Tag standen wir nach Schiffskarten an, und am Abend waren wir dann endlich auf dem Oberdeck eines Lazarettschiffes. In dreistündiger, nächtlicher Fahrt ging es nach Danzig. Dort wurden wir in ein Weiterleitungslager eingewiesen, wo wir einige Leute aus unserem Dorf wieder trafen."

Von Danzig gingen Transportzüge nach Westen. Mit so einem Zug von Güterwagen gelangte auch Frau Balk mit ihren zwei Kindern über Gdingen — Stolp nach Schlawe in Hinterpommern. Dort wurde der Transport aufgelöst und die Flüchtlinge auf die Dörfer des Kreises verteilt. Die Balks kamen bei einem Bauern unter und halfen dem in der Landwirtschaft. Hier blieben sie 14 Tage.

Inzwischen hatte die Rote Armee weit nach Westen Raum gewonnen, so daß an ihrer Nordflanke eine lange Front entstanden war, die von Ostpreußen nach Westen bis Küstrin an der Oder verlief. Der Raum Danzig und ein breiter Streifen entlang der Ostsee wurde noch von deutschen Truppen gehalten. Als aber die Russen aus dem Raum Neustettin — Rummelsburg nach Norden zur Ostsee durchstießen, war auch der Kreis Schlawe von Deutschland abgeschnitten. Aber das wußte Frau Balk nicht. Gerüchte kursierten. Niemand wußte etwas Genaues. Und als deutsche Truppen sich absetzten und durch den Ort zogen, schloß sich ihnen auch Frau Balk mit ihren Kindern an und ging wieder auf die Flucht. Der Weg nach Westen war versperrt. Letzte Möglichkeit war ein Ostseehafen, um von dort mit einem Schiff herauszukommen.

Mitten in der Nacht begann die „Reise". Frau Balk wurde mit ihren Kindern von einem deutschen Bespannfahrzeug mitgenommen. Frau Balk saß mit den Soldaten vorn auf dem Bock, die Kinder hinten auf Kisten und Kasten. Es war bitterkalt, und der Schnee knirschte unter Hufen und Wagenrädern. So gelangten sie nach Stolpmünde, wo sie mit vielen Flüchtlingen auf einem Fliegerhorst untergebracht wurden.

Nur Schiffe verhießen Rettung. Täglich gingen die Balks zum Hafen von Stolpmünde und hielten nach Schiffen Ausschau. Aber die deutsche Handels- und Kriegsmarine war zu dieser Zeit völlig überlastet, wußte nicht, welchen Hafen sie zuerst anlaufen sollte. Überall in den Häfen der deutschen Ostseeküste warteten die Menschen auf ihren Abtransport nach dem Westen, denn niemand wollte in russische Hand fallen. Nach drei Tagen vergeblichen Wartens waren dann endlich zwei deutsche Handelsschiffe da, die im Hafen von Stolpmünde deutsche Menschen an Bord nahmen, so viel sie nur fassen konnten, unter ihnen auch Frau Balk mit ihren Kindern.

Hören wir nun wieder Helmut Balk: „Wir sind soeben noch auf den zweiten Dampfer raufgekommen, dann legte er ab. Als wir los fuhren wurde es Nacht und Sturm kam auf. Wir erwischten oben auf dem überfüllten Deck einen freien Platz und hockten uns hin. Als wir die offene See erreicht hatten, herrschte bereits

Ostpreußische Flüchtlinge auf dem zugefrorenen Frischen Haf.

Über 2 Millionen Deutsche retteten die Schiffe der deutschen Marine aus Pommern und Ostpreußen vor dem Zugriff der Roten Armee.

Windstärke 10. Das Schiff schwankte hin und her und große Brecher schlugen über das Deck. Wir hatten große Angst und gingen unter Deck. Die Laderäume und alle Gänge waren von Menschen überfüllt, und da wir die schlechte Luft darin nicht vertragen konnten, zwängten wir uns wieder nach oben. Wir fanden einen einigermaßen geschützten Platz, wo wir uns hinkauern konnten. Wir zogen uns unsere Decken über den Kopf und hatten so etwas Schutz vor den Brechern, die unablässig über uns hinweg gingen. Als es dann Tag wurde, ließ der Sturm nach, aber es wurde auch kälter, so daß unsere durchnäßten Decken bald steif gefroren waren. Das Schiff fuhr ins Stettiner Haff ein und dann bis zum kleinen Hafen Usedom, wo es ankerte. Wir blieben auch die folgende Nacht auf dem Schiff, denn wahrscheinlich wußte man nicht, wo man mit uns hinfahren sollte. Am nächsten Tag ging es dann durch die Peene (Seeweg zwischen Festland und Insel Usedom), hart unter der Küste entlang, nach Stralsund, wo das Schiff am späten Abend ankerte. Am nächsten Morgen gingen wir von Bord und wurden an einen Sammelplatz weitergeleitet."

Auf dem Bahnhof von Stralsund wurden laufend Flüchtlingstransporte zusammengestellt. Mit einem Transportzug aus Personen- und Güterwagen gelangte Frau Balk mit ihren Kindern schon bald nach Mecklenburg. Der Zug lief über Rostock — Schwerin nach Wittenburg südwestlich von Schwerin. Dort wurden die Flüchtlinge auf die umliegenden Dörfer verteilt. Die Balks kamen am 15. März 1945 nach Karft, einem Ort fünf Kilometer nordwestlich von Wittenburg. Dort wurden sie mit Leidensgefährten im Saal eines Wirtshauses untergebracht. Im Saal befanden sich 30 Pritschen zum Schlafen. Eine Gemeinschaftsküche sorgte fürs Essen. Hier erlebten die Balks das Kriegsende mit amerikanischen Kampftruppen und dann mit russischen Besatzungssoldaten, die dieses Gebiet später in Besitz nahmen.

Gleich nach der Einweisung in Karft schrieb Frau Balk an ihren Mann, von dem sie nichts wußte, und irgendwie funktionierte die deutsche Feldpost noch, gelangten die jeweiligen Feldpostnummern an die Einheiten. Ein glücklicher Zufall war es, daß Frau Balks Brief relativ schnell in die Hände ihres Mannes kam und ein weiterer Glücksfall war, daß er sich in ihrer Nähe befand. Hans Balk hatte als Landesschütze mit russischen Gefangenen zu Fuß den langen Weg von Ostpreußen bis nach Mecklenburg hinter sich gebracht und hier warteten sie auf das Kriegsende. Am Palmsonntag, dem 25. März 1945, besuchte Landesschütze Balk seine Familie in Karft, aber er mußte am Abend zur Einheit zurück. Vater Balk wies die Seinen an, in Karft das Kriegsende abzuwarten, denn so hatte auch er eine Anlaufstelle. Später löste sich die Landesschützen-Einheit im Raum Hamburg auf und ging in englische Gefangenschaft. Die russischen Gefangenen wurden frei.

Im April 1945 kamen die Amerikaner auch nach Karft. Sie zogen weiter bis zur festgelegten Demarkationslinie Wismar — Schwerin — Ludwigslust — Dömitz. Es wurde nicht mehr gekämpft. Von der anderen Seite kamen bis Ende April die Russen heran. Zwei Monate später besetzte die Rote Armee die ihnen in Jalta zugestandenen Gebiete Sachsen und Thüringen und auch ganz Mecklenburg. Im Zuge dessen wurde auch Karft von den Russen besetzt.

Bereits im Sommer 1945 wurden die ältesten Jahrgänge der Deutschen Wehrmacht aus englischer Gefangenschaft entlassen, darunter auch Hans Balk. Da Ostpreußen verloren war, ließ er sich ins Oberbergische entlassen und kam in Heseln bei Denklingen bei einem Bauern unter. Als dann im Sommer 1945 die deutsche Post wieder in Gang kam, schrieb Hans Balk gleich einen Brief an seine Familie in Karft, und so war verhältnismäßig schnell wieder eine Verbindung da. Er schrieb auch, daß seine Familie nach Denklingen kommen soll, aber das war leichter gesagt als getan, denn noch gab es keine festen Zugverbindungen, sperrte sich jede Zone, jeder Kreis vor der Aufnahme von neuen Flüchtlingen.

So ging der Sommer 1945 dahin. Im Herbst 1945 wurde in Karft bekannt, daß Transporte nach den Westzonen gehen. Auch Frau Balk meldete sich und zeigte den Brief ihres Mannes vor, in dem er schrieb, daß die Familie nach Denklingen kommen soll, er hätte für sie eine Wohnung.

Es dauerte dann noch einige Zeit, bis die Formalitäten und vor allem die Abmachungen zwischen Russen und Engländern tragfähig wurden.

Am 16. Januar 1946 war es dann soweit. Frau Balk fuhr mit ihren Kindern von Wittenburg ab, jedoch schon in Mölln war die Reise zu Ende. Der Transport wurde aufgelöst und die Flüchtlinge auf die Dörfer im Raum Mölln — Ratzeburg aufgeteilt. Von dort versuchte jeder auf eigene Faust weiterzukommen. Die Balks erkundigten sich nach Möglichkeiten der Weiterreise, und wenige Tage später fuhren sie mit einem Holzgas-LKW nach Hamburg. Dort gingen sie mit vielen anderen zum Güterbahnhof, denn nur so war einigermaßen weiterzukommen. Fahrplanmäßige Züge gingen noch gar nicht oder nur sehr wenige. Am Abend fuhren sie dann in einem Güterzug — die Waggons hatten an den Wänden und am Boden eine dicke Eisschicht — mit Hunderten von Hamburg in Richtung Bremen ab. Die Menschen standen in den Waggons dichtgedrängt und konnten sich nicht setzen. So verging die ganze kalte Nacht, bis sie in Bremen ankamen. In einem Kohlen-Leerzug ging es dann am nächsten Tag über Osnabrück — Münster nach Gelsenkirchen, wo der Zug aussetzte. Erkundigungen und wieder das Hasten über Geleise bis zum Personenbahnhof. Dort erwischten sie gerade noch einen Personenzug, der über Düsseldorf nach Köln lief. Auch hier wieder ein Hasten, Drängen, Schieben, bis der Zug völlig überfüllt abging. So erreichte Frau

Balk mit ihren Kindern noch am gleichen Tag Köln, aber am Abend kamen sie nicht mehr weiter. Sie suchten sich einen Platz im überfüllten Wartesaal und schliefen am Tisch oder auf den Gepäckstücken abwechselnd, denn einer mußte immer Obacht geben, damit nichts gestohlen wurde. Dort erfuhren sie auch Genaueres über die Verbindungen ins Oberbergische. Streckenweise mit Bus und Bahn gelangten sie nach Wipperfürth und in das dortige Durchschleusungslager, das sie gleich nach Denklingen weitergeleitet hat. Von Dieringhausen kamen sie dann mit dem letzten Bus noch nach Denklingen, wo sie in einer Wirtschaft übernachteten. Zum Glück hatten sie von zu Hause Geld mitgenommen, so daß sie Fahrgeld hatten, denn damals galt die Reichsmark in allen Zonen noch als gesetzliches Zahlungsmittel.

Frau Balk hatte vor ihrer Abreise in Mölln ihren Mann nicht mehr benachrichtigen können. So traf sie mit ihren Kindern am nächsten Vormittag unverhofft bei ihrem Mann in Heseln ein. Die Wiedersehensfreude war groß. Frau Balk und ihre Kinder bekamen von der Gemeindeverwaltung Denklingen ein Zimmer in Schalenbach als neue Wohnstätte zugewiesen. Mit einem Ochsen und einem leichten Wagen holte Hans Balk das Gepäck der Seinen nach. Er selbst mußte weiterhin bei seinem Bauern schlafen, da das Zimmer in Schalenbach für die ganze Familie zu klein war.

„Ich bin dann zwei Monate in Denklingen zur Schule gegangen", so Helmut Balk, „und kam zu Ostern 1946 bei Bäckermeister Fuchs in Denklingen in die Lehre, bei ihm half dann später auch meine Schwester in der Bäckerei und im Haushalt. Vater hatte das alles in die Wege geleitet, weil damals das Essen an erster Stelle gestanden hat, und beim Bauern und auch beim Bäcker gab es auch in dieser Zeit einigermaßen satt zu essen. Als Vater dann bei einem größeren Bauern Arbeit fand, wechselte er die Stelle, und dann erhielten wir auch eine kleine Wohnung, wo wir endlich alle zusammen waren. Meine Schwester kam nach ihrer Schulentlassung in eine Stellung als Hausmädchen. Ich habe bei Bäckermeister Fuchs in Denklingen meine Lehre zu Ende gebracht und nach mehreren Gesellenjahren in anderen Bäckereien machte ich 1956 vor der Handwerkskammer Köln meine Meisterprüfung. Um diese Zeit war Deutschland im stürmischen Wiederaufbau begriffen. Leider konnte ich meinen Beruf nicht mehr lange ausüben. Ich bekam Rheuma und mußte auf eine andere Tätigkeit umschulen."

Flucht aus Pommern

Dieser Bericht stützt sich auf Aufzeichnungen des Rittergutsbesitzers Friedrich Hoene, bis 1945 Besitzer des Gutes Schönebeck bei Trampke, sowie den Ausführungen von Kurt Hopp, damals 15-jähriger Landarbeiter auf dem Zweiggut Altstadt. Der Neuanfang der Metallwarenfabrik Dr. Hermann Ernst Müller in Bergneustadt ist eng mit der Aufgabe des Gutes Hoene einschließlich der Nebengüter (Vorwerke) verknüpft.

Hoene hatte die Möglichkeit einer weiträumigen Flucht von Hinterpommern nach Bergneustadt im Oberbergischen Land früh erwogen, denn seine Tochter Gerda war die Ehefrau des Dr. Hermann E. Müller, der seit 1930 in Bergneustadt eine kleine Fabrik besaß, die Küchengeräte herstellte, und im Kriege — wie alle Betriebe — in die Rüstung eingespannt wurde. Die Verbindung Müller — Hoene begann bereits 1929. Hoene war Landwirt und Müller war Landwirt der gerade seinen Doktor agr. gemacht hatte. Über Freunde kamen sie so zusammen. Nachdem Hermann Ernst Müller 1931 Gerda Hoene geheiratet hatte, wurden die Beziehungen zwischen Schönebeck und Bergneustadt vertieft. In der Kriegszeit half Hoene mit Lebensmittellieferungen dem Industriebetrieb Dr. H. E. Müller, und als die Rote Armee 1945 Hinterpommern bedrohte, konnte die Flucht der Menschen des Rittergutes Hoene nur nach Bergneustadt gehen.

„Seit dem 20. Januar 1945 kamen endlose Trecks von Ostpreußen durch unseren Wohnort Schönebeck bei Stargard in Hinterpommern", schreibt Friedrich Hoene in seinen Aufzeichnungen. „Da das Gut an der großen, nach Osten führenden Reichsstraße lag, flutete der ganze Rückzug bei uns durch. Oft waren es 80 Fuhrwerke, die auf dem Gutshof aufgefahren waren. Die Leute suchten dann ihre Pferde unter Dach zu bringen, denn es lag Schnee und es herrschte Frost. Das gelang dadurch, daß unsere Fohlen und Schafe eng zusammengetrieben wurden. Alle Gänge im Kuh- und Pferdestall waren mit Flüchtlingspferden gefüllt. Auch die Menschen wurden auf ähnliche Weise untergebracht; wenn alle Zimmer belegt waren, wurden auf den Korridoren Teppiche zum Schlafen ausgebreitet. Viele Flüchtlinge gingen in die Spiritusbrennerei und machten sich auf oder um den Kessel ein Strohlager. Aber auch die im Schafstall auf den Gängen lagen, hatten es dort schön warm. In der Gutsküche war Nacht für Nacht großer Betrieb, denn jeder wollte sich ein warmes Essen zubereiten. Ich ließ auch beim Metzgermeister eine Verpflegungsstelle einrichten. Zu diesem Zweck wurden Rinder, Schweine und Schafe geschlachtet. Außerdem wurden täglich über 100 Liter Milch an die Flüchtlinge ausgegeben. Ende Januar 1945 kamen dann Tag und Nacht Trupps von Soldaten durch, die auch noch Verpflegung erhielten.

Vom 3. Februar an dröhnte Geschützfeuer von Jacobshagen und Klützow herüber. Die Scheiben klirrten und die Türen zitterten. Der Russe griff nicht von Osten an, wie wir annahmen, sondern war auf Küstrin durchgebrochen und drehte dann mit der Front nach Norden ein.

Wir hatten unsere Flucht vorbereitet, die gummibereiften Wagen mit Aufbauten versehen und mit Strohmatten oder Pappe ausgeschlagen, damit die Männer, Frauen und Kinder der 22 Landarbeiterfamilien bei der Flucht gegen Wetter und Kälte geschützt waren. Wir hatten von den durchziehenden Flüchtlingstrecks in dieser Hinsicht viel gelernt, denn diejenigen, welche unvorbereitet auf offenen Leiterwagen geflüchtet waren, litten und froren, und oft sind ihnen Kinder und alte Leute erfroren.

Am 7. Februar 1945 waren die Russen über die Ihna vorgestoßen, eroberten Reetz und bedrohten das 11 Kilometer von Schönebeck gelegene Jacobshagen. Wir erhielten den Befehl, Schönebeck zu räumen. Inzwischen kamen frische deutsche Truppen heran. Mehrere Batterien schwerer motorisierter Artillerie rasselten durch den Ort, und Infanterie ging in Richtung Jacobshagen vor. In der Nacht zum 9. Februar wurde die kleine Stadt Reetz zurückerobert, und die Russen wurden über die Ihna zurückgeworfen. Um diese Zeit wollten wir flüchten, aber als die günstige Nachricht eintraf, blieben wir wieder.

Ein Grab am Fluchtweg.

Tag und Nacht dröhnte Artilleriefeuer von Klützow herüber. Wir mußten unsere zwei Traktoren zur Abfuhr des Zuckers aus der Zuckerfabrik Klützow stellen. Täglich waren Haus und Hof mit Einquartierung belegt. Am 28. Februar richtete sich ein Generalkommando mit 25 Offizieren im Gutshaus ein. Im Park standen Zugmaschinen, Funkwagen, PKW und LKW."

Am 17. Februar wurde das von den Russen eingeschlossene Arnswalde von deutschen Truppen entsetzt und die Bevölkerung sowie die Verteidiger über die Ihna zurückgeführt. Danach verstärkten die Sowjets ihre Anstrengungen und bereiteten eine neue Offensive in Richtung Norden zur Ostsee vor, die die deutschen Truppen in Hinterpommern und Westpreußen vom Reich abschneiden sollte. In jenen Tagen standen die Männer und Frauen von Schönebeck oft zusammen, und auch für den Gutsbesitzer Hoene rückte eine Flucht wieder in den Vordergrund. Er durchdachte alle Möglichkeiten, denn er fühlte sich für seine Landarbeiterfamilien verantwortlich. Die meisten Männer und Familienoberhäupter waren Soldat, und so bestanden die meisten Familien aus alten Leuten, Frauen und Kindern und Jugendlichen.

„Am 2. März 1945 war der Russe über die Ihna durchgebrochen. Ein Stoßkeil bewegte sich auf Stargard zu. Unser Milchwagen kam nach Stargard nicht mehr durch und kam zurück. Die Straße lag unter Artilleriefeuer. Wir beschlossen abzufahren, zu flüchten. Es war ein schwerer Abschied. Ich stieg auf den Wagen als letzter.

Gegen 12 Uhr mittags fuhren wir ab nach Norden, um die Parallelstraße zu erreichen. Es hatte geschneit, und die schwer beladenen Wagen sanken auf den Landwegen tief ein. Unsere Traktoren mußten sie herausziehen. Es dämmerte schon, als wir das 3 Kilometer entfernt gelegene Gut Altstadt erreichten, wo wir eine Nacht geblieben sind. Dieses Gut bewirtschaftete mein Sohn Günther Hoene, der in Frankreich in Gefangenschaft geraten war. Ein gewaltiger Sturm kam auf, der 80-jährige Tannen im Park von Altstadt wie Streichhölzer umknickte. Es trafen auch noch Bauern aus der Gegend von Jacobshagen ein. Alle Räume des Gutshauses waren überfüllt. In der Nacht starben zwei alte Frauen, die wir im Park beerdigten.

Am Morgen des 3. März hatte sich der Sturm gelegt und das Wetter gebessert. Wir spannten an, aber es dauerte noch fast zwei Stunden bis wir abfahren konnten, da einige Leute mit dem Fahrrad noch einmal nach Schönebeck waren, um vergessene Sachen zu holen. Und es schien, als ob eine Lähmung alle erfaßt hatte und uns die Heimat mit eisernen Klammern festhielt. Das Vieh von Gut Altstadt wurde noch schnell losgekettet. Dann fuhren wir in Richtung Sassenhagen ab. Bekannte, die noch nicht an eine Flucht dachten, grüßten uns, obwohl Eile geboten war, da der Russe schon Schönebeck erreicht hatte und das Wärterhaus 16 bereits brannte."

Haus Hoene in Schönebeck, 1945.

Friedrich Hoene, etwa 1938, Besitzer des Gutes Schönebeck in Hinterpommern.

Den Bericht des Herrn Hoene ergänzt Kurt Hopp: „In Altstadt hatte sich seit Tagen die Bevölkerung auf die Flucht vorbereitet. Am 2. März 1945 kam von der NS-Kreisleitung der Räumungsbefehl. Am Morgen des 3. März verluden die Leute des Gutes Altstadt die notwendigsten Sachen, die sie zu einem einfachen Leben brauchten — Betten, Kleidung, Lebensmittel, Pferdefutter. Viele Frauen hatten noch Brotteig angesetzt, zum Backen kamen sie nicht mehr, der Teig blieb stehen.

Die Gespannführer waren alte Männer oder junge Burschen, denn alle wehrfähigen Männer waren ja Soldat in der deutschen Wehrmacht. Den Wagen wurden die Familien zugeteilt. Ich sollte einen Wagen mit Hafer für die Pferde fahren und dazu noch vier Frauen mit ihren Kindern mitnehmen, was ich aber verhindern konnte, denn der Wagen war mit meinen nächsten Familienangehörigen und dem Hafer schon voll. Schließlich wurden die Frauen mit den Kindern auf anderen Wagen untergebracht. Gespanne und Leute der Güter Schönebeck und Altstadt wurden von Herrn Hoene und dem Brennermeister Paul Biek neu eingeteilt. Es war eine Aufregung, bis alle untergebracht waren. Ein Ochsengespann war auch dabei; es wurde zuerst losgeschickt.

Den Gespanntreck führte der alte Brennermeister Paul Biek. Zu seinem Treck gehörten zwölf Pferdegespanne und das Ochsengespann. Gutsbesitzer Hoene bildete mit seinem schnellen Kutschgespann und den beiden Bulldog-Treckern eine eigne Gruppe. Diese Gruppe fuhr meistens zuletzt ab, überholte den Gespanntreck und organisierte schon die nächste Rast oder Unterkunft. Als erstes Ziel war Podejuch-Altdamm an der Oder angegeben. Am 3. März, gegen 8 Uhr fuhr der Treck Biek ab."

„Zwischen Müggenhall und Altdamerow", so der Bericht Hoene, „konnten wir noch einmal unsere Heimat sehen und blickten zurück. Überall brannten bereits die Scheunen und tausende von Zentnern Getreide standen in der Sammelstelle von Trampke in Flammen. Auch in Dahlow und Pegelow brannte es. Als die Sonne durchbrach, wurde es frühlingsmäßig warm, aber gleichzeitig waren auch russische Flugzeuge da und bewarfen die Marschstraße mit Bomben. Der Treck wurde auseinandergerissen und sammelte dann wieder in Lenz. Glücklicherweise war kein Schaden entstanden. Wegen der Fliegergefahr sollten und wollten wir zunächst die Autobahn nicht benutzen. Wir fuhren über Massow und erreichten abends das Gut Speck, wo wir übernachteten und alle Leute aus der Gutsküche eine kräftige Suppe bekamen.

Wir hatten auf unseren Wagen viel Lebensmittel mitgenommen: Speck, Wurst, Fleisch, geschlachtete Hühner, viel Brot, Zwieback, sowie Silber, Teppiche und einige Kisten Wein. Bereits in der Nacht traf dann der Befehl ein, daß Speck zu räumen ist. Wir fuhren gleich los und als wir Gollnow hinter uns gebracht hatten, fuhren wir nach Süden durch den Wald und erreichten bei Arnimswalde die Autobahn nach Stettin.

Am 4. März war leichtes Regenwetter, vermischt mit Schneeschauern, dadurch hatten wir Ruhe vor russischen Flugzeugen. Auf der Autobahn war ein furchtbares Gedränge. Sechs Kolonnen fuhren nebeneinander nach Westen, alle wollten über die Oder. Auf den Waldlichtungen vor der Oder standen viele Hundert Flüchtlingsfahrzeuge, die von der Autobahn herunter gefahren waren, aber nicht wieder herauf kamen, denn in der endlosen Schlange von Fahrzeugen und Pferdegespannen gab es keine Lücken. Schon bei Gollnow sah man ab und zu tote Pferde an der Straße liegen und je näher wir der Oder kamen, desto mehr wurden es. Die Bauernwagen hatten keine Bremsen, und da die Autobahn stellenweise spiegelglatt war, kamen sie auf den abschüssigen Stellen ins Rollen und waren nicht mehr zu halten. Die Pferde gingen durch, die Gespanne rasten die Böschungen herunter und Tiere und Menschen kamen zu Tode. Und ebenso erging es einigen Traktoren und Lastwagen. In der Nacht fuhren wir auf der Autobahn über die Oderbrücke südlich von Stettin und erreichten am 5. März, um 1 Uhr morgens, das Dorf Kolbitzow westlich der Oder, wo wir rasteten.

Der 5. März 1945 war wieder ein sonniger Tag. Die Luftgefahr war groß. Da der Himmel klar war, erfaßte uns eine Unruhe. Als wir gegen 14 Uhr weiter fuhren, rückten sofort neue Trecks von der Oder her nach und fuhren auf dem Dorfplatz von Kolbitzow auf. Unser Treck erreichte gerade eine große Straßenunterführung westlich von Kolbitzow, als russische Flugzeuge den Ort angriffen und dort ein furchtbares Blutbad anrichteten."

Wegen der erhöhten Luftgefahr schien es ratsam, die Autobahn nicht weiter zu benutzen und auf Nebenwegen Glantzhof bei Strasburg in Mecklenburg — dem nächsten Ziel der Hoene-Trecks — zu erreichen. Nur die „schnelle" Gruppe Hoene mit dem Kutschgespann und den Traktoren benutzte die Autobahn und erreichte über Prenzlau und Woldegk am 6. März, gegen 8 Uhr morgens das Gut Glantzhof. Der Gespanntreck Biek machte Umwege und geriet am Stadtrand von Prenzlau, als er zur Nacht in einem Sägewerk untergezogen war, in einen schweren Luftangriff, den er jedoch heil überstand. Am 7. März traf dann auch der Gespanntreck Biek auf dem kleinen Gut Glantzhof ein. Alle Leute waren heil und gesund. Nur ein Pferd war verwundet worden.

In Glantzhof kamen die ersten Unstimmigkeiten auf. Einige Familien wollten nicht weitertrecken. Es wurde um Pferdefutter gestritten und um den weiteren Treckweg. Fast alle Trecks aus Ost- und Westpreußen zogen entlang der Ostseeküste in Richtung Schleswig-Holstein. Hoene gab seinen Leuten als nächstes Ziel Treptow (heute Altentreptow), und als Endziel — wenn es soweit kommen sollte

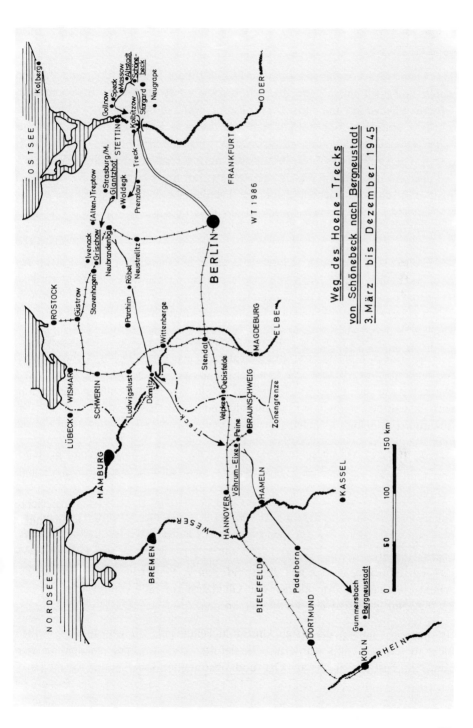

— Vöhrum-Eixe an, wo Verwandte wohnten. Dazu aus den Aufzeichnungen des Friedrich Hoene:

„Das kleine Gut Glantzhof konnte nicht alle unsere Leute beherbergen. Meine Familie und noch einige Leute aus Schönebeck, sowie die beiden Traktoren und 11 Pferde blieben in Glantzhof. Diese Gruppe wollte die weitere Entwicklung der Frontlage abwarten. Wir hofften, daß die deutsche Front an der Oder halten würde. Außerdem mußten an den Traktoren dringende Reparaturen durchgeführt werden. Die Leitung der Zuckerfabrik Strasburg gestattete uns in ihrer Werkstatt die Reparatur unserer Bulldog's. Danach halfen wir mit Treckern und Pferden Gut Glantzhof und dem Nachbargut bei der Frühjahrsbestellung.

Nach zwei Tagen Rast in Glantzhof ließ ich den Treck Biek mit 10 Gespannen und 22 Familien nach Westen weiterziehen."

„Während Hoene mit seiner ‚schnellen Gruppe' in Glantzhof geblieben ist, fuhr unser Treck Biek weiter. Nach beschwerlicher Fahrt erreichten wir Treptow, aber die kleine Stadt war von Flüchtlingstrecks hoffnungslos überfüllt. Zwei Familien fanden Unterkunft und blieben in Treptow," berichtete Kurt Hopp. „Die anderen fuhren quer durch Mecklenburg weiter. Es wurde eine beschwerliche Fahrt. Unsere Pferde waren noch kräftig, aber die Pferde der Trecks aus Ost- und Westpreußen waren abgetrieben und mager, und immer mehr blieben auf der Strecke. Und dazu immer wieder Luftangriffe, jetzt auch der Westalliierten.

Nach Tagen und Nächten, bei kurzen Futterrasten, erreichten wir bei Dömitz die Elbe und fuhren über die Elbbrücke nach Dannenberg. Jetzt hatten wir es nicht mehr so eilig. In manchen Dörfern blieben wir ein oder zwei Tage ehe wir weitertreckten. Einzelne Gespanne und Familien waren zurückgeblieben oder nahmen unwissend einen anderen Weg. Andere ließen sich von ihren Vorstellungen leiten und machten sich selbständig."

Am 10. April 1945 wurde Hannover von der 9. US-Armee (Simpson) eingenommen, war der größte Teil des Oberbergischen Landes bereits in amerikanischer Hand. Um die gleiche Zeit erreichten die ersten Gespanne des Hoene-Trecks Vöhrum-Eixe bei Peine. Männer und Jugendliche, die seit Pommern den Gestellungsbefehl in der Tasche hatten, mit der Anweisung, sich sofort auf der nächsten Kommandantur zu melden, sobald ein fester Standort bezogen war, kamen dieser Order nicht mehr nach, denn die Amerikaner waren nahe herangekommen, und jedermann wußte, daß das Kriegsende bevor stand. Und einen Tag später, am 11. April 1945 waren dann die Amerikaner auch in Vöhrum-Eixe und Peine. Die Flucht, ein Treck voller Angst und Schrecken aus Hinterpommern bis ins Herz von Deutschland war zu Ende. Es wurde nicht mehr geschossen, der Krieg war aus.

Flüchtlingstreck

Bereits im Sommer 1945 zogen einige Gespanne weiter nach Bergneustadt. Rund um das alte, große Gebäude der Metallwarenfabrik Dr. Hermann E. Müller ging es nun zu wie auf einem Gutshof — mit Landleuten und Pferdegespannen. Kurt Hopp blieb mit anderen Gutsleuten von Schönebeck und Altstadt in Vöhrum-Eixe, weil sie dort als Bauernknechte wenigstens satt zu essen hatten.

Über die Gruppe, die in Glantzhof zurückgeblieben war, berichtet Herr Friedrich Hoene in seinen Aufzeichnungen:

„Wir halfen mit unseren Treckern und den 11 Pferden bei der Frühjahrsbestellung. Für die Trecker erhielten wir in Woldegk Betriebsstoff und konnten uns so einen kleinen Vorrat für ‚alle Fälle' anlegen.

Am 21. April 1945 hieß es dann: ‚Die Russen haben die Oder überschritten!' Unsere letzte Hoffnung war dahin. In der Ferne sah man schon den Feuerschein brennender Dörfer. Vergebens warteten wir noch auf unsere Tochter aus Neugrape bei Pyritz, die allein mit ihrem Treck unterwegs war. Wir hatten abgemacht, uns in Glantzhof zu treffen.

Am Vormittag des 24. April fuhren wir von Glantzhof ab. Wir durften aber nicht über Woldegk fahren, weil diese Straße nur der Wehrmacht vorbehalten war. Wir fuhren nach Norden, Richtung Friedland, über Kopfsteinpflaster und grundlose

Landwege. Die Trecker mußten sich gegenseitig herausziehen. Bei Wolde wurde uns von Volkssturm in SA-Uniform der Einmarsch in den Kreis Stavenhagen verwehrt. Die beiden, mit alten Gewehren bewaffneten ‚Verteidiger Mecklenburgs' hatten ein Telefon bei sich, über das sie bei der Kreisleitung anfragten, ob unser Treck nach Mecklenburg rein dürfe. Es dauerte Stunden, bis die Antwort eintraf. Die Verständigung war schlecht. Endlich hatten sie verstanden — wir durften in den Kreis hinein. Dadurch hatten wir einen halben Marschtag verloren.

Am 30. April 1945 standen wir mit unseren Traktoren und Gespannen in einem Wald bei Grischow, 10 Kilometer östlich von Stavenhagen. Da es hieß, der Russe sei schon in Stavenhagen, waren wir ziemlich ratlos. Hier im Walde bei Grischow waren auch viele Menschen der umliegenden Dörfer und Leute des Gutes Grischow (die Güter Grischow und Ivenack gehörten dem Grafen von Plessen) untergezogen. Wir konnten und wußten nicht mehr weiter; uns blieb nur, abzuwarten. Gegen 10 Uhr vormittags kam starker Gefechtslärm im Osten auf. Wir standen unter Buchen, die gerade Laub ansetzten. Um unsere Traktoren und Wagen der Fliegersicht zu entziehen, tarnten wir sie mit abgeschlagenen Erlenzweigen, die mehr belaubt waren. Bald waren auch Flugzeuge am Himmel und Artillerie schoß. Einige Granaten krepierten in unserer Nähe. Die Pferde wurden unruhig und mußten an die starken Buchen angebunden werden. Auf Gut Grischow fielen Fliegerbomben. Der Dunghaufen und Stalltüren gerieten in Brand, der von der im Dorf verbliebenen Brandwache gelöscht wurde.

Gegen 11 Uhr vormittags zogen 15 deutsche Infanteristen an uns vorbei, um die Straße nach Malchin zu erreichen. Kurz danach kamen im wilden Trab mit einem leichten Gespann ein russischer Offizier und mehrere Soldaten in den Wald. Sie hielten bei uns und nahmen uns die Uhren ab. Der Bursche des Offiziers, namens Mischa, suchte sich die schwersten Pferde aus und spannte sie vor unseren Kutschwagen. Wir konnten noch schnell unsere Koffer und Decken herunternehmen und diese auf anderen Wagen verstauen. Nicht lange nach den ersten Russen kamen weitere in den Wald, bewaffnet mit Maschinenpistolen. Sie sprangen von ihren Autos und bedrohten uns gleich mit den Waffen. Ich verstand russisch und konnte folgen. Auch sie wollten wieder Uhren, aber da wir keine mehr hatten, nahmen sie uns Messer, Füllfederhalter und andere kleine Wertsachen ab. Nicht lange danach zog eine russische Batterie im Walde unter, die uns unsere 11 Pferde und die 34 Pferde des Gutes Grischow wegnahm. Wir wurden aus dem Walde gewiesen mit der Drohung, sonst als Partisanen behandelt zu werden. Meine Leute spannten drei ermüdete und abgetriebene Pferde, die die Russen nicht mehr haben wollten, vor einen Wagen, auf dem wir eiligst etwas Gepäck und Decken verstauten und damit den Wald verließen. Wir fuhren nach Grischow, wo wir Quartier bekamen. Meine Frau und ich, sowie meine Schwiegertochter mit ihren zwei kleinen Kindern kamen in einem Zimmer beim Schmied des Gutes unter. Am nächsten Morgen gingen einige von uns in den Wald zurück, um nach den stehengelassenen Wagen zu sehen, doch sie fanden nichts mehr. Was die Russen nicht mitgenommen hatten, hatten die Leute von Grischow geholt. Nur wenige Sachen bekamen wir wieder.

Bevor die Russen kamen, hatte der Gutsherr jeder Landarbeiterfamilie eine Kuh aus seiner Herde geschenkt, damit sie wenigstens Milch hatte. Ich riet dem Gutsherrn zu fliehen, aber er blieb. Was später aus ihm geworden ist, weiß ich nicht. Die Russen warfen ihn aus dem Gutshaus und errichteten darin eine Kommandantur. Neben russischen Soldaten wurden auch 66 Zivilrussen — Frauen und Männer — im Gutshaus untergebracht.

In den ersten Tagen wurden die Häuser und Wohnungen immer wieder von neuen, durchziehenden russischen Soldaten durchsucht. Jeder konnte etwas gebrauchen und ließ es mitgehen. Um nicht vergewaltigt zu werden, versteckten sich die Frauen. Nachts war nicht an Schlaf zu denken. Da ich im 1. Weltkrieg etwas russisch gelernt hatte, konnte ich von den Meinen das Schlimmste abwenden.

Die im Gutshaus untergebrachten Zivilrussen mußten das Vieh zusammentreiben. Jeden Tag kam ein anderes Dorf oder Gut an die Reihe. Waren große Herden zusammen, wurden sie nach Osten abgetrieben. Tausende von Kühen und Schafen gelangten so als Kriegsbeute nach Rußland. Berittene Soldaten begleiteten die Viehtrecks und verhinderten das seitliche Ausbrechen des Viehs. Auch Kälber und Lämmer wurden mitgetrieben — und verendeten als Wegzeichen der langen Viehtriebe an den Straßen. Fast alle Schweine der Güter wurden auf Lastautos abgefahren. So wurden die Güter ihr ganzes Vieh los. Nun hatten die Russen das Sagen. Sie bestimmten den Tagesablauf. Sie galoppierten mit Pferdegespannen durchs Dorf, und niemand durfte ihnen im Wege stehen. Sie schossen Rehe und Hirsche und warfen Leber und Hals mit dem Kopf auf den Misthaufen. Ich holte es und so hatten wir manche Fleischmahlzeit. Die Zivilrussen aus der Kommandantur waren die Schlimmsten; sie schlugen die Stachelbeersträucher im Garten ab und pflückten sie vor ihrem Quartier leer. Die Kirschbäume wurden abgesägt, weil so das Pflücken leichter war. Als ich einmal vor der Haustür stand, kam ein Trupp Soldaten die Straße entlang; sie musterten mich, und dann mußte ich meine Reithose ausziehen, die einer mitnahm.

Im Sommer und Herbst wurde die Getreide- und Hackfruchternte unter Aufsicht der Russen eingebracht. Dabei mußten alle helfen, wer es nicht tat, bekam kein Brot. Das Getreide mußte sofort gedroschen und auf Sammelstellen abgeliefert werden; bei Gerste, Hafer und Erbsen blieb nicht einmal Saatgut für das nächste Jahr übrig.

Von Mai bis November 1945 mußte ich die Russen in landwirtschaftlichen Fragen beraten. Ich war ja Landwirt und konnte zudem ein wenig Russisch. Von der Kommandantur in Grischow wurden die Güter Grischow, Ivenack, Goldin und Weitendorf verwaltet. Ich mußte die Buchführung machen und hatte auch ein Pferd und einen Wagen, um zu den Gütern zu fahren.

In Grischow stieß dann auch unsere Tochter mit ihren drei kleinen Kindern zu uns. Sie hatte uns endlich gefunden. Sie kam nur mit einem Rucksack an und hatte alles verloren. Ihr Treck wurde von den Russen eingeholt. Alle Leute, auch die Einwohner des Dorfes, wo sie untergezogen waren, wurden auf einer Wiese zusammengetrieben und dort einige Tage gefangen gehalten. Ihnen wurde alles genommen. Alte Leute und kleine Kinder starben, auch ihr einige Wochen altes Kind. Unsere Tochter verrichtete in Grischow Feldarbeit, während meine Frau für uns und die Kinder kochte und sie versorgte.

Im November 1945 wurde in der russisch besetzten Zone die Bodenreform durchgeführt. Die Güter wurden in Neusiedlungen von etwa 20 Morgen Acker, 2 Morgen Weide und 4 Morgen Wald aufgeteilt. Die neuen Siedler hatten es schwer, denn es war kaum noch Vieh und Saatgut vorhanden. Alle Nahrungsmittel waren knapp, und Fett, Milch und Fleisch gab es nur ganz selten. Viele Kleinkinder starben. Wir wollten versuchen, die Ostzone zu verlassen, denn inzwischen hatten wir Verbindung mit unserer Tochter, der Familie Dr. Hermann Müller in Bergneustadt bekommen, die uns mitteilte, daß wir nach Bergneustadt kommen sollten. Wir erhielten auch die Ausreiseerlaubnis aus der russischen Zone, da wir in der britischen Zone Verwandte nachweisen konnten. Das in Grischow verdiente Geld durften wir mitnehmen. Die Reichsmark galt ja noch in allen Zonen als Zahlungsmittel — bis 1948 die Währungsreform kam.

Am 26. November 1945 fuhren wir vom Bahnhof Grischow ab. Oma Kennecke mit Tochter und ihren drei Kindern waren auch dabei. Als der Zug auf dem Bahnhof Grischow einlief, war er schon übervoll und viele Menschen wollten noch mit. Auf allen Gängen und in den Abteilen standen dichtgedrängt die Leute. Niemand wollte zusammenrücken. Erst, als ein Bahnbeamter von draußen einfach unser Gepäck gegen die Beine der Leute warf, machten sie Platz und wir konnten einsteigen.

Wir wollten nach Schwerin, aber unterwegs wurde der Zug nach dorthin so voll, daß wir nach Wismar fuhren. Von dort fuhren wir dann mit dem nächsten Frühzug nach Wittenberge. Im Zug war es sehr kalt. Damit uns die zwei kleinen Kinder nicht erfroren, wickelten wir sie in eine Fuchspelzdecke, die wir von Schönebeck gerettet hatten. Am Abend des 27. November erreichten wir Stendal an der Bahnstrecke Berlin — Oebisfelde (Zonengrenze) — Hannover. Hier versuchten wir, mit einem englischen Leerzug weiterzukommen. Die englischen Soldaten sagten nichts, aber deutsche Polizei warf uns aus dem Güterwagen wieder heraus. Stunden später fuhren wir dann mit einem fahrplanmäßigen Personenzug nach Oebisfelde. Von dort gingen die Leute nach Velpke in der britischen Zone, wo wieder Züge eingesetzt wurden. Wir aber hatten Glück und konnten in Oebisfelde in einen Güterwaggon eines Leerzuges der Engländer einsteigen und kamen so schnell nach Braunschweig. Viele Flüchtlinge haben auf solchen Reisen ihre letzte Habe verloren. So konnten wir beobachten, daß auf einem Bahnhof in Mecklenburg der Zug viermal hin- und hergeschoben wurde. Dabei kamen Russen in den Zug und warfen aus mehreren Waggons Koffer, Taschen und Rucksäcke der Reisenden heraus, die von wartenden anderen Russen weggetragen wurden. Ein solcher Vorfall ereignete sich auch in Stendal, als ein Zug von Berlin einlief.

Wir blieben einige Tage bei Freunden auf einem Gut bei Braunschweig. Dann holte uns unser Schwiegersohn Dr. Hermann Müller mit einem Lastwagen nach Bergneustadt."

Inzwischen waren die meisten Leute des Trecks Biek mit ihren Pferdegespannen in Bergneustadt angekommen. Rund um das alte, große Gebäude der Metallwarenfabrik Dr. H. E. Müller in Bergneustadt ging es nun zu wie auf einem Gutshof — mit Pferden und anderem Vieh. Der damals 15jährige Kurt Hopp blieb mit einigen anderen Gutsleuten aus Pommern in Vöhrum-Eixe, weil sie dort als Bauernknechte wenigstens satt zu essen hatten. Im Herbst 1945 erhielt die Köchin von Hoenes, Frau Köhler, den Bescheid, auch nach Bergneustadt zu kommen. Dieser Gruppe schloß sich auch Kurt Hopp an. Am 15. November 1945 kam Dr. Hermann Müller mit einem Holzgas-LKW nach Vöhrum-Eixe und holte Frau Köhler und andere nach Bergneustadt. Gutsbesitzer Hoene kam mit seiner Familie als letzte Gruppe nach Bergneustadt. Er berichtet darüber in seinen Aufzeichnungen:

„Als wir Anfang Dezember 1945 in Bergneustadt ankamen, war bei allen die Freude groß. Wir kamen in ein warmes Haus. Die erste Adventskerze leuchtete uns entgegen. Auch Sohn und Schwiegersohn waren schon aus der Gefangenschaft entlassen und in Bergneustadt, das als Treffpunkt angegeben war. Da niemand in die Ostzone, geschweige denn Pommern entlassen wurde, hatten sie als Heimat Bergneustadt angegeben.

Wir waren glücklich, endlich in einigermaßen geordnete Wohn- und Ernährungsverhältnisse zu kommen und der Ungewißheit in der Ostzone entkommen zu sein. Die Schönebecker und Altstädter vom Treck Biek waren schon da. Sie arbeiteten in der Fabrik unseres Schwiegersohnes und andere arbeiteten im Wald und fuhren Holz mit den Pferden. Im Frühjahr 1946 wurden dann auf gepachteten Feldern Getreide und Rüben gesät und Kartoffeln gepflanzt. Für unsere 12 Pferde aus Pommern wurde auf dem Müllerschen Hof ein Stall gebaut. Zum Viehbestand gehörten auch drei Kühe und einige Schweine. Unser Schwiegersohn, der ausgebildeter Landwirt war, sorgte für alles."

Der Neuanfang der Metallwarenfabrik Dr. Hermann E. Müller in Bergneustadt im Jahre 1945 ist eng mit den Pommern der Hoeneschen Güter verknüpft. Sie stellten mit einem Stamm von heimischen Arbeitskräften den Neuanfang sicher. Kriegsgefangene und Fremdarbeiter gab es nicht mehr. Niemand konnte sich vorstellen, daß nach dem Wiederaufbau ein unvorstellbares Wirtschaftswunder nach neuen Arbeitskräften aus dem Ausland, jetzt Gastarbeiter genannt, verlangte. Die meisten Pommern hatten indessen eine neue Heimat gefunden und sich ein neues Haus gebaut.

Völlig erschöpfte Flüchtlinge.

Als die Amerikaner kamen
von Marlene Rück, geb. Krüger

Der 11. April 1945 war ein warmer Tag. Wir Kinder spielten im Apfelhof neben unserem Haus in der Storms Rospe. Plötzlich rief unsere Nachbarin aufgeregt nach meiner Mutter, und als diese am Fenster erschien: „Die Amerikaner kommen, die Amerikaner kommen!"

Wir sahen in die angegebene Richtung und konnten deutlich Soldaten oben auf der Berstig erkennen. Zuerst waren wir wie gelähmt, dann schrien groß und klein durcheinander, denn wir wußten, daß noch ein kleiner Trupp deutscher Soldaten im Wald am Sportplatz, gegenüber der Berstig war.

Aufgeregt wurden alle Kinder nach Hause gerufen. Gleichzeitig heulte es über unsere Köpfe hinweg, und mit lautem Getöse schlug irgendwo eine Granate ein. Eine Nachbarin, die zufällig im Apfelhof war, schrie: „Legt Euch hin, legt Euch ganz flach auf die Erde und bewegt Euch nicht!" Sie selbst warf sich über einige Kinder, um sie zu schützen. Ich zitterte am ganzen Körper. Immer wieder schlugen Granaten ein. Es krachte fürchterlich.

Endlich — für mich eine Ewigkeit — hörten die Detonationen auf. Die Nachbarin nahm die kleinen Kinder auf den Arm und an die Hand und lief mit ihnen ins Haus. Meine Mutter kam angerannt und holte mich.

So plötzlich, wie das Granatengewitter aufkam, so schnell erlosch es wieder und eine unheimliche Stille trat ein. Draußen wurde es bereits dämmrig, der Tag neigte sich dem Ende zu. Wir warteten noch einige Zeit und erwarteten die Amerikaner, aber sie kamen noch nicht. Mutti schickte uns ins Bett. Was dann noch am späten Abend und in der Nacht geschah, erfuhren wir später von Mutti und unserer gelähmten Tante Berta: Als es dunkel war, kamen die deutschen Soldaten vom Wald neben dem Sportplatz ins Dorf. Sie wurden in Scheunen, in Ställen von den Dorfbewohnern vor den Amerikanern versteckt, doch eine junge Frau hat sie am nächsten Morgen verraten.

Dieser Morgen war für mich schrecklich. Ich sah mit an, wie die Amerikaner die deutschen Soldaten aus ihren Verstecken holten und diese mit hinter den Kopf verschränkten Händen wie Vieh die Dorfstraße hinunter jagten; ich sah auch, wie sie mit Gewehrkolben zur Eile angetrieben wurden.

Meine Mutter hatte furchtbare Angst, denn es hieß auch, daß noch alle Häuser nach Soldaten, nach Silber und anderen wertvollen Sachen und nach Büchern mit Hakenkreuzen durchsucht werden.

Ich kann mich noch gut erinnern, wie ich mit Mutti am Kohleofen stand und meine Lehrbücher, worauf das Hakenkreuz war, und dann andere Bücher verbrannte. Dann holte meine Mutter Vaters Kamera mit dem Stativ und versteckte sie in der Scheune unter einem Stapel Holz. Danach holten wir unser ganzes Tafelsilber aus dem Schrank und schleppten es in eine Scheune, die weit oberhalb unseres Hauses stand. Dort grub meine Mutter ein großes Loch, wir packten das Silber in Ölpapier und vergruben alles. Zum Schluß legten wir Gras und Reisig über die Stelle, damit die Amerikaner das Wertvolle nicht finden sollten.

Am nächsten Morgen, am 12. April kamen die Amerikaner in unser kleines Dorf. Sie gingen von Haus zu Haus und nahmen auch wertvolle Gegenstände mit. Als es an unserer Haustür schellte, machte Mutter auf. Ein paar Amerikaner kamen in die Küche und sahen sich um, öffneten aber keine Schublade, keinen Schrank. Mein Schwesterchen und ich drückten sich ängstlich an Tante Berta, die ebenso angstvoll und hilflos in ihrem Rollstuhl saß und die Amerikaner anstarrte. Meine Mutter versuchte ihnen zu erklären, daß wir arme Leute sind und nur ein paar Hühner und Kühe besäßen. Sie gaben sich damit zufrieden und gingen zum nächsten Haus. Jetzt setzte sich meine Mutter aufs Sofa und fing furchtbar an zu weinen. Ich glaube, sie hatte keine Kraft mehr. Vielleicht dachte sie auch an Vater, der deutscher Soldat war und vielleicht nun irgendwo gefangen genommen wurde.

Die Tage darauf waren sehr unruhig. Panzer und Jeeps ratterten durchs Dorf und erfüllten es mit ständigem Motorenlärm. Dann hieß es: „Die Amerikaner suchen Quartiere und beschlagnahmen Häuser, die von den Deutschen geräumt werden müssen." Solches zogen auch Mutter und Großvater in Betracht und stellten Überlegungen an.

Vorsorglich räumten wir über dem Kuhstall die „Tenne" leer; sie hatte einen Betonboden und geputzte Wände, und ein Rohr, durch das die Kuhstallwärme nach oben kam. Schräg über der Tenne, durch eine Leiter zugänglich, lag das Heu für die Tiere. Dort machte uns Mutti mit unserem Bettzeug ein wunderbares „Nest", in dem wir schlafen konnten. Dann schafften wir noch Stühle, einen Tisch und einen Schrank auf die Tenne, und Geschirr zum Waschen, und was man sonst für den Notfall braucht. Außerdem legten wir noch ein heimliches Vorratslager an. So waren wir für alles gerüstet.

Eines Mittags klingelte es an unserer Haustür. Meine Mutter machte auf. Ein wohl höherer amerikanischer Offizier stand vor meiner Mutter und weitere dahinter. Gleichzeitig wurde die Tür, die zum Hof und den Ställen führte, aufgestoßen und eine Horde Soldaten drängte in den Flur hinein und wollte in unsere Zimmer. Der Kommandant befahl sie zurück und sie verließen das Haus.

Dann sagte der Kommandant zu meiner Mutter, daß er unser Haus als sein Quartier beschlagnahmen wolle, da es sich für eine Kommandantur gut eignen würde. Der Offizier sprach gebrochen deutsch. Meine Mutter antwortete ihm, daß wir wohl auf die Tenne ziehen würden, da aber nicht unsere behinderte Tante im Rollstuhl mitnehmen könnten. Der Kommandant besprach sich mit seinen Offizieren und dabei sahen sie auf unsere Tante. Plötzlich nahm der Kommandant seine Hand an die Stirn, grüßte militärisch und sagte zu meiner Mutter: „Du Haus behalten. Wir nix nehmen wegen kranker Madam!" Sie gingen.

Wir konnten es gar nicht fassen und fielen uns in die Arme. Wir Kinder krabbelten Tante Berta auf den Schoß und drückten sie ganz fest. Die Ortskommandantur wurde in das Haus „Storm" gelegt, wo sie bis zum Abzug der Amerikaner blieb.

Täglich rollten Jeeps, Panzer und Lastkraftwagen durch unser Dorf. Die Wege, Straßen und Wiesen sahen wie gepflügte Äcker aus. Mit der dörflichen Ruhe war es vorbei.

Eines Tages sah ich einen haltenden Jeep vor unserem Nachbarhaus. Dort wohnte eine Familie mit zwei Mädchen in meinem Alter, vier und fünf Jahre alt. Den Jeep fuhr ein baumlanger Neger. Er winkte den Nachbarmädchen zu und sie kamen. Dann sah ich, wie er den Kindern etwas Rundes, Orangefarbenes gab. Ich wußte nicht, was das war und fragte meine Mutter danach. Sie wußte, daß es Apfelsinen waren und fuhr mich böse an: „Untersteh' Dich, und nimm irgend etwas von unseren Feinden!"

Trotz des Verbots meiner Mutter stand ich dann täglich am Zaun, der unser Grundstück von der Straße abgrenzte und wartete auf den Neger im Jeep, der öfter kam und stets den Nachbarmädchen etwas mitbrachte.

Ich glaube, er hat auch mich beobachtet, wie ich immer traurig am Zäunchen stand. Dann hielt er auch bei mir und wollte mir etwas schenken, aber ich lief fort, denn ich durfte ja von den Feinden nichts annehmen.

Eines Mittags hielt er dann wieder vor unserem Haus und fragte in gebrochenem Deutsch nach meiner Mutter. Ich lief schnell in die Küche und gleich danach tauchte auch er dort auf. Er war so groß, daß er sich unter der Tür bücken mußte.

Wir sahen ihn ängstlich an, doch er beruhigte meine Mutter und bat nur, mir etwas schenken zu dürfen. Dabei lachte er Mutti mit seinen schönen, weißen Zähnen an, bis sie schließlich nachgab und es ihm erlaubte.

Von da an kam er fast jeden Tag, immer um die gleiche Zeit, und jedesmal stand ich erwartungsvoll am Zäunchen. Immer hatte er etwas anderes dabei, was ich noch nie gesehen oder gegessen hatte, Schokolade, Orangen, Kakao, Knäckebrot, aber das Beste waren die Kaugummi; die kaute ich den ganzen Tag. Abends kamen sie in ein Glas mit Zuckerwasser, damit ich sie anderntags weiterkauen konnte.

Wenn die Amerikaner Zigarettenstummel fortwarfen, liefen wir Kinder hin, sammelten sie auf und taten sie in ein Schächtelchen. Wenn die Schachtel voll war, brachten wir sie in einen Raum über der Bäckerei Steinmeyer. Dort wurden Zigarettenstummel gegen kleine, bunte Bildchen getauscht, die wir in die Poesiealben klebten. So kam nach und nach unter uns Kindern ein kleiner Handel mit Bildchen, Zigarettenkippen und Kaugummi zustande.

Schräg gegenüber von unserem Haus, in den Storm's Wiesen, hatten die Amerikaner ein Verpflegungslager. Dort lungerten wir Kinder oft herum und bekamen ab und zu ein Kommißbrot oder Rosinen und andere Eßwaren. Von dem Kommißbrot kochte dann Tante Berta immer eine herrliche Brotsuppe.

Ein Zwillingspärchen, Käti und Gerta, war immer dabei. Sie stammten aus Birkesdorf bei Düren. Von dort war die Familie — insgesamt elf Personen — im November 1944 nach hier geflüchtet. Da die Familie so groß war, wurde sie aufgeteilt, eine Hälfte wohnte zuerst in Bergneustadt, die andere Hälfte in Dieringhausen. Der älteste Junge arbeitete in der Wäscherei Storm, bis er im Februar 1945 noch zum Militär einrücken mußte. Vorher erreichte er noch die Wiederzusammenführung der Familie, die nun im Trockenraum über der Wäscherei wohnte. Meine Mutter half der Familie, wo sie konnte, und unter den Frauen bahnte sich bald eine echte Freundschaft an, gleichermaßen auch unter uns Mädchen und zu deren

Ein US-Soldat verschenkt Kaugummi und Schokolade an deutsche Kinder.

Tante Jerta. Tante Jerta hatte großes Talent im Beschaffen von Lebensmitteln. Zuerst waren es oberbergische Bauern, die sie besuchte. Dann „organisierte" sie bei den Amerikanern, wo immer sich dazu eine Gelegenheit geboten hat; das wurde noch besser, als die Amerikaner eine Truppenküche in die Wäscherei verlegt haben. In diesem Bereich spielten wir Kinder nun jeden Tag und beobachteten auch das Treiben der amerikanischen Köche und Verpflegungsmänner. Neben dem Schornstein der Wäscherei entstand nach und nach ein Abfallplatz, auf den die täglichen Küchenabfälle geworfen wurden. Als wir das Tante Jerta erzählten, war das „Wasser auf die Mühlen". Sie erklärte uns Mädchen jeden Tag einen neuen Plan.

Wenn die Wache um die Ecke war, schlüpften wir drei Mädchen durch ein Loch im Zaun, füllten schnell unsere Taschen und reichten sie Tante Jerta, die draußen wartete und „Schmiere" stand. Wenn die Amerikaner wieder näher kamen, verschwanden wir so schnell, wie wir gekommen waren. Wir kannten bald jeden Schlupfweg, jedes Versteck.

In dieser Zeit waren die Mahlzeiten bei uns fast „königlich". Einmal brachten wir halbangegessene Pfannkuchen, andere Male Orangen und Pfirsiche, die nur kleine Faulstellen hatten, halbvolle Konservendosen und Brotkanten. Am meisten schätzten wir das wunderbare, weiße, leckere Weißbrot. Wenn wir das anbrachten, holte Mutti selbstgekirnte Butter von unseren Kühen aus dem Keller und stellte sie auf den Tisch. Dann saßen wir immer mit fröhlichen Mienen um den großen Küchentisch herum und ließen es uns gut schmecken.

Allmählich wurden wir beim „Organisieren" immer leichtsinniger. Wenn wir beim Spielen sahen, daß etwas weggeworfen wurde, huschten wir schon durch das Loch im Zaun und holten es uns, versteckt unter unserer Schürze. Als wir so eines Tages gerade am Abfallhaufen „beschäftigt" waren, standen plötzlich zwei Wachsoldaten hinter uns. Wir erschraken sehr und standen wie versteinert da. Dann brüllten sie uns auf englisch an und zeigten auf uns und das Loch im Zaun. Wir begriffen, daß wir abhauen sollten und liefen so schnell wie niemals zuvor nach Hause. Von nun an hatten wir Angst und gingen nicht mehr hin. Tante Jerta stellte dann auch bei einem „Spaziergang" fest, daß das Loch im Zaun geschlossen war.

Diese Tage waren für uns Kinder eigentlich unbeschwert. Das änderte sich schlagartig, als in der zweiten Aprilhälfte 1945 auf den Rosper Wiesen ein großes Lager mit deutschen Kriegsgefangenen entstand. Wir Kinder sahen, wie die amerikanischen Soldaten mit den deutschen Kriegsgefangenen umgingen; sie wurden von den Lastwagen und Jeeps geschubst, mußten antreten und abzählen... Es wurden immer mehr. Die Wiesen vom Grundstück Schenk — oberhalb der Rospe — bis zum Hotel Tabbert und dem Sägewerk Schürmann waren schwarz von Menschen. Es gab heiße Tage und nachts war es sehr kalt. Dann kamen Regentage. Viele

Gefangene kratzten sich mit bloßen Händen, Löffeln oder Blechbüchsen Löcher in den Boden, um etwas Schutz zu haben. An heißen Tagen quälte sie furchtbarer Durst. Rosper brachten den Gefangenen Wasser in Milchkannen, doch einige Wachsoldaten schütteten grinsend das Wasser aus. Die deutschen Gefangenen dursteten weiter.

Meiner Mutter tat das sehr weh. Vielleicht dachte sie an den Vater, der jetzt irgendwo solchen Durst leiden mußte. Eines Tages ging sie auf einen amerikanischen Offizier zu, der vor unserem Haus stand und mit seinen untergebenen Soldaten sprach, und bat ihn, daß wir den Gefangenen Wasser bringen dürften. Wir Kinder standen dabei. Erst tat der Offizier so, als verstände er meine Mutter nicht, doch als wir Kinder auf unsere kleinen Milcheimer zeigten, die bereits mit Wasser gefüllt waren, nickte er plötzlich meiner Mutter zu. Wir hatten die Erlaubnis, unseren Gefangenen Wasser zu bringen.

Im Nu füllten wir in unserer Waschküche alle Eimer und sonstigen Behälter mit Wasser; Mutti schleppte sie mit Nachbarsfrauen zu den Gefangenen an die Absperrung, wo sie aus Schöpfkellen und Bechern gierig das Wasser tranken. Den großen Hunger der Gefangenen konnten wir jedoch nicht stillen. Es wurde so schlimm, daß sie Brennessel und Rinde von den Bäumen aßen.

Das Lager wurde immer größer. Bald erstreckte es sich bis zu den „drei Linden" hinauf — ein Loch am anderen. Jeden Tag fuhren die Autos durch unser Dorf, beladen mit deutschen Kriegsgefangenen. Von meiner Mutter hörte ich, daß auch einige aus unserem Dorf und der näheren Umgebung darunter wären.

So vergingen die Tage und Wochen. Der Mai kam und mit ihm eine Regenperiode. Es regnete und regnete. Die Wiesen bestanden nur noch aus Schlamm und Morast. Die Gefangenen standen bis zu den Knöcheln im Schlamm und ihre Kleidung war völlig durchnäßt. Sie waren abgemagert, ihre Gesichter ausgemergelt und grau, sogar für uns Kinder sahen sie zum Erbarmen aus. Den ganzen Mai über hielt der Regen an.

Eines Tages, um die Mittagszeit, gab es einen großen Tumult. Die Amerikaner schrien durcheinander. Plötzlich fielen Schüsse. Ich lief so schnell ich konnte zu meiner Mutter in die Küche, um ihr von den Schüssen zu berichten, doch sie hatte sie auch gehört. Dann knallte es wieder ein paarmal und ich dachte, daß nun wieder der Krieg anfangen würde. Wir trauten uns nicht aus dem Haus. Nachher habe ich dann aus den Erzählungen von Mutter und den Nachbarn alles erfahren: Ein junger deutscher Soldat, der auf „Schenk's Wiesen" lag, hatte versucht, aus dem Lager in das „Erpelchen" zu flüchten. Dabei wurde er von den amerikanischen Posten bemerkt, die sofort das Feuer auf ihn eröffneten. Durch die Schießerei wurden die amerikanischen Soldaten in der Kommandantur im Hause Storm aufmerksam, und nun ging es erst richtig los. Aus jedem Fenster — so erzählte man später — hätte ein Ami mit einem Gewehr auf den Flüchtenden geschossen, einer sogar mit zwei Pistolen gleichzeitig. Unter dem Feuer brach der deutsche Soldat schwer verletzt zusammen. Kurz danach kamen Sanitäter und ein Rote-Kreuz-Auto, und der Verwundete wurde abtransportiert. Nach diesem Vorfall wurden die Wachen verstärkt.

Und dann wurde eines Tages das Gefangenenlager geräumt. Viele Lastkraftwagen kamen. Die deutschen Gefangenen stiegen auf und wurden weggefahren. Mutti und ich standen an der Haustür. Wir beobachteten das Treiben. Plötzlich hielt ein Jeep vor uns, und der lange Neger sprang heraus, eilte die Treppe hoch, auf uns zu, und sagte in gebrochenem Deutsch, daß er sich nun verabschieden müsse, da seine Einheit weiterziehen werde. Er schenkte mir noch eine Tafel Schokolade und strich mir über das Haar. Zu meiner Mutter sagte er: „Good bye!" Dann sprang er in seinen Jeep, und als er davon fuhr, winkte er noch einmal. Mir war zumute, als hätte ich einen Freund verloren.

Nach und nach wurden die Wiesen leer. Sie sahen furchtbar aus. Alles war zertrampelt, kein Gras war mehr zu sehen, nur die leeren Erdlöcher, in denen die Gefangenen gehaust hatten.

1946 kam mein Vater aus der Gefangenschaft. Da erst haben wir das Silber, das wir in der oberen Scheune vergraben hatten, wieder ausgegraben. Den Fotoapparat und das Stativ fanden wir nicht; beides kam erst in den 50er Jahren zum Vorschein, als wir das letzte Holz aus der Scheune verbrauchten. Großvater fand beides, verschmutzt unter einem Haufen Sägemehl. Fotoapparat und Stativ verwahre ich seitdem als Andenken an meinen Vater und diese Zeit.

Siehe dazu auch im Band 1, „„...bis zur Stunde Null", Seite 306, das Kapitel: „Kriegsgefangene".

Das Luftwaffenlazarett Denklingen in der Zeit des Umbruchs 1945—1947

Diesem Bericht liegt ein eingehendes Informationsgespräch zugrunde, das der Verfasser mit Herrn Doktor med. Günter Röhrs, Wiehl, am 20.12.1985 geführt hat. Herr Dr. Röhrs war 1945 als junger Luftwaffenarzt der Reserve im Lazarett Denklingen tätig. Seine Angaben „aus erster Hand" sind ein Stück Zeitgeschichte und bringen in Erinnerung, unter welchen Umständen und Bedingungen Ärzte und Sanitätspersonal in Denklingen arbeiten mußten. Für die wertvollen Angaben sei Herrn Dr. Röhrs herzlich gedankt. Die Ausführungen von Dr. Röhrs wurden mit den Arbeiten des Verfassers, die sich im Buch „Bis zur Stunde Null" niedergeschlagen haben, zum nachstehenden Kapitel zusammengefaßt.

Im Zweiten Weltkrieg wurde die Lungenheilstätte Denklingen der Landes-Versicherungs-Anstalt Rheinprovinz in ein Lazarett der Luftwaffe umgewandelt. Die Heilstätte auf dem Burgberg bei Denklingen hatte die Bezeichnung: „Luftwaffen-Lazarett 12/XI". Das Lazarett wurde mit verwundeten und erkrankten Soldaten aller Wehrmachtsteile belegt, anfangs vorzugsweise mit Lungenkranken. Alle Ärzte kamen aus dem zivilen Bereich und waren seit Kriegsbeginn eingezogen und hatten ihrem Ausbildungsstand entsprechende Dienstgrade der Luftwaffe. Die jungen Ärzte kamen direkt von den Universitäten, nachdem sie schon bei der Truppe ausgebildet und eingesetzt gewesen waren.

Chefarzt im Range eines Stabsarztes war der Lungenspezialist Dr. Dohmen, sein Stellvertreter mit chirurgischer Erfahrung Stabsarzt Dr. Hoppe. Neben diesen arbeiteten noch vier Unterärzte im Lazarett Denklingen. Dr. Röhrs kam am 1. Januar 1945 als junger Unterarzt ins Haus.

In der Endzeit des Krieges, als klar zu erkennen war, daß die West-Alliierten bald auch in Denklingen sein würden, sagte der Chefarzt seinen Untergebenen: „Wer will, kann seine Frau oder Braut nach Denklingen holen; wir werden sie bei uns unterbringen und ehrenamtlich beschäftigen." Das war eine großzügige Vorsorge, zumal niemand voraussagen konnte, wie die „Stunde Null" und die Zeit danach ablaufen würden.

Im Zuge dieser Aktion holte Unterarzt Dr. Röhrs seine Frau und seine (erste) Tochter, die damals ein Säugling war, von Marburg nach Denklingen. Mit dem letzten Zug — teilweise mit Bussen — erreichten sie Hermesdorf. Weiter ging es nicht mehr, die Strecke Richtung Osberghausen war durch Kriegsereignisse nicht mehr befahrbar. Zunächst kam Frau Röhrs mit ihrer kleinen Tochter bei einem Bauern unter. Als dann die Front immer näher kam, rückten Ärzte und Sanitätspersonal des Lazaretts zusammen und brachten ihre Familienangehörigen in ihren Zimmern mit unter. Dr. Röhrs Gattin war ausgebildete medizinisch-technische Assistentin und wurde in dieser Fachrichtung beschäftigt. Andere Frauen, die keinen entsprechenden Beruf hatten, wurden im Lazarett als Hilfsschwestern eingesetzt. So wurden personelle Engpässe beseitigt. Später sind alle zusammen in Gefangenschaft gekommen, ein großer Vorteil, der nur wenigen Deutschen in damaliger Zeit zuteil wurde.

Angesichts der „Stunde Null" wurde in den meisten Menschen der Wille zum Überleben immer stärker. Jeder war darauf bedacht, nicht noch in letzter Minute zu fallen oder an Hunger zu sterben. In dieser Zeit entwickelten Chefarzt Dr. Dohmen und seine Zahlmeister ein großes Organisationstalent. Überall, wo man in der Nähe Sanitätsmaterial oder Lebensmittel haben konnte, wurde es abgeholt und ins Lazarett geschafft. Ein großer requirierter Möbelwagen, versehen mit den Zeichen des Roten-Kreuzes, war in dieser Zeit ständig mit einem Zahlmeister unterwegs zu den vielen von rheinischen Großstädten ausgelagerten Beständen von Sanitätsmaterial oder Lebensmitteln, die sich oft in Sälen, Schulen und Bauernhäusern befanden. Sie „karrten" nach Denklingen heran, was nur möglich war. Und das ging so weiter bis zur letzten Stunde.

„Die Ausstattung und Bevorratung des Lazaretts Denklingen war gut", so erinnert sich Dr. Röhrs. „Dr. Dohmen, der die Dinge wirklich sehr weitsichtig im Griff hatte, erfuhr kurz vor dem Anrücken der Amerikaner von der Existenz eines Lagers von Sanitätsmaterial, das eine Firma aus Köln in Lichtenberg eingerichtet hatte. Nach einer kurzen Unterrichtung wurde ich mit dem Zahlmeister nach Lichtenberg geschickt. Wir fuhren mit einem Motorrad los, jeder mit einem Rucksack aufgeschultert. Als wir die Hauptstraße vor Lichtenberg überquerten, lag schon amerikanisches Artilleriefeuer auf diesem Abschnitt. Wir kamen durch und fanden in Lichtenberg ein großes Lager mit Operationsmaterialien — alles Dinge, die wir gut gebrauchen konnten. Wir packten unsere Rucksäcke voll und fuhren nach Denklingen zurück. Nach kurzem Beraten mit den anderen Ärzten kamen wir zu dem Entschluß, in der Dunkelheit noch einmal nach Lichtenberg zu fahren — dieses Mal mit unserem VW-Kübelwagen.

Als es dunkel wurde, fuhren wir wieder los. An der Kreuzung vor Lichtenberg gerieten wir in ein schweres Artilleriestörungsfeuer der Amerikaner. Sie schossen in unregelmäßigen Abständen „blind" nach vorher erschossenen Werten, die an den Richtgeräten der Geschütze eingestellt wurden. Eine Granate, die dicht neben uns einschlug, verwundete den Zahlmeister leicht an der Hand. Zum Glück wurde der Volkswagen nicht beschädigt. In Lichtenberg holten wir dann aus dem Lager, was der Volkswagen fassen konnte, medizinische Geräte, Verbandszeug, Operationshandschuhe, Medikamente. Die Rückfahrt nachts verlief dann ohne Zwischenfall. Der Zahlmeister steuerte den Wagen sicher um die vielen Granattrichter herum."

So ging das Lazarett Denklingen gut bevorratet in die letzte Runde des Krieges — bevorratet auch mit damaligen Raritäten wie Wein, Bohnenkaffee und Schokolade. „Diese Bestände", so Dr. Röhrs, „ermöglichten uns allen das Weiterarbeiten und Überleben."

Kurz vor der „Stunde Null" wurde das Lazarett Denklingen besonders gefordert und mußte viele verwundete Soldaten und auch Zivilisten aus den Kämpfen bei Waldbröl und Morsbach aufnehmen. Ärzte und Sanitäter arbeiteten in drei Schichten rund um die Uhr in ungeheurem und pflichtgemäßen Einsatz.

Einen Tag, bevor die Amerikaner kamen, am 8. April 1945, schliefen oder ruhten auch die Freischichten nicht mehr. Die einzelnen Arbeitsgruppen — Ärzte, Schwestern und Sanitäter — „feierten" Abschied vom bisherigen Leben, denn was danach kommen würde, vermochte niemand zu sagen. Galgenhumor. Dazu erinnert sich Dr. Röhrs:

„Zur Abschiedsfeier meiner Gruppe hatten sich alle ein letztes Mal die Ausgangsuniformen und guten Schwesterntrachten angezogen. Als wir bei Kaffee und Kuchen zusammen saßen, hörten wir schon das Lärmen von Tiefffliegern. Kurz danach kam ein Kradmelder und forderte einen Arzt an. Da die anderen Ärzte alle zu tun hatten, mußte ich los. Und da es dringend war, kam ich nicht einmal mehr zum Umziehen. Ich nahm meine Arzttasche und stieg in den bereits wartenden Sanka, der dann auch schon hinter dem Kradmelder herfuhr. Bei Hasenbach war eine Flakeinheit in Stellung, die von amerikanischen Jagdbombern angegriffen worden war und Verluste hatte. Ich verband im Ausgehanzug die Verwundeten (was mögen die dreckverschmierten Frontsoldaten von dem Militärarzt in Gala gedacht haben?); die nicht Gehfähigen und Schwerverwundeten nahmen wir mit ins Lazarett." (Siehe hierzu: „Bis zur Stunde Null", Seite 210.)

Am Abend des 8. April 1945 hatte das III. Bataillon des US-Infanterieregiments 309 (78.US-Inf.Div.) Hermesdorf besetzt. Damit wurde auch das Lazarett Denklingen Frontgebiet. Am Morgen des 9. April erhielt Dr. Röhrs vom Chefarzt den Auftrag, mit dem im Abschnitt Denklingen befehlsführenden deutschen Truppenführer der 183. Volksgrenadierdivision (Kdr. Gen. Maj. Warrelmann) Verbindung aufzunehmen und ihn zu veranlassen, Denklingen — auch wegen des Lazaretts — von seinen Truppen räumen zu lassen. Es sei bemerkt, daß die regulären Truppen nur noch Splittergruppen waren, denen teilweise Volkssturm unterstellt worden war. Auftragsgemäß fuhr Dr. Röhrs mit seinem alten treuen Fahrer, dem Obergefreiten Kowak, einem Berliner, los. Sie benutzten einen Sanka mit den Zeichen des Roten-Kreuzes. Als sie den Burgberg abwärts fuhren, stießen sie auf erste Sicherungen des Volkssturms. Nach der Genfer Konvention war verboten, in der Nähe und auf dem Gelände von Lazaretten, die durch internationale Kennzeichen des

Roten-Kreuzes ausgewiesen waren, Stellungen zu kriegerischen Handlungen zu errichten. Dr. Röhrs telefonierte vom Pförtnerhaus mit seinem Chef, der ihm befahl, unbedingt dafür zu sorgen, daß die Verteidigungsstellungen in der Nähe des Lazaretts aufgegeben werden.

Dr. Röhrs fuhr weiter, um den Führer der Verteidiger zu suchen und fand zufällig einen jungen Truppenarzt der verteidigenden Einheit, der mit ihm in Marburg studiert hatte. Die Freude war groß, doch die Zeit drängte. Sie besprachen kurz die Lage. Der Truppenarzt sagte Dr. Röhrs, daß der Regimentsstab in Schalenbach liegen würde und daß diese Mission keinen Erfolg verspreche, da es immer heißt: „Halten um jeden Preis!" Und seine letzten Worte waren: „Der Krieg wird sowieso bald aus sein — seit Wochen laufen wir nur noch vor den Amis her."

In Schalenbach befand sich der Regimentsgefechtsstand. Dr. Röhrs fand den Regimentskommandeur mit seinen Stabsoffizieren in der guten Stube eines Bauernhauses. Röhrs trug dem Regimentskommandeur, einem Österreicher mit Monokel, sein Anliegen vor. Der hörte ihm zu und sagte, daß er das nicht allein entscheiden könne. Dazu müsse die Genehmigung vom 58. Panzerkorps (Botsch), das in Iseringhausen lag, eingeholt werden. Der Kommandeur wollte sich über Funk mit dem Korps in Verbindung setzen.

Unterarzt Dr. Röhrs fuhr noch einmal nach Denklingen zurück, um seinen Chefarzt über den Stand der Dinge zu unterrichten. Kurz vor Denklingen fand er dann noch einen Leutnant, den Befehlsführenden im Abschnitt Burgberg, dem auch eine Volkssturmeinheit unterstellt war. Röhrs, der Absprache mit seinem Chef folgend, alles zu unternehmen, um die Verteidiger von Denklingen zum Abzug zu bewegen — bediente sich einer „Notlüge" und sagte dem Leutnant der Infanterie: „Ihr Regimentskommandeur läßt Ihnen durch mich ausrichten, daß Sie sich unverzüglich mit Ihren Leuten auf dem Gefechtsstand in Schalenbach melden sollen. Die Stellungen sind aufzugeben!" Der Leutnant war zunächst skeptisch, doch er ließ sich überzeugen — und jeden Tag hieß es ja: „Rückzug!" Während die Stellungen geräumt wurden, fuhr Dr. Röhrs ins Lazarett zurück.

Nach kurzer Zeit kamen ihm Bedenken und er fuhr noch einmal nach Schalenbach. Vielleicht war vom Panzerkorps dort inzwischen sein eigenmächtiger „Befehl" an den Leutnant bestätigt?!

Unterarzt Dr. Röhrs meldete sich noch einmal beim Regimentskommandeur, der ihm die Funkantwort des Korps präsentierte: „Denklingen ist der Schlüssel zum Ruhrkessel und wird gehalten bis zum letzten Mann!"

Da nun der Leutnant mit seinen Leuten auf dem Wege von Denklingen nach Schalenbach war, bahnte sich für den Unterarzt eine Situation an, die ihm den Kopf kosten konnte. Als er noch auf dem Gefechtsstand war, traf der Infanterie-

Leutnant ein und meldete seine Einheit „befehlsgemäß" zurück. Der Regimentskommandeur begann zu toben und wollte wissen, wer den Befehl zur Räumung der Stellungen bei Denklingen gegeben habe. „Noch während die Sache zwischen dem Leutnant und seinem Kommandeur geklärt wurde", so Dr. Röhrs, „machte ich eine ‚Fliege' und verschwand unauffällig aus dem Kreis der umherstehenden Stabsoffiziere. Mein Fahrer, der Obergefreite Kowak, hatte die Lage erfaßt und bereits den Sanka gewendet; mit laufendem Motor und offener Autotür wartete er schon auf mich, und als ich den Wagen bestiegen hatte, raste er nach Denklingen ins Lazarett zurück. Es dauerte dann auch nicht mehr lange, bis die Amerikaner kamen."

Am Nachmittag des 9. April 1945 besetzten die Amerikaner von Süden her Denklingen. (Siehe hierzu auch: „Bis zur Stunde Null", Seite 210.) Das Lazarettgelände betraten sie durch ein Nebentor in der Umzäunung. Stabsarzt Dr. Hoppe übergab dort das Lazarett mit seinen vielen Patienten einem US-Captain. Verhandlungsführer der Amerikaner war ein Offizier, der fließend deutsch sprach. Er fragte nach Stärke und Zusammensetzung der Sanitätsdienste und der Belegung und erteilte erste Verhaltensmaßregeln. Das Lazarett wurde unter amerikanische Bewachung gestellt. Der Betrieb im Lazarett ging uneingeschränkt weiter, die Arbeit wurde nicht behindert. Ein Grund dafür war auch, daß die Amerikaner eine unheimliche Angst vor ansteckenden Krankheiten hatten. „Um diese Angst bewußt zu schüren", so Dr. Röhrs, „erklärten wir eine Station als ‚Infektionsstation'. Den Kranken und Verwundeten hatten wir vorher gesagt, daß sie langanhaltend husten sollten, wie bei schwerer Tuberkulose, wenn die Amerikaner ihre Zimmer betreten würden. So waren die Amerikaner gleich vorsichtig, und wir hatten große Bewegungsfreiheit."

Gleich nach der Besetzung bekamen Ärzte, Schwestern und Sanitäter des Lazaretts Denklingen viel zu tun; die Amerikaner brachten noch viele verwundete deutsche Soldaten, die sie irgendwo gefunden hatten, und schwerkranke und verwundete Zivilisten und ausländische Zwangsarbeiter — Russen, Ukrainer, Polen, usw. — ins Lazarett. Bald waren alle Räume, Gänge, Arzt- und Behandlungszimmer, alle Abstellkammern bis unters Dach mit verwundeten und kranken Menschen belegt. Es war kaum vorstellbar und ein sehr schweres Arbeiten. Dazu Herr Dr. Röhrs: „Wir mußten über die überall abgestellten Tragen, über die Menschen buchstäblich hinwegsteigen. Vor allem mußten wir Ärzte jetzt nach bestem Wissen und Gewissen — eine furchtbare Belastung — die Leute sortieren und entscheiden, wer in welcher Reihenfolge zu behandeln war. Wir mußten die Fälle nach Art und Schwere der Verwundung, nach Bettlägerigen und Gehfähigen einstufen und danach entscheiden und die dringendsten Fälle vorziehen." Als dann am 17. April

Lazarett Denklingen.

Ärzte, Schwestern und Sanitäter des Lazaretts Denklingen. Vorn, Mitte: Stabsarzt Dr. Dohmen; v. r.: Unterarzt Dr. Röhrs; links hinter Dr. Dohmen Stabsarzt Dr. Hoppe.

der Ruhrkessel ausgeräumt und die Kampfhandlungen beendet waren, ließ der Zustrom von Neuzugängen nach, und der Betrieb im Lazarett Denklingen normalisierte sich."

Wie groß die Welt und doch wie klein sie ist, wie Zufälle Freund und Feind menschlich zusammenführen können, davon war Dr. Röhrs Zeuge eines Erlebnisses, das er nie vergessen kann: „Gleich nach der Besetzung brachten zwei amerikanische Soldaten einen deutschen Verwundeten auf einer Trage in die ‚Aufnahme'. Gerade, als sie die Trage abstellten, kam aus unserem Labor ein Gefreiter hinzu, der aus Leverkusen stammte und von Hause aus Drogist war. Er war bei uns im Labor tätig. Der deutsche Gefreite und einer der amerikanischen Soldaten starrten sich sekundenlang an — und fielen sich in die Arme. Es stellte sich heraus, daß die beiden vor dem Kriege im selben Sportclub in Leverkusen waren. Der eine wanderte nach Amerika aus und wurde im Kriege US-Soldat. Wie wahnsinnig doch ein Krieg ist!"

Gleich nach der Einnahme von Brüchermühle kam eine Frau des Ortes ins Lazarett und bat um Hilfe. Ihre zwei Kinder wurden durch eine Granate verwundet. Sie lagen nun beim Bahnviadukt vor Brüchermühle. Da Unterarzt Röhrs am besten abkömmlich war, fuhr er mit seinem Fahrer Kowak gleich los. Um nicht erst die Genehmigung von den Amerikanern einholen zu müssen und die Dringlichkeit zu unterstreichen, zogen beide einen weißen Kittel an; so waren auch die Uniformen nicht zu sehen. Auf halbem Wege trafen sie auf einen US-LKW, der rechts heran gefahren war und vor Stroh hielt, das quer über die andere Fahrbahnhälfte gestreut war. Der amerikanische Fahrer — ein Neger — hastete gerade nach rechts in eine Deckung an der Straßenböschung. Fahrer Kowak „schaltete" sofort und hielt. Der untrügliche sechste Sinn des alten, kriegserfahrenen Obergefreiten (ein bekannter Ausspruch besagte: „Die Obergefreiten sind das Rückgrat der Armee!") witterte instinktiv eine Gefahr. Dr. Röhrs sagte: „Warum halten Sie! Fahren Sie doch weiter!"

„Nein, ich vermute, da liegen Minen!"

Nicht lange danach kam der farbige US-Soldat aus seiner Deckung hinzu, der sicherlich eine große Minenexplosion erwartet hatte, und sie erfuhren durch seine Zeichen und Gesten, daß da tatsächlich noch Minen unter dem Stroh lagen. Der Amerikaner fuhr seinen LKW zurück und lotste den deutschen Sanka um die Minensperre herum. „Ohne die Aufmerksamkeit meines Fahrers", so Dr. Röhrs, „wären wir mitsamt dem Sanitätskraftwagen in die Luft geflogen."

Vor dem Eisenbahnviadukt, der teilweise gesprengt war, hielten sie. Die Mutter führte die Männer zum Durchlauf des Asbaches, wo ihre Kinder am Uferrand lagen. Schnell wurden sie von Dr. Röhrs verbunden und dann in den Sanka gehoben. Zurück fuhren sie über Eiershagen.

Die Kinder wurden im Lazarett Denklingen sofort operiert und die Granatsplitter entfernt, doch ihre Unterbringung wurde problematisch, da das Lazarett überfüllt war. Am Abend wurden sie dann nach Brüchermühle zu ihrer Mutter gebracht, dabei fuhren sie gleich über Eiershagen.

Wie Dr. Röhrs betonte, hatten Ärzte und Pflegepersonal unter den Amerikanern keine Einschränkungen. Die Posten an den Eingängen des Lazaretts legten ihre Aufgaben allmählich sehr großzügig aus. Deutsche und Amerikaner kamen sich auch menschlich näher. Die GI's brachten den Deutschen von ihrer reichlichen Truppenverpflegung — Schokolade, Kaffee, Kekse, Zigaretten. Sie sprachen von ihren Familien in den Staaten und zeigten den Deutschen Bilder von ihren Frauen und Kindern. Oft standen sie am Kinderwagen, in dem Dr. Röhrs kleine Tochter lag, und dachten wohl an ihre eigenen Kinder. Und auch die Deutschen taten es ebenso.

Nachdem sich die Lage im Lazarett Denklingen etwas entspannt hatte, die Masseneinlieferungen nachgelassen hatten, und die einheimische Bevölkerung in zunehmendem Maße um ärztliche Hilfe bat (der zivile Sektor war ärztlich unterversorgt!), genehmigten die Amerikaner, daß Dr. Röhrs täglich zwei Stunden Krankenbesuche in den umliegenden Orten machen durfte — in Begleitung von zwei bewaffneten GI's. Dadurch kam auch eine Verbindung zur Zivilbevölkerung zustande. Anfangs gingen die US-Soldaten mit bis ans Krankenbett, doch das wurde bald als störend empfunden — oft handelte es sich um Frauen — und Dr. Röhrs bediente sich des alten Tricks mit den Infektionskrankheiten. Fortan warteten die GI's vor dem Haus. Mit diesem Trick wurden auch ganze Häuser vor einer Beschlagnahme durch die Amerikaner bewahrt.

Mit der Zeit dehnte Dr. Röhrs seine Krankenbesuche immer mehr aus. Das war den Amerikanern zu umständlich, und sie stellten ihm einen Jeep mit einem Fahrer und bewaffneter Begleitung zur Verfügung.

In Schneppenberg lag ein schwerkranker Arzt, der von Aachen geflüchtet war. Diesem gab Dr. Röhrs täglich eine Herzspritze. Der Patient verfügte über größere Mengen Bohnenkaffee, und nach jeder Behandlung saß man noch bei einer Tasse Kaffee zusammen. Und draußen warteten die GI's und langweilten sich.

Die Besuchsfahrten zu Patienten von Dr. Röhrs gingen schließlich in die weitere Umgebung. In Erdingen lag ein schwerkranker, von den berüchtigten Gefangenenlagern auf den Rheinwiesen bei Andernach entlassener deutscher Soldat. (Siehe auch hierzu: „Bis zur Stunde Null", Seite 306 ff.). Als die amerikanische Begleitung diesen Mann gesehen hatte (von Dr. Röhrs absichtlich so eingerichtet), glaubte sie, einen ehemaligen KZ-Häftling vor sich zu haben; solche Bilder kannten sie aus den „Umerziehungsfilmen", die den Deutschen vorgeführt wurden.

Umso entsetzter waren sie als sie erfuhren, daß es sich um einen deutschen Soldaten handelte, der aus einem amerikanischen Kriegsgefangenenlager entlassen war. Hierzu sei bemerkt, daß die Amerikaner solchen Massen von deutschen Kriegsgefangenen, wie sie aus dem Ruhrkessel anfielen, nicht gewachsen waren. Versorgung und Verpflegung waren nicht im ausreichenden Maße bevorratet.

Schon bald kamen deutsche Verwundete, die gehfähig waren und nicht mehr unbedingt Lazaretthilfe brauchten, zu den Ärzten und fragten: „Können wir — und wie können wir abhauen?" Natürlich hatten die Ärzte dafür Verständnis, denn jeder wollte nach Hause, der sich einigermaßen gesund fühlte. Da erinnerten sie sich an einen größeren Leitungstunnel der das Maschinen- und Heizungshaus mit dem Hauptgebäude des Lazaretts verband. Durch diesen Tunnel gelangten viele in die Freiheit. Da die Belegstärke des Lazaretts stimmen mußte, wurden — es ging nicht anders — diese „Abgänge" als „Tote" gemeldet, denn es gab ja noch immer echte Sterbefälle, die auf dem Friedhof von Denklingen begraben wurden. Als dann die Sterberate immer größer wurde, wollten die Amerikaner die Leichen sehen. Und schlagartig war die Sterberate wieder normal. Dennoch flohen viele und die Lazarettverwaltung mußte sich immer neue Rechtfertigungen einfallen lassen.

Als es wieder mehr Freizeit gab, gingen einige Ärzte, Pfleger und Genesende kegeln, auf einer Bahn die oben im Walde lag, der zum Terrain der Heilstätte gehörte. Dazu gesellte sich bald der Gastwirt Günther aus Denklingen, der mit den Ärzten seit langer Zeit freundschaftlich verbunden war. Günther war Reserve-Offizier gewesen und aus gesundheitlichen Gründen aus der Wehrmacht entlassen. Vor und nach dem Kegeln mußte er sich dann immer durch die amerikanischen Posten durchmogeln. Eines abends wurde er dann doch entdeckt. Die Amerikaner verfolgten ihn, stellten und erkannten ihn aber nicht. Am nächsten Tag wollten sie wissen, ob ein Deutscher mit einem weißen Kopfverband aus dem Lazarett entwichen ist — Günthers schlohweißes Haar war nun wirklich kein weißer Kopfverband.

Mitte Juni 1945 bezogen die Siegermächte ihre in Potsdam endgültig festgelegten Besatzungszonen. Das Oberbergische kam zur britischen Zone. Als dies bekannt wurde, bedauerten Amerikaner und Deutsche, die im Lazarett Denklingen gut zusammen gearbeitet haben, ihre Trennung. Die Amerikaner berichteten von unangenehmen Erfahrungen, die sie im Laufe des Krieges mit den Briten gemacht hatten und sprachen abfällig von ihnen. Das fing bei Eisenhower und Montgomery an und hörte bei den kleinen Soldaten auf. Die britische Wehrmacht fußte auf uralter, konservativer Tradition, dagegen gingen die Amerikaner die Dinge locker und unkompliziert an und kannten nicht so strengen Drill und unbedingten Gehorsam wie die Briten.

Die Amerikaner zogen in ihre Besatzungszone nach Süddeutschland und die Briten besetzten ihre Zone in Nordwest-Deutschland. Zwischen beiden Zonen bekamen auch die Franzosen eine Zone. Drei Viertel der Gemeindegrenze von Morsbach wurde Grenze zwischen der britischen und französischen Zone. Die Russen besetzten Sachsen und Thüringen und nahmen damit vollständig ihre Zone in Mitteldeutschland in Besitz.

Die Arbeit des Lazaretts Denklingen wurde auch unter den Briten nicht behindert. Die Oberaufsicht hatte nun die im Offiziersrang stehende Miß Howert, die mit der in Gummersbach errichteten britischen Kreiskommandantur eng zusammen arbeitete.

Anfang 1946 kamen die ersten Transporte von deutschen Ostvertriebenen ins Oberbergische, die erste große Herausforderung für die neu entstandene deutsche Verwaltung unter britischer Oberhoheit. Die Oberberger mußten noch einmal zusammenrücken und die Vertriebenen aufnehmen; viele kamen in Notwohnungen und Baracken unter, die vorher von ausländischen Zwangsarbeitern belegt waren. Hauptaugenmerk der britischen und deutschen Verwaltungen war nun die Verhinderung von Seuchen. Das fing bei der Entlausung an und endete mit hygienischen Maßnahmen. Im Zuge dessen wurde Dr. Röhrs von Bürgermeister Jäger für die Gemeinde Denklingen zusätzlich als Flüchtlingsarzt bestellt. Gemeinsam mit Gemeindeschwestern und Verwaltungen wurden Mängel abgestellt, die Seuchenquellen in sich bargen. In dieser Mission war Dr. Röhrs wöchentlich ein paar Stunden unterwegs.

Mitte 1946 lief die Entnazifizierung der Deutschen an. Dabei wurden alle Ärzte und das Pflegepersonal des Lazaretts Denklingen entnazifiziert. Damit wurden sie gleichzeitig als Kriegsgefangene entlassen, aber auch zur Weiterarbeit „dienstverpflichtet". Die Dienstgradabzeichen verschwanden, und aus den Uniformen wurde phantasievolles „Räuberzivil". Dr. Röhrs bekam danach von einem Denklinger Bäckermeister seinen ersten Zivilanzug geschenkt.

Mit dieser Wandlung wurde gleichzeitig das Lazarett der UNRRA (United Nations Relief and Rehabilitation Administration) unterstellt, einer Hilfsorganisation für Flüchtlinge und Verschleppte, die 1943 gegründet und 1947 aufgelöst wurde. Unter der UNRRA wurde das Lazarett Denklingen seiner ursprünglichen Bestimmung wieder zugeführt. Es wurde Krankenhaus und Heilstätte für Lungenerkrankungen. Dazu war es voll funktionsfähig, u.a. durch eine ausgezeichnete Bäderabteilung. Und Chefarzt Dr. Dohmen war Lungenspezialist.

Alle verlegungsfähigen Deutschen mußten in umliegende Krankenhäuser verlegt werden. Dafür kamen ehemalige Zwangsarbeiter, die für die Deutschen arbeiten mußten — Russen, Ukrainer, Polen, Tschechen, Jugoslawen, Belgier und Dänen.

Dr. Röhrs bekam eine Station im Hause. Einige seiner neuen Patienten hatten besonders schwere, offene TBC, so daß auch er und das Pflegepersonal immer gefährdet waren. Die Medikamente — bedeutend weniger Präparate wie heute — kamen von der UNRRA. Der Prozentsatz der TBC an der Gesamtbevölkerung lag damals viel höher als heute. Die TBC war eine Geißel der Menschheit. Großangelegte Röntgenreihenuntersuchungen der in Lägern zusammengefaßten Fremdarbeiter und auch der deutschen Bevölkerung wurden weiträumig organisiert. Diese Röntgenbefunde wurden von Professor Dr. Slauck und Dr. Röhrs ausgewertet und veranlaßt, daß Behandlungsbedürftige versorgt wurden. Professor Dr. Slauck war vorher Chefarzt der LVA-Klinik Bad Aachen gewesen und kam als Internist zum Ärztestab nach Denklingen.

Nach den Ausführungen von Dr. Röhrs war die Arbeit unter der UNRRA gut. Es bestand auch zu den Patienten ein allgemein gutes Verhältnis: „Die kranken Menschen waren für jede Hilfe dankbar. Wenn ich abends in mein Zimmer kam, lagen oft kleine Geschenke vor der Tür — Schokolade, Zigaretten, gestrickte Socken und Handschuhe —, ohne daß ich wußte, von wem sie kamen. Solche Geschenke sollten keine persönlichen Vorteile erkaufen. Es gab aber auch wenige Ausnahmen: Ich erinnere mich an einen Ukrainer mit einer schweren, offenen TBC, der wußte, daß es für ihn keine Rettung mehr gab. Als ich ihn eines Tages noch einmal abhörte, hustete er mich bewußt stark an und sagte: „Ich weiß daß ich sterben muß — Du deutsches Schwein sollst auch sterben!" Als er einige Tage danach im Sterben lag, ließ er mich noch einmal kommen und entschuldigte sich mit Tränen in den Augen. Angesichts des Todes wollte er sein Gewissen erleichtern. Ich tröstete ihn, mehr konnte ich nicht tun, es ging mit ihm zu Ende."

Ab Mitte 1947 wurde das Krankenhaus Denklingen leerer. Die Kranken, die sich die Strapazen der Heimkehr in ihre Heimatländer zutrauten, gingen fort. Dafür kamen allmählich mehr Deutsche mit TBC. In zunehmendem Maße wurde auch eine Lungen-Chirurgie betrieben. Viele Fälle wurden nach Marienheide zu Dr. Rink (heute Professor in Gummersbach) überführt, der Chefarzt der dortigen Heilstätte war. Um diese Zeit wurde auch eine Ambulanz für die Bevölkerung der Umgebung von Denklingen im Hause eröffnet.

„Ab 1947 bröckelten von uns einige ab", so Dr. Röhrs. „Wenn einer eine fest dotierte Stelle in einem Krankenhaus bekommen konnte, die seinen weiteren Berufsplänen entsprach, nahm er sie an. Solche Stellen waren sehr knapp und gefragt. Die Bezahlung war oft nicht gewährleistet. Man war froh, wenn man von der Stationsschwester einen Teller Suppe bekam, der übrig war. Verpflegung gab es ja immer noch auf Lebensmittelkarten, und die waren knapp. Zu dieser Zeit ging Dr. Hoppe zur LVA Düsseldorf, die gerade wieder Tritt gefaßt hatte. Dort machte er große Karriere und stieg zum obersten Arzt der LVA auf. Daneben lehrte er dann als Professor an der Universität Düsseldorf. Ich, der ich ursprünglich Chirurg werden wollte — die Pläne wurden durch den Kriegseinsatz umgestoßen —, entschloß mich, meine Ausbildung zum Internisten zu vervollständigen und ging als Assistenz-, dann als Oberarzt zunächst an das Krankenhaus Waldbröl, einem ehemaligen KdF-Hotel, das für damalige Verhältnisse auch medizinisch bestens eingerichtet war und auf den kleinen Zimmern bereits Naßzellen hatte."

Die Frage nach ausreichender Versorgung mit Medikamenten beantwortete Dr. Röhrs so: „Die Arbeit in Waldbröl und die Bereitstellung von Medikamenten war wesentlich besser geworden. Es gab schon noch Engpässe, zum Beispiel Penicillin, das oft von den Angehörigen der Kranken auf dem ‚schwarzen Markt' besorgt werden mußte. Nach der Währungsreform war dann alles wieder leichter."

Dr. med. Röhrs ging 1951 andernorts in andere Positionen und ließ sich schließlich 1964 als Internist in Wiehl nieder. Gleizeitig betreute er die innere Abteilung des Engelsstiftes in Nümbrecht, die er auch aufgebaut hatte. Abschließend sagte er: „Ich kann sagen, daß wir mit dem Lazarett Denklingen die Zeit des Umbruchs relativ gut überstanden haben. Denklingen brachte uns jungen Ärzten wichtige Lehrjahre und Erfahrungen, die richtungsweisend wurden."

Ein Zug mit Ostvertriebenen hält auf einem Bahnhof.

Russen-Tragödie bei Lindlar
von Richard Fabritius

Seit Jahren habe ich mich bemüht, mehr Licht in die Tragödie zu bringen, die kurz vor Kriegsende 1945 mit dem Mord an Willi Schwamborn in Overath begann und zur Erschießung von 10 russischen Geiseln bei Lindlar führte. Es ist schwierig, diese Ereignisse nach 40 Jahren aufzuklären. Dokumente und Augenzeugen sind nicht aufzufinden. So gibt es bis heute verschiedene Versionen über die Erschießung des Willi Schwamborn in Overath, wer ihn erschoß und aus welchem Grunde man ihn tötete. Ungeklärt blieb auch, zu welchem Ergebnis die polizeilichen und partei-politischen Ermittlungen über seinen Tod geführt haben und wer den Befehl gab, zur Vergeltung 20 Russen zu erschießen. Theodor Rutt spricht in seinem Buch „Overath — Geschichte der Gemeinde" von einer „von parteidiktatorisch höchster Stelle anbefohlenen Vergeltung". Unklar ist weiterhin, aus welchem der 9 Overather Lager die Russen herausgeholt wurden, und ob es sich um Kriegsgefangene oder Ostarbeiter handelte, unter welchen Umständen letzten Endes 10 Russen erschossen wurden. Die Tatsache, daß die Akten der Gemeinde Overath aus der NS-Zeit kurz vor dem Einmarsch der Amerikaner verbrannt wurden, mag vieles erklären. So kann ich nur ein lückenhaftes, zum Teil auf Vermutungen aufbauendes Ergebnis meiner Bemühungen vorlegen. Was ist damals passiert?

Am 31. März 1945, gegen 00.30 Uhr, wurde in Overath auf offener Straße der NS-Funktionär und Vollziehungsbeamte der Gemeinde Overath, Willi Schwamborn, erschossen. Das Verbrechen ereignete sich unmittelbar vor dem „Bergischen Hof". In dem rückwärts gelegenen Saal des Gasthofes befand sich damals ein Lager mit russischen Fremdarbeitern. Da kein Täter ermittelt werden konnte, ging man wohl von der Annahme aus, daß nur Russen dieses Lagers den Mord verübt haben konnten. Indessen rückte die Front immer näher und damit die Gefahr für die damaligen Machthaber, daß sich Ähnliches wiederholen könnte. Um dem vorzubeugen, mußte ein Exempel statuiert werden. So wurde, von wem auch immer, angeordnet, zur Vergeltung für den Tod von Schwamborn 22 Russen hinzurichten.

Daß für den Ort der Exekution Lindlar gewählt wurde, ist dem Zufall zuzuschreiben, daß Angehörige des Overather Volkssturms in der „Kaiserhalle", einem Saal an der Eichenhofstraße in Lindlar, stationiert waren, die vom Hauptmann der Reserve, Lauen, befehligt wurden. Von Overath aus wurde Lauen, der aus Aachen stammte und in Thier wohnte, beauftragt, ein Sonderkommando zusammenzustellen, das die Exekution durchführen sollte. Mit diesem Kommando fuhren Lauen und sein Unteroffizier Esser, ein nach Marialinden evakuierter Kölner, am 8. April 1945 nach Overath. Lauen und Esser sind die maßgeblichen Initiatoren der nun folgenden Aktion.

Zunächst wurde der mit Holzgas angetriebene LKW mit den 22 Russen beladen und unter Bewachung der Volkssturmangehörigen, die hinten aufsaßen, nach Lindlar in Marsch gesetzt, während Lauen und Esser im Führerhaus des LKW Platz nahmen. Es erscheint fraglich, ob bereits auf dieser Fahrt 12 Russen haben entweichen können. In Lindlar wurden die Russen unter Bewachung gestellt. Die folgende Nacht (zum 9.4.) war für die Exekution festgesetzt. Das Volkssturmkommando wurde mit Hacken und Schaufeln ausgerüstet. Unter Führung von Lauen und Esser marschierte man mit den Russen in Richtung auf die 2 km entfernte Eremitage. Wahrscheinlich sind auf diesem Marsch 12 Russen in die stockdunklen Wälder der Brungerst entwichen. Offen ist, ob es hierbei die ersten Toten gegeben hat, oder ob alle 10 Russen in oder an ihrem Massengrab am Waldrand oberhalb der Eremitage exekutiert worden sind. Alle Leichen wurden später in einer natürlichen Erdmulde von cirka 5 mal 3 Metern und einer Tiefe von 80 Zentimetern, kreuz und quer liegend, nur leicht mit Erdreich und Reisig abgedeckt, aufgefunden. Es gilt als sicher, daß die Erschießungen durch Lauen und Esser allein vorgenommen wurden.

In den Morgenstunden des 13. April 1945, also vier Tage nach dem Massaker von Eremitage, besetzten Kampftruppen der 78. US-Infanteriedivision den Ort Lindlar. Später folgte eine russische Militär-Kommission, die sich u.a. mit der Rückführung ihrer Landsleute zu beschäftigen hatte. Sie bewohnte ein gemeindeeigenes Gebäude in der Pollerhofstraße. Zu ihr fanden auch Einheimische schnell Kontakt. Ob die Amerikaner von deutscher Seite oder über die russische Militär-Kommission von der Bluttat erfahren haben, ist nicht bekannt. Jedenfalls haben die Amerikaner das Massengrab mit den Russen ausfindig gemacht, und das Drama fand am Freitag, den 15. Juni 1945, zwei Monate nach der Besetzung von Lindlar, seine Fortsetzung.

Die Amerikaner beorderten ehemalige Lindlarer NS-Parteimitglieder und Personen, die man dafür hielt, zum Massengrab in der Eremitage, wo sie unter Aufsicht amerikanischer Soldaten mit bloßen Händen die bereits stark verwesten Leichen freilegen und in bereitgestellte Särge betten mußten. Tags zuvor, am 14. Juni, hatten die Amerikaner in Lindlar bekannt gemacht, daß alle Einwohner an der für den folgenden Tag festgesetzten Beisetzung teilzunehmen hätten. Für Nichtteilnahme wurde der Verlust der Lebensmittelkarte angedroht. Unter diesem Druck versammelten sich cirka 1500 Lindlarer an der Volksschule Eichenhofstraße, wo die Särge aufgestellt waren. Die Beisetzung erfolgte nach den Riten der katholischen Kirche durch Pastor Theodor Braun und vier Meßdiener. Sargträger waren wiederum ehemalige Parteimitglieder, aber auch andere Lindlarer. Der Trauerzug, angeführt von Pastor Braun, bewegte sich zunächst bis zum Lebensmittelgeschäft Quabach in der Eichenhofstraße, vor dem die Särge abgestellt und geöffnet

Lindlar. Die Bevölkerung muß an den Särgen der toten Russen vorbei.

Vorbei an den offenen Särgen.

wurden. Amerikanische Soldaten, mit Maschinenpistolen in der Hand und aufgesetzten Stahlhelmen, eskortierten beiderseits den Trauerzug. Nachdem die Särge abgestellt waren, bildeten sie ein Spalier, sodaß jeder unmittelbar an den geöffneten Särgen vorbeigehen mußte. Jeder der vorbeischreitenden Frauen und Männer wurde gezwungen, das grauenhafte Bild der stark verwesten und verschmutzten, penetranten Geruch verbreitenden Leichen in sich aufzunehmen. Nach dem Defilee nahm die Bevölkerung am vorbereiteten Massengrab auf dem Kirchplatz Aufstellung. Die Särge wurden wieder verschlossen, zum Kirchplatz getragen und beigesetzt. Vor und während der Beerdigungszeremonie überprüften amerikanische Soldaten jedes Haus, ob sich niemand um die Beisetzung herumdrückte.

Die Amerikaner hatten mit der Erschießung der 10 Russen bei Lindlar einen Anlaß mehr, um „den Deutschen (im Rahmen ihrer beabsichtigten Umerziehung) ihre Schuld begreiflich zu machen", wie es ein hoher westlicher Politiker einmal formulierte. Lindlar war ein handfester Beweis, der entsprechend herausgestellt werden konnte. Während der Beerdigung befanden sich auf dem Balkon des damaligen Gasthofes Otto Spicher (heute Metzgerei Stiefelhagen) amerikanische Kriegsberichter und Wochenschauleute mit ihren Filmkameras. Sie hatten von hier aus eine ausgezeichnete Übersicht über das Gesamtgeschehen, das sich unmittelbar vor ihnen abspielte. Entsprechend eindrucksvoll war dann auch der Filmstreifen, dessen Kopie sich im Archiv der Gemeinde Lindlar befindet. Der Film ist 22 Meter lang und hat 1100 schwarzweiße Einzelbilder; die Laufzeit beträgt knapp eine Minute. Der hierzu gesprochene Text lautet in deutscher Übersetzung:
„In der Stadt Lindlar ziehen 3000 Menschen an den Särgen von zehn russischen Zwangsarbeitern vorbei, die von SS-Truppen ermordet wurden. Ein deutscher Geistlicher führt die Prozession zur Begräbnisstätte. Die SS hatte die Leichen in einen Abgrund geworfen. Jetzt ruhen sie in einem Gemeinschaftsgrab inmitten der Stadt."
So eindrucksvoll und dokumentarisch wertvoll die Bilder auch sind, der kurze Text weist einige zeitgeschichtliche Unrichtigkeiten auf, die aus meinen obigen Ausführungen hervorgehen.
Das Gemeinschaftsgrab auf dem Kirchplatz erwies sich sehr schnell von seiner Lage her als völlig ungeeignet. Der Kirchplatz diente damals als Parkplatz, vornehmlich für die Besatzungssoldaten. Sicher ungewollt zerstörten sie schon wenige Tage nach der Beisetzung mit ihren Fahrzeugen die Einzäunung und zerfuhren das Grab. Dieser unwürdige Zustand und die schlechte Lage des Massengrabes, nur wenige hundert Meter vom Friedhof entfernt, veranlaßten die Öffentlichkeit, voran die katholische Kirche, die Gemeinde zu bedrängen, die Grabstelle auf den Friedhof zu verlegen. Mit Zustimmung der britischen Militärregierung geschah dies endlich am 27. März 1947, fast zwei Jahre nach ihrer Beisetzung auf dem

Kirchplatz. Das neue Grab erhielt einen Grauwacke-Gedenkstein mit einer von der Militärregierung vorgegebenen Inschrift in russisch-kyrillischen Buchstaben; die Übersetzung von Studiendirektor Hünermund, Bergneustadt, lautet:

„Hier ruhen 10 zur Zeit des Krieges 1941/45
gestorbene russische Staatsangehörige"

Bei der Jahre später erfolgten Anlegung der Ehrenanlage für die im Zweiten Weltkrieg Gefallenen bemühte sich die Gemeinde Lindlar um eine Umbettung der Russen in die neue Anlage. Der Volksbund Deutsche Kriegsgräberfürsorge lehnte eine erneute Umbettung ab — die Ruhe der Toten sollte nicht wieder gestört werden.

Allein und heimatlos.

Plünderungen und Überfälle

„Durch die vielen Viehdiebstähle und die in jeder Nacht vorkommenden Plünderungen ganzer Gehöfte wurde die hiesige Gemeinde, insbesondere die nähere Umgebung des Russenlagers im Leppetal in der schlimmsten Weise betroffen, sodaß hier demnächst eine große Armut unter der Bevölkerung eintreten wird", heißt es in einer Eingabe des Bürgermeisters von Gimborn — mit Sitz in Hülsenbusch —, Hellweg, vom 16. Mai 1945 an den Landrat des Oberbergischen Kreises.

Als der Krieg zu Ende ging, hörte auch die bisherige staatliche Ordnung auf. Die ausländischen Zwangsarbeiter — Russen, Ukrainer, Polen und Italiener —, die in die deutsche Kriegsproduktion eingespannt waren, wurden frei. Sie glaubten sich nun nehmen zu können, was ihnen vorenthalten wurde: ausreichende Verpflegung, Kleidung und andere angenehme Dinge des Lebens. Das Faustrecht wurde zur Maxime. Der Stärkere nahm dem Schwächeren, der Bewaffnete dem Waffenlosen. Verpflegungs- und Versorgungslager, nunmehr ohne staatlichen Schutz, wurden geplündert. Obwohl viele dieser Zwangsarbeiter, die bei Bauern oder im zivilen Sektor gearbeitet haben und es dort nicht schlecht hatten, vergriffen manche sich doch an dem Eigentum ihrer Herren. Viel schlechter hatten es ihre Landsleute, die in den Fabriken arbeiten mußten, ab 1944 in der Woche 72 Stunden, und das bei schlechter und unzureichender Verpflegung. Zwar bemühten sich viele Betriebe um eine Verbesserung der Ernährung, aber die Möglichkeiten waren gering und viele Deutschen hungerten ja auch.

Im Leppetal gab es folgende Fremdarbeiterlager:

Eibach:	ca. 200 Russen und Ukrainer;
Unterwürden:	200-300 Franzosen, Belgier und Holländer;
Habbach:	ca. 200 Russen und Ukrainer.

Gleich nach der Einnahme des Oberbergischen Landes gingen die Amerikaner daran, die vielen kleinen Ausländerlager in den Orten und Betrieben aufzulösen und ihre Insassen landsmannschaftlich in großen Zentrallagern — die sie Befreiungslager nannten — zusammenzufassen, um eine personelle Übersicht zu erhalten und eine Rückführung in ihre Heimatländer vorzubereiten. In einem Schreiben des Landrats an die Bürgermeister vom 28. April 1945 heißt es u.a.: „Zunächst sind zwei Groß-Lager in der Achsenfabrik Kotz in Wiehl sowie bei der Firma Schmidt + Clemens in Berghausen vorgesehen..." In diesem Schreiben ist die Gesamtzahl der Fremdarbeiter im Oberbergischen Kreis mit 7200 Personen angegeben. (Archiv Waldbröl.)

In einem Bericht der Gebrüder Höver, Edelstahlwerk in Kaiserau vom 27.2.1956, der sich in der Sammlung Dr. Schumacher befindet, heißt es: „Die Amerikaner richteten im Leppetal den berüchtigten Camp ‚Stellers Hammer' ein, in dem etwa 8000 Russen, teils Kriegsgefangene, teils zivile Arbeitskräfte aus Rußland, aus den Gebieten Köln, Düsseldorf und Wuppertal zusammen gezogen wurden. Unser Betrieb wurde dem Camp Stellers Hammer einverleibt, und weder Firmeninhaber noch Belegschaftsmitglieder durften das Werk und das Werksgelände betreten. Die freigewordenen Gefangenen hausten wie die Wilden und vernichteten, was nur zu vernichten war. Im Büro und Betrieb wurde alles erbrochen, zerschlagen, mitgenommen oder an die Elemente aus dem eigenen Volk verkauft, die bei derartigen Zeiten stets bestrebt sind, etwas für sich zu erwerben. Beispielsweise legte man die Schreibmaschinen auf einen Amboß und zerschlug sie mit dem Vorschlaghammer..."

Am 15. Mai 1945 schrieb der Landrat an die Bürgermeister:

„Betrifft: Überführung aller Russen in ein einziges Lager im Oberbergischen Kreis.

Auf Befehl Stalins sollen sämtliche Russen... in ein einziges Lager verbracht werden. Für den Oberbergischen Kreis steht dafür das Lager der Firma Schmidt + Clemens in Berghausen zur Verfügung. Sämtliche Russen, die sich noch nicht in diesem Lager befinden, werden in den nächsten Tagen dorthin verbracht. Dabei haben die Bürgermeister wie folgt zu verfahren:

Sie stellen Listen auf, aus denen Name und genauer Aufenthaltsort der Russen zu ersehen ist. Diese Liste muß für eine amerikanisch-russische Kommission bereitgehalten werden. Diese Kommission spricht auf dem Bürgermeisteramt vor und übernimmt es dann, die Russen zu erfassen und in das Lager zu verbringen... Als Russe gilt auch derjenige, der in Rußland geboren ist, d.h. also auch die sogenannten Volksdeutschen...
Die Russen dürfen auf keinen Fall vorher Kenntnis von dieser Aktion erhalten... Nachtrag/Termine der Abholung für Bielstein am 16.5.1945; Ründeroth 17.5.1945; Wiehl 18.5.1945."

Inwieweit anfangs auch andere Läger zur Aufnahme von Fremdarbeitern herangezogen worden sind, ist nicht mehr genau zu ermitteln. Aus einem Bericht des Architekten Denninger aus Waldbröl an den Bürgermeister Waffenschmidt geht hervor, daß auf Anordnung der Amerikaner das Lager Dickhausen vom 1. bis 3. Mai mit einheimischen Arbeitskräften zur Aufnahme von 600 Ausländern und dann innerhalb von zwei Tagen noch einmal durch Aufstellung von Baracken für weitere 400 Ausländer hergerichtet werden mußte.

Im gleichen Zeitraum mußte das Lager Waldbröl ebenfalls zur Aufnahme von 1000 Ausländern hergerichtet werden. Die je fünf Baracken zur Erweiterung der Läger kamen von den ehemaligen RAD-Lägern Nümbrecht und Lichtenberg, wo sie von ortseigenen Kräften abgebrochen werden mußten. Diese beiden Läger wurden aber bald zur Aufnahme von Flüchtlingen und Vertriebenen freigegeben. (Archiv Waldbröl.)

Gleich nach der Besetzung des Oberbergischen durch die Amerikaner im April 1945 wurden in allen Gemeinden und Städten Wohnungen, Häuser, Geschäfte und Läger geplündert — von ausländischen Zwangsarbeitern und Deutschen. Als dann Mitte Mai 1945 die Fremdarbeiter länderweise in großen Lägern zusammengefaßt waren, ließen die Plünderungen in einzelnen Orten nach; sie nahmen aber in den Gebieten der Zentralläger erschreckend zu. Am schlimmsten hatte die Gemeinde Gimborn/Hülsenbusch durch das große Zentrallager für Russen und Ukrainer, Camp Stellers Hammer, zu leiden. Amerikaner und Lager-Selbstverwaltungen waren nicht in der Lage, Ordnung zu halten und das Lager straff zu führen. Russen und Ukrainer bewaffneten sich mit Waffen, die deutsche Soldaten fortgeworfen hatten und zogen auf Raub aus. Hiervon entsteht ein erschreckendes Bild aus den Schriftvorgängen der Altgemeinde Gimborn, die im Archiv der Stadt Gummersbach verwahrt sind.

Bereits am 10. April 1945, also einen Tag vor dem Einmarsch der Amerikaner in Gummersbach, wurde dem Landwirt Richard Voß in Steinenbrück (damals Gemeinde Gimborn, heute Stadt Gummersbach) von Russen ein Rind auf der Weide abgeschlachtet. Fell und Innereien blieben liegen, das Fleisch wurde fortgeschafft. Niemand wagte im allgemeinen Zusammenbruch etwas dagegen zu unternehmen. Auf derselben Weide wurden am 23. April und am 16. Mai 1945 zwei weitere Rinder abgeschlachtet und später noch von anderen Weiden weitere Rinder. Insgesamt verlor Voß auf diese Weise fünf Rinder. Aus den Unterlagen ist nicht zu ersehen, aus welchen örtlichen Lagern die russischen Zwangsarbeiter kamen.

Am 23. April 1945 wurden die ersten Viehdiebstähle von Weiden bei Kümmel (nordwestlich von Gimborn) gemeldet. Diese Gegend wurde besonders von Russen des kleinen Lagers Eibach heimgesucht. Um diese Zeit begannen auch die Raubzüge aus dem entstehenden Zentrallager bei Schmidt + Clemens im Leppetal. Die Liste der Raubüberfälle und Viehdiebstähle wurde immer länger, die Ausführungen immer frecher und gewaltsamer.

Der amerikanische Kreis- und Stadtkommandant in Gummersbach, Captain Humphrey, bemühte sich mit den wenigen, ihm verbliebenen Soldaten (GI's) — die Masse der 78. US-Infanteriedivision war bereits weitergezogen — Ordnung und Sicherheit in dem ihm anvertrauten Gebiet wieder herzustellen, aber es war schwer, gegen die vielen ausländischen Zwangsarbeiter anzukommen, die ihre wiedererlangte Freiheit weidlich auskosteten. Ja, es sind auch Zusammenstöße von GI's mit Ausländern aktenkundig belegt. Die Amerikaner versuchten auch, sich Lagerpolizisten der einzelnen Zwangsarbeitergruppen zu bedienen, um Ruhe und Ordnung zu halten, bzw. wieder herzustellen, aber auch dieser Versuch war wenig erfolgreich. Die Lager-Hilfspolizisten nutzten mitunter die ihnen gegebene Gewalt auf ihre Weise, wovon folgender Vorgang, in einem Schriftstück festgehalten, berichtet:

Am 20. April 1945, um 13.15 Uhr, fuhr ein US-Militärfahrzeug, das von einem GI gesteuert wurde, mit vier polnischen Fremdarbeitern — alle mit US-Militärgewehren bewaffnet — bei der Brennerei Willi Birk in Nochen vor und verlangten Alkohol. Der Brennereibesitzer verweigerte die Hergabe des Geforderten und ließ den Ortsvorsteher holen, der auf die Beschlagnahme der Spritbestände durch die amerikanische Militärverwaltung hingewiesen hat. Der GI respektierte das und forderte die Polen zum Verlassen des Hauses auf. Die Polen nahmen jedoch eine immer drohendere Haltung an, worauf der GI nachgab und die Polen sich einige Kanister Rohsprit nahmen. Der GI gab später an, daß er von den Polen gezwungen wurde, sie zur Brennerei zu fahren. Er wies darauf hin, daß bereits zwei amerikanische Soldaten in ähnlicher Situation von Polen erschossen wurden. Alkohol, der von überall her beschafft wurde, war bei Straftaten sehr oft im Spiele.

Ein ähnlicher Fall mit tödlichem Ausgang ereignete sich in der Nacht zum 25. April in Gimborn. Hierbei wurde ein amerikanischer Wachsoldat angeschossen, der dann am 26. April im Lazarett Gimborn verstarb. Die amerikanischen Akten hierzu kennen wir nicht, doch ein Bericht des Bürgermeisters Hellweg vom 26. April 1945 an den Landrat des Oberbergischen Kreises läßt bestimmte Vermutungen und Zusammenhänge erkennen:

„Wie mir heute bekannt wurde, ereignete sich in der vergangenen Nacht vom Dienstag, dem 24., zum Mittwoch, dem 25. ds. Mts., in der Ortschaft Gimborn ein bedauerlicher Vorfall. Es wurde dort ein amerikanischer Soldat angeschossen, der heute im Lazarett in Gimborn an den erlittenen Verletzungen gestorben ist. Die sofort aufgenommenen Ermittlungen nach dem Täter, die durch die amerikanischen Truppen und auch durch den Meister der Schutzpolizei Oehler aufgenommen wurden, haben bisher zu keinem Ergebnis geführt. Es kann aber mit Bestimmtheit gesagt werden, daß für die überaus verwerfliche Tat kein Bewohner der hiesigen Gemeinde infrage kommt.

Es ist nicht ausgeschlossen, daß bei diesem Fall ein Ausländer beteiligt ist. Am Dienstagabend wurden, während ich von hier zu einer Dienstbesprechung beim Landratsamt in Gummersbach abwesend war, von einem Beauftragten der ameri-

Meister der Schutzpolizei Wilhelm Oehler.

Russische Kriegsgefangene nach ihrer Befreiung.

kanischen Besatzungstruppe drei Russen, die in der Schule in Hülsenbusch ein Spinnstofflager geplündert hatten, in das Polizeigewahrsam des hiesigen Amtshauses (in Hülsenbusch) eingeliefert. In der Nacht, etwa gegen 23 Uhr, erschienen beim hiesigen Amtshaus sechs mit Pistolen bewaffnete Russen. Dieselben verschafften sich gewaltsam Eingang in das Gebäude, um ihre gefangenen Kameraden zu befreien. Hierbei haben sie auch dem Unterzeichneten, der mit der Verhaftung der Russen nicht das geringste zu tun hatte, die Pistole vor die Brust und gegen den Kopf gehalten und ihn in der schlimmsten Weise bedrängt und mit Erschießung bedroht. Es stellte sich dann heraus, daß die drei inhaftierten Russen inzwischen schon aus dem Polizeigewahrsam entwichen und geflohen waren. In der Außenwand des Raumes, die durch einen vor kurzem erhaltenen Bombentreffer des hiesigen Amtshauses gelitten hatte, hatten die Russen ein Loch gebrochen und sich dann durch diese enge Öffnung hindurchgezwängt. Die Russen gingen mit lautem Schimpfen und den Drohungen fort, alle Häuser anzünden zu wollen.

Dieser Vorfall hat sich in der gleichen Nacht abgespielt, und es ist möglich, daß es sich um Russen aus dem Lager Eibach bei Gimborn gehandelt hat, wo sich jetzt noch rund 900 Ausländer befinden. Die Russen, die in der Nacht nach hier kamen, waren unbekannt. Es waren also nicht solche, die bei Landwirten in der Gemeinde zum Arbeitseinsatz gewesen waren. Es besteht durchaus die Möglichkeit, daß diese mit Pistolen bewaffneten Russen auf dem Rückweg in ihr Lager irgendwie durch den Ort Gimborn gekommen sind."

Dann ein Vorgang aus dem östlichen Teil des Gemeindebezirks, aus Wasserfuhr: Am 30. April 1945, gegen 01.30 Uhr, drangen vier Ausländer in den Keller des Hauses von Karl Schulte in Wasserfuhr ein. Der Einbruch wurde bemerkt. Der 40jährige Karl Schulte zog sich an und ging in den Keller. Dabei wurde er von einem Einbrecher niedergeschlagen. Sein 14jähriger Sohn eilte ihm zu Hilfe und schlug mit einem Feuerhaken auf die Einbrecher ein. Einer schlug kräftig zurück. Der Junge flüchtete und holte Nachbarn zu Hilfe. Als er mit ihnen in den Keller zurückkam, fanden sie Karl Schulte mit schweren Kopfverletzungen, an denen er am 24. Mai im Krankenhaus Gummersbach erlegen ist. Beweise konnten nicht erbracht werden und ordentliche Gerichte gab es derzeit nicht, die solche Fälle aburteilen konnten. Nach den Worten, die die Diebe miteinander wechselten, war zu vermuten, daß es sich um Russen gehandelt hat.

Der Fabrikant Rudolf Zapp aus Rennbruch meldete der Gemeinde, daß am 6. Mai, morgens gegen 3 Uhr, zehn bis fünfzehn Russen und Polen in seinen Hauskeller eingedrungen sind und Eingemachtes und Wäsche gestohlen hätten. Hierzu berichtet Frau Milly Zapp in ihrem Buch: „Episoden und Skizzen aus meinen 80 Lebensjahren":

„Von einer polnischen Familie, der ich Obdach gegeben hatte, erfahre ich aus dem Lager, daß auch auf unser Haus ein Überfall geplant ist. Die italienischen Beschützer, denen ich dies mitteile, halten das für unwahrscheinlich; denn alle Welt wisse doch, wie gut die Gefangenen bei uns behandelt worden seien. Aber ich bin nicht der Meinung, daß das jetzt eine Rolle spielt, und so sagen dann die Italiener: ‚Gut, Sie haben ja jetzt im Gegensatz zu uns keine Waffen. Wenn Sie wollen, werden wir abwechselnd bewaffnet die Nacht in dem Luftschutzraum Ihres Hauses verbringen.' So geschah es.

Eines Nachts weckt mich mein Mann, der schon seit 14 Tagen mit einer schweren Mittelohrentzündung im Bett liegt: ‚Ich glaube, es sind Leute im Garten.' Ich springe aus dem Bett, laufe nach unten, und da scheint es mir, daß die Stimmen aus dem Keller kommen. Ich öffne die Kellertür, und es schlägt mir ein Dunst entgegen, ich sehe und höre finstere Gestalten, die dabei sind, die Kisten zu plündern, die ich vor meinem Gang zum Lazarett gepackt hatte. Wie ich die Bescherung sehe, bin ich einen Moment so verdutzt, daß ich mich umwende und nach oben rufe: ‚Die sind ja schon im Keller!' Darauf von unten: ‚Halt Schnauzä!' Und ein Schuß, der haarscharf an meinem Kopf vorbeigeht und in die Wand einschlägt. Ich fliehe durch die Kellertür zurück in den Gang und stemme mich unsinnigerweise von außen gegen die Tür, um zu verhindern, daß die Männer mir nachsetzen. Ein blödes Unterfangen! Natürlich kommt niemand.

Die unten plündern weiter. Von oben kommt auf den Schuß hin mein kranker Mann, in beiden Händen hoch erhoben je einen Infanteriespaten, unseren Waffenersatz, nachdem wir den Amerikanern die Waffen hatten abgeben müssen. Ich habe Mühe, meinen Mann von einem unbesonnenen Angriff auf die zahlreichen Plünderer abzuhalten. Es gelingt mir mit der Beschwörung, hinaufzugehen und Frauen und Kinder zu schützen. Das waren meine Schwägerin, die Frau meines in Rußland vermißten Bruders, ihre und unsere je beiden Kinder. Dann versuche ich mit dem Werktelefon, das vor mir im Gang hängt, die beiden deutschen Männer, die, wenn auch zur Tatenlosigkeit verurteilt, seit einigen Tagen mehr symbolisch im Pförtnerhaus sitzen, zu veranlassen, die Luftschutzsirene gehen zu lassen. Lärm und Licht waren bei den Banden gefürchtet. Aber da ich leise sprechen mußte, verstehen die Pförtner mich nicht. Also versuche ich, zur Haustür hinauszukommen und selbst im Pförtnerhaus die Sirene zu betätigen. Kaum aber habe ich den Schlüssel im Schloß, geht draußen ein Maschinengewehrfeuer los. Ich werfe mich auf den Boden und versuche, kriechend zum Eßzimmerfenster an der anderen Hausseite zu gelangen und dort hinauszuklettern, aber kaum habe ich den Verschluß der Schlaglade betätigt, was nicht ganz geräuschlos geht, als auch an dieser Hausseite eine ohrenbetäubende Schießerei losgeht. Oben versucht mein Mann, zum Fenster hinaus Lärm zu machen. Aber man beschießt auch ihn. Die Schieferwand des Hauses zeigt noch jahrelang die länglichen Einschußlöcher.

Also das Haus ist umstellt. Die wüste Schießerei hält an. Dann plötzlich Stille! Ich wage mich vor, indem ich vorsichtig die Tür zum Keller öffne. Die stickige Luft von regennassen Kleidern steht noch im Raum, aber kein Mensch ist mehr zu sehen oder zu hören. Langsam, vorsichtig gehe ich die Treppe hinunter, sehe die leergeplünderten Kisten und Schränke. Die Spur läuft zu einem Kellerfenster, an welchem der Ein- und Ausstieg stattgefunden hatte. Aber nun überfällt mich eine große Angst: Jetzt steht mir der Anblick der Leiche bevor. Sicher ist der wachhabende Kriegsgefangene bei der Schießerei umgekommen. Ich gehe durch die Waschküche zur Tür des Luftschutzraumes, will die Klinke herunterdrücken, als diese gleichzeitig von innen heruntergeht, und wir stehen uns gegenüber: der Ex-Gefangene DLP, der schlaftrunken versucht, eine Zigarette anzuzünden. Er fragt: ‚Madam, haben Sie auch etwas gehört?' Ich, in aufgeregtem Französisch: ‚Gehört, gehört, auch etwas gehört? Der Keller ist voller Russen, und Sie fragen: auch etwas gehört?!!!' Der Wächter kriegt große Augen, schüttelt mich an den Schultern: ‚Madame!' Und da knalle ich ihm eine, und er wird ganz wach, läuft an mir vorbei in den Keller, sieht die Bescherung. ‚Mama mia, mama mia! Was machen wir nun?' Draußen regnet es in Strömen. Jeder von uns bekommt ein Fabrik-Regencape, und mit einem Schirm bewaffnet, marschieren wir nachts zwischen zwei und drei Uhr ca. 3 km zum DP-Camp (DP = displaced persons). Dort angekommen, gehe ich ins Pförtnerhaus (Schmidt + Clemens), in dem sich die amerikanische Wache befindet. Im vorderen Raum liegt ein amerikanischer Soldat auf der Pritsche, im zweiten Raum sitzt ein anderer vor einem Tisch, auf dem eine große Karte unseres Bezirks ausgebreitet ist. Ich sage, daß ich einen Offizier sprechen möchte. Der sei nicht hier, sei nach M (Marienheide?) gefahren und komme erst morgen zurück. Um was es denn gehe. Ich sage ihm, was passiert ist, und er ersucht mich, auf der Karte zu zeigen, wo nach meiner Meinung die Banditen jetzt sein könnten. Ich mache kein Hehl aus meiner Vermutung, daß sie im Lager sind. Inzwischen ist ein anderer Soldat erwacht und kommt hinzu: ‚What's the matter?' Es wird ihm erklärt, daß wir beraubt wurden. Darauf er: ‚Da sehen Sie mal, wie es Ihre Soldaten im Lande dieser armen Menschen getrieben haben.' Ich: ‚Darauf könnte ich Ihnen viel erwidern. Hier geht es mir aber um Ihren Schutz; denn wir können uns selbst nicht mehr schützen, seit wir Ihnen unsere Waffen abgeben mußten.' Darauf der erste wieder: ‚Den Schutz sollen Sie auch haben, allein um Ihnen den Unterschied zu zeigen zwischen amerikanischen und deutschen Soldaten.' ‚Ich bitte dringend darum!'

Mit dem Versprechen, man würde sich sofort nach der Rückkehr des Offiziers kümmern, gehe ich nach Hause zurück. Aber es dauert immerhin 14 Tage, bis ein Offizier kommt. Sinngemäß seine Feststellung: ‚Ihre Sachen kann ich Ihnen nicht wiederbeschaffen, ich kann Ihnen jedoch versprechen, daß etwas Derartiges nicht wieder vorkommt. Was wollen Sie, es sind Gangster, aber es sind unsere Verbündeten!"

Besonders schwer wurden die kleinen Siedlungen nordwestlich von Gimborn heimgesucht. In den Nächten der ersten Maihälfte wurden die Gehöfte Becker in Oberpentinghausen, Krämer in Meisewinkel und weitere in Oberlichtinghagen, Leiberg und Benninghausen ausgeplündert. Am 13. Mai, gegen 02.40 Uhr, erfolgte dann ein Überfall auf das Forsthaus Kümmel durch etwa 15 bewaffnete Russen. Als Förster Tenbusch dem Einlaßbegehren der Russen nicht nachkam, gaben sie Schnellfeuer aus mehreren Handwaffen ab. Tenbusch blies aus einem Oberfenster mit seinem Jagdhorn Alarm. Daraufhin zogen die Russen ab. Eine Nacht später versuchten die Russen es noch einmal. Wieder blies Tenbusch Alarm, und die Russen zogen ab. Sicherlich hatten sie vor der amerikanischen Wachmannschaft Angst, die in Gimborn das Lazarett bewachte.

Der Hof von Karl Bördgen in Unterpentinghausen war im Mai wiederholt das Ziel von Raubzügen bewaffneter Russen — wahrscheinlich aus dem Lager Eibach —, wobei ein Rind, fast die gesamte Wäsche der Familie, Oberbekleidung, Schmuck, Uhren, Lebensmittel, ein Fahrrad und von zwei Evakuierten je 1000 Reichsmark gestohlen wurden.

Am 14. Mai 1945, gegen 3 Uhr morgens, erfolgte ein Feuerüberfall auf das Haus Nr. 3 in Elbach. Dabei wurde ein Evakuierter aus Trier an der rechten Leiste schwer verletzt. Zehn Russen raubten verschiedene Gegenstände. Der Schwerverletzte wurde nach Marienheide ins Krankenhaus geschafft.

An diesem 14. Mai gab Bürgermeister Hellweg einen Bericht an den Landrat und an den Militärgouverneur, in denen er auf die wachsenden Probleme mit den Fremdarbeitern hinwies. In dem Bericht an den Landrat heißt es u.a. sinngemäß: Täglich liegt eine größere Anzahl von Russen bei Nochen... Im Steinbruch Hägersiefen zwischen Flaberg und Hagen halten sich jede Nacht bewaffnete Russen auf und bedrohen die dort in Notwohnungen untergebrachten zwei Familien... Stärkerer nächtlicher Streifendienst der Amerikaner wird gefordert, insbesondere um das „Großlager im Leppetal" (Schmidt + Clemens). Der Bericht an die Militärverwaltung ist etwa gleichlautend. Am Schluß heißt es da sinngemäß: Mit der zur Zeit stattfindenden Verlegung des Lazaretts Gimborn ins Ruhrgebiet wird auch der Abzug der amerikanischen Bewachung von Gimborn verbunden sein. Dann wird eine weitere Verschärfung der bewaffneten Überfälle durch Fremdarbeiter befürchtet.

Einen Tag später schickte Bürgermeister Hellweg einen neuen Hilferuf an den Landrat und bat ihn, bei der amerikanischen Militärverwaltung vorstellig zu werden und um eine Verstärkung der Wachen des Lagers im Leppetal zu bitten. „Der russische und der amerikanische Lagerkommandant sähen sich außerstande, die Ausbrüche der Lagerinsassen zu verhindern."

Und wieder einen Tag später:

„Der Bürgermeister   Hülsenbusch, 16. Mai 1945

An die Militärregierung
durch den Herrn Landrat
des Oberbergischen Kreises
Gummersbach

Betrifft: Angriffe durch die Russen auf die Zivilbevölkerung.

In Anbetracht der täglich sich mehrenden Fälle von Plünderungen und Raubüberfällen, begangen durch Russen, die meistens im Besitz von Pistolen und Gewehren, manchmal sogar von Maschinenpistolen sind, bitte ich die Aufmerksamkeit der Militärregierung auf die Tatsache zu lenken, daß unter diesen Umständen die landwirtschaftliche Produktion in diesem Bezirk Gefahr läuft, sich erheblich zu verringern. Angemessene Landbestellung ist häufig nahezu unmöglich, da die Plünderungsfälle sogar bei hellem Tage sich ereignen und der Bauer oft nicht wagt, seine Familie, sein Haus und sein Vieh ohne den bescheidenen Schutz zu lassen, den er ihnen durch seine persönliche Anwesenheit zu geben vermag. Aber oft genug wird der Bauer selbst durch heftiges Gewehrfeuer aus seinem Hause getrieben und dann unentbehrliches gutes Zuchtvieh, wie Kühe, Sauen und Pferde, fortgetrieben. Dies muß natürlich die zukünftige Lieferung von Fleisch, Fett, Milch und Butter gefährden. Es ist sogar vorgekommen, daß nachts auf den Feldern gepflanzte Kartoffeln ausgegraben worden sind.

Weiter möchte ich darauf hinweisen, daß die Bevölkerung dieses Bezirks — meistens Bauern — unmittelbar nach der Besetzung durch amerikanische Streitkräfte energisch begann, ihre Anstrengungen bei der täglichen Arbeit zu erhöhen. Sie merkten sehr bald, daß die Militärregierung bereit war, ihnen jede Gelegenheit zu geben, durch harte Arbeit die landwirtschaftliche Produktion zu erhöhen, und sie waren voll guten Willens zu tun, was nur möglich war. Jetzt, wo sie das Gefühl der Sicherheit, das sie bis dahin hatten, verlieren, beginnen sie sich zu fragen, ob es der Mühe wert ist, die Produktion zu erhöhen, mehr Vieh aufzuziehen und dergleichen, wenn diese die Russen — von denen sie wissen, daß sie unter der Militärregierung gut mit Lebensmitteln versorgt werden — nicht daran gehindert werden, ihnen in einer Nacht wegzunehmen, was sie in einem oder in mehr Jahren großgezogen haben. Sie wissen sehr gut, daß je reicher der Bauer gehalten wird, er umso mehr durch Diebstahl und Raubüberfälle bedroht ist.

Offensichtlich stehen die Russen mehr und mehr unter dem Eindruck, daß für sie das Plündern durch Gesetze der Militärregierung nicht verboten ist. So bedrohten sie zum Beispiel während der letzten Woche einige Bauern ganz offen, indem sie ankündigten, daß sie mit Gewehren des Nachts wiederkommen würden, um sich das zu nehmen, worum sie jetzt bäten. In anderen Fällen sagten sie, sie würden mit amerikanischen Soldaten wieder kommen, um denen alles wegzunehmen, die nicht freiwillig gäben, was sie jetzt zu haben wünschten.

Im Laufe der letzten Wochen habe ich über viele Fälle begangener Plünderungen und Einbrüche berichtet, bei denen Russen in Trupps von 3-10 Mann und mehr beteiligt waren und wobei die meisten Waffen und offensichtlich reichlich Munition hatten. Glücklicherweise verfehlten die meisten Kugeln ihr Ziel, mit Ausnahme eines Falles, wo ein Mann in Elbach schwer verwundet wurde.

Die örtliche Polizei, welche nur mit Armbinden versehen ist, und nach 9 Uhr abends an das Haus gebunden ist, ist nicht in der Lage, irgendjemand zu beschützen, weder die einzelnen Häuser oder Bauernhäuser, noch die Dörfer.

Ich bitte deshalb die Militärregierung höflichst, ihre besondere Aufmerksamkeit dem großen Russenlager auf dem Gelände der Firma Schmidt + Clemens zu widmen, von dem fast alle diese plündernden Trupps kommen. Ich bin überzeugt, daß es der Militärregierung keine Schwierigkeiten macht, auch die Russen dazu zu bringen, sich an die erlassenen Gesetze zu halten.

gez. Hellweg"

Trotz dieser Hilferufe des Bürgermeisters von Gimborn/Hülsenbusch schien sich nichts zu ändern — im Gegenteil, die Plünderungen und Diebstähle, ja Raubmorde nahmen zu. Offensichtlich wurden auch immer mehr örtliche Russenlager aufgelöst und ihre Insassen in das Großlager im Leppetal überführt, das aus den Nähten platzte.

Nun schreckten die „Schwarzschlächter" selbst vor hochtragenden Rindern nicht zurück; solche wurden am 19. und 21. Mai von Kümmeler Weiden geholt.

In einem Schriftvorgang des Ortsvorstehers Stoltenberg-Lerche aus Nochen an Bürgermeister Hellweg vom 21. Mai heißt es sinngemäß: Um 17 Uhr fuhr ein Lastwagen mit 30 Russen vor der Molkerei Kube vor. Sie entwendeten zwei Fässer Rohöl. Dabei schossen sechs Russen wahllos aus Maschinenpistolen. Sie kamen vermutlich aus dem Russenlager bei Schmidt + Clemens. Der Ortsvorsteher wies insbesondere auf die sich verschärfende Lage in Nochen hin, wo täglich etwa 200 Russen betteln, plündern und rauben und die Einwohner bedrohen. Der Ortsvorsteher befürchtete tätliche Auseinandersetzungen zwischen den Russen und der sich zum Selbstschutz organisierenden Bevölkerung von Nochen und lehnte die Verantwortung hierfür ab.

Einen Tag später, am 22. Mai, wurde der Diebstahl eines Zuchtrindes von einer Weide bei Niedergelpe dem Bürgermeister gemeldet.

Am gleichen Tage, gegen 18.30 Uhr, drangen etwa 20 schwer bewaffnete Russen in das Haus des Landwirts Breidenbach in Grunewald ein und raubten sämtliche Vorräte an Fleisch, Brot und Mehl. Küchengeräte und Kleidungsstücke gingen ebenfalls mit. Frauen, die auf dem Wege von Boinghausen nach Grunewald waren, wurden beschossen und zurückgetrieben.

Ein erneuter Raubzug, wahrscheinlich von Russen des Lagers Eibach, ging am 25. Mai in den Raum nordwestlich von Gimborn. Gegen 21 Uhr verlangten zehn Russen bei einem Bauern in Grunewald Milch. Als sie getrunken hatten, zogen sie weiter. Gegen 22.30 Uhr pochten sie an die Tür des Bauern Hugo Hütt in Dürhölzen. Als dieser beim Anziehen war, schossen sie mehrmals. Dadurch alarmiert, kamen Dorfbewohner, bewaffnet mit Knüppeln und anderen Schlaggeräten, vor denen die Russen das Weite suchten. Gegen 23 Uhr plünderte diese Gruppe in Bengelshagen ein Bauernhaus völlig aus.

Und so etwas passierte auch: Am 27. Mai, gegen 04.00 Uhr, begehrten 15 bis 20 Russen Einlaß in das Haus des Fabrikanten Karl Holthaus in Wegscheid. Als sie nicht eingelassen wurden, zogen sie mit wilden Drohungen ab. Dabei hat sich eine 50jährige Hausbewohnerin derartig aufgeregt, daß sie kurze Zeit später in der Küche des Hauses an Herzversagen zusammenbrach und gestorben ist.

Besonders schwer wurde der Hof des Bauern Hugo Becker in Ober-Pentinghausen heimgesucht. Die Russen stahlen Vieh, Lebensmittel und Wäsche. Aufgrund dieser Unsicherheit brachte Hugo Becker seine Frau und seine drei Kinder bei Freunden in Gimborn unter und blieb allein mit seinem Bruder Paul auf dem Hof zurück. In der Nacht zum 3. Juni 1945, morgens um 2 Uhr, erfolgte der 5. Überfall, wobei Paul Becker durch einen Streifschuß am Kopf verwundet wurde. Wieder wurden Lebensmittel sowie ein Anzug gestohlen. Am 7. Juni, morgens gegen 3 Uhr, verlangten zwei Russen von Beckers zwei Messer und einen Wetzstein. Inzwischen war aus dem Haus nichts mehr zu holen. Beckers hatten alles Bewegliche und Lebensnotwendige zu Freunden geschafft. Morgens wurde dann festgestellt, daß die Russen am Kümmeler Kreuz eine Kuh abgeschlachtet hatten. Fell und Innereien lagen noch da.

Wiederholt geplündert wurde auch der Hof des Bauern Anton Heimes in Recklinghausen. Mitte Mai versuchten Russen am hellen Tage eine Kuh zu stehlen. Heimes konnte die amerikanische Wache in Wilhelmsthal alarmieren, die fünf bewaffnete Russen abführte. Ein paar Tage später stahlen Russen dem Bauern Heimes an verschiedenen Tagen drei Rinder von der Weide. Obwohl es um diese Zeit noch kein Winterfutter gab, holte Heimes das Vieh in den Stall. Am 8. Juni, um 01.30 Uhr, erschienen bewaffnete Russen auf dem Hof. Der Sohn blies Alarm. Die Russen schossen wild durch die Gegend. Familie Heimes warf sich im Schlafzimmer flach auf den Boden und wartete, hoffte auf Hilfe, die nicht kam. Es wurden angstvolle Minuten. Die Russen stahlen zwei Kühe und mehrere Gänse und zogen damit ab. Dazu heißt es in dem Protokoll: „Er (Heimes) befürchtet weitere Überfälle, bis kein Vieh mehr da ist. Bisher wurden ihm fünf Stück Großvieh von den Russen geraubt."

Die Zeit der Raubritter und Wegelagerer brach wieder an — wie im Mittelalter. Am 11. Juni 1945 geschahen dreiste Überfälle auf wehrlose Frauen. Gegen 15.30 Uhr wurde eine Frau auf dem Wege von Recklinghausen nach Berghausen, oberhalb von Thal, von vier bewaffneten Russen angehalten und von ihr eine Uhr verlangt. Als sie sagte, daß sie keine habe, wurde sie am ganzen Körper abgetastet, unter der Drohung, wenn sie schreien würde, werde sie erschossen. Als sie nichts fanden, ließen sie von der Frau ab.

Nicht lange danach kam aus Berghausen eine Frau mit zwei Kühen des Weges daher. Von den vier Russen, die am Waldrand auf weitere „Beuteobjekte" gewartet hatten, lief einer der Frau mit den Kühen entgegen. Unter Drohung, sie werde erschossen, wenn sie schreien würde, verlangte der Russe von ihr eine Uhr. Auch diese Frau hatte keine Uhr; der Russe schlug ihr voller Wut den Gewehrkolben an den Kopf, worauf sie mit einer klaffenden Kopfwunde zu Boden sank. Der Russe lief zu seinen Kumpanen in den Wald zurück.

Nicht lange danach kam Frau Therese Wiethoff (damals 56 Jahre alt) aus Berghausen des Weges daher. Auch von ihr wollte ein Russe eine Uhr. Frau Wiethoff sagte, sie habe keine und als der Russe drohender wurde, schrie sie um Hilfe. Da drehte der Russe durch und schlug ihr den Gewehrkolben an die Schläfe, worauf sie tot zusammenbrach. Die Russen liefen in Richtung Leppetal davon. Inzwischen kamen Einwohner von Berghausen zu Hilfe. Sie alarmierten den amerikanischen Posten in Berghausen. Die tote und die schwerverletzte Frau wurden von den GI's ins Lazarett nach Marienheide gebracht.

Am 16. Juni 1945 schickte Bürgermeister Hellweg abermals einen langen Bericht, einen Hilferuf an den Landrat zur Weitergabe an den amerikanischen Kreiskommandanten, Captain Humphrey. Hierin sprach er noch einmal alle Vorfälle an und bat um Hilfe zur Abstellung der Mißstände, die überwiegend vom Russenlager bei Schmidt + Clemens ausgingen.

Der 17. Juni wurde zum besonders „schwarzen Tag": Morgens wurde von einer Weide bei Gummeroth ein Rind gestohlen. Und so ging es weiter:

"Gemeinde Gimborn den 17. Juni 1945

Protokoll

Am 17. Juni 1945, 8.00 Uhr, erscheint der Landwirt Karl Bördgen, Unterpentinghausen, und gibt zu Protokoll:

In der Nacht vom 16. zum 17. Juni 1945, gegen 1.00 Uhr, hörte ich, daß eine Anzahl Russen die Tür zu meinem Pferdestall aufbrach, um wieder einen Einbruch vorzunehmen. Es war eine größere Anzahl, mindestens 20 Mann, die fast alle stark bewaffnet waren mit Gewehren und Pistolen.

Die Bande hat zwei wertvolle Milchkühe fortgetrieben und aus dem Hause ferner Kinderwäsche, Porzellan und die gerade tags zuvor eingekauften Lebensmittel (für einen Monat) gestohlen.

Im Hause anwesend waren außer mir mein alter Vater, meine Frau mit zwei kleinen Kindern und ferner der Kraftfahrer Paul Sauer mit Frau und einem Kind.

Als die Russen feststellten, daß ihr Einbruch im Stall bemerkt wurde, sonderten sich sofort einige Mitglieder der Bande ab, um mich und die anderen Hausbewohner mit Waffen in Schach zu halten. Es war unmöglich, Hilfe herbeizuholen bzw. den Versuch zu machen, die amerikanische Wache zu verständigen.

Es ist dies bereits der vierte Raubzug der Bande zu meinem Hof. Neben insgesamt vier Stück Vieh sind aus meinem Haus sozusagen alle Wäsche- und Kleidungsstücke meiner Familie und greifbaren Lebensmittel gestohlen worden.

Zu der Personalbeschreibung der Bande bemerke ich, daß ich einen Russen namens „Wassili", der bis zum Einmarsch der amerikanischen Truppen bei meinem Vater in Oberpentinghausen gearbeitet hat, mit Bestimmtheit wieder erkannte. Andere Gesichter kamen mir auch bekannt vor. Ich kann darüber mit Sicherheit aber keine genauen Angaben machen.

gez. Karl Bördgen."

„Amt Gimborn
in Hülsenbusch

Hülsenbusch, den 18. Juni 1945

Anzeige gegen Unbekannt wegen Raubmord.

Am 17. Juni 1945, gegen 18 Uhr, fand in Grunewald an der Straßenkreuzung Siemerkusen — Marienheide ein Raubüberfall auf den Büro-Angestellten Bernhard B u s c h , geboren am 1.6.1910 in Frielingsdorf, wohnhaft in Meinerzhagen, Volmestraße, von drei unbekannten Russen statt. Ohne Gegenwehr wurde hierbei Busch, angeblich mit einer Maschinenpistole, von einem Russen durch Kopfschuß getötet. Sofort nach Bekanntwerden des Überfalls begab ich mich heute an den Tatort in Grunewald und stellte folgendes fest:

Der getötete Busch war bei seinen Schwiegereltern Breidenbach in Grunewald zu Besuch. Er hatte dortselbst bei der Heuernte helfen wollen. Am 17. Juni '45, gegen 17.45 Uhr begab er sich mit seiner Schwägerin Maria Weiß, geborene Breidenbach, ebenfalls aus Meinerzhagen, Derschlagerstraße 71 wohnhaft, in Richtung Marienheide. Er führte ein Fahrrad bei sich, auf welchem er einen Koffer, zwei Aktentaschen und ein Paket befestigt hatte. An der Ecke Marienheide — Siemerkusen saßen zwei Russen im Graben und einer im Wald. Als Busch mit seiner Schwägerin und Kind in Höhe der Russen angekommen waren, sprangen die Russen auf ihn zu. Busch rief noch: „Was soll das?" Ein anderer Russe mit Namen Nikolei trieb die Schwägerin mit dem Kind zurück. Im selben Augenblick schoß ein Russe mit einer Maschinenpistole den Busch in den Kopf, sodaß er sofort tot umfiel. Die Russen nahmen dann den Koffer und ein Paket und die zwei Taschen vom Fahrrad und sind damit in den Wald entkommen. Die sofort alarmierten amerikanischen Soldaten haben den Wald umstellt und durchsucht. Die Russen waren aber bereits entkommen.

Die Leiche wurde von den amerikanischen Soldaten beschlagnahmt und nach Marienheide gebracht.

...Von den Tätern fehlt bis heute noch jede Spur.

gez. Ohm, Meister der Gendarmerie"

Am 17. und 18. Juni 1945 zogen die Amerikaner unter Captain Humphrey ab, und der britische Oberstleutnant C. S. Taylor mit einer Einheit schottischer Garde übernahm die Kreiskommandantur in Gummersbach. Natürlich bemerkten die ausländischen Fremdarbeiter den Fortgang der Amerikaner und wurden besonders „aktiv".

Unter dem 21. Juni vermerkte der Bürgermeister Hellweg in einem Schriftstück, daß in allen gefährdeten Ortschaften ein Selbstschutz organisiert wird. In vielen Orten ist dieser Selbstschutz bereits seit längerer Zeit in Aktion, wenn räuberische Banden auftauchen. Mit Alarmgeräten werden die Bürger auf drohende Gefahren aufmerksam gemacht. Die Männer bewaffneten sich dann mit mittelalterlichen Kampfgeräten — Mistgabeln, Knüppeln, Äxten usw. — und stellten sich den Banden entgegen, die dann meistens von ihren Vorhaben abließen. Nun aber schien dieser Selbstschutz von „oben" angeordnet zu sein.

Am 22. Juni, gegen 14.30 Uhr, wurde einer Frau, die von Wegescheid nach Hütte unterwegs war, von zwei Russen ihr Fahrrad weggenommen. Auf dem gleichen Wege wurde gegen 18 Uhr einem 15jährigen Jungen von vier Russen ein Sack mit 17 Pfund Mehl abgenommen. Am gleichen Tage schickte Bürgermeister Hellweg wieder einen Bericht an den Landrat, in dem es heißt: „Die Russenplage bringt die Bevölkerung zur Verzweiflung." Er führte Klage über Raubüberfälle und Feld- und Gartendiebstähle, die ein solches Ausmaß angenommen hätten, daß die Ernte gefährdet und die Ernährungsgrundlage der Bevölkerung infrage gestellt sei. Die örtliche Polizei wurde angewiesen, auf den Straßen, die zum Russenlager bei Schmidt + Clemens führen, verstärkte Kontrollen durchzuführen, um den Handel mit dem Diebesgut an Hamsterer zu unterbinden. Bürgermeister Hellweg stellte einen Organisationsplan eines Selbstschutzes auf und reichte ihn mit ein.

Am gleichen Tage erstattete der Gendarmerie-Einzelposten von Berghausen dem Bürgermeister Bericht über zunehmende Obst- und Kartoffeldiebstähle durch Italiener, die scharenweise die Felder überfluteten und mit den gestohlenen Feldfrüchten einen regen Handel mit Hamsterern aus dem Raum Köln betreiben.

Sogar die Kirchgänger wurden beraubt. Am Sonntag, den 24. Juni, vormittags, wurden Männer und Frauen, die nach Gimborn zur Kirche wollten, von bewaffneten Russen vollkommen ausgeplündert. Ein Mann mußte in Unterhosen, eine Frau ohne Schuhe wieder nach Hause gehen.

Der für das Russenlager im Leppetal neu eingesetzte englische Lagerkommandant konnte sich mit seinen wenigen Soldaten unmöglich durchsetzen und hat im Interesse der Sicherung der deutschen Bewohner gegen die Überfälle die Organisation des Selbstschutzes in allen Orten gefordert.

Am 26. Juni 1945 kamen vom Landrat entsprechende Anweisungen an Bürgermeister Hellweg, die dieser in Abwandlung auf seine Gemeinde an die Ortsvorsteher so weitergegeben hat:

„Der Bürgermeister	Hülsenbusch, den 26. Juni 1945
	Herrn Ortsvorsteher

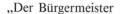

Betrifft: Organisation des Selbstschutzes in den Ortschaften.

....

Der jetzt für das Russenlager im Leppetal eingesetzte englische Kommandant hat in einer Besprechung, die er in Flaberg mit dem Herrn Professor Dr. Claussen im Interesse der Sicherung der deutschen Bewohner gegen die Überfälle der Russen aus dem Sammellager im Leppetal abgehalten hat, die Organisation des Selbstschutzes in allen Ortschaften für dringend erwünscht bezeichnet. Für die Gestellung der Wache können 2-3 deutsche Männer in den Ortschaften den Streifendienst auch in der Nacht auf den Straßen versehen. Diese Wachmänner sollen mit grünen Armbinden versehen werden, die auf beiden Oberarmen zu tragen sind. Die Armbinden müssen vorne mit einem 5 cm breiten weißen Streifen versehen sein, damit sie in der Dunkelheit erkennbar sind.

Als Ausweis für die Wachmänner hat der Lagerkommandant eine besondere Genehmigung ausgestellt, die dem Inhaber die Erlaubnis gibt, für die Dauer der Wache als Polizeibeamter im Bereich seines Wohnbezirks zu gelten und somit nachts auf der Straße zu sein. In diese Bescheinigung ist der Name nicht eingetragen, soll auch nicht darin vermerkt werden. Es wird lediglich empfohlen, durch den jeweiligen Wachmann einen Zettel an diesen Ausweis anheften zu lassen, auf dem der Name des betr. Wachmannes in Schreibmaschine eingetragen ist.

Die auf der Straße befindliche Ortswache wird zweckmäßig vom Beginn der Dunkelheit bis 1.30 Uhr und mit Ablösung von 1.30 Uhr bis zum Morgengrauen eingerichtet.

Die mit einem Ausweis versehenen Personen haben nachts in den Ortschaften zu kontrollieren und im Falle eines erkannten Eintreffens von Russen in der vereinbarten Weise Alarm zu geben und die Ortsbewohner zu wecken. Durch weit hörbares Schlagen auf angebrachte Sauerstoffflaschen, Eisenschienen usw. oder mit Brandhörnern, Hupen, Trillerpfeifen, Deckelschlagen usw. ist dann der Ortsalarm auszulösen und möglichst auch die nächste erreichbare Polizei-Dienststelle oder die jetzt allenthalben im Gebiet stationierten englischen Posten zu benachrichtigen.

In diesen Alarmfällen dürfen sich nur die mit dem Ausweis versehenen Posten auf der Straße befinden, die nach Ankunft der englischen Streifen den Soldaten über die Vorgänge Auskunft zu geben haben. Die übrigen Ortsbewohner dagegen sollen in den Häusern verbleiben. Ob allerdings im Falle eines Einbruchs oder einer Plünderung durch Russen nicht auch alle Nachbarn zur Hilfeleistung herbeieilen können, wie dies vielfach mit bestem Erfolg in einzelnen Ortschaften schon immer angewandt wird, ist eine Angelegenheit, die örtlich zu prüfen wäre. Ebenso überlasse ich es dem Ermessen der einzelnen Ortsvorsteher, ob die Nachtwachen von den einzelnen Posten die ganze Nacht hindurch gestellt werden, etwa von 11-4 Uhr morgens, oder ob eine Ablösung in der vorstehend angegebenen Weise, etwa um 1.30 Uhr, erfolgt.

gez. Hellweg"

In der Anlage zum Schreiben des Bürgermeisters an die Ortsvorsteher sind die Ausführungsbestimmungen enthalten. Den Gendarmeriemeistern werden darin ihre Gebiete angewiesen, in denen sie mit den Ortsvorstehern und den örtlichen Wachen zusammen arbeiten sollen. „Im Gebiet südlich und westlich der Straße Rodt-Apfelbaum-Hülsenbusch-Herreshagen-Kotthausen arbeiten die Herren Gendarmeriemeister Stiefelhagen und Schirmansky, und nördlich und östlich dieses Straßenzuges die Herren Gendarmeriemeister Oehler, Lennartz, Ohm und Helster." Jeder Ortsvorsteher hat mit mindestens zwei Nachbarorten Verbindung zu halten, um ggf. von dort Verstärkung anfordern zu können.

Wie bereits erwähnt, wurde der Selbstschutz in Absprache mit dem britischen Kreiskommandanten Oberstleutnant Taylor organisiert. In einem weiteren Schreiben des Kreis-Polizei-Direktors Wirth an die Bürgermeister heißt es, daß auch Evakuierte und Flüchtlinge zum Wachdienst einzuteilen sind. Bei Verweigerung sind zwar keine Zwangsmaßnahmen möglich, doch sind dann die Betreffenden stärker zum gemeindlichen Arbeitseinsatz heranzuziehen. Bei Verweigerung des Arbeitseinsatzes sind dann die Verweigerer der Polizeiabteilung des Kreises zu melden, die die Bestrafung durch das britische Militärgericht herbeiführen wird.

Durch die Organisation des Selbstschutzes ließen die Plünderungen und Diebstähle etwas nach. Die Fremdarbeiter wurden vorsichtiger — und stahlen und plünderten durchdacht weiter. Am 29. Juni wurde an das Bürgermeisteramt in Hülsenbusch gemeldet:

— Gegen 12.30 Uhr wurde ein Landarbeiter aus Unterpentinghausen, der wegen der großen Gefährdung der Siedlung im Gasthaus Kürten in Gimborn wohnte, an der Einmündung der Gimborner- in die Leppe-Straße von drei bewaffneten Russen überfallen und besinnungslos geschlagen; ihm wurden Fahrrad und Gepäck geraubt.

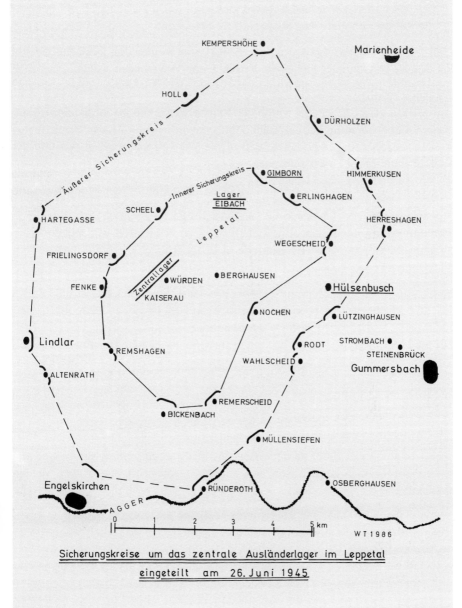

Sicherungskreise um das zentrale Ausländerlager im Leppetal
eingeteilt am 26. Juni 1945

— Gegen 16.30 Uhr wurde ein Deutscher beim Kühehüten in der Nähe von Erlinghagen von acht bewaffneten Russen überfallen und nach Wertgegenständen abgetastet. Da er nichts besaß, ließ man ihn unbehelligt. Dann nahmen die Russen von einer Nachbarweide ein Schaf mit.

Und so ging es weiter: Am 1. Juli, gegen 10.45 Uhr wurden drei Deutsche, die von der Kirche in Gimborn kamen und nach Unter-Erlinghagen wollten, von zwei bewaffneten Russen überfallen und ihnen Geld und Wertsachen abgenommen.

Am 3. Juli, gegen 15.45 Uhr wurde der Pfarrer von Gimborn im Steinbruch am Wege Gimborn-Pentinghausen beim Himbeerenpflücken von zwei bewaffneten Russen bedroht. Als sie einsahen, daß nichts Wertvolles zu rauben war und der Pfarrer ruhig blieb, zogen sie weiter.

Gegen 18 Uhr stahlen Russen vom Jagenberg'schen Gut in Berghausen eine Kuh.

Am Morgen des 4. Juli meldete ein Landwirt aus Recklinghausen dem Bürgermeister, daß ihm in der Nacht etwa 350 Quadratmeter Kartoffel von seinem Acker ausgemacht worden sind. Er erinnerte auch an frühere Diebstähle, wobei ihm Vieh, Wäsche und Lebensmittel gestohlen wurden.

Wenig später traf eine Meldung der Bergisch-Märkischen-Steinindustrie Leppetal ein. Darin heißt es: „...Russen streunen im Steinbruch herum und demolieren Einrichtungen, Förderwagen usw. Da der Steinbruch für die Besatzungsmacht arbeiten muß (Straßenbau), bitten wir um Unterbindung des Treibens."

In einer erneuten Eingabe des Bürgermeisters an den Landrat kommen beide Tagesmeldungen zur Sprache. „...die Polizei kann nicht einschreiten, da sie keinerlei Waffen hat." Im Schlußsatz der Meldung heißt es dann: „Durch die laufenden Viehdiebstähle wurde der Viehbestand bedenklich dezimiert... weshalb die Gemeinde Gimborn bei der planmäßigen Schlachtviehaufbringung entsprechend berücksichtigt werden muß, damit wenigstens in dieser Beziehung die besonderen Lasten der Gemeinde auch von den anderen Gemeinden mitgetragen werden müßten."

Mehrere Russen stahlen am Abend des 6. Juli von einer Weide bei Würden zwei Kühe und trieben sie in Richtung Ausländerlager im Leppetal fort. Wenig später traf die Meldung über diesen Viehdiebstahl auf dem britischen Stützpunkt in Marienheide ein. Soldaten fuhren sofort los und stellten das Fleisch einer bereits geschlachteten Kuh sicher. Die zweite Kuh wurde dem Besitzer zurückgegeben.

Nach der Frühmesse wurde am 8. Juli eine Frau auf dem Wege von Gimborn nach Erlinghagen von bewaffneten Russen überfallen. Sie wehrte sich. Die Räuber schlugen mit dem Gewehrkolben. Bei der Rangelei riß ihr Mantel entzwei, den man ihr beließ. Der Körperschmuck wurde ihr entrissen, den Ring bekamen sie nicht ab, weil er zu fest saß. Schließlich zogen sie ihr die Schuhe aus und ließen sie dann laufen.

Der Ortsvorsteher von Lützinghausen, Erich Schmidtseifer, berichtete dem Bürgermeister über Schwierigkeiten bei der Durchführung des Selbstschutzes. Einige Leute weigerten sich mit dem Hinweis: „Wir sollen unbewaffnet gegen bewaffnete Russen einschreiten? — Nein!"

Von einem regelrechten Feuergefecht zwischen Russen und britischen Soldaten berichtet ein Vorgang mit Datum vom 11. Juli: Von einer Weide bei Dürhölzen wurde eine wertvolle Zuchtkuh gestohlen und in Richtung Eibacherhammer fortgetrieben, vermutlich von vier Russen, die man vorher in der Nähe der Weide gesehen hatte. Alarmierte britische Soldaten haben die Viehdiebe noch vor dem Lager gestellt. Beide Seiten gaben einige Schüsse ab, wobei die Kuh davon lief. Die Diebe verschwanden schließlich im Wald. Die Briten fingen die Kuh wieder ein und gaben sie dem Bauern zurück.

An diesem Tage ging ein erneuter Hilferuf des Bürgermeisters von Gimborn/ Hülsenbusch an seine vorgesetzten Dienststellen:

„Der Bürgermeister   Hülsenbusch, den 12. Juli 1945
An den Herrn Militär-Gouverneur
durch den Herrn Landrat
in Gummersbach

Betrifft: Raubüberfälle und Plünderungen durch Russen.

Obwohl dem Herrn Militär-Gouverneur die durch Russen erfolgten Raubüberfälle, Plünderungen und Mordtaten innerhalb der Gemeinde Gimborn diesseits durch eingereichte Einzelanzeigen bekannt gegeben sind, gestatte ich mir, in Anlage eine chronologische Zusammenfassung der mir bekannt gewordenen Fälle nochmals zu überreichen.

Aus dieser Zusammenstellung dürfte ersichtlich sein, daß die Straftaten der Russen nicht nachgelassen, vielmehr noch verschärftere Formen angenommen haben. Ganz besonders schwer wird der nördliche Teil der Gemeinde Gimborn (Obergimborn) durch die Raubüberfälle betroffen. Landwirte, die Einzelhöfe bewirtschaften, haben nicht nur restlos ihren Hausrat, wie Kleidung, Haushaltsgegenstände und Lebensmittel eingebüßt, sondern auch bis zur Hälfte den Bestand an Milchkühen und Jungvieh verloren. Die Bauern waren gezwungen, ihre Höfe zu verlassen und bei anderen Bauern in größeren Ortschaften, fern ihrer Wirtschaften, Unterkunft zu suchen. Eine weitere ordnungsmäßige Bewirtschaftung dieser verlassenen Höfe ist natürlich ausgeschlossen. Diese Höfe scheiden für die Erzeugung von Nahrungsmitteln nahezu vollkommen aus, wodurch sich die an sich schon sehr gespannte Ernährungslage der Allgemeinheit noch außerordentlich verschärft hat.

Aber auch Einzelpersonen werden laufend durch Russen überfallen, mißhandelt und ausgeplündert. Ja, Verletzungen und sogar Mordtaten an deutsche Zivilpersonen sind nicht selten. Dabei bedienen sich die Täter Pistolen und Karabiner. Arbeiter können wegen der Überfallgefahr nicht zu ihren Arbeitsstellen gelangen, ohne Gefahr zu laufen, auf dem Wege überfallen und ausgeraubt zu werden. Hierdurch werden die dringendsten Arbeiten in Feld und Wald äußerst behindert, wenn nicht ganz unterbunden.

Ich verfehle nicht, auch darauf hinzuweisen, daß in dem am meisten heimgesuchten Teil der Gemeinde, dem nördlichen Teil, fast ausschließlich Katholiken wohnen, die durchweg schärfste Gegner der verflossenen Naziregierung waren, wegen ihrer nazifeindlichen Haltung vielfach zu leiden hatten und als Menschen zweiter Klasse angesehen und behandelt worden sind. Diese Menschen haben den Einmarsch alliierter Truppen begrüßt und die Besatzungsmächte als Befreier betrachtet. Umso größer ist aber nunmehr die Enttäuschung dieser Einwohner darüber, daß sie den Raubüberfällen durch Russen, die stets Schußwaffen führen und gebrauchen, schutzlos preisgegeben sind. Sie können nicht begreifen, daß sie für ihre nazifeindliche Haltung gewissermaßen noch bestraft werden sollen. Daß hierdurch das Ansehen der Besatzungsmacht, die nicht imstande zu sein scheint, die Raubüberfälle zu verhindern und die Russen zu entwaffnen, gelitten hat, ist nur zu begreiflich.

In Anbetracht dieser Lage möchte ich weiter darauf hinweisen, daß die hiesige Bevölkerung sich aus Verzweiflung mit unerlaubten Mitteln zur Wehr setzen könnte, um Leben und Eigentum zu schützen, wenn auch bestimmte Anzeichen hierfür mir bisher nicht bekannt geworden sind. So sehr ich solche Handlungen verurteile und zu unterbinden bestrebt bin, kann ich bei der herrschenden Spannung in der Bevölkerung doch nicht dafür bürgen, daß sich Einwohner der Gemeinde, bei der zur Zeit herrschenden Lage, nicht zu unbedachten Handlungen hinreißen lassen. Ich möchte deshalb besonders betonen, daß ich die Verantwortung für derartige Handlungen nicht zu tragen vermag und ausdrücklich ablehne.

Vorstehend habe ich frei und offen die Lage in der Gemeinde Gimborn geschildert, wie ich sie glaube sehen zu müssen und bitte dringendst Vorkehrungen zu treffen, um die z.Zt. unhaltbaren Zustände zu beseitigen.

gez. Hellweg"

Die Befürchtung des Bürgermeisters der Gemeinde Gimborn/Hülsenbusch, daß sich die „hiesige Bevölkerung... mit unerlaubten Mitteln zur Wehr setzen könnte", trat schon einen Tag später nach Abgang des „Notrufes" an den britischen Militärgouverneur in Gummersbach ein.

Ein Frachtkahn wird geplündert.

Harscheid. Kriegsgefangenenlager im Sängerheim.

„Verhandelt!

Hülsenbusch, den 13. Juli 1945.

Es erscheint der Verwaltungs-Gehilfe Alfred Schüttler, 17 Jahre alt, wohnhaft im Remshagen, und meldet folgendes:

Gestern, den 12.7., cirka abends gegen 19 Uhr, kamen drei Russen mit Fahrrädern durch die Ortschaft Remshagen. Angeblich soll ein Deutscher auf die Russen zugegangen sein und ein Fahrrad verlangt haben, welches ihm an denselben Morgen von Russen abgenommen wurde. Es handelte sich bei dem Deutschen um einen unbekannten Auswärtigen. Die angesprochenen Russen haben darauf sofort ihre Pistolen gezogen und haben ununterbrochen in der Ortschaft Remshagen geschossen. Die Bewohner der Ortschaft wurden dadurch alarmiert und drängten auf die schießenden Russen ein. Hierbei wurde der 16jährige Schlosserlehrling Friedel Lob, wohnhaft in Remshagen, durch einen Streifschuß in der Hüfte verwundet. Die Russen zogen sich schießend bis außerhalb der Ortschaft zurück. Sie entfernten sich auf eine Straße, die zum Lager Stellershammer führt. Die Verfolger von Remshagen, wobei sich auch ein großer Teil von Auswärtigen befand, näherten sich den Russen und aus unerklärlichen Gründen wurden zwei von diesen Russen angeschossen und verletzt. Wer die Schüsse abgegeben hat, ist mir nicht bekannt. Ich selbst befand mich in der Nähe in einem Waldstück und konnte den Vorgang nicht beobachten. Nachdem die Schießerei beendet war, wurden die verletzten Russen mit einem Wagen nach Remshagen überführt. Der dritte Russe ist entkommen. Ich selbst fuhr mit meinem Motorrad zu dem britischen Kommandanten nach Berghausen und habe ihm den Vorfall gemeldet. Der britische Kommandant fuhr hiernach nach dem Lager Stellershammer, während ich abwartete, bis derselbe wieder zurück kam. Er erklärte mir, daß der Vorfall bereits in dem Lager Stellershammer bekannt war, und daß eine Patrouille bereits nach Remshagen unterwegs sei. Die Patrouille hat in Beisein eines Russen, der bei dem Vorgang entkommen ist, einen Remshagener Bewohner, Friedel Flocke, und den Ortsvorsteher von Remshagen, Fritz Rohde, mitgenommen. Der Verdächtigte Friedel Flocke wurde von dem Russen verdächtigt, geschossen zu haben. Diese Angaben können nicht stimmen, da Flocke zuerst in meiner Nähe war und sich daraufhin direkt zur Tatstelle begeben hat, nachdem die Schüsse schon gefallen waren.

Weitere Angaben kann ich nicht machen.

V. g. u.

gez. A. Schüttler

Geschlossen

Oehler

Meister der Schutzpolizei."

Unter dem 13. Juli ist sogar eine Vergewaltigung festgehalten. Gegen 18 Uhr wurden zwei Männer und eine Frau, die auf dem Wege von Engelskirchen nach Eichholz waren, von mehreren bewaffneten Russen überfallen und ihnen Geld und Wertsachen abgenommen. Dann hielten einige Russen die deutschen Männer in Schach, während ein anderer die Frau vergewaltigte.

Zwei dreiste Raubüberfälle ereigneten sich am 15. Juli: Gegen 9 Uhr wurde ein Ehepaar auf dem Wege von Gimborn zum Forsthaus Kümmel von zwei jungen Russen angehalten, mit abgeschnittenen Gewehren bedroht und ihnen Geld, Uhren und Ringe abgenommen. Eine halbe Stunde später wurde ein Verwandter des Pfarrers Schinker im Pfarrgarten von — wahrscheinlich denselben — Russen beim Johannisbeerpflücken überrascht und gezwungen, mit an den Waldrand zu kommen. Dort wurde der Deutsche bis aufs Hemd ausgezogen. Auch diese Russen waren mit abgeschnittenen Gewehren bewaffnet, die sie in größeren Taschen trugen.

Von einem besonders schwerwiegenden Fall eines Raubüberfalles mit Todesfolge nun folgendes Schriftstück:

„Verhandelt!

Hülsenbusch, den 17. Juli 1945

Auf dem Bürgermeisteramt erscheint der Landwirt Fritz Klein, wohnhaft in Dürhölzen bei Gimborn, und erklärt:

Ich befand mich heute morgen, gegen 8 1/2 Uhr, mit dem auf unserer Landwirtschaft beschäftigten Alois Scheidler mit Fahrrädern auf dem Wege von Dürhölzen nach Lützinghausen zur Heuernte. In Hüttenermühle, wo der Weg in Richtung Wegescheid ansteigt, hörten wir in der Nähe Schüsse fallen. Wir beschleunigten unser Tempo und sahen kurz darauf eine Mannsperson auf einem Fahrrad auf dem von der Straße nach Wegescheid abzweigenden Feldweg in Richtung Nordhellerhammer fahren. Wir fanden dann auf der Straße unterhalb des Ortes Wegescheid, wo sich rechts des Weges ein Tannenwald befindet, einen Mann in einer Blutlache liegen, den wir als den *Gendarmeriemeister Ohm* erkannten. Er gab kaum Lebenszeichen von sich, und ich benachrichtigte dann sofort die Ortsbewohner von Hüttenermühle, um dem Verwundeten die erste Hilfe zu bringen. Scheidler fuhr zur Leppestraße zurück und hielt dort den nächsten vorbeifahrenden Wagen mit britischen Soldaten an, der dann gleich mit zum Tatort kam. Noch vor dem Eintreffen der drei britischen Soldaten kam ich mit einigen Frauen von Hüttenermühle zu dem Schwerverletzten zurück. Es traten dann zwei deutsche Männer aus dem Wald, deren Namen mir unbekannt sind, die uns erzählten, sie seien nach Fortnahme ihrer Fahrräder und Plünderung durch die Russen in den Wald von diesen mit vorgehaltener Pistole festgehalten worden, wobei einer der

Männer einen Schlag mit der Pistole gegen den Kopf erhalten habe. Diese beiden Männer sagten aus, daß sie Zeuge des Überfalles auf *Ohm* gewesen waren. *Ohm* sei von drei im Walde versteckt gelegenen Russen, nachdem er ausgerufen habe: „Polizei!" sofort vom Fahrrad abgeschossen worden.

Wir betteten den schwer verwundeten Gend.-Mstr. Ohm, der wieder bei Bewußtsein war, um und stellten zwei Einschüsse in der oberen linken Brustseite fest. Herr Ohm war ebenfalls seines Fahrrades und seiner Stiefel beraubt. Nachdem die Frauen den Verwundeten notdürftig verbunden hatten, wurde er auf den bereitstehenden Wagen der Engländer gebettet und ins Krankenhaus nach Marienheide gefahren. Die beiden Männer wurden als Zeugen von den britischen Soldaten in ihrem Wagen ebenfalls mitgenommen.

Ein junger Bursche namens Schorde aus Jedinghausen hat entsprechende Zeit später drei Russen mit Fahrrädern in der Nähe des Bahnhofes Gimborn die Leppestraße abwärts fahren sehen.

V. g. u.
gez. Fritz Klein

Geschlossen:
Jackstadt
Gemeinde-Inspektor"

Am 30. Juli 1945 gab Bürgermeister Hellweg erneut einen Bericht an den Landrat über die Plünderungen in seiner Gemeinde. Dieser Bericht deckt sich im Wesentlichen mit dem Bericht vom 24. Mai und 12. Juli. Insbesondere wurde noch einmal deutlich gemacht, daß die Einzelgehöfte von Recklinghausen, Unter- und Ober-Pentinghausen, Kümmel, Meisewinkel, Eibach und Grunewald am schwersten betroffen wurden. Viele Bewohner hätten mit ihrer beweglichen Habe die Höfe verlassen und kehren nur am Tage zur Verrichtung der Feldarbeiten und Bergung der Ernte zurück.

Anfang August wurde dann damit begonnen, die Russen des „Befreiungslagers" — wie es die Alliierten nannten — im Leppetal nach Siegen zu verlegen und von dort dann weiter in ihr Heimatland. In die freiwerdenden Unterkünfte kamen Italiener. Bei dieser Umorganisation zeigten sich andere Mißstände, die folgende Anweisung deutlich macht:

Altgemeinde Gimborn mit Sitz in Hülsenbusch 1945

(5) = Zahl der Diebstähle und Plünderungen (Vieh und Sachwerte)
† = Überfälle mit Todesfolge
1 = Fremdarbeiter-Zentrallager (Russen, Ukrainer)   WT 1986
② = Lager Stellershammer (Russen, Ukrainer)
③ = Lager Unterwürden (Italiener, Franzosen, Belgier, Niederländer)
④ = Lager Eibach (Russen, Ukrainer)
⑤ = Lager Habbach (Russinnen, Ukrainerinnen)

„Der Bürgermeister　　　　　　　　　　Hülsenbusch, den 4. August 1945
An Herrn Meister der Gendarmerie Schirmanski
Berghausen
Nach einer telefonischen Mitteilung des Landratsamtes in Gummersbach soll festgestellt worden sein, daß nach dem Abzug der Russen aus dem Lager Stellershammer Deutsche und Ausländer damit beschäftigt sind, Gegenstände der verschiedensten Art aus den Lagergebäuden zu entwenden. Auf ausdrückliche Anordnung des Militär-Gouverneurs, Herrn Oberst Taylor, sollen diese Diebstähle von Einrichtungsgut aus dem Lager unter allen Umständen verhindert werden. Sie werden daher hiermit beauftragt, auf der Leppestraße und den sonstigen Zugangswegen zu den in Betracht kommenden Lägern für die nächste Zeit einen verstärkten Streifendienst einzurichten und allen Personen, die sich zu den Lagergebäuden begeben wollen, auf Anordnung der Militärregierung bekanntgeben, daß es unter allen Umständen verboten ist, irgendwelche Gegenstände aus den gesamten Lägern zu entwenden und daß festgestellte Übertretungen strengstens bestraft werden. Auch ist das Einhandeln von Fahrrädern und Gegenständen irgendwelcher Art für deutsche Personen strengstens verboten. Sollten in den Lägern noch irgendwelche Ausrüstungsgegenstände herrenlos zurückgeblieben sein, müssen dieselben unter allen Umständen beschlagnahmt und sichergestellt werden.
Nach Mitteilung der Militärregierung in Gummersbach haben die bei den Lagergebäuden zurückgebliebenen Angehörigen der Irischen Garde Anweisungen erhalten, ebenfalls auf diese Diebstähle oder Plünderungen strengstens zu achten. Aber außer dieser militärischen Lagerbewachung soll die vorstehend angeordnete Kontrolle seitens der deutschen Polizei-Organe in den nächsten Tagen strengstens durchgeführt werden, bis nach einer örtlichen Prüfung durch den Herrn Militär-Gouverneur, die Anfang der nächsten Woche erfolgen soll, über die zurückgelassenen Bestände verfügt wird.
Sollten Sie noch für diesen Streifendienst besondere Hilfskräfte benötigen, können Sie, im Einvernehmen mit dem zuständigen Ortsvorsteher, Hilfs-Polizeibeamte für diesen Zweck einsetzen. Sie erhalten hierzu eine Anzahl Ausweise, die Sie mit den Namen der zu bestellenden Personen versehen und aushändigen wollen, nachdem Sie diesen Personen den Zweck der Maßnahme erklärt und Sie den Streifendienst eingeteilt haben. Diese Hilfspolizeibeamten sind mit weißen Armbinden zu versehen. Die Armbinden und Ausweise sind wieder einzuziehen, sobald diese Kontrollmaßnahme beendet ist.
Die Herren Ortsvorsteher Pietrzak in Berghausen, Braun in Thal, Schmitz in Flaberg, Zapp in Rennbruch sowie Herrn Salzer wollen Sie bitte verständigen. Für die Durchführung dieser Maßnahme sind Sie von dem Herrn Landrat persönlich verantwortlich gemacht.
gez. Hellweg.‟

In einem Schreiben des Landrats vom 6. August 1945 an die Bürgermeister des Oberbergischen Kreises wird darauf hingewiesen, daß in Absprache mit dem Militär-Gouverneur die Bewachung der Orte und der Feldfluren vorläufig noch beibehalten werden soll; diese Notwendigkeit ergab sich aus folgendem Schreiben des Bürgermeisters Hellweg an seine Ortsvorsteher vom 8. August 1945; darin heißt es:

„... wenn auch die Russen des Lagers Stellershammer Ende der vergangenen Woche zum größten Teil abtransportiert worden sind, so ist doch noch ein Teil derselben zurückgeblieben, und außerdem sind annähernd 2000 Italiener neu in dem Lager untergebracht. Ich halte daher die Fortsetzung der Nachtwachen in den einzelnen Ortschaften auch weiterhin für dringend erforderlich, namentlich auch aus dem Grunde, weil in der letzten Zeit schon aus einzelnen Bezirken Klagen von Diebstählen in den Gärten und Feldfluren mir bekannt geworden sind. Die Nachtwachen haben daher ihre besondere Aufmerksamkeit auch auf die Gärten und Feldfluren zu richten."

Um die Fortführung der Orts- und Flurwachen ging es in einer Versammlung der Ortsvorsteher der Gemeinde Gimborn am 5. September 1945 im Rathaus zu Hülsenbusch. Grund dafür war die zunehmende Verweigerung des Wachdienstes. Ein Bürger aus Lobscheid soll gesagt haben: „Ich verweigere die Wache so lange, so lange Bauern Kartoffeln an ihre Schweine verfüttern und ich keine auf dem Tisch habe." Ob es sich dabei um einen Evakuierten oder Flüchtling handelte — die auch zum Wachdienst eingeteilt wurden —, geht aus den Unterlagen nicht hervor. Die Gemeindevertretung beschloß mit 48 gegen 8 Stimmen die Fortsetzung des Wachdienstes. Drei Wachverweigerer erhielten vom Bürgermeister eine Verwarnung.

Ende September, Anfang Oktober sind dann auch alle Italiener in ihr Heimatland verlegt worden. Die Bevölkerung, insbesondere der Gemeinde Gimborn/Hülsenbusch, atmete auf.

In einer Aufstellung vom 20. Oktober 1945 wurden noch einmal alle Raub- und Plünderungsfälle aufgezählt und wertmäßig festgehalten. Danach wurden der Gemeinde Gimborn für die Zeit von der Besetzung durch die Amerikaner bis zum 20. Oktober 1945 146 Einzelfälle gemeldet; wertmäßig mit insgesamt 250.000 Reichsmark angegeben. Das war ein hoher Preis, wenn man bedenkt, daß damals ein Schaf 150 Reichsmark, ein tragendes Rind mit 1000 Reichsmark angegeben waren. Bereits in der Meldung des Bürgermeisters Hellweg an das Landratsamt vom 12. Juli 1945 sind 53 Kühe und Jungrinder, 14 Schafe und 5 Schweine enthalten, die im Gemeindebezirk Gimborn/Hülsenbusch gestohlen und abgeschlachtet worden sind. Diese Zahlen haben sich bis Oktober noch erhöht.

*

Raubüberfälle und Plünderungen geschahen in allen Gemeinden, wenn auch nicht in so großer Zahl und so schwerwiegend wie in der Gemeinde Gimborn/Hülsenbusch. Zur Abrundung dieses Kapitels sollen noch einige Fälle angeführt werden, aus denen Menschlichkeit und Hilfsbereitschaft erkennbar sind.

Frau Herta Potthoff, geborene Viebahn, berichtete dem Verfasser von Plünderungen in Liefenroth. Bauer Viebahn, ihr Vater, besaß einen kleinen Bauernhof mit vier Kühen. Im Dachgeschoß des großen Hauses war der Heuboden, wo in der schlimmen Zeit immer viele Leute geschlafen haben, einige Male auch Soldaten, die aus dem Gefangenenlager in der Rospe entwichen waren. Das war für Viebahns gefährlich, denn deutsche Soldaten sollten den Amerikanern gemeldet werden, aber Viebahns „wußten ja nicht", daß welche auf dem Heuboden schliefen. Viebahns haben ihnen dann die Wege erklärt und auch die Gewohnheiten der amerikanischen Posten, insbesondere zur Überwindung des Aggertales, das stärker überwacht wurde. Oft gaben sie den Soldaten zu essen. Viele hatten Verpflegung mit — Büchsenfleisch, Brot und Zucker aus Troßwagen der Deutschen Wehrmacht, die sie unterwegs ausgeräumt hatten, die in den Wäldern herrenlos herumstanden.

Überall wurde geplündert. Eines Tages kamen auch zu Viebahns Ukrainer und Russen, die Kartoffeln und Milch verlangten und auch bekamen. Das war sozusagen der „Erkundungstrupp". Am Abend kam von Lobscheid her ein großer, kräftiger deutscher Soldat, der sich bei der Auflösung seiner Einheit in Remscheid Zivil angezogen hatte und nun auf dem Wege in seine Heimat war. Diesem Mann sagte Bauer Viebahn, daß sie in dieser Nacht mit einer Plünderung rechnen könnten. Er aber hatte keine Angst und wollte Viebahns schützen. Er erbat sich ein großes Brotmesser als „Waffe" und schlief in der Küche. In dieser Nacht schliefen 17 Personen auf dem Heuboden, darunter mehrere deutsche Soldaten, die im „Blaumann" und „Räuberzivil" auf „Wanderschaft" nach Hause waren. In dieser Nacht geschah nichts. Vermutlich wußten die Plünderer von der Überbelegung des Hauses.

In der nächsten Nacht schliefen wieder mehrere „Wanderer" auf dem Heuboden, unter ihnen ein Gastwirt aus Aschaffenburg, der Herrn Viebahn sogar seine Militärpapiere zeigte. Er sah sich gleich nach einem Fluchtweg für alle Fälle um. Ihm gaben Viebahns am nächsten Morgen das letzte Stück einer Landkarte von Deutschland; alle anderen Teile hatten bereits andere Soldaten mitgenommen. Auch in dieser Nacht geschah kein Überfall.

Wochen später, als die „Wanderer" ausgeblieben sind, wurden die Viebahns dann doch noch geplündert. In der Nacht zum 31. Mai 1945 schlugen Russen und Ukrainer heftig gegen die Haustür und verlangten Einlaß. Der große Wolfsspitz schlug sofort an, aber sie ließen sich nicht einschüchtern und schossen in die Luft. Unter den Beilhieben gab der Türrahmen nach und sie kamen ins Haus. Inzwischen waren die Viebahns aus den Betten und angezogen. Mit Waffengewalt wurden sie in eine kleine Kammer getrieben, von zwei Plünderern in Schach gehalten und mit Erschießen bedroht. In dieser Zeit wurden Haus und Keller von acht Plünderern heimgesucht. Herr Viebahn behielt nur einen einzigen Anzug, nämlich den, den er anhatte.

Herr Walter Blass aus Wiehl berichtete dem Verfasser von Plünderungen und sogar Vergewaltigungen im Alpetal. In Mühlhausen befand sich ein aus dem Rheinland verlagerter Betrieb, in dem auch Russen und Ukrainer beschäftigt wurden. Gleich nach Kriegsende wurde der Betriebsleiter von sogenannten „Ostarbeitern" zum Krüppel geschlagen. Plünderungen und Schießereien waren an der Tagesordnung. „Ein Pole zwang meinen Großvater mit gezückter Pistole", so Herr Blass, „sein verrostetes Fahrrad (damals ein wertvoller Besitz) herauszugeben. Als sich der Alte starrsinnig weigerte, wurde er samt Fahrrad zu Boden gestoßen. Eine Ukrainerin trat dazwischen, beschimpfte den Polen, und schließlich konnte der Großvater das Fahrrad behalten. Zu dieser Zeit waren noch mehrere Ukrainer-Mädchen im Dorf."

Während des Krieges wohnte Frau Horst mit ihrer Mutter in Gummersbach, Marktstraße 12. Nach den Bombenwürfen waren die meisten Fensterscheiben durch Pappdeckel ersetzt worden. Eines abends klopfte es am Schlagladen. Frau Horst öffnete die Tür. Draußen stand eine Ukrainerin, die einen jämmerlichen Eindruck machte. Obwohl bei Strafe verboten war, mit Fremdarbeitern Kontakte aufzunehmen und sie zu pflegen, zog Frau Horst die Ukrainerin schnell ins Haus hinein. Die sprachliche Verständigung war schlecht, doch Frau Horst und ihre Mutter empfanden auch so gleich, um was es ging. Die Ukrainerin hatte Vertrauen zu den deutschen Frauen und schüttete ihr Herz aus — sie hatte Hunger und Heimweh. Mutter Horst dachte an ihren Sohn, der als Soldat in russischer Gefangenschaft war, und auch daran, daß er in ähnlicher Lage eine russische Mutter finden könnte, die ihm zu essen geben würde. Sie teilten ihr Weniges, das sie auf Marken bekamen, mit der Ukrainerin, die mit vollem Bauch und mit Herztropfen fürs Heimweh ins Lager zurückging. Frau Horst und ihre Mutter hatten die Ukrainerin von Mal zu Mal lieber. Jedes Mal wenn das junge Mädchen zu ihnen kam, bekam es zu essen, und jedes Mal schlich es satt und mit vielen kleinen Dingen und Medikamenten für seine Leidensgenossinnen ins Lager bei der Firma Elektra zurück. Als mit dem Einmarsch der Amerikaner sich die Fremdarbeiterlager öffneten und überall geplündert wurde, war Martha, die kleine Ukrainerin, bei Frau Horst und ihrer Mutter und wehrte die Plünderungen immer mit den Worten ab: „Hier nicht — nicht bei Mutter!"

Militärregierung und erste deutsche Verwaltungen

Bereits im Jahre 1943 befaßte sich das amerikanische Kriegsministerium damit, wie Deutschland nach der Niederringung zu regieren sei. Militärs und Politiker waren sich in dem Punkt einig, daß die erste Verwaltung nur von einer Militärregierung ausgeübt werden könne. Über die Formen gab es verschiedene Meinungen.

Im März 1943 schuf der amerikanische Kriegsminister Stimson die „Civil Affairs Division" (CAD), unter der in verschiedenen Universitäten der USA Abteilungen geschaffen wurden, in denen Armeeoffiziere zu Spezialisten für die künftige Militärregierung ausgebildet wurden. Viele dieser Offiziere hatten Deutschkenntnisse — auch auf dem Gebiete der Verwaltung, der Wirtschaft und in anderen Bereichen. Da die Zahl nicht ausreichte, wurden Kenner Deutschlands (Hochschullehrer usw.) aus dem Zivilleben zur Armee eingezogen und erhielten Offiziersdienstgrade. Im Frühjahr 1944 wurden über 2000 dieser Absolventen nach England verlegt, wo die Ausbildung weiter ging. Die befähigsten Offiziere arbeiteten mit ähnlich ausgebildeten britischen Offizieren unter der neuen Bezeichnung: „European Civil Affairs Division" (ECAD) zusammen. Die Institutionsnamen änderten sich noch mehrmals. 150 solcher Offiziere arbeiteten dann Pläne für eine Militärregierung in Deutschland aus. Im Wesentlichen sollten die deutschen Verwaltungsgliederungen beibehalten werden und zwar in fünf Verwaltungsstufen, von den Provinzen über Regierungsbezirke, große und kleine Städte bis zu den Landkreisen. Diese Verwaltungsstufen nannten sie Detachments mit den Buchstaben E bis I. Zu den H- und I-Detachments gehörten die kleineren Städte und Landkreise.

Den kämpfenden Einheiten wurden solche Militärregierungsgruppen zugeteilt, die gleich nach der Eroberung oder der Besetzung die Militärverwaltung übernahmen. In den H- und I-Detachments waren es neben dem Militärgouverneur gewöhnlich sechs bis acht Offiziere mit den Aufgabenbereichen öffentliche Sicherheit, Gesundheitswesen, Handel und Industrie, Finanz- und Rechnungswesen. Dazu kamen 20 bis 30 Soldaten als Wach- und Hilfskräfte.

Am 12. April 1945 hatte die 78. US-Infanteriedivision den Oberbergischen Kreis eingenommen. Am 12. und 13. April hatte Generalmajor Parker jun. seinen Divisionsgefechtsstand im Landratsamt Gummersbach, das sofort nach der Besetzung von Gummersbach am 11. April geräumt werden mußte. Dazu erinnert sich Frau Margret Knabe, damals 17-jährige Angestellte der Kreisverwaltung: „Es kam der Befehl, das Landratsamt zu räumen. Aber wohin mit Personal und Akten? Die Tapetenfabrik mit ihrem unzerstörten Verwaltungsgebäude bot eine provisorische

„Unterkunft". Alle Bediensteten (Beamte, Angestellte und Arbeiter) mußten anpacken. Es hieß: Sämtliche Akten raus aus dem Landratsamt zum Abtransport durch amerikanische Lastwagen, jede Abteilung für sich. Dann kamen die schwarzen Fahrer, vor denen wir natürlich Angst hatten, und beförderten uns mitsamt Akten zur Fabrik. Es war strahlendes Umzugswetter. Und dann standen wir da mit Bergen von Papier. Jede Abteilung war froh, in dem Fabrikgebäude ein bis zwei Zimmer zu erhalten. Wir legten unsere Akten auf den Fußboden. Das Mobilar mußte im Landratsamt bleiben. Nur Schreibmaschinentische und Schreibmaschinen durften wir mitnehmen. Auch die Industrie- und Handelskammer war in der Tapetenfabrik untergebracht, und zwar sowohl die Zweigstelle Gummersbach als auch die Hauptstelle Köln. Ich habe dort zum erstenmal Dr. August Dresbach gesehen, der vier Wochen später Landrat wurde."

Die Aufzeichnungen von Margret Knabe, geborene Besken, die der Kölner Stadtanzeiger in einer Serie im Mai 1985 veröffentlichte, sind für die Geschichte des Oberbergischen Landes überaus wertvoll. Wir werden noch einige Male darauf zurückkommen.

Als der Stab der 78. US-Infanteriedivision am 13. April 1945 weiterzog, blieb Captain Elmer N. Humphrey als Kommandant und Militärgouverneur des Oberbergischen Kreises mit seinen Offizieren und Mannschaften im Landratsamt Gummersbach zurück. Sie arbeiteten zunächst mit dem Divisionsnachschub

Dr. Anton Köchling, 1. Landrat des Oberbergischen Kreises.

zusammen, der im Oberbergischen Nachschublager unterhielt und auch Häuser für Wohnzwecke beanspruchte. Die 78. US-Infanteriedivision, die den Raum zwischen Sieg und Wuppertal erobert hatte, verlegte ab 22. April 1945 zu neuem Einsatz in den Raum Gießen-Marburg-Bad Wildungen. Den freiwerdenden Raum besetzten schwächere Kräfte der 15. US-Armee des Generals Gerow. Diese Armee wurde erst zur Zerschlagung des Ruhrkessels neu gebildet und setzte sich aus Divisionen zusammen, die mit jungen Soldaten im Frühjahr 1945 frisch aus den USA kamen und als Besatzungstruppen vorgesehen waren. Die 15. US-Armee sicherte während der Zerschlagung des Ruhrkessels die Rheinfront westlich des Stromes zwischen Köln und Düsseldorf.

Nach der Eroberung waren Amerikaner und Briten darauf bedacht, alle öffentlichen Einrichtungen in Deutschland — Verkehr, Ernährung, Wirtschaft usw. — wieder in Gang zu bringen. Dazu bedienten sie sich anfangs der deutschen Verwaltungen und ihrer Beamten. Erst später erfolgte die Entfernung von Mitgliedern der NS-Partei.

Über den Neuanfang der Verwaltung des Oberbergischen Kreises berichtete Dr. Friedrich Wilhelm Goldenbogen im Buch: „Ein Leben für den Oberbergischen Kreis", Seite 35 und folgende:

„Die Verwaltung des Oberbergischen Kreises war bei meinem Dienstantritt weitgehend intakt. Das war einmal darauf zurückzuführen, daß sie ihre Spitze behalten hatte. Dafür gab es verschiedene Gründe. Der damalige Regierungspräsident Raeder hatte nach der Besetzung durch die Amerikaner alle Landräte aus dem politischen Raum zurückgezogen. Stattdessen waren Landräte eingesetzt worden, die völlig unbekannt waren. In Gummersbach war dies Dr. Anton Köchling, der spätere Landeshauptmann. Dr. Köchling war Oberregierungsrat bei der Bezirksregierung in Köln und seit Januar 1945 stellvertretender Landrat im Oberbergischen. Auf politischem Gebiet war er unbekannt, so konnte keiner gegen ihn vorgehen. Somit blieb die Spitze intakt und Dr. Köchling konnte sich auch vor die anderen Beamten stellen."

Aus dem gleichen Buch erfahren wir auch etwas über die Herkunft und das Leben Goldenbogens:

Friedrich Wilhelm Goldenbogen war Pommer und zu Beginn des Zweiten Weltkrieges bereits Regierungs-Assessor in Stettin. In der Endphase des Krieges war er Hauptmann in der Nachrichten-Abteilung der 5. Panzerarmee, die die letzten deutschen Truppen im Oberbergischen befehligte. Dadurch hatte Goldenbogen ersten Kontakt mit dem Oberbergischen und seinen Menschen. Was lag da näher, als daß er nach Auflösung seiner Einheit in Radevormwald und dem Anziehen von Zivil nach Berghausen zurück wollte, denn dort war er einige Wochen bei

Herrn Schmidt, dem Seniorchef der Firma Schmidt + Clemens, in Quartier. Der heimatlose Pommer Dr. Goldenbogen glaubte mit Schmidts Hilfe im Oberbergischen eine neue Heimat finden zu können. Herr Schmidt bot ihm an, in seine Firma als Kaufmann einzutreten, anstelle seines Sohnes, der in Stalingrad geblieben war. Goldenbogen konnte sich dazu nicht entschließen, denn er war kein Kaufmann, sondern Regierungsassessor. Außerdem war das Werk Schmidt + Clemens jetzt Ausländerlager und zur Demontage vorgesehen. Goldenbogen hatte aber zunächst eine Bleibe und streckte dann seine „Fühler" aus.

Inzwischen waren die Abteilungen des Landratsamtes in ihre alten Räume zurückverlegt worden. Die Militärregierung behielt im Kreishaus in dem zum Sportplatz gelegenen Gebäudetrakt die obere Etage.

Mit einem alten Damenfahrrad fuhr Dr. Goldenbogen zum Bürgermeisteramt nach Hülsenbusch und verlangte Zivilpapiere. Der Bürgermeister sagte ihm, daß er sich an die Anordnungen der Militärverwaltung halten müsse und daß dies nicht ginge. Zufällig traf Goldenbogen im Bürgermeisteramt seinen alten Zahlmeister, der hier als Zivilist bereits einer Abteilung der Gemeinde vorstand; dieser besorgte Goldenbogen Papiere, die ihn zum registrierten Zivilisten machten.

Nun fuhr Goldenbogen zum Landratsamt nach Gummersbach und bewarb sich beim Landrat Dr. Köchling um eine Stelle in der Kreisverwaltung. Anton Köchling sagte ihm, daß er ihn gut gebrauchen könne, daß aber zu einer Anstellung die strengen Anordnungen der Militärregierung im Wege ständen. Schließlich kamen sie überein, gemeinsam zum amerikanischen Militärgouverneur Captain Humphrey zu gehen und dem die Sache vorzutragen.

Humphrey musterte Goldenbogen und stellte Fragen. Goldenbogen beantwortete sie wahrheitsgemäß. Sicherlich ging Humphrey davon aus, den Verwaltungsfachmann, den Regierungsassessor Goldenbogen gut gebrauchen zu können, da er letztendlich für den Aufbau und die Arbeit der deutschen Verwaltungen verantwortlich war. Goldenbogen bekam seine Anstellung als Angestellter der Kreisverwaltung und einen Schein, der für ihn die Sperrstunden aufgehoben hat. Außerdem Lebensmittelkarten und ein halbes Pfund Butter. Fräulein Kalle, seine spätere Sekretärin, half ihm bei der Suche eines Zimmers in Gummersbach. Am 21. Dezember 1945 kam dann auch seine Frau nach Gummersbach, die er nach vielem Suchen gefunden hatte.

Landrat Dr. Anton Köchling wurde bald in eine andere Verwaltung berufen. An seine Stelle trat am 7. Mai 1945 der bisherige Geschäftsführer der Industrie- und Handelskammer, Zweigstelle Oberberg, und frühere Journalist Dr. August Dresbach. Über ihn schrieb Margret Knabe: „August Dresbach wurde am 13. November 1894 in dem 130-Seelen-Dorf Pergenroth, Gemeinde Wiehl, geboren. Aufgewachsen ist er in dem Nachbarort Ohlhagen, damals Gemeinde Denklingen. Sein Vater war Steinbrucharbeiter. Wegen seines hellen Kopfes schickte man ihn zur Oberrealschule Gummersbach. Danach studierte er in Göttingen, Bonn und Heidelberg Nationalökonomie. Mit der Promotion schloß er das Studium ab. Sein Lebenslauf verzeichnet dann: Weltkrieg-I-Teilnehmer, als Leutnant schwer verwundet, Handelskammerangestellter, Werksyndikus, Redakteur an der „Kölnischen Zeitung" und an der „Frankfurter Zeitung", meist für die Gebiete des öffentlichen Rechts. Seine glücklichste Zeit, so sagte er selbst, kam, als er am 7. Mai 1945 mit der Führung der Landratsgeschäfte in seinem Heimatkreis beauftragt wurde."

Über die Zusammenarbeit mit Dr. Dresbach sagte Dr. Goldenbogen: „Dienstlich lernte ich ihn (Dresbach) kennen, als er offiziell als Landrat eingesetzt wurde. Wir hatten von vornherein ein gutes Vertrauensverhältnis zueinander. Vor allen Dingen hat Dr. Dresbachs Haltung auf mich höchsten Eindruck gemacht... Was uns gleich verbunden hat, war der Wille, der Bevölkerung aus den Folgen der Katastrophe herauszuhelfen. Zum anderen hatten wir von vornherein eine Aufgabenteilung. Ich habe Dr. Dresbach erklärt, daß ich mich aus der Politik heraushalten wolle, weil ich davon nichts verstände. Er sollte die politische Seite übernehmen, ich wollte mich ganz auf die verwaltungsmäßige Seite stürzen, dort war ausreichend zu tun. Das war eine sinnvolle Lösung. Dr. Dresbach kannte die Menschen im Oberbergischen, ich noch nicht. Er machte dann auch alle politischen Dinge mit warmem Herzen. Ich erledigte die Routineaufgaben und sah zu, daß ich mit der Militärregierung klar kam."

„Die Einarbeitung in die Geschäfte" — so Margret Knabe — „wurde Dresbach erheblich erleichtert durch seinen Freund Karl Klein (‚Landrat von Bomig') und den Kreisinspektor (und späteren Kreisfinanzdirektor) Robert Thiel, beide altgediente Kreisbeamte. Vor allem in den ersten Monaten seiner Tätigkeit besprach Dresbach viele Dinge, besonders Personalprobleme, mit diesen Herren, die der NSDAP nicht angehört hatten."

Über Dr. Goldenbogens Mitarbeiterin berichtet Margret Knabe folgendes: „Eine große Hilfe für Goldenbogen war seine Sekretärin Elisabeth (‚Lisbeth') Kalle aus Hesselbach. Als Goldenbogen 1945 31-jährig zum erstenmal das Kreishaus betrat, war Fräulein Kalle schon fast 17 Jahre beim Kreis tätig. Als Verwaltungsfachkraft und gebürtige Oberbergerin konnte sie ihn in Hunderten von Fragen beraten und unterstützen. Sie tat es über 20 Jahre mit großem Einsatz."

Ein weiterer verdienter Mitarbeiter der ersten Stunde war der Sozialdemokrat Karl Lohmar, ehemals Lehrer und von den Nationalsozialisten aus dem Amt entfernt. Viele Fürsorge- und Vertriebenenschriftstücke des Kreises tragen seine Unterschrift. Er war es, der gleich nach dem Zusammenbruch des „Dritten Reiches" in

Landrat Dr. August Dresbach

der neuen Kreisverwaltung tätig wurde und als Kreisdirektor den Armen und Schwachen, den Vertriebenen und Flüchtlingen seine so sehr eingeschränkte Hilfe zuteil werden ließ.

Alles in dieser Zeit geschah auf Befehl der Militärregierung. Die deutschen Verwaltungen wurden zu Befehlsempfängern der Amerikaner und Briten, jedoch mit der schwierigsten Aufgabe, die deutsche Bevölkerung mit Nahrung zu versorgen, den unzähligen Flüchtlingen ein Obdach zu geben. Eine der ersten Aufgaben war die Registrierung der Lager- und Warenbestände des zurückgelassenen Wehrmachtsgutes, die Registrierung der Deutschen und Ausstellung von Legitimationskarten mit Daumenabdruck anstelle eines Lichtbildes.

Über die Zusammenarbeit mit dem amerikanischen Militärgouverneur sagte Dr. Goldenbogen: „... Captain Humphrey war ein gutmütiger Mann, der die schwierige Situation der Ernährung durchaus erkannte. Er war von Beruf Agrarprofessor und kam auf die glorreiche Idee, jedem Oberberger fünf Hühner zur Ver-

Military Government of Germany.

Temporary Registration.   **Zeitweilige Registrierungskarte.**

Name / Name: **Spies Kurt**   Alter / Age: **28 J**   Geschlecht / Sex: **männlich**

Ständige Adresse / Permanent Address: **Gummersbach Singerbrinkstr. 21**   Beruf / Occupation: **Bauführer**

Jetzige Adresse / Present Address: **Gummersbach Singerbrinkstr. 21**

Der Inhaber dieser Karte ist als Einwohner von der Stadt – ~~Dorf~~ **Gummersbach** vorschriftsmäßig registriert und ist es ihm oder ihr strengstens verboten, sich von diesem Platz zu entfernen. Zuwiderhandlung dieser Maßnahme führt zu sofortigem Arrest. Der Inhaber dieses Scheines muß diesen Ausweis stets bei sich führen.
The holder of this card is duly registered as a resident of the town – village – of **Gummersbach** and is prohibited from leaving ~~the place~~ designated. Violation of this restriction will lead to immediate arrest. Registrant will at all times have this paper on his person.

№ **101327**

Legitimations-Nummer / Identity Card Number

Unterschrift des Inhabers / Signature of Holder   Right Index Finger   Name and Rank Mil Gov Officer, U. S. Army

Datum der Ausstellung / Date of Issue: **16.5.45.**

(Dies ist kein Personal-Ausweis und erlaubt keine Vorrechte.)
(This is not an identity document and allows no privileges.)

V. A. Kartenstelle Gummersbach

Ist arbeitseinsatzmäßig erfaßt.
Arbeitsamt Gummersbach, den -2. Jan 1946
Im Auftrag

fügung zu stellen. Er meinte, damit wäre die Versorgung der Bevölkerung mit Eiern und Fleisch sichergestellt. Das ließ sich nicht verwirklichen, obwohl ich mit dem guten Captain über eine Stunde lang dieses Thema debattierte."

Für die einzelnen Bereiche hatte der Militärgouverneur seine Fachoffiziere, so für Ernährung, Wirtschaft, Verkehr, Polizei- und Gerichtswesen, Gesundheit und Medizin usw. Alle Maßnahmen wurden von der Militärregierung den deutschen Behörden befohlen, zumindest waren sie mit diesen abgestimmt.

Gleich nach dem Umbruch waren viele ehemalige deutsche Soldaten, die nicht in die Kriegsgefangenschaft gehen wollten, als „biedere Zivilisten" mit Hacke und Spaten auf „Wanderschaft" im eignen Lande. Viele wollten nach Hause; die ihr Zuhause im Osten Deutschlands verloren hatten, suchten eine neue Heimat. Aus der Kriegsgefangenschaft entlassene Soldaten — anfangs nur Landwirte und Bergleute — mußten von den deutschen Behörden mit Ausweisen versehen werden. Hinzu kamen die Evakuierten aus den linksrheinischen Gebieten, die in ihre Heimat zurück wollten. Dazu Dr. Goldenbogen: „Meine erste Aufgabe im Kreis war, die Evakuierten zurückzuführen und die entlassenen Soldaten mit Pässen der Militärregierung zu versorgen. Die Entlassungen bezogen sich allerdings nur auf Soldaten aus dem Regierungsbezirk Köln. Nun war es allerdings so, daß die Amerikaner und später die Engländer keine Ahnung über die Regierungsbezirksgrenzen in Deutschland hatten. Mir war es also möglich, auch Soldaten aus anderen deutschen Gebieten... mit den notwendigen Ausweisen zu versehen... Im Oberbergischen Kreis und darüber hinaus sprach sich bei den Soldaten schnell herum, daß in Gummersbach ein ehemaliger Hauptmann saß, der helfen konnte."

Im Oberbergischen Raum lebten ca. 60.000 Evakuierte aus dem Raum Köln und Aachen, die natürlich in ihre Heimat zurück wollten, aber der Rhein war das große Hindernis und die wenigen Kriegsbrücken — alle anderen waren zerstört — waren meistens von amerikanischem Militär belegt, so daß sie nur sehr begrenzt für Deutsche zur Verfügung standen. Natürlich wollte jeder Ort, jeder Kreis seine Evakuierten los werden, schon wegen der Ernährung, und die deutschen Behörden ließen sich dazu allerlei einfallen. Hierzu sagte Dr. Goldenbogen: „Angesichts der großen Not und des Elends... habe ich schon einmal die Fünf gerade sein lassen und zu etwas illegalen Mitteln gegriffen. Geschadet hat das keinem Menschen, das Gegenteil war der Fall. Mit den Evakuierten war das so: In Köln gab es die sogenannte Patton-Brücke (Patton war ein US-General), über die durften jeden Tag 100 Menschen aus dem Oberbergischen Kreis in die linksrheinischen Gebiete. Bei 60.000 Menschen, die schnell wieder in ihre Heimat wollten, kann man sich ausrechnen, wie lange bei diesem Kontingent die Rückführung gedauert hätte. Mir dauerte das zu lange. Die Jahreszeit war schon fortgeschritten, viele Landwirte aus dem Aachener Raum wollten auf ihre Felder, angesichts der katastrophalen Ver-

Warnung.

b sofort wird von der Militärregierung kontrolliert, ob lle bisher von der Besatzungsbehörde erlassenen Gesetze und Verordnungen von der Bevölkerung beachtet werden. Bei Verstößen erfolgt jetzt sofortige Bestrafung.

Summersbach, den 15. Mai 1945.

Der Landrat
Dr. Dresbach.

MILITARY GOVERNMENT

CURFEW

1. With effect from the night 29/30 July 1945 and until further notice, curfew will begin at 22.30 hours and end at 04.30 hours.

2. During the hours of Curfew:

    (a) All Persons are forbidden to be out of doors unless in possession of a valid Military Government Permit.

    (b) Allied Military Personnel have been authorised to fire at any Person who on being seen out of doors attempts to hide or to avoid interrogation.

3. Any Persons contravening this order are liable to arrest and to prosecution.

BY ORDER OF
MILITARY GOVERNMENT

MILITÄRREGIERUNG

Ausgangsbeschränkung

1. Mit Wirkung von der Nacht vom 29. zum 30. Juli 1945 und bis zur weiteren Bekanntmachung beginnt die Ausgangsbeschränkung um 22.30 Uhr und endet um 04.30 Uhr.

2. Während der Ausgangsbeschränkungsstunden

    a) Ist es allen Personen verboten, außerhalb ihrer Häuser zu sein. Ausgenommen sind nur Personen, die im Besitz eines gültigen Erlaubnisscheines der Militärregierung sind.

    b) Sind Angehörige der Alliierten Streitkräfte ermächtigt, auf jedermann zu schießen, der sich außerhalb seines Hauses befindet und Versuche macht, sich zu verbergen oder der Vernehmung zu entziehen.

3. Wer dieser Bekanntmachung zuwiderhandelt, wird verhaftet und militärgerichtlich verfolgt.

IM AUFTRAGE DER
MILITÄRREGIERUNG

Plakate und Anschläge

sorgungslage eine unbedingte Notwendigkeit... Ich habe die Passierscheine verdoppelt. Jedenfalls gelang es mir, statt 100 bis zu 1000 Menschen an einem Tag mit Papieren über den Rhein zu bringen. Alle Welt hat sich maßlos gewundert, daß der Oberbergische Kreis seine Evakuierten so schnell loswurde und andere Kreise nicht."

Die Versorgung der Bevölkerung mit Nahrungsmitteln und lebensnotwendigen Gütern, die Ingangsetzung der Dienstleistungsbetriebe, waren schwierige Probleme — das schwierigste Problem war jedoch die Beschaffung und Verteilung der Lebensmittel.

Weitere Maßnahmen waren die Erfassung der meistens zerstörten Großwaffen und Fahrzeuge, sowie der Munition der Deutschen Wehrmacht. Noch brauchbare LKW wurden für Rechnung des Kreises an Privatinteressenten verkauft. Panzerwracks wurden zum Ausschlachten freigegeben; aus Panzerplatten entstanden Pflugschaare, Hufeisen und ähnliche Dinge. Die noch überall herumliegende Munition wurde eingesammelt; in Bergneustadt wurden zu dieser Aktion auch Jugendliche herangezogen. Die Munition wurde mit dienstverpflichteten Holzgas-LKW einheimischer Firmen nach Alperbrück gefahren und im dortigen, wassergefüllten Steinbruch „versenkt". Bei dieser Aktion hat ein alter Bergneustädter, Eugen von der Linde, sein Augenlicht verloren. Beim Zuwerfen von gegurteter MG-Munition drangen ihm zwei Geschoßspitzen in die Augen, die durch Notoperationen nicht mehr zu retten waren. Artillerie- und Flakgranaten wurden meist von amerikanischen Pionieren gesprengt. Solche Aktionen waren auch im Interesse der deutschen Bevölkerung, denn mit herumliegender Munition haben sich Kinder und Jugendliche verletzt, die damit „gespielt" haben.

Im Juni 1945 bezogen die Siegermächte ihre Besatzungszonen, die bereits auf der Konferenz von Jalta festgelegt worden waren. Die Amerikaner gingen in ihre Zone nach Süddeutschland, die Briten kamen ins Oberbergische, als sie ihre Zone in Nord- und Nordwest-Deutschland besetzten.

Unter der einheimischen Bevölkerung schneiden im Rückblick die Amerikaner besser ab; sie waren großzügiger, unkomplizierter als die Briten. Das britische Militär fußte auf alter, konservativer Tradition und strengen Gesetzen, was sich auch in Bezug auf den Umgang mit der deutschen Bevölkerung niedergeschlagen hat. Hinzu kam, daß Großbritannien den Krieg durch Bombenangriffe und die Rationierung aller Lebensmittel und lebenswichtigen Güter zu spüren bekam und Amerika nicht. Am 18. Juni 1945 ging der amerikanische Captain Humphrey von Gummersbach fort, und der brittische Oberstleutnant Taylor wurde neuer Militärgouverneur des Oberbergischen Kreises.

Bestandsaufnahme und Beseitigung der Kriegsschäden

Am 16. Mai 1945 ging ein Rundschreiben des Landrates Dr. Dresbach an die „Herren Bürgermeister des Oberbergischen Kreises", darin heißt es:

„Die amerikanische Militärregierung fordert die sofortige Beseitigung aller Kriegsschäden. Für die Durchführung dieser Arbeiten, die in der Reihenfolge der Dringlichkeit zu erfolgen hat, sind die Herren Bürgermeister verantwortlich.

Zuerst sind alle Schäden zu beseitigen, durch die der Verkehr behindert wird. Zu dem Zweck sind auch alle noch vorhandenen Panzersperren zu beseitigen. Straßenbrücken sind sofort soweit instandzusetzen, daß sie dem Verkehr gefahrlos zur Verfügung stehen. Bomben- und Granattrichter auf Straßen sind sofort aufzufüllen...

Häuserschäden sind gleichfalls sofort auszubessern. Es geht nicht an, noch länger Häuserruinen zu dulden. Die Trümmer von total zerstörten Häusern sind sofort zu beseitigen. Es kann nicht von den ohnehin schwer betroffenen Hauseigentümern allein gefordert werden... Die Räumungsarbeiten sind in Gemeinschaftshilfe durchzuführen; die benötigten Arbeitskräfte sind durch die Herren Bürgermeister aus den z.Zt. Beschäftigungslosen auszuwählen und heranzuziehen... Bei der Durchführung der Räumungsarbeiten ist auf die Rückgewinnung allen noch brauchbaren Materials größter Wert zu legen..."

Bis zum 1. Juni 1945 mußten die Bürgermeister dem Landrat melden: Total oder teilweise zerstörte Brücken, Wohnhäuser und Wirtschafts- sowie Fabrikgebäude. Daneben mußte gemeldet werden, wieviele Arbeitskräfte zur Beseitigung der Schäden eingesetzt sind und welche Fortschritte die Arbeiten machten.

Gleich nach der Besetzung durch die Amerikaner gingen wohl alle Geschädigten an die Instandsetzung ihrer Häuser und Stallungen, doch ungeheure Schwierigkeiten gab es dann bei der Beschaffung der Baumaterialien. Dieses traf auch auf Brücken und öffentliche Gebäude zu.

Aufgrund dieses Rundschreibens beauftragten die Bürgermeister ihre Stadtbaumeister oder Architekten mit der Aufstellung der Kriegsschäden, mit namentlicher Aufstellung der Geschädigten, die hier jedoch nicht angeführt werden können. Eine zusammenfassende Aufstellung ergab:

Gummersbach: 50 völlig zerstörte und 523 teilweise zerstörte Wohngebäude, 42 völlig und 98 teilweise zerstörte Fabrikhallen, Scheunen und Stallgebäude.

Waldbröl: 2 teilzerstörte Brücken, 213 Gebäudeschäden, davon 14 Totalschäden.

Nümbrecht: 3 Brücken teilzerstört, 26 Gebäudeschäden, davon 3 Totalschäden.

Wiehl: 1 Straßen-, 1 Eisenbahn-Brücke zerstört, 147 Wohngebäude leicht bis schwer und 12 total zerstört.

Morsbach: 1 zerstörte Brücke, 2 teilzerstörte Brücken, 6 total- und 138 teilzerstörte Wohngebäude, 17 total- und 51 teilzerstörte Scheunen, Stallungen und Fabrikationsräume.

Von den anderen Gemeinden liegen keine Zahlen vor.

Aus einer „Zusammenstellung der Kriegsschäden im Raum des Oberbergischen Kreises" geht hervor:

Vollständig zerstört: 98 Wohnhäuser, 90 landwirtschaftliche Gebäude, 4 Verwaltungsgebäude, 4 Kirchen, 1 Schule, 1 Krankenhaus, 10 Straßenbrücken, 7 Bahnhöfe, 9 Eisenbahnbrücken, 1 Industriewerk.

Leicht bis schwer beschädigt: 1382 Gebäude, 3 Industriewerke.

In der Eingabe an den Landrat gab Architekt Denninger für Waldbröl am 31. Mai 1945 an:

„Zur Beseitigung der unter 1-3 aufgeführten Schäden wurden im Monat 125-150 Arbeitskräfte eingesetzt... In der Gemeinde Waldbröl ist bereits Ende April mit der planmäßigen Behebung der Kriegsschäden begonnen worden. Zu diesem Zweck wurde frühzeitig die Erfassung aller brachliegenden Arbeitskräfte und die Beschlagnahme der in der Gemeinde lagernden Baumaterialien angeordnet... Schäden die den Verkehr behindern, wurden zuerst beseitigt. Soweit sie Provinz-Straßen betrafen, wurde mit der zuständigen Baubehörde Fühlung genommen... Der Fortgang der Arbeiten... wird leider durch die häufigen von den amerikanischen Militärbehörden befohlenen Sondereinsätze... empfindlich gestört. Außerdem wirkt sich binnen kurzem das Fehlen von bestimmten Baumaterialien wie Kalk, Zement, Mauersand, Glas, Dachpappe, Dachziegel und Steinen nachteilig aus. Wiederholte Bemühungen, wirksame Abhilfe zu schaffen, haben bisher nur bedingten Erfolg gehabt. Immerhin ist es gelungen, die Fabrikation von Zementdachziegeln und die Holzabfuhr aus den Wäldern ingang zu bringen. Für das Heranbringen von Kalk und Zement erbitte ich die besondere Unterstützung... Wegen des Wiederaufbaues der zerstörten Straßenbrücke im Zuge der Reichsstraße 256 (Boxberg) und deren unbedingt notwendigen Verbreiterung sind Verhandlungen mit den Reichsbahndienststellen und denjenigen der Straßenbauverwaltung aufgenommen worden... Die Aufräumungsarbeiten an teilgeschädigten Gebäuden sind durchweg beendet, diejenigen an Totalschäden eingeleitet."

So oder so ähnlich lauteten alle Berichte der Gemeinden an den Landrat. Die Schwierigkeiten in der Beschaffung von Baumaterialien wurden immer größer.

Notbrücke in Waldbröl-Boxberg, gleich nach Kriegsende errichtet.

Dieringhausen. Reparatur der evang. Kirche.

Die am 21. März 1945 durch Bomben zerstörte Kirche von Drabenderhöhe.

Mühlentaler Spinnerei und Weberei Dieringhausen, Sommer 1945. Aufräumungsarbeiten in der Spinnerei. Links: Paul Birkenbeul, rechts daneben Willi Schneider, Spinnereimeister.

Die britischen Verwaltungspläne

In einer Broschüre vom Sommer 1945 (zweite, revidierte Auflage vom 1. Februar 1946) gab die britische Militärregierung Richtlinien für die künftige Behandlung der deutschen Fragen unter dem Titel: „Demokratisierung und Dezentralisierung der örtlichen und Gebietsregierung" heraus. In der Einführung heißt es: „Der Charakter eines Volkes widerspiegelt im allgemeinen den Einfluß des Landes, in dem sie leben. Unsere Demokratie (die britische), die widerstandskräftigste der Welt, ist das Produkt unseres Charakters und Landes... d.h. die Regierung des Volkes durch das Volk und für das Volk..." Diese Sätze besagen, warum die Briten ihre Demokratie und Staatsform auch auf die Deutschen übertragen wollten.

Über die Neuordnung der Verwaltungen heißt es: „Gerade dieses bedächtige und gründliche Aufbauen der Demokratie ist die besondere Aufgabe des Zweiges ‚Verwaltung und örtliche Regierung'. Prinzipien wie direkte Aufsicht der Regierung durch das Volk auf jeder Stufe, die Umwandlung des Bürgermeisters von einem für lange Zeit angestellten Verwaltungsjuristen in das für eine kurze Amtsdauer durch das Volk gewählte Oberhaupt einer Verwaltung, die vollständige Unterordnung dezentralisierter öffentlicher Dienste unter gewählte Körperschaften, sowie die Schaffung eines unparteiischen Beamtentums, das dem Publikum dient, — Prinzipien, die den Deutschen ganz neu sind, — gehören zu den Zielen, die uns als notwendig vor Augen gestellt worden sind, um der freiesten Art der Demokratie die Möglichkeit zu geben, zu wachsen und zu gedeihen."

In einem weiteren Absatz wird die Notwendigkeit der Umerziehung der Deutschen von „Befehlsempfängern" zu Demokraten, die selbständig zu denken und zu handeln vermögen, behandelt. Und am Schluß heißt es dann: „Keine andere als die höchste Form der Demokratie könnte sich in einem Zustand der Wohnungsnot und des Hungerleidens halten... Die Offiziere der Militärregierung müssen die Demokratie als etwas ansehen, das wir uns ins Leben zu rufen bemühen. Jetzt stehen wir erst am Anfang dessen, was wir aufzubauen trachten... Wir können die Saat säen und dabei behilflich sein, sie zu hegen und zu pflegen, während sie sich zum Lichte emporringt; wenn sie aber richtig gedeihen soll, müssen die Deutschen selbst diejenigen sein, die die Frucht zur Reife bringen."

In den Richtlinien und Ausführungsbestimmungen zur Demokratisierung und Dezentralisierung der örtlichen und der Gebietsregierung wird gesagt:

a) „Örtliche Regierung" umfaßt die allgemeine innere Verwaltung von Gemeinden, Land- und Stadtkreisen;

b) „Gebietsregierung" bezieht sich auf die Verwaltung von Regierungsbezirken, Ländern und Provinzen.

Voraussetzungen für die Dezentralisierung und die Demokratie war die Umerziehung der Deutschen zum selbständigen Denken und Handeln, und die behutsame Zulassung von politischen Parteien, zunächst auf den untersten Ebenen. Dazu gehörten auch öffentliche Versammlungen, die jedoch von der Militärregierung auf Antrag genehmigt werden mußten. Ab 15. September 1945 wurden auf den Kreisstufen von den Briten genehmigt:

— Sozialdemokratische Partei Deutschlands (SPD);

— Kommunistische Partei Deutschlands (KPD);

— Christlich-Demokratische Partei (CPD oder CDU);

— Niedersächsische Landespartei.

Von der höheren Instanz der Militärregierung, der Gebietsstufe, mußten folgende Parteien ihre Genehmigung erwirken:

— Freie Demokratische Partei (FDP);

— Liberal-Demokratische Partei (LDP);

— Zentrumspartei;

— Anträge von weiteren Parteien.

Zur „Entwicklung einer demokratischen Regierung" wird gesagt: „Die Verwaltung in Deutschland ist zur Zeit sowohl seitens der Militärregierung wie deutscherseits vollständig exekutiv. Deutsche sind in erster Linie angestellt worden, um die wirksame Durchführung von Befehlen, für welche die Militärregierung verantwortlich ist, zu sichern. Diese Anstellungen sind also nicht von der politischen Überzeugung oder der Parteizugehörigkeit des angestellten Beamten abhängig, abgesehen von der vollkommenen Ausschaltung der nationalsozialistischen und ähnlicher Überzeugungen, die ganz und gar verboten sind... Eine derartige Verwaltung ist daher autoritär und muß, solange sie währt, eine „wohlwollende Gewaltherrschaft" sein, um überhaupt zufriedenstellende Arbeit zu leisten. Da es bis jetzt noch keine Volksvertretung gibt, ist es für diejenigen Personen, die für die Militärregierung verantwortlich sind, sowie für die Verwaltung auf deutscher Seite absolut notwendig, sich mit den Ansichten der verschiedenen Gruppen und Schichten der Bevölkerung vertraut zu machen und darauf zu achten, daß dem rechtmäßigen Ansuchen und Verlangen derselben soweit wie möglich Rechnung getragen wird..."

Gleich nach dem Zusammenbruch Deutschlands setzte die Militärregierung Deutsche als Bürgermeister ein, die mit der NS-Partei keine Berührungspunkte hatten, vielfach holte sie dazu den Rat der Pastoren beider Konfessionen ein. Die Arbeit des Bürgermeisters wurde von der Militärregierung bestimmt und unter Mithilfe von Verwaltungsfachkräften bewältigt, die schon vorher in den Verwaltungen saßen. Bald kamen Gemeinderäte als beratende Gremien hinzu. Über die ernannten, vertretenden Räte heißt es in der Broschüre: „In dem unorganisierten Zustand, in dem Deutschland sich zur Zeit befindet, ist es noch nicht möglich, Wahlen durchzuführen; daher muß als Zwischenstufe eine Volksvertretung durch ernannte vertretende Räte geschaffen werden. Dies bedingt die Verwaltung der Gebiete auf jeder Stufe durch Personen, die von der Militärregierung eingesetzt werden und ihr gegenüber verantwortlich sind, und welche die Regierungsgewalt ausüben, wobei ihnen Räte zur Seite stehen... Diese Räte müssen... die größtmögliche Vertretung der öffentlichen Meinung gewährleisten, vorausgesetzt, daß die von der Militärregierung verlangten Richtlinien eingehalten werden." In den Ausführungsbestimmungen ist die Anzahl der Räte im Bezug auf die Größe der Gemeinden und Städte angegeben.

Die Endstufe sollten die gewählten Räte sein. Dazu heißt es in der Broschüre: „Man kann sich erst mit dem letzten Entwicklungsstadium der **gewählten Räte,** von der untersten Stufe angefangen, befassen, wenn die Wahllisten, die auf dem allgemeinen Stimmrecht für erwachsene Männer und Frauen beruhen, vollständig sind, und wenn die Wahlsprengel oder Wahlbezirke für die Wahlen auf allen Stufen organisiert sind."

Die „Entwicklung einer demokratischen Regierung" nach Gemeinde-, Stadt- und Kreis-Ebene sah dann als „mittlere Instanzen" die Regierungsbezirks- und Provinz-Ebene vor, „die Möglichkeit einer Neuorganisation auf gebietsmäßiger Grundlage wird jedoch sorgfältig erwogen, und ein Dauerausschuß ist gebildet worden, um sich mit dem Problem zu beschäftigen und Vorschläge zu machen." Die endgültige Lösung war dann die Auflösung der (preußischen) Provinzen, an deren Stelle die Bundesländer traten.

Über die Zonen- und Zentralverwaltung wird gesagt: „Die genaue Form, die irgendeine Zonen- oder Zentralverwaltung eventuell annehmen wird, ist noch nicht entschieden. Es ist jedoch im Potsdamer Abkommen festgelegt worden, daß eine Zentralverwaltung eingesetzt werden würde für solche Angelegenheiten wie Finanzen, Transport, Nachrichtenwesen, Außenhandel und Industrie. Es ist wahrscheinlich, daß die Last der Verwaltung anderer Funktionen niedrigeren Stufen zufallen wird. Vor der Einsetzung von Zentralverwaltungen ist es wohl möglich, daß die Zone eine Regierungsstufe werden wird, die sich mit den oben angegebenen Funktionen sowie auch mit anderen Funktionen befassen wird. Es sind bereits mehrere funktionelle Behörden auf zonaler Grundlage eingesetzt worden, einige beratend, andere koordinierend, und wieder andere ausführend. Diese Entwicklungen werden jedoch nicht die Dezentralisierung der Macht auf niedrigere Stufen beeinträchtigen dürfen."

Ernährung und Rationierung

Die Ernährung der Deutschen war gleich nach dem Zusammenbruch im Mai 1945 das größte Problem. Der Austausch von landwirtschaftlichen Erzeugnissen innerhalb Rest-Deutschlands und innerhalb der Besatzungungszonen kam nicht zustande. Während die deutsche Landwirtschaft im Kriege ungefähr ihre Erzeugung auf dem Vorkriegsstand halten konnte, so sank sie nach dem Zusammenbruch durch fehlende Düngemittel, durch Vieh- und Saatgutmangel und andere Einflüsse. Dazu kam der Verlust der landwirtschaftlichen Gebiete Ost- und Westpreußens, Pommerns und Schlesiens, der sich auf die Gesamterzeugung auswirken mußte. Und das bei einer durch Flucht und Vertreibung erhöhten Bevölkerungszahl in Rest-Deutschland. Unter diesen Voraussetzungen war 1945 der Hunger der Deutschen vorprogrammiert.

Der vorgesehene Austausch von Lebensmitteln aus der sowjetischen Besatzungszone gegen Reparationsgüter (Fabriken und andere Industrieeinrichtungen) kam nicht zustande, da die Sowjets nicht lieferten. Die Amerikaner und Engländer stellten ihre Lieferungen bald wieder ein.

Um die Ernährungslage zu bessern brachten die Amerikaner 1945 ca. 600.000 Tonnen Getreide in die Westzonen, aber diese Menge reichte nicht aus, um eine minimale Ernährung der Deutschen zu sichern.

Mit Beginn des Krieges 1939 wurden in Deutschland Lebensmittelkarten und Bezugsscheine eingeführt, um Schwarzhandel und Hortungskäufe zu verhindern. Die Lebensmittelkarten galten für einen Monat und wurden dekadenweise (10 Tage) aufgerufen. Damit sollte jedem Deutschen eine bestimmte Menge von Nahrungsmitteln sicher sein — kein Überfluß, zum Leben gerade ausreichend. Neben den Lebensmittelkarten gab es Kleiderkarten und andere. Die Kleiderkarten waren auf einem Punktsystem aufgebaut. Für einen Wintermantel benötigte man wesentlich mehr Kleiderpunkte als für ein Arbeitshemd. Für Fahrrad- oder Autobereifung, für Haushaltsgegenstände usw. benötigte man Warenbezugsscheine, die nach Prüfung der Dringlichkeit an den Antragsteller ausgegeben wurden.

Dieses Verteilungssystem wurde nach dem Zusammenbruch 1945 von den Besatzungsmächten beibehalten. Durch die eingangs erwähnte zwangsläufige Verringerung der Anbauflächen und die Zunahme der deutschen Bevölkerung im verbliebenen Deutschland wurde die Ernährungslage katastrophal.

Am 12. Juli 1945 wurde in Hamburg das „German Interregional Food Allocation Committee" (GIFAC) gegründet und von einem hohen britischen Offizier geleitet. Diese Instution setzte sich jedoch im Wesentlichen aus deutschen Landwirtschafts- und Ernährungsfachleuten zusammen. Ihr oblag die gerechte Verteilung der in Deutschland verfügbaren Lebensmittel.

Am 1. Februar 1946 übernahm Dr. Hans Schlange-Schöningen die Leitung dieser Organisation. Im März 1946 ging dann aus der GIFAC das „Zentralamt für Ernährung und Landwirtschaft in der britischen Zone" (ZEL) hervor. Vorher waren in den Provinzen schon Landes-Ernährungsämter entstanden, so auch eines in Düsseldorf für die Nord-Rheinprovinz. Auch der Regierungspräsident des Regierungsbezirks Köln, zu dem das Oberbergische gehörte, (Dr. Clemens Busch), bemühte sich, eine einheitliche und koordinierte Versorgung mit Lebensmitteln sicherzustellen. Aber alle Bemühungen mußten scheitern, weil nichts zum Verteilen da war. So kam es zum bösen Schlagwort vom „gleichmäßigen Verteilen des Hungers".

Eine ähnliche Entwicklung vollzog sich auch in der amerikanischen Zone, jedoch lagen hier fast immer die Rationen höher als in der britischen Zone. In einer Eingabe des amerikanischen Militärgouverneurs an seine Regierung heißt es sinngemäß, daß die 1180 Kalorien des täglichen Ernährungssatzes für einen erwachsenen Menschen völlig unzureichend seien. „Krankheit und Unterernährung machen die deutsche Bevölkerung unfähig, weiterhin zu arbeiten. Die Militärregierung kann Seuchen und Unzufriedenheit nicht mehr verhindern, geschweige denn hoffen, bei einem hungernden Volk eine Demokratie aufzubauen."

Aufgrund dieser Hilferufe besuchten hochstehende amerikanische Wirtschafts- und Zeitungsleute Deutschland und Europa und setzten allmählich Hilfsprogramme auch für Deutschland in Gang, die in Verbindung mit einer guten Ernte ab Sommer 1946 eine Kalorienerhöhung bewirkten.

Die Lebensmittel wurden nach „Kalorien" berechnet, ein Wort, dessen Bedeutung nur die wenigsten verstanden. „Kalorie" ist ein physikalischer Begriff aus der Wärmelehre, der auf Lebensmittelmengen umgesetzt wurde. Das Leben der Deutschen hing von der Berechnungseinheit „Kalorie" ab, und der Kaloriensatz pro Tag lag oft unter dem Satz, der zum Leben, zum Überleben notwendig war. Die Zuteilungen auf den Lebensmittelkarten waren gestaffelt in: Normalverbraucher, Kinder, Arbeiter, Schwer- und Schwerstarbeiter. Da die meisten Deutschen Normalverbraucher waren, entstand damals das geflügelte Wort von „Otto-Normalverbraucher".

Schalten wir hier einmal ein, was sich in dieser Hinsicht im Oberbergischen Kreis getan hat:

Wie bereits erwähnt, blieb das Erfassungs- und Verteilungssystem für Lebensmittel und Gebrauchsgüter aller Art in Kraft. Dennoch kam es zu Übertretungen dieser diesbezüglichen Verordnungen und Gesetze. Viele Bauern sahen die „ord-

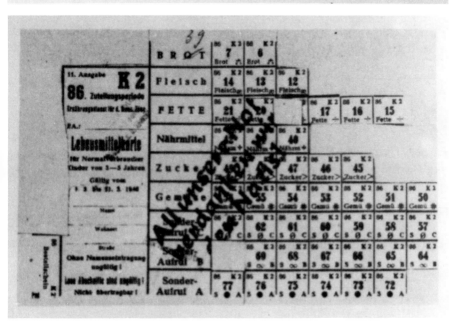

nungslose" Zeit gleich nach dem Zusammenbruch des Dritten Reiches als gegebenen Anlaß dazu, nun Vieh „schwarz" zu schlachten und es als gestohlen zu melden — was tatsächlich bei vielen zutraf —, um sich und Freunde mit Fleisch zu versorgen. Und ebenso geschah es mit anderen Lebensmitteln wie Getreide, Mehl, Ölfrüchte, Kartoffeln usw.

Bereits am 16. April 1945 — acht Tage nach dem Einmarsch der Amerikaner — mußte der Bürgermeister von Morsbach allen Landwirten seiner Gemeinde mitteilen lassen, daß es nicht gestattet ist, „ohne behördliche Erlaubnis Vieh abzuschlachten. Das für die Ernährung notwendige Schlachtvieh wird durch Beauftragte der Behörde (Vertrauensmänner für das Landvolk) festgestellt und zugunsten der allgemeinen Volksernährung beschlagnahmt. Notschlachtungen sind mir jeweils mitzuteilen. Die Versorgung der Kinder mit Milch und der gesamten Einwohnerschaft mit Butter erfordert eine strenge Milchbewirtschaftung. Diejenigen Landwirte, die bisher an den Milchverteiler Böhmer ablieferten, liefern, nach Berücksichtigung ihres Eigenbedarfs, weiterhin Milch an ihn ab. Die Eierablieferung ist nach den bisherigen Bestimmungen weiter durchzuführen. Noch nicht abgeliefertes oder erübrigtes Brotgetreide bitte ich baldigst bereitzuhalten und beim Wirtschaftsamt anzumelden. Da die Gemeinde in der Brotversorgung vorerst auf sich selbst angewiesen ist, bitte ich die Landwirte hier das Äußerste zu tun. Kartoffelvorräte sind umgehend an den Lebensmittelgroßhändler Heinrich Becher in Morsbach abzuliefern (Archiv Morsbach)!"

Das für die Versorgung der Bevölkerung des Oberbergischen Kreises — insbesondere der städtischen — benötigte Schlachtvieh wurde vom Kreis auf die Gemeinden aufgeschlüsselt und mußte von den Bauern zum Schlachthof Niederseßmar gebracht werden.

So hatte die Gemeinde Marienheide z.B. am Montag den 7. Mai 9 Stück Großvieh nach Niederseßmar zu liefern. Auch das vorgegebene Gesamtgewicht mußte stimmen.

Um eine Übersicht über die Viehbestände zu erhalten ordnete der Kreis an, in allen Gemeinden Viehzählungen durchzuführen, die Mitte Mai erfolgten.

Am 31. Mai 1945 gab der Oberpräsident der Rheinprovinz, Dr. Fuchs, an die Landräte bekannt, „daß im Einvernehmen mit der Militärregierung alle Verordnungen über die öffentliche Bewirtschaftung von landwirtschaftlichen Erzeugnissen in Kraft bleiben. Ebenso gelten nach wie vor im Interesse einer gleichmäßigen Versorgung der Bevölkerung zur Durchführung der Marktordnung die Anordnungen der Hauptvereinigungen des ehemaligen Reichsnährstandes bzw. der Wirtschaftsverbände über Erfassung, Verteilung, Lenkung, Vorratswirtschaft, Preise und Preisspannen von landwirtschaftlichen Erzeugnissen."

„Otto-Normalverbraucher"

„Hamsterer" auf einem Großstadt-Bahnhof.

Trotz Ermahnungen der Bürgermeister an ihre Bauern wurden die Bewirtschaftungsvorschriften für landwirtschaftliche Erzeugnisse übertreten. Vielen Bauern wurde aber auch Vieh von den Weiden gestohlen und abgeschlachtet, insbesondere in der Umgebung des zentralen Russenlagers bei Schmidt + Clemens im Leppetal. Viele dieser Bauern wehrten sich dagegen, weiteres Vieh abzugeben. Die Vertrauensmänner für die Landwirte (Ortsbauernführer gab es nicht mehr) und ihre Kommissionen hatten es schwer, das vom Kreis geforderte Schlachtvieh aufzutreiben. Es wurde um jedes Kalb, jedes Rind, jedes Schwein gestritten.

Am 20. Juni 1945 schrieb Landrat Dr. Dresbach „An die Herren Bürgermeister", daß er bezüglich der Verordnungen über die Bewirtschaftung von landwirtschaftlichen Erzeugnissen immer wieder Übertretungen feststellen mußte. „Wenn ich bisher hiergegen nicht eingeschritten bin, so habe ich das in der Erwartung getan, daß mit einer Besserung in dieser Beziehung zu rechnen ist. Einige Einzelfälle geben mir nunmehr die Veranlassung, die Übertretungen zu verfolgen und zwar durch Meldung bei der amerikanischen Militärregierung."

In diesen Komplex waren auch Preise und Preisspannen von landwirtschaftlichen Erzeugnissen eingeschlossen. Die örtliche Polizei hatte von Zeit zu Zeit die Verbraucherpreise zu überprüfen und dies in Preisberichten festzuschreiben, die an die Bürgermeister gerichtet wurden. Ebenso wurde weiter nach „oben" gemeldet. Im Preis- und Lagebericht des Landrats Dr. Dresbach vom 20.9.1945 an den Regierungspräsidenten in Köln heißt es u.a.:

„Wie ich in meinem Bericht vom 20.8.1945 bereits ausführte, wird die Versorgungslage des Oberbergischen Kreises durch die Tatsachen bestimmt, daß

1. die Eigenerzeugung zur Deckung des Lebensunterhaltes der Bevölkerung nicht ausreicht,

2. die Zufuhr an Lebensmitteln aller Art mengenmäßig den Bedarf nicht deckt,

3. der Transport außerordentlich erschwert ist.

Die Getreideernte im Oberbergischen Kreis ist abgeschlossen. Die Erträge waren sehr gering und standen hinter denen von 1943 erheblich zurück. Sie betrugen:

	1943 Tonnen	1945 Tonnen
Roggen	2500	1200
Weizen	1200	600
Hafer	2500	1400
Gerste	300	200

Diese Mengen reichen nicht annähernd aus, die immer noch rund 110.000 Menschen zählende Bevölkerung den Winter hindurch zu ernähren. Die Ernte deckt günstigstenfalls eben den Gesamtbedarf der Anbauer."

Schlangestehen nach Lebensmitteln.

Razzia

Um die gleiche Zeit kostete ein vierpfündiges Schwarzbrot 0,85 RM und ein zweipfündiges Weißbrot 0,70 RM.

Die Ernährungsnöte klingen in vielen Kapiteln an. Hier noch zwei Aufrufe der Abteilung Landwirtschaft des Oberpräsidenten der Nord-Rheinprovinz, Dr. Fuchs, vom 25. Juni 1946 an die Bauern zur restlosen Abgabe der Ölsaaten:

„...die Nahrungsnot hat bedrohliche Formen angenommen. Vor allem bereitet der Fettmangel die größten Schwierigkeiten."

Und in der Anordnung vom 1.7.1946 über die Getreide-, Mehl- und Nährmittel-Bewirtschaftung im Getreidewirtschaftsjahr 1946/47 heißt es:

„Ablieferung durch den Erzeuger.

a) Gesamtablieferung und Verfütterungsverbot:

1. Der Erzeuger ist verpflichtet, das gesamte anfallende Brotgetreide zur Ablieferung zu bringen mit Ausnahme der Mengen, die er für Saatgut im eigenen Betrieb benötigt.

2. Brotgetreide im Sinne dieser Bestimmung ist auch Gerste.

3. Jeder Erzeuger ist verpflichtet, das von ihm abzugebende Getreide jeweils innerhalb zweier Wochen nach Ausdrusch an einen zum Bezuge berechtigten Betrieb gegen Ablieferungsschein zu verkaufen und zu liefern.

Bonn, den 1. Juli 1946	Der Oberpräsident der Nord-Rheinprovinz.
Endenicher Allee 60	Abt. Landwirtschaft, Ernährung, Domänen,
(Getreidereferat)	Forsten u. Landeskultur.
	i.A. gez. Heymann"

Der ungemein strenge Winter 1946/47 bewirkte wieder eine bedeutende Verschlechterung der Ernährungslage, Schiffahrtswege froren zu. Bahntransporte wurden erschwert, die Lebensmittellieferungen aus Übersee stockten. Die Nahrungsmittel wurden wieder knapp, sodaß die tägliche Kalorienmenge wieder gesenkt werden mußte.

Am 2. Dezember 1946 wurden die amerikanische und die britische Zone zur sogenannten Bizone zusammengeschlossen. Die US-Zone bekam zwar dringend benötigte Steinkohle aus der britischen Zone, mußte aber auch ihre Lebensmittelreserven mit dieser teilen. Im April 1947 wurden die Tagesrationen in beiden Zonen auf 1040 Kalorien festgesetzt. Und 2000 Kalorien brauchte „Otto-Normalverbraucher" nach den Berechnungen amerikanischer Ernährungswissenschaftler zum Überleben. Der Durchschnittsverbrauch lag in Großbritannien um diese Zeit bei knapp 3000 Kalorien.

Der L a n d r a t Gummersbach, den 11.August 1945.
des Oberbergischen Kreises.
Kreisernährungsamt
KEA/B.

An die Herren Bürgermeister im Kreise.
Betrifft: Ausgabe von Brot anstelle fehlender Kartoffel.

    Nach meiner Unterrichtung ist mit dem Eingang weiterer Kartoffeln zur Versorgung der Bevölkerung in der kommenden Woche noch nicht zu rechnen. In denjenigen Gemeinden, in denen die Verbraucher nicht mit der aufgerufenen Kartoffelmenge versorgt werden können, haben die unversorgten Verbraucher Anspruch auf Ersatz in Brot und zwar können anstelle von 1000 gr. Kartoffeln = 250 gr. Brot oder 187,5 gr. Mehl auf die aufgerufenen Kartoffelabschnitte abgegeben werden. Ich ersuche um entsprechende Bekanntgabe, da es technisch nicht mehr möglich ist, diese Regelung in den allgemeinen Aufruf mit aufzunehmen.

                            I.A. gez. Höstermann.

Der Bürgermeister. Waldbröl, den 14.8.1945.
  03.

              Abschrift übersende ich zur Kenntnis. Die Ausgabe von Brot anstelle von Kartoffeln bezieht sich natürlich nur auf die Woche vom 13.-19.8.1945. Kartoffel wurden aufgerufen auf die Nr. 67 und 68 der Lebensmittelkarte für Erwachsene und
                                                  Jugendliche
auf die Nr. 66 der Lebensmittelkarte für Kinder.

                              W a f f e n s c h m i d t.

An

in . . . **Waldbröl** . . . .
=-=-=-=-=-=-=-=-=-=-=-=-=-=-=-=-=

Hohe amerikanische Politiker und Wirtschaftsfachleute bereisten abermals Westdeutschland und Europa. Durch ihre Anträge bewirkten sie ab April 1947 die Freigabe von zunächst 40.000 Tonnen hochwertiger Armee-Verpflegung (Milchpulver, Schokolade u.a.), die für die in Deutschland anlaufende Schulspeisung freigegeben wurde.

Die 1946/47 erneut auftretenden ungeheuren Ernährungsschwierigkeiten machten es unmöglich, die täglichen Kalorienmengen zu erhöhen. Um diese Zeit waren jedoch die CARE-Hilfslieferungen angelaufen. Und der „Schwarze Markt" blühte in allen Formen.

Geld war als Zahlungsmittel nicht mehr begehrt. Wertvolle Teppiche wechselten gegen zwei, drei Zentner Kartoffeln den Besitzer. Arm dran waren die Flüchtlinge und Vertriebenen, die nichts zum Tauschen hatten. Wenn schon Geld noch zählte, dann wurden 100 bis 150 Reichsmark für eine Schachtel amerikanische Zigaretten, 600 bis 800 RM für ein Pfund Bohnenkaffee, 150 bis 200 RM für ein Pfund Fleisch und 250 RM für ein Pfund Butter gezahlt.

Nach der guten Ernte 1948 und der Währungsreform — die alle Kräfte auch zur verstärkten landwirtschaftlichen Produktion freisetzte — besserte sich die Ernährungs- und Versorgungslage der Deutschen zusehends, sodaß 1950 die letzten Lebensmittel- und Bezugskarten abgeschafft werden konnten.

Zur Verdeutlichung dieser Not einige Auszüge aus dem Verwaltungsbericht der Gemeinde Wiehl für 1945-1954, der auf Anweisung und unter Mitarbeit des damaligen Gemeindedirektors, Hugo Weber, zusammengestellt wurde:

„Die öffentliche Bewirtschaftung aller Ernährungs- und Verbrauchsgüter war mit Kriegsschluß nicht zu Ende. Gerade auf dem Gebiete der Ernährung und Versorgung brachte der Zusammenbruch eine wesentliche Verschärfung der damaligen Situation, die sich nach und nach steigerte bis zur grauenvollen Not... Der Erfolg der behördlichen Bewirtschaftungsmaßnahmen wurde mehr und mehr erschüttert durch den schwindenden Wert der Deutschen Reichsmark (RM) und die damit zusammenhängenden üblen Schwarzmarkterscheinungen.

Die Lebensmittel-Rationierung und -Bewirtschaftung hat sich insgesamt über 135 Zuteilungsperioden (= 4 Wochen), also über mehr als 11 Jahre erstreckt. Dazu kam die öffentliche Bewirtschaftung jeglicher Wirtschaftsgüter des täglichen Lebensbedarfes, angefangen bei der Bekleidung, von der Ober- und Unterbekleidung bis zum Stopftwist, beim Schuhwerk von den Straßenschuhen bis zu den Holzgaloschen, bei Haushaltsgeräten vom Küchenherd bis zum Eßlöffel, beim Hausbrand von den Kohlen bis zum Streichholz. Für die vielen Dinge waren Lebensmittelkarten und Bezugs-Berechtigungsscheine auszugeben. Etwa 60 Sorten

Beschlagnahme von Kartoffeln.

Zigarettenwährung 1945.

an Lebensmittelkarten und Marken waren im Umlauf. Allein an Spinnstoffwaren gab es Bezugsscheine für 40 Artikel. Auch der umfangreiche Markenrücklauf von den Geschäften (die die Marken auf Zeitungsbögen klebten und damit ein schnelles Überprüfen der Mengen ermöglichten) war zu bearbeiten, und die Umwandlung der aufgeklebten Tausenden von Märkchen in Bezugsrechte für den Warenbezug vom Großhandel.

Hinzu kam die Überwachung und Durchführung der Ablieferungspflicht für alle landwirtschaftlichen Erzeugnisse wie Getreide, Kartoffeln, Schlachtvieh, Milch, Eier bis zur Schafwolle, ferner Brennholz, außerdem die Verteilung von Saatgut und Düngemitteln. Schließlich auch die Beschaffung und Verteilung von Kleingartenland. 14 Hektar Land wurden für diese Zwecke beschafft und für den Kleinanbau in kleinste Flächen an 751 Familien aufgeteilt und anbaureif gemacht.

Es war auf dem Gebiet der Ernährung und Versorgung eine ungeheure Verwaltungsarbeit zu bewältigen, die von dem Verwaltungspersonal höchsten Einsatz verlangte. Das Schwierigste aber war die Aufteilung der zugeteilten kleinen Kontingente, die zu der krassen Not in gar keinem Verhältnis standen.

Die Ernährungsnot wird am besten beleuchtet durch die Wiedergabe eines Lebensmittelaufrufes für einen erwachsenen sogenannten Normalverbraucher. In der 87. Zuteilungsperiode (4 Wochen) im April 1946 — in der schwersten Notzeit — wurden zugeteilt:

— 5000 Gramm Brot (täglich 166 Gramm = 3 Schnitten Brot)
— 1000 Gramm Nährmittel (täglich 33 Gramm Nudeln, Graupen usw.) und ca. 10 bis 15 Gramm Fett täglich, kein Fleisch.

Die Zuteilungen verbesserten sich dann allmählich wieder. Sie hatten für die 169. Zuteilungsperiode — Oktober 1948 — wieder folgende Mengen erreicht:

— 11.000 Gramm Brot,
— 1.625 Gramm Nährmittel einschließlich Kaffee-Ersatz,
— 15.000 Gramm Kartoffeln,
— 800 Gramm Fisch,
— 400 Gramm Fleisch
— 125 Gramm Butter,
— 500 Gramm Margarine,
— 62,5 Gramm Käse,
— 3 Liter Milch,
— 1500 Gramm Zucker.

Die aufgerufenen Lebensmittelmengen waren aber nicht immer verfügbar, darum war in jener Zeit häufiges Schlangestehen vor den Geschäften die Regel.

Die Bemühungen um eine Milderung der ernsten Ernährungssituation fanden ihren Ausdruck u.a. in der Errichtung von Gemeinschaftsküchen, insbesondere veranlaßt durch die Flüchtlingseinschleusungen, und in der Einführung der Schulkinderspeisung.

Die kleinen Zuteilungen an Spinnstoffwaren und Schuhen beleuchten auch die damalige Situation. Für den Monat Oktober 1947 erhielt die Gemeinde Wiehl (damals 9564 Einwohner, davon 3249 Flüchtlinge und Vertriebene) beispielsweise 11 Männeranzüge, 2 Wintermäntel, 76 Paar Strümpfe, 8 Frauen-Wintermäntel, 16 Kleider, 4 Knabenanzüge, 4 Mädchenkleider, 15 Paar Männer- und 40 Paar Frauen-Straßenschuhe, 5 Küchenherde, 20 Kochtöpfe. Ähnlich waren die Verhältnisse auf allen Gebieten."

Ähnlich drückte es Otto Budde in seinem Buch „Waldbröl", Seite 516, aus: „...Aus der Rückschau der gesicherten und gesättigten Situation unserer Tage setzt man sich leicht dem Verdacht der Unglaubwürdigkeit aus, wenn man daran erinnert, daß in den Hungerjahren 1946/47 festgesetzten Hungerrationen für den Normalverbraucher ein Markenanspruch von 2 Gramm Fett bestand, die nicht einmal regelmäßig geliefert wurden. Und was würden die jungen Damen von heute sagen, wenn sie mit 2.100 ihrer Mitschwestern in einer langen Reihe Schlange stehen müßten, um sich mit den übrigen um ein einziges für 2.100 Frauen zugeteiltes Kleidungsstück zu raufen."

*

Zur Abrundung dieses Kapitels nun aus dem Bericht „Erinnerungen an den Zusammenbruch und an die ersten Nachkriegsjahre" von Margret Knabe:

„Meine Mutter war eine kluge und tüchtige Frau, die immer Rat wußte. Ich erinnere mich, daß wir aus dem Hühnerfutter die Weizenkörner heraussuchen mußten. Diese wurden dann in der Kaffeemühle gemahlen. Mit Schafsmilch vermischt, entstand daraus ein schmackhafter Brei. Nur: Es gab eben nicht genügend Weizenkörner und auch nicht genügend Schafsmilch...

Landrat Dr. Dresbach, ein großer und schwergewichtiger Mann, sagte einmal in einem kleinen Kreis: ‚Wenn ich nach Köln oder Düsseldorf fahre, um für größere Lebensmittelzuteilungen zu kämpfen, muß ich den hageren Oberkreisdirektor (den damals noch hageren) mitnehmen. Wenn die mich allein sehen, kriege ich nichts.'

Nun, seine Mutter Anna, wie er und seine Familie in dem ländlichen Ohlhagen (jetzt Gemeinde Reichshof) wohnend, sorgte für ihn. Eine Einwohnerin von Ohlhagen erzählte es mir so: ‚Datt Dresbachs Anna kümmt tweemohl in der Wäke und well Eier henn. Ett seit, Lü, ihr mußt mir ünn paar Eier chäwen. Wann unser Auchust enn Düsseldorf für üch fechten sall, dann mutt dä Jung' watt in de Rippen hann.' "

Dr. Goldenbogen und Dr. Dresbach.

Regierungspräsident, Bezirk Köln,
Dr. Clemens Busch, 1945-1947.

Regierungspräsident, Bez. Köln,
Dr. Wilhelm Warsch, 1947-1957.

„Schmaacht" machte die Morsbacher erfinderisch

von Christoph Buchen

Nach der „Stunde Null" gab es wenig zu essen. Neben den Einheimischen mußten viele Evakuierte und Flüchtlinge ernährt werden.

Die Zahl der Morsbacher Einwohner betrug 1945 knapp 6.000. Hinzu kamen noch 2.122 Evakuierte und 225 Ostflüchtlinge, deren Zahl bis Ende 1946 noch auf über 300 anstieg.

Um die Ernährung der Bevölkerung zu gewährleisten, sah sich der Bürgermeister veranlaßt, den Landwirten der Gemeinde am 16.4.1945, wenige Tage nach Einmarsch der Amerikaner, folgendes mitzuteilen:

„Es ist nicht gestattet, ohne behördliche Erlaubnis Vieh abzuschlachten. Notschlachtungen sind mir mitzuteilen. Die Versorgung der Kinder mit Milch und der gesamten Einwohnerschaft mit Butter erfordert eine strenge Milchbewirtschaftung."

Im Juni 1945 ließ der Morsbacher Bürgermeister öffentlich verkünden, daß gerade in der Gemeinde Morsbach, nach Mitteilung des Landrates, gegen die Ablieferungspflicht von Vieh, Butter, Eier, Getreide und Kartoffeln schwer verstoßen wurde. „Wenn hierin nicht sofort eine Änderung eintritt und jeder seine Pflicht erfüllt", so der Bürgermeister, „ist mit den schärfsten Maßnahmen gegen unsere Gemeinde zu rechnen."

Viehhalter, die das Mindestabgabesoll an Milch und Butter nicht erfüllten, mußten mit erhöhter Abgabe von Schlachtvieh rechnen.

Die angespannte Ernährungssituation der Oberberger zog sich wie ein roter Faden durch die Jahre 1945 und 1946. Ab Ende September 1945 war die Ausfuhr von Kartoffeln und der Verkauf von Vieh außerhalb des Oberbergischen Kreises streng verboten. Auch war ab Ende Dezember 1945 der Verkauf von Waren aller Art an amerikanische und französische Behörden ohne Genehmigung des Hauptquartiers der Militärregierung der Nord-Rheinprovinz untersagt.

Im Januar 1946 gab der Morsbacher Bürgermeister Reifenrath allerdings eine Lockerung des „zwischenzonenartigen Handels" bekannt. Zwischenzonenartiger Handel wurde in den französischen, amerikanischen und britischen Zonen erlaubt, mit Ausnahme von zum Beispiel bestimmten Nahrungsmitteln, Alkohol, Tabak, Seife, Textilien, Glas und elektrischen Maschinen.

Von diesem „grenzüberschreitenden Verkehr" profitierte insbesondere die Gemeinde Morsbach, die als südlichste Gemeinde des Oberbergischen Kreises an der Grenze zwischen britischer und französischer Zone lag.

Doch auch dies änderte die Lage nicht gravierend. Im Sommer 1946 gab Bürgermeister Reifenrath bekannt, „daß die Gemeinde Morsbach in Erfüllung des Ablieferungssolls in Speisekartoffeln an letzter Stelle von allen Gemeinden im Kreisgebiet" stand. Die Versorgung der Industriegemeinden, insbesondere der Stadt Gummersbach, mit Einkellerungskartoffeln war daher gefährdet. Der Stadt Gummersbach fehlten zur Versorgung damals rund 4.000 Zentner Speisekartoffeln, die u.a. von den Morsbachern aufgebracht werden sollten.

Der Bürgermeister ersuchte, „mit weiteren Kartoffelablieferungen sofort wieder zu beginnen. Geschieht dies nicht, wird sich eine Kellerbegehung und Feststellung der eingekellerten Mengen nicht vermeiden lassen. Daneben müssen die säumigen Erzeuger mit Verweigerung der Schlachterlaubnis und der Lebensmittelkarten rechnen. Derartige scharfe Maßnahmen sind erforderlich, weil die Menschen in den Städten Hunger haben."

Die Einwohner hatten „Kohldampf" oder „Schmaacht", wie die Morsbacher zu sagen pflegen. So kam man, nach dem Motto „Not macht erfinderisch", auf alle möglichen Ideen.

Aus der Bevölkerung wurde beispielsweise Ende 1946 angeregt, Eicheln zur menschlichen Ernährung zu sammeln. Aus ihnen sollte Eichelmehl gewonnen und mit anderem Mehl zu etwa 40 bis 50% vermischt zum Kuchen- oder Waffelbacken verwendet werden. Karl Schmidt aus Volperhausen hatte dem Bürgermeister genau das Verfahren der Eichelmehlgewinnung beschrieben.

Das Kreisgesundheitsamt in Gummersbach nahm auch prompt zu dem Vorschlag Stellung:

„Im gerösteten Zustand finden die Eicheln als Eichelkaffee seit jeher Verwendung. Gegen die Verwendung von Eicheln zur menschlichen Ernährung bestehen daher keine Bedenken."

Andere Bürger versuchten in den Wäldern ihr Glück und stellten, wie im Mittelalter, den Tieren nach, so daß sich Oberst Taylor, Landrat Dr. Dresbach und Bürgermeister Reifenrath im Dezember 1945 veranlaßt fühlten, scharf gegen das verbotswidrige Fallenstellen vorzugehen.

Konkurrenz bekam die Bevölkerung beim Kampf um Nahrung auch von einem Feind, der im Mai 1945 zum ersten Mal im Gemeindegebiet um Morsbach festgestellt wurde und dann gleich in 16 Ortschaften. Der aus Amerika stammende Kartoffel- oder Colorado-Käfer war im Anmarsch und löste im Juni 1945 eine große Kartoffelkäfersammelaktion aus.

Hunger und Not trieben auch einige Mitmenschen zu Straftaten, durch die andere wiederum zusätzliches Leid erfuhren. In landwirtschaftlichen und handwerklichen

Betrieben waren nämlich während und kurz nach dem Krieg mehrere Dutzend Fremdarbeiter und Kriegsgefangene überwiegend aus Rußland, Polen, Frankreich und Italien untergebracht.

Nach dem Einrücken der amerikanischen Soldaten Anfang April 1945 machten sich vor allem Russen und Polen selbständig und zogen in Trupps plündernd und stehlend durch die Gegend. In den Orten Neuhöfchen, Hellerseifen und in einsamen Höfen bei Holpe sind nächtliche bewaffnete Raubüberfälle vorgekommen. Nach diesen Überfällen griff die Bevölkerung zur Selbsthilfe, und in vielen Orten wurden nachts Wachen aufgestellt. Später wurden die Fremdarbeiter und Kriegsgefangenen wieder in ihre Heimat zurückgeführt.

Auch die amerikanischen Soldaten hatten sich anfangs kleinere Übergriffe erlaubt. Bei der Durchsuchung der Häuser nahmen sie u.a. Eingemachtes, Schmuck, Uhren, Radios, Bestecks und Bekleidungsgegenstände mit.

Damit die Morsbacher wieder Arbeit fanden, richtete das Arbeitsamt Gummersbach, Nebenstelle Waldbröl, ab Anfang Juni 1945 zweimal im Monat Sprechstunden im Hotel „Theile-Ochel" ein.

Langsam normalisierte sich das Leben, wenn auch die Folgen des Krieges noch jahrelang bemerkbar waren.

Bis März 1946 hatten übrigens alle acht Schulen im Gemeindegebiet von Morsbach nach und nach den Unterricht wieder aufgenommen. Die Bestellung der Lehrkräfte erfolgte durch das Schulamt in Gummersbach. Bei Schulbeginn waren insgesamt fünf Lehrer und sieben Lehrerinnen eingestellt. Die Zahl der Schüler betrug im September 1945 688 und im März 1946 bereits 982. Das Bruttogehalt eines hauptamtlichen Lehrers lag damals zwischen 400,— und 500,— Reichsmark. Außer den Volksschulen in Morsbach, Alzen, Lichtenberg, Oberellingen, Wallerhausen und Holpe gab es noch eine Mädchenberufsschule in Morsbach und eine Knabenberufsschule in Holpe und Morsbach.

Milchmann Böhmer in der Kirchstraße von Morsbach bei der Abgabe von Milch.

Die kleinen „Tante-Emma-Läden" waren die Hauptstützen der Lebensmittelverteilung. Es gab ca. 60 Sorten Lebensmittelkarten mit vielen Marken und Märkchen, die bei der Abrechnung auf Zeitungsbögen aufgeklebt werden mußten. Diese wurden in Bezugsrechte für den Warenbezug vom Großhandel umgewandelt. Hier Drogerie Schmitz, Morsbach.

CARE-Pakete

Bereits Ende 1944 brachten amerikanische Zeitungen Berichte über die Nöte der Zivilbevölkerung im Aachener Raum, den US-Truppen eingenommen hatten. Die Not der deutschen Bevölkerung wurde dann aus weiteren Berichten der im Frühjahr 1945 eingenommenen linksrheinischen Großstädte immer ersichtlicher. Anfangs öffneten diese Berichte — oft zwischen den Zeilen von Kriegs- und Situationsberichten zu lesen — nur wenige Herzen von Amerikanern. Zu tief saß noch der Haß auf das „barbarische" Deutschland. Bei Presse und Rundfunk, die diesen Haß durch Reportagen und Meldungen geschürt hatten, trat angesichts der zerbombten Städte und halbverhungerten Deutschen ein Wandel in der Berichterstattung ein. Dazu kam, daß viele Amerikaner deutscher Abstammung waren und irgendwo in Deutschland eine Tante, einen Neffen, eine Cousine, einen Uropa hatten. Haß schlug in Hilfsbereitschaft um.

Wallace Campbell, Chef des Genossenschaftsverbandes in den Vereinigten Staaten von Nordamerika, brachte über 20 Hilfsorganisationen zusammen, die am 27. November 1945 die **C**ooperative for **A**merican **R**emittances to **E**urope (Gemeinschaft für amerikanische Sendungen nach Europa) gründeten.

Zunächst kaufte CARE 2,8 Millionen Armee-Rationen auf und schickte sie nach Westeuropa. Dann wurden genormte CARE-Pakete zusammengestellt, die Kaffee, Kakao, Schokolade, Nährmittel, Zucker, Fett und Fleischwaren in Dosen enthielten — alles Lebensmittel, die das hungernde Europa benötigte.

Eine Welle der Hilfsbereitschaft überkam die Amerikaner. Unzählige von „kleinen" Leuten spendeten von ihrem 45-50-Dollar-Wochenlohn 15 Dollar für ein Paket, das dann von den Hilfsorganisationen gepackt und in Sammelsendungen nach Europa verschifft wurde. Jedes Paket enthielt eine Antwortkarte an den Spender, mit der der Empfänger den Eingang bestätigte. So wußte jeder Spender, daß sein Paket in die richtigen Hände kam.

1946 baute die katholische Kirche ihr Hilfswerk Caritas (lateinisch „Liebe") wieder auf. Es kam zu einer Zusammenarbeit Caritas — CARE. Walter Lehnard aus Köln wurde von Kardinal Frings nach Bremen geschickt, um dort die erste angekündigte Sendung von CARE-Paketen für Caritas in Empfang zu nehmen. Lehnard wurde festangestellter (240 RM im Monat und ein CARE-Paket) Leiter für CARE in Deutschland und eröffnete in Bremen das erste Büro.

Die erste Schiffsladung mit CARE-Paketen traf in Bremen ein. Am 13. August überbrachten Walter Lehnard und Amerikaner in einem Jeep das erste CARE-

Freude über ein CARE-Paket.

An der Tropfsteinhöhle bei Wiehl. Flüchtlingsfamilie beim Empfang eines CARE-Paketes.

Paket für Deutschland einer Bremerin, die beim Auspacken fassungslos war. Es enthielt so viele Lebensmittel, wie es auf Lebensmittelkarten in einem ganzen Monat nicht gab.

Bald entstanden CARE-Büros in allen deutschen Orten, die die Transporte und die Verteilung übernahmen. CARE-Angestellte und ehrenamtliche Helfer übernahmen den „Begleitschutz" der Transporte von Bremen bis zu den Empfänger-Büros. Ehrenamtliche Helfer fuhren die Pakete mit alten, klapprigen Autos, mit Handwagen und Fahrrädern zu den Bedürftigen.

Viele ärmste deutsche Familien — besonders Ausgebombte, Vertriebene und Flüchtlinge, die weder Mittel noch Möglichkeiten zum Eintausch von Lebensmitteln hatten — überlebten durch CARE. Viele Kinder aßen das erste Mal in ihrem Leben Schokolade.

Während der Berlin-Blockade 1948/49 gingen 200.000 CARE-Pakete auf dem Luftwege nach Berlin. Als die größte Not in Deutschland überwunden war, gingen viele Sendungen nach Friedland und in andere Heimkehrer- und Flüchtlingslager.

Im Juni 1960 kam das letzte CARE-Paket nach Deutschland. Insgesamt waren es 9.534.822 Pakete im Wert von 362 Millionen Mark. Am 30. Juni 1960 löste Walter Lehnard sein Büro in Bonn auf.

In der schlimmsten Not wurde CARE zum Inbegriff der Hoffnung für viele Europäer. Die Solidarität und Hilfsbereitschaft der Menschen jenseits des Ozeans — auch für die Hungernden in Deutschland, die ihre Feinde gewesen waren — trugen zum Überleben der Ärmsten diesseits des Ozeans bei.

1981 wurde CARE-Deutschland gegründet. Jetzt können Deutsche ihren Dank für die Hilfe nach dem Kriege damit abstatten, daß sie mit ihrer Spende dazu beitragen, den Ärmsten der Armen dieser Zeit, den Flüchtlingen in aller Welt, den Naturkatastrophen-Geschädigten, den Hungernden in Afrika, in Asien, in Mittel- und Südamerika durch CARE zu helfen.

Das Oberbergische unter britischer Militärverwaltung

Die Entwicklung der Oberbergischen Verwaltungen unter den Briten, die Sorgen um die Ernährung der Bevölkerung, ihre Versorgung mit lebensnotwendigen Gütern läßt sich an den Anordnungen des britischen Militärgouverneurs und den Eingaben und Verwaltungsberichten der deutschen Verwaltungsstellen rekonstruieren, die im Kreisarchiv Gummersbach gesammelt sind und diesem Kapitel als Grundlage dienten.

Mit dem Entstehen der britischen Besatzungszone wurde am 18. Juni 1945 der britische Oberstleutnant C. S. Taylor Militärgouverneur des Oberbergischen Kreises und Residenzoffizier in Gummersbach. Seine Dolmetscherin wurde Frau Dr. Elisabeth Scheibe, die mehrere Fremdsprachen beherrschte und in einem Dresdener Industriebetrieb tätig gewesen war. Zuletzt wurde sie in ein kleines Zweigwerk nach Marienheide versetzt und erlebte hier das Kriegsende. Frau Scheibe schrieb im Buch „Ein Leben für den Oberbergischen Kreis":

„Mitte Juni (1945) ließ Reg.-Ass. Dr. Goldenbogen im Auftrag von Landrat Dr. Dresbach bei mir anfragen, ob ich die Stelle einer Dolmetscherin und Chefsekretärin beim neuen britischen Kreisresidenzoffizier in Gummersbach, Oberstleutnant C. S. Taylor, übernehmen wolle. Die Aussicht auf eine geregelte Tätigkeit war verlockend. Ich griff zu, der Oberstleutnant war mit meiner Einstellung einverstanden, und so kam es, daß ich die Nachkriegsentwicklung des Oberbergischen Kreises von Anfang an, bis zum Frühjahr 1950, miterlebt und lebhaften Anteil an ihr genommen habe... Mein Aufgabenbereich war recht vielseitig. Neben den Sekretariatsarbeiten mußte ich laufend inner- und außerhalb des Hauses dolmetschen, nicht nur Englisch-Deutsch, sondern, im Verkehr mit dem belgischen Verbindungsoffizier zur britischen Militärregierung, auch Englisch-Französisch und vor dem Militärgericht manchmal Englisch-Flämisch-Deutsch."

Über Taylor schrieb Frau Dr. Scheibe: „Der Umgang mit ihm war allerdings nicht immer einfach. Er war zwar im allgemeinen eher heiter und zu allerhand Späßen aufgelegt, aber im Zorn, der ihn zuweilen übermannte, wollte er beispielsweise wiederholt den Landrat oder auch mich fristlos entlassen. War das Gewitter vorüber, hatte er solche markigen Entschlüsse wieder vergessen."

Dr. Goldenbogen schrieb in seinem Buch: „Eines Tages ließ uns (Dr. Goldenbogen und Dr. Dresbach) der britische Oberstleutnant Taylor kommen, um uns mitzuteilen, daß er der neue Gouverneur sei. Vorgestellt wurde uns außerdem der Polizeioffizier Elliot... Taylor setzte sich an seinen Schreibtisch, vor dem zwei Stühle standen, auf die wir uns setzten, worauf uns der Oberstleutnant erklärte, wir hätten nicht zu sitzen. Darauf sagte Dresbach, er sei im ersten Weltkrieg zweimal verwundet gewesen und im übrigen habe er bei den Franzosen während der Besatzung im Ruhrgebiet ‚sitzen' müssen. Dr. Dresbach war 1923 für ein halbes Jahr in Haft... Wir standen auf und verließen wortlos das Zimmer. Anschließend meinte Dr. Dresbach: ‚Jetzt werden wir beide rausgeschmissen!' Wir wurden aber nicht entlassen. Nach zwei Tagen mußten wir wieder zu Taylor. Diesmal durften wir uns auch setzen."

Das Verhältnis zwischen dem britischen Militärgouverneur, seinen Fach-Offizieren und den maßgebenden Herren der deutschen Verwaltungen besserte sich im Laufe ihrer Zusammenarbeit, so daß Landrat Dr. Dresbach in diesem Zusammenhang einmal von einem „Glückszufall" sprach, und Frau Dr. Scheibe geschrieben hat:

„Rückblickend kann man wohl ohne Übertreibung sagen, daß der Oberbergische Kreis großes Glück gehabt hat mit den britischen und deutschen Persönlichkeiten, auf deren Verstand, Erfahrung, Einsicht und Charakter es in jenen Zeiten, wo alles improvisiert werden mußte und noch nichts wieder bürokratisch verfestigt war, ausschlaggebend ankam... Oberst Taylor (ab 1946 Oberst) zeigte sich in zunehmendem Maße bereit zu vergessen, was ihm in England über die Deutschen eingetrichtert worden war. Er begann zuzuhören, zu lernen, zu verstehen, zu helfen, ja sich in einzelnen Notfällen über unsinnige Verordnungen seiner vorgesetzten Dienststellen hinwegzusetzen, obwohl ihm das als einen an Gehorsam gewöhnten Soldaten schwer fiel und ihm einige recht unangenehme Verweise einbrachte...

Neben Taylor waren zunächst tätig: Major Haines, der für Wirtschaftsfragen einschließlich der Ingangsetzung der Gewerbe- und Industriebetriebe zuständig war und Hauptmann Elliot, dem die Polizei unterstand und der sich mit Fragen der Sicherheit, öffentlichen Ordnung und Entnazifizierung zu befassen hatte."

Über die Quartiere der Besatzungsoffiziere und ihrer Soldaten schrieb Heinz Mühlenweg in seinem Buch „Von Wilhelm II. zu Konrad I.": „Für viele Gummersbacher kamen böse Zeiten. Die amerikanischen, später englischen und belgischen Besatzungstruppen waren natürlich ihre eigenen Quartiermacher und suchten sich die ihnen am besten, d.h. am komfortabelsten erscheinenden Häuser aus, wegen der Sicherheit jedoch nicht etwa Einzelhäuser, sondern ganze Straßen. Die Goebenstraße gehörte dazu. Man gab den Bewohnern eine knappe Stunde zum Räumen..." Der britische Militärgouverneur Taylor wohnte in der Grotenbachstraße 36, Villa Schmidt.

Die Militärregierung war auf die Mithilfe und Zuarbeit der deutschen Verwaltungen angewiesen. Da sie für Ruhe und Sicherheit, für die Ernährung der deutschen Bevölkerung und die Ingangsetzung der Handwerks- und Industriebetriebe letztendlich verantwortlich war, hörte sie auf die Verantwortlichen der deutschen Ver-

1945. Kreishaus Gummersbach.

Dr. Dresbach, Dr. Goldenbogen.

waltungen. „Die Herren, von Haus aus Berufs- oder Reserveoffiziere, z.T., wie Oberst Taylor, mit Kolonialerfahrung", so Frau Dr. Scheibe, „aber ohne jede Verwaltungspraxis in einem zivilisierten Land, sahen sich im zerrütteten Nachkriegsdeutschland vor vollkommen neuen, höchst komplizierten Aufgaben. Sie konnten diese nur mit Hilfe von Deutschen in Angriff nehmen..."

Im September 1945 hatten dann die britischen Offiziere der Militärregierung ihre „Lehrzeit" beendet und von den deutschen Verwaltungen regelmäßige Verwaltungsberichte gefordert, wie sie im Archiv des Oberbergischen Kreises in Gummersbach gesammelt worden sind:

„Hauptquartier Militärregierung
Oberbergischer Kreis
1014 Det   1014/GA/7

An den Landrat
des Oberbergischen Kreises
Gummersbach

Es wird alle 14 Tage ein Bericht über die allgemeine Zivilverwaltung in diesem Kreis angefordert.

Sie sollen daher am 12. und 27. eines jeden Monats einen sehr kurz gehaltenen Bericht vorlegen, der nach folgenden Gesichtspunkten einen Überblick über den allgemeinen Stand gibt:

1. Allgemeine Verwaltungslage in der britischen Zone.

2. Anstellungen und Entlassungen langjähriger deutscher Beamter.

3. Art der Listenführung über angestellte deutsche Beamte.

4. Angaben über Anstellung beratender oder ausübender Instanzen (z.B. bei der Handelskammer).

5. Auskünfte über teilweise durchgeführte Registrierungen.

6. Irgendwelche besonderen Schwierigkeiten, die bei den örtlichen Behörden beobachtet werden.

Nachdem der erste Bericht eingereicht worden ist, sind für die Folge nur Situationsänderungen zu berichten. Sofern sich die Lage in der Zwischenzeit nicht geändert haben sollte, kann Fehlanzeige gemeldet werden.

Gummersbach, 26. September 1945   gez. Haines, Major"

Militärregierung – Deutschland
Britisches Kontrollgebiet

Rationierung von Gas und Elektrizität
Anordnung Nr. 1

Zwecks Vereinheitlichung der Rationierung von Gas und Elektrizität innerhalb des gesamten britischen Kontrollgebietes wird auf Grund der Kontrollrats-Gesetzes Nr. 7 (in der durch Kontrollrats-Gesetz Nr. 10 abgeänderten Fassung) folgende Anordnung erlassen:

ARTIKEL I
Dringlichkeit (Priorität) beim Bezug

Dringlichkeit für Gas und Kraftstrom wird in nachstehender Reihenfolge anerkannt:
1. Wasser- und Kanalisationsanlagen sowie Schiffsentladedienste, welche, mit Genehmigung der Militärregierung deswegen (an bzw. Elektrizität benutzen.
2. Krankenhäuser für die Zivilbevölkerung.
3. Molkereien.
4. Andere Nahrungsmittelbetriebe.
5. Öffentliche Post, Telephon und Rundfunk Dienststellen.
6. Verkehrsdienst und Polizeiämter.
7. Druckereien.
8. Andere von der Militärregierung regelmässig lebenswichtige Industrien.
10. Haushalte.
11. Sonstige von der Militärregierung zugelassene Industrien und Gemeindebetriebe.

ARTIKEL II
Heizwert des Gases

Der Heizwert des gelieferten Gases soll möglichst 3500 kCal. pro Kubikmeter betragen.

ARTIKEL III
Verbotener Verbrauch

1. Der Verbrauch von Gas oder Elektrizität für einen der nachstehenden Zwecke ist verboten:

ARTIKEL VI

Anwendung der Rationierung auf andere als Haushaltsverbraucher

1. Ausser den in Artikel 7, Ziffer 1 angeführten Fällen soll die Beleuchtungsnorm für Alle nicht in Wohnräumen privaten 100 Quadratmeter Bodenfläche einen Verbrauch von 6.5 Kubikmeter Gas oder 150 Watt Strom pro Stunde nicht übersteigen. Beleuchtung in dekorativen oder Reklamezwecken ist unzulässig.

2. Der Verbrauch von Beleuchtungskörpern in Hausfluren, Gängen und Treppen in Räumlichkeiten, die nicht zu Wohnzwecken verwandt werden, darf 40 Kubikzentimeter Gas pro Stunde oder Brenner oder 40 Watt Strom pro Verbrauchsstelle gibt übersteigen.

3. Niemals dürfen sowohl Gas wie Elektrizität für Beleuchtungszwecke nebeneinander verbraucht werden.

ARTIKEL VII

Sondervorschriften für gewisse nicht haushaltliche Zwecke

1. Unterrichtsanstalten, Kirchen, Lichtspieltheatern, Theatern und öffentlichen Versammlungslokalen wird die üblichen Verbrauchsquantum an Gas und Strom für Innenbeleuchtungszwecke während ihrer normalen Verbrauchsperioden zugestellt, jedoch auch auf diese Räumlichkeiten die Bestimmungen der Artikel 6, Ziffer 2 und 3 Anwendung finden.

2. Die Lieferung von Gas und Elektrizität an Hotels, Pensionen und Gaststätten für Kochzwecke, für Warmwasser und ähnliche Haushaltanwendungen für Wasserwärmezwecke, unterliegt dem jeweiligen örtlich beschränkten Verordnungen der Militärregierung.

3. Insofern die Militärregierung nichts gegenteiliges bestimmt, ist die Strassenbeleuchtung wie folgt zu betrachten:
   a) bei Verkehrssicherheitszeichen und Signalen,
   b) bei Strassenlaternen an Strassenkreuzungen,
   c) Strassenbahnen dürfen ohne ausdrückliche Genehmigung der Militärregierung ihren Stromverbrauch nicht erhöhen.

ARTIKEL VIII

MILITARY GOVERNMENT - GERMANY
SUPREME COMMANDER'S AREA OF CONTROL

NOTICE

Declaration of Radio Receiving Sets, Telephone, Telegraph and Electro-Medical Apparatus

ARTICLE I

Notice is hereby given that all radio receiving sets, parts or accessories thereof and all telephone or telegraph wire or facilities for the installation, maintenance or repair of radio, wireless, telephone, teletype or telegraph apparatus must be declared immediately—

To ....
At ....

ARTICLE II

Notice is hereby given that all electromedical equipment or diathermy apparatus must be declared immediately—

To ....
At ....

ARTICLE III

Any person violating the provisions of this Notice shall upon conviction by Military Government Court be liable to any lawful punishment other than death as the Court may determine.

By Order of MILITARY GOVERNMENT.

MILITÄRREGIERUNG·DEUTSCHLAND
KONTROLL-GEBIET DES OBERSTEN BEFEHLSHABERS

BEKANNTMACHUNG

Anmeldung von Rundfunk-Empfangsgeräten, Fernsprech- und Telegraphenmaterial und elektromedizinischen Geräten

ARTIKEL I

Es wird hiermit bekanntgemacht, daß alle drahtlosen Empfangs- (oder Radio-) Apparate oder Teile und Zubehör, Fernsprech- und Telegraphendraht oder Anlagen für den Bau, Instandhaltung oder Instandsetzung von Radio-, Funk-, Fernsprech-, Fernschreib- oder Telegraphengeräten sofort anzumelden sind, und zwar

An ....
In ....

ARTIKEL II

Es wird hiermit bekanntgemacht, daß alle elektro-medizinischen oder Diathermiegeräte sofort anzumelden sind, und zwar

An ....
In ....

ARTIKEL III

Jeder Verstoß gegen die Vorschriften dieser Bekanntmachung wird nach Schuldigsprechung des Täters durch ein Gericht der Militärregierung nach dessen Ermessen mit jeder gesetzlich zulässigen Strafe, ausschließlich der Todesstrafe, geahndet.

Im Auftrage der MILITÄRREGIERUNG.

Nun der erste Bericht:

„Der Landrat Gummersbach 26.9.1945
des Oberbergischen Kreises
Dr. Dre./Wa.

An die Britische Militärregierung
z.Hd. von Herrn Oberstleutnant Taylor
im Hause

Betrifft: Verwaltungsbericht.

Nachstehend erhalten Sie den gewünschten Bericht mit den geforderten 6 Punkten:

1. Sämtliche Verwaltungsbehörden des Bezirkes waren in Takt geblieben. Organisatorische Veränderungen wurden nicht vorgenommen. So blieben beispielsweise Finanzamt und Arbeitsamt selbständig und wurden nicht der Kreisverwaltung angeschlossen. Infolgedessen brauchten auch keine Veränderungen im rückläufigem Sinne, wie das in anderen Stadt- und Landkreisen notwendig wurde, vorgenommen werden. Die Verwaltungsarbeiten häufen sich bei allen Behörden, nicht zuletzt infolge der Anforderungen der Militärregierung. Aber auch die Anforderungen der vorgesetzten deutschen Behörden steigen dauernd. Bei diesen vorgesetzten deutschen Behörden sind während des Krieges viele Unterlagen durch Zerstörung verloren gegangen. Diese Unterlagen müssen jetzt allmählich ergänzt werden. Die Verwaltungsarbeit wird sehr erschwert durch die außerordentlich kurzfristigen Termine.

2. Wenn die wachsenden Verwaltungsarbeiten bis zum heutigen Tage noch einigermaßen erledigt werden konnten, so liegt das daran, daß das Personal aus geschulten Leuten bestand, die eine entsprechende Lehre und Ausbildung durchgemacht hatten. Nach den allgemeinen Richtlinien der Militärregierung war bisher in folgender Weise verfahren worden:

   a) Kein Mitglied der NSDAP durfte Leiter einer Dienststelle sein.

   b) Mitglieder vor 1933 wurden entlassen.

   c) Aktivisten aus dem Kreise der Parteimitglieder wurden ebenfalls entlassen.

   Diese Personalpolitik hatte allerdings verschiedene Dienststellenleiter ohne berufliche Vorbildung gemacht, beispielsweise bei den Bürgermeistern. Da aber der erste Büroheamte, der sogenannte Amts-Inspektor, gehalten werden konnte, waren die Störungen nicht sehr ernstlich. Die neue Durchleuchtungs-Aktion der Militärregierung reißt außerordentlich starke Lücken in die deutsche Verwaltung. Ein Ersatz durch gelernte Kräfte ist nur in ganz seltenen Fällen möglich. In der Hauptsache müssen kaufmännische und industrielle Angestellte herangezogen werden. Das sind Leute, die in der Vergangenheit nicht unter solch' starkem politischen Druck gestanden haben, wie Beamte in der öffentlichen Verwaltung, und deshalb nicht Parteimitglied zu werden brauchten. Das Arbeiten in der privaten Wirtschaft ist ganz anders, als in der öffentlichen Verwaltung. Deshalb ist es außerordentlich schwer, die neuen Leute einzuarbeiten. Dazu kommt noch, worauf ich ausdrücklich aufmerksam mache, daß diese Leute in der Regel nicht die moralische Korrektheit besitzen, die der Berufsbeamte fast durchweg besitzt und die für die Ausübung eines öffentlichen Amtes unbedingt erforderlich ist. Ich bin auch der Überzeugung, daß die jetzt durchgeführte Durchleuchtungsaktion in sehr vielen Einzelfällen revidiert werden kann und muß. Wird sie nicht revidiert, muß mit einem monate-, und unter Umständen jahrelangen schlechten Gang in der Verwaltung gerechnet werden.

3. Die Listenführung über angestellte deutsche Beamte ist wie von der Militärregierung vorgeschrieben.

4. Im hiesigen Kreise gibt es eine Außenstelle der Industrie- und Handelskammer Köln. Sie vertritt die Interessen der Industrie- und Handelsunternehmungen. Außerdem gibt es noch eine Kreishandwerkerschaft als eine Kreisinstanz der Handwerkskammer in Köln. Die Kreishandwerkerschaft ist erst im Aufbau begriffen. Bei der Auswahl der Vorstands- und Beiratsmitglieder dieser beratenden Instanzen wurde darauf geachtet, daß den politischen Forderungen der Militärregierung Genüge geleistet wurde. Die Hauptaufgabe dieser beratenden Dienststelle ist, daß die Betriebe wieder in Gang kommen. Dadurch ergibt sich auch, insbesondere für die Industrie- und Handelskammer, eine enge Zusammenarbeit mit der Militärregierung. Außerdem werden diese beiden Stellen von den deutschen Behörden, insbesondere von mir, als Gutachter herangezogen. Die Landwirtschaft selber hat noch keine sogenannte Selbstverwaltungsorganisation. Früher bestand eine Kreisbauernschaft. Ihre Aufgaben werden jetzt von der Abteilung Landwirtschaft in meinem Amt wahrgenommen.

5. Ich verstehe darunter die Registrierung von gewerblichen Unternehmungen.

Diese Registrierung wurde vorgenommen. Sie liegt bei der Militärregierung in Köln vor. Es wurden sämtliche gewerblichen Betriebe und sämtliche freien Berufe erfaßt. Die Registrierung diente in erster Linie dem Zweck, den Bedarf an Energie zu erfassen.

6. Ich darf hier auf das unter Punkt 2. Gesagte verweisen. Zu den personellen Schwierigkeiten treten hin und wieder auch schon räumliche Nöte. Im Landratsamt konnten diese Nöte dadurch überwunden werden, daß die große Dienstwohnung des Landrats für Bürozwecke vollständig zur Verfügung gestellt wurde. Das war möglich, weil der Landrat sie nicht benutzt.

Ernsthafte Materialschwierigkeiten, beispielsweise an Papier, Schreibmaschinen usw., sind noch nicht aufgetreten.

gez. Dr. Dresbach, Landrat

2. Ausfertigung an Herrn Büro-Direktor Kotz im Hause."

Im zweiten Bericht vom 12. Oktober 1945 meldete der Kreis keine wesentlichen Veränderungen in der Beamten- und Bedienstetenlage. Es fehlen immer noch Verwaltungsfachleute. „Aus der Vielzahl der Bewerbungen keine mit Verwaltungspraxis." Es wird versucht aus Kräften der freien Wirtschaft (Industriekaufleute usw.) die offenen Stellen zu besetzen.

Zu 6. wies der Kreis auf die schwierige Finanzlage hin: „Kreis und Gemeinden seit Monaten ohne Einnahmen. Es muß auf Rücklagen zurückgegriffen werden... Für Requirierungen von Seiten der Militärregierung, teilweise mit Requisitionsscheinen, die an meine vorgesetzte deutsche Dienststelle weitergeleitet wurden, sind bis heute keine Auszahlungen erfolgt... Die ohne Requisitionsschein vorgenommenen Requisitionen belaufen sich auf 3 Millionen Reichsmark... Die Ausgaben für die Ausländerlager (bei Schmidt + Clemens, Berghausen/Kaiserau und Kotz, Wiehl) belaufen sich auf 500.000 Reichsmark, die von vorgesetzter deutscher Dienststelle bisher nicht rückerstattet worden sind... Die Wohlfahrtsausgaben (Unterstützung) für Flüchtlinge und Bedürftige sind sehr hoch."

Die Verwaltungsberichte die von Landrat Dr. Dresbach unterzeichnet sind, tragen die Handschrift Dr. Goldenbogens. Beide Herren stimmten sich natürlich ab. In einer Hausmitteilung des Landrats an „Herrn Regierungs-Assessor Dr. Goldenbogen, im Hause", wird darauf hingewiesen, daß am 26. Oktober 1945 in der Kreisverwaltung 125 Bedienstete tätig waren, davon 26 bei der Militärregierung und 17 bei der Fahrbereitschaft. „Letztere stehen aber nicht im Kreisdienst und werden auch nicht vom Kreis bezahlt, zuständig ist der Regierungspräsident in Düsseldorf als Bevollmächtigter für den Nahverkehr." Dann werden drei leitende Beamte und sechs Angestellte aufgeführt, die im Zuge der Entnazifizierung entlassen wurden. Herr Lohmar (der spätere Kreisdirektor) übernahm zusätzlich das Amt des Betreuers für politisch Geschädigte und die Flüchtlingsfürsorge.

Und immer noch gab es Schwierigkeiten bei der Übermittlung der Anordnungen an die Empfänger. Margret Knabe nannte das in einem Bericht „Die Telefonkatastrophe" und schrieb dazu: „Nach dem Einmarsch der Amerikaner wurden zunächst alle Telefone gesperrt. Die Militärregierung genehmigte nach und nach Anschlüsse: für die Polizei, für die Stadt- und Gemeindeverwaltungen, für die Versorgungsunternehmen und für die Ärzte. Der bekannte Gummersbacher Pfarrer Friedrich Klein (genannt ‚Männlein', weil er alle Konfirmanden mit ‚Männlein' anredete) gab im Weihnachtsgottesdienst 1945 neben der Frohen Botschaft auch noch eine frohe Botschaft bekannt: Er habe soeben wieder einen Telefonanschluß erhalten, und zwar die gut zu merkende Nummer 100. Aus meinem zeitweiligen Einsatz in der Telefonzentrale der Kreisverwaltung weiß ich, daß 1945 alle Gespräche handvermittelt werden mußten. Man konnte also nicht, wie bis zum 11. April 1945, von der Zentrale einen Fernsprechteilnehmer anwählen. Vielmehr kurbelte man das Postamt an und ließ sich von dort ein Gespräch vermitteln."

Im Bericht vom 26. Oktober an die britische Militärverwaltung weist Landrat Dr. Dresbach noch einmal auf die schwierige Personallage bei den Kreis- und Gemeindeämtern hin und bittet die Militärverwaltung hinsichtlich der Aufnahme von ca. 35.000 Evakuierten, die über den Oberbergischen Kreis in ihre linksrheinischen Heimatorte weitergeleitet werden sollen, die „in Entnazifizierung stehenden Beamten noch ein bis zwei Monate beim Kreis, bzw. bei den Gemeinden beschäftigen zu dürfen."

Unter dem Krisenpunkt 6. wird noch einmal auf die schwierige Finanzlage des Kreises und der Gemeinden hingewiesen und die Begleichung der ausstehenden Zahlungen für Requisitionen und Ausländerlager als unbedingt notwendig erachtet. Große Sorgen bereitete der Kreisverwaltung die Unterbringung und Durchschleusung der angekündigten Evakuierten aus Thüringen und anderen Regionen Mitteldeutschlands. Nach erstellten Plänen ging man daran, dazu alles vorzubereiten.

Nach einem Plan des Kreises, der allen Gemeinden zur Durchführung der Maßnahmen zugeleitet wurde, sollten alle mit der Eisenbahn oder Kraftfahrzeugen ankommenden Evakuierten zunächst durch die Durchschleusungsstellen gehen, und zwar:

— Gasthof Drilling, Dieringhausen, 100 Personen.

— Lokal Krämer, Dieringhausen, 60 Personen.

— Turnhalle Dieringhausen, 300 Personen.

— Turnhalle Osberghausen, 100 Personen.

— Maurenbrecher, Niederseßmar, 50 Personen.

a) ärztliche Untersuchung im Gasthaus Drilling (evtl. Entlausung).

b) Verpflegung durch DRK im Gasthaus Drilling und der Turnhalle Osberghausen.

c) Erfassung (laut Muster).

d) Übernachtung.

e) Weiterleitung in die Gemeinden. Dortselbst Registrierung, Einweisung in Unterkünfte, Betreuung durch DRK, Ausgabe von Lebensmittelkarten.

Die Verteilung der Evakuierten war aufgeschlüsselt, wobei Bergneustadt 1300 und Gummersbach 6000 aufnehmen sollte. Zwischen diesen Zahlen liegen alle übrigen Gemeinden. Zur Unterbringung wurden die ehemaligen Fremdarbeiterlager, meistens Baracken, hergerichtet und zwar:

1. Lager Dickhausen;

2. das Polenlager in Waldbröl;

3. das Italienerlager bei der Firma Kotz in Wiehl;

4. die Lager Eibach und Unterwürden.

5. Ausnutzung aller vorhandenen Baracken in den Gemeinden zu Wohnzwecken.

6. Ausnutzung der Säle und Galerie in den Gemeinden. (Säle als Schlafräume, Gastzimmer als Aufenthaltsräume).

7. Restliche Unterbringung in Privatquartieren, soweit als möglich auf freiwilliger Basis...

Für diese Aktion, die sogenannte „Rheinlandhilfe", trug Herr Lohmar die Verantwortung. Für alles wurde gesorgt, so mußten z.B. die Firmen Kind in Kotthausen, Dick in Bergneustadt „und andere noch zu benennende Betriebe" sofort 20.000 Betten, 2.000 Tische, 10.000 Stühle und 5.000 Schränke insgesamt herstellen.

Die „Rheinlandhilfe" lief dann im Oktober und November 1945 an, aber nicht in dem erwarteten Maße. Die Erklärung gab dazu später Dr. Goldenbogen, der täglich nach Plan 100 Rheinländer weiterleiten sollte, aber bis zu 1000 dann an einem Tag über die überbeanspruchte Patton-Brücke in Köln schickte. Die Vorbereitungen und ersten gesammelten Erfahrungen kamen dann 1946 den Flüchtlingen zugute, die aus den ehemals deutschen Ostgebieten kamen.

Auch im zweiten November-Bericht 1945 an die Militärregierung hat der Landrat auf die außerordentlichen Schwierigkeiten bei der Aufnahme der Evakuierten hingewiesen, und daß in den Gemeinden jeglicher Wohnraum erfaßt ist. Die Kartoffelversorgung sei unzureichend und nur noch zwei bis drei Wochen gesichert, wobei pro Person und Woche nur noch ein Kilo ausgegeben wird.

„Täglich kommen ins Kreisgebiet 30 bis 50 Flüchtlinge aus der russischen Besatzungszone, die um Aufnahme und Unterkunft bitten..." Dresbach wies auf diese zusätzlichen Aufnahmen hin und bat um „Regelungen von höherer Stelle".

Unter Krisenpunkt 6. stand auch: „Ernsthafte Schwierigkeiten sind in der Beschaffung von Schreibmaschinenpapier aufgetreten", sodaß — wenn kein Nachschub kommt — der „Papierkrieg" mit der Militärregierung zwangsläufig eingestellt werden muß. Schließlich wies der Landrat darauf hin, daß ihm die Bürgermeister berichten, daß das von der Militärregierung auferlegte Soll für die Kleiderabgabe nicht aufzubringen sei. Vor allem fehle es an Decken, Schuhzeug und Herrenbekleidung. Viele Familien könnten ihre Kinder schon nicht mehr zur Schule schicken, weil sie keine Schuhe hätten.

Aus dem Schriftverkehr des Kreises geht dann hervor, daß endlich Ende Oktober dem Kreis 700.000 Reichsmark vom Oberpräsidenten der Nord-Rheinprovinz, Dr. Robert Lehr, zur Abdeckung der Kosten, insbesondere für die Ausländerlager, überwiesen wurden.

Nach den Anordnungen der britischen Militärregierung wurden ab 1. Oktober 1945 folgende Sätze an Wohlfahrtsunterstützung monatlich an Bedürftige gezahlt:

Personen bis 16 Jahre 16 RM,
über 16 Jahre 25 RM.

Da bei Inanspruchnahme einer warmen Mahlzeit aus Gemeinschaftsküchen 50 Pfennig berechnet wurden, kamen da schon im Monat 15 RM zusammen.

Im Verwaltungsbericht vom 22. Dezember 1945 hieß es dann zu 1.: „„...Durch Anordnung des Herrn Regierungspräsidenten wird in Zukunft die Vollzugspolizei aus der allgemeinen inneren Verwaltung herausgelöst und verselbständigt... Es ist jedoch anzunehmen, daß für eine Übergangszeit gewisse Schwierigkeiten, vor allem bei den Gemeinden, wo der Bürgermeister nicht mehr Ortspolizeibehörde ist, auftreten werden..."

Inzwischen fanden sich im Sommer 1945 Menschen verschiedener politischer Richtungen zusammen und gründeten neue Parteien, was von den Besatzungsbehörden gefördert wurde. Am 12. September 1945 ordnete die britische Militärregierung für die Städte und Gemeinden die Bildung von Ausschüssen als beratende Gremien an, die Vorläufer der Gemeinderäte. Die Vertreter wurden von den Parteien und dem Bürgermeister vorgeschlagen und von der Militärregierung bestätigt. Wenig später verlangte die Besatzungsbehörde, ein solches Gremium für den Kreis zu schaffen, dessen Mitglieder auf Vorschlag der Bürgermeister vom Landrat bestimmt, also noch nicht frei gewählt wurden. Diese neuen Gremien hatten keine Entscheidungsfreiheit; sie konnten lediglich den Besatzungsbehörden Vorschläge unterbreiten und versuchen, diese zu verwirklichen. Damit sollten die Deutschen allmählich in die freiheitliche Demokratie eingeführt werden um dann schrittweise ganz die Verantwortung für ihre Belange zu übernehmen.

Mit der Demokratisierung des öffentlichen Lebens der Deutschen setzten die Briten gleichzeitig die Zweigleisigkeit der Verwaltungen durch, wie es in Großbritannien schon lange üblich war, d.h. ein vom Volk gewählter Bürgermeister, von einer politischen Mehrheit durchgebracht, und ein vom Gemeinderat nach Vorschlägen oder Bewerbungen gewählter Gemeinde- bzw. Stadtdirektor. Und ebenso auf Kreisebene. Dazu sagte Dr. Goldenbogen: „Ich hielt das englische System der Trennung zwischen dem neutralen, parteilosen Hauptverwaltungsbeamten und den politischen Gremien für nicht so falsch. Diese Linie ist allerdings bald verlassen worden. Die Deutschen fingen sehr früh an, den Hauptgemeindebeamten zu politisieren." Bürgermeister und Landräte bekamen für ihren Zeitaufwand Tagegelder und Spesen, Gemeinde- und Kreisdirektoren standen im Beamtenverhältnis und wurden fest besoldet. Da bisher beide Funktionen in einer Hand vereinigt waren, fiel den Deutschen die Umstellung auf diese Zweigleisigkeit schwer. Das kann man aus den Verwaltungsberichten herauslesen.

Im Verwaltungsbericht des Kreises vom 22.12.1945 an den britischen Militär-Gouverneur Taylor, der unter Punkt 1 die bereits erwähnte Änderung im Verfügungsrecht über die Polizei (den Bürgermeistern entzogen) bekannt gab, heißt es dann unter Punkt 4:

„Die Bildung der neugeordneten Gemeindevertretungen und des neu zu bildenden Kreistages ist zur Zeit im Gange. Die beiden Vertretungskörperschaften sollen bis zum 31.12.1945 fertig sein... Im Oberbergischen Kreis wird ein Kreistag von 50 Mitgliedern gebildet. Entsprechend der Bevölkerungszahl der einzelnen Gemeinden habe ich (Dr. Dresbach) die einzeln zu entsendenden Kreistagsmitglieder, die vor allem nach parteipolitischen Gesichtspunkten ausgesucht werden sollen, aufgeschlüsselt. Ich selbst habe mir das Vorschlagsrecht von 16 Mitgliedern vorbehalten, um einen gewissen Ausgleich in politischer und berufsständischer Hinsicht herbeiführen zu können. Ich lege Wert darauf, daß in dem neu gebildeten Kreistag alle Berufe, auch Frauen, vertreten sind, um eine möglichst breite, arbeitsfähige Plattform zu haben... In der Berichtszeit wurden in jeder Gemeinde Evakuiertenausschüsse gebildet. Die Evakuiertenausschüsse decken sich im wesentlichen mit den bereits früher gebildeten Wohlfahrtsausschüssen."

Militärregierung – Deutschland.

Britische Kontrollzone.

Bekanntmachung.

Ablieferung deutscher Polizeiuniformen und Ausrüstungsgegenstände.

1. Alle Personen, die Uniformen oder Ausrüstungsgegenstände besitzen oder über solche verfügen, die für den Gebrauch durch Angehörige irgendeiner polizeilichen Dienststelle ausgegeben oder bestimmt waren, werden hiemit aufgefordert, diese Uniformen oder Ausrüstungsgegenstände

   bei ḦḦ Miller L◊A/ACHEM bis zum 31 JAIN 76

   abzuliefern.

2. Die Bestimmungen dieser Bekanntmachung finden auf Uniformen oder Ausrüstungsgegenstände, die zum Gebrauche durch die Angehörigen der gegenwärtigen deutschen Polizei ausgegeben oder bestimmt worden sind, keine Anwendung.

3. Jede Person, die den Bestimmungen dieser Bekanntmachung nicht Folge leistet, ist, bei Überführung vor einem Gerichte der Militärregierung, der gesetzlichen Strafe nach dem Ermessen des Gerichtes – die Todesstrafe ausgenommen – ausgesetzt.

, am 31/7/.. 1945.

Fernsehwoche — aktuell und vielseitig
Die Große mit dem kleinen Preis
Nr. 51
21.12.1985

Wie Prominente Weihnachten 1945 erlebten

Der Zweite Weltkrieg war zu Ende – das erste Weihnachtsfest in Frieden stand vor der Tür. Inmitten von Trümmern wurde gefeiert. Trotz großer Trauer über Tote und Vermißte gab es Hoffnung auf einen neuen Anfang. Prominente erinnern sich an den Heiligabend vor vierzig Jahren:

Sigi Harreis: „Wir fünf Kinder liefen zu Weihnachten alle rot-weiß-kariert herum. Mutter hatte für die Mädchen Röcke und für den Bruder ein Hemd genäht – aus Bettwäsche. Das war unser Weihnachtsgeschenk. Und zu essen gab es auch genug, die Mutter hatte immer irgend etwas gezaubert. Vater war zu der Zeit noch in russischer Kriegsgefangenschaft."

Inge Meysel: „Das war mein heiterstes Weihnachtsfest nach zwölf verzweifelten Jahren. Da hatte ich im September '45 gerade meinen ersten Mann, den Schauspieler Helmuth Rudolph, geheiratet, nachdem ich ihn aus der Kriegsgefangenschaft geholt hatte. Jahrelang durften wir nicht heiraten: Im ‚Tausendjährigen Reich' gab es ein Gesetz, das eine Heirat zwischen Ariern und Juden verbot. Darüber hinaus stand fest, daß mein Vater (eineinhalb Jahre im Untergrund)

und mein Bruder den Krieg heil überstanden hatten. Und meine Mutter machte sich mit einer Riesenmenge Zigaretten – der einzigen Währung, die damals zählte – auf den Weg nach Berlin zu meinem Vater. Um unser Weihnachtsfest besonders schön zu gestalten, tauschten wir den kostbaren Otterpelz von meinem Mann gegen eine fette Gans beim Bauern ein. Es war fürwahr eine himmlische Gans. Nur uns war tagelang schlecht. So schnell geht das Wohlleben eben nicht."

Harry Valérien: „Das war ein trostlos schönes Fest. Ich war sehr alleine, weil ich meine Eltern verloren und meine Geschwister noch nicht wiedergefunden hatte. Glücklich war ich, daß ich ohne Verwundung aus dem Krieg zurückgekommen war. Damals wohnte ich in München, zur Untermiete, hatte weder Frau noch Freundin."

Alfred Biolek: „Ich war elf Jahre alt und erinnere mich an dieses Fest sehr deutlich, weil es alles andere als schön war. Mein Vater und mein Bruder waren noch in Gefangenschaft. Und ich war neben meiner Mutter und einigen Tanten der einzige ‚Mann'. So gut es ging, feierten wir in dem Aussiedlerlager Karvin in der ČSSR, wo wir seinerzeit lebten."

Chris Howland: „Für uns war es das letzte Weihnachtsfest, bei dem die ganze Familie beisammen war, denn ein Jahr später kam ich für zwei Jahre zum Militär nach Dover. Ich war Weihnachten 1945 ganze 15 Jahre alt. Wir feierten nach typisch englischer Sitte wie Silvester."

Karin Hardt: „Ich lebte damals noch in meinem Häuschen in Neufahrland am See bei Potsdam und feierte Weihnachten zu viert: mit meiner Kollegin Viktoria von Ballasko – ihre Wohnung war ausgebombt, und ihr Mann war noch nicht aus dem Krieg zurückgekehrt –, meiner Haushälterin Lenchen und meinem Malteserhündchen ‚Rowdy'. Wir vier in einem einzigen Zimmerchen, das einen kleinen Kanonenofen hatte und folglich warm war. Dazu ein Tannenbäumchen und Schallplattenmusik. Wir hatten kaum zu essen, aber – unvergeßlich! – Viktoria hatte rohen Bohnenkaffee mitgebracht, den wir in der Pfanne rösteten. Aber das Schönste an diesem Heiligabend war das ungeheure Glücksgefühl: endlich Frieden, endlich frei, endlich sicher. Wir sprachen voller Hoffnung vom Neubeginn, vom Anbruch einer besseren, strahlenden Zukunft, an der wir selber kräftig mitarbeiten würden."

Witta Pohl: „Für uns war es ein sehr, sehr trauriges Weihnachten. Meine Mutter lebte mit uns sechs Kindern in Niederdornberg bei Bielefeld. Kurz vor dem Fest hatten wir erfahren, daß mein Vater, der als Arzt nach Berlin zurückgegangen war, in den letzten Kriegstagen von den Russen ermordet worden war. Wir haben an diesen Tagen viel geweint. Der Schmerz über seinen Verlust ließ alles andere in den Hintergrund treten. Ich weiß nicht mal mehr, was wir an Geschenken bekommen haben, wahrscheinlich gar nichts."

Hans Joachim Kulenkampff: „Ich verbrachte Weihnachten zu Hause bei meiner Mutter, mein Bruder feierte mit seiner eigenen Familie woanders. Mein Vater war in norwegischer Kriegsgefangenschaft. Geschenke gab es nicht, aber genug zu essen und zu trinken. Dafür wurden die Möbel immer weniger. Wir wollten ja auch heizen. Aber man kann ja nicht alles haben, oder?"

Ruth-Maria Kubitschek: „Unsere Familie, Vater, Mutter und fünf Kinder, war aus der Tschechoslowakei nach Sachsen vertrieben worden. Wir hausten zu siebt in zwei Zimmern bei einer Arztfamilie. Dennoch war es eine fröhliche Weihnacht. Ich war rechtzeitig von Typhus genesen, mein Vater aus der Kriegsgefangenschaft heimgekehrt. Wir hockten um einen geklauten Tannenbaum herum – vom Vater geschmückt. Außerdem hatte er wunderbar gekocht: Aus Kartoffelschalen, Hefe und Essig briet er kleine Kuchen. Sie schmeckten wie Bratheringe. Wunderbar!"

Unter Punkt 6 hieß es dann:

„Bei der Änderung der derzeitigen Struktur der Gemeindeverwaltungen bereitet es große Schwierigkeiten, Nachfolger für diejenigen Bürgermeister zu finden, die aus finanziellen Gründen nicht in der Lage sind, das Amt als Bürgermeister weiter zu führen. Sechs Bürgermeister haben sich bereit erklärt, die Stelle des Gemeindedirektors bzw. Gemeindesekretärs zu übernehmen..."

Aus diesem Verwaltungsbericht wird weiter ersichtlich, daß es bei der Aufstellung des Haushaltsplanes für 1946 — des ersten nach Kriegsende — Schwierigkeiten gibt, da anstelle von Schlüsselzuweisungen Bedarfszuweisungen getreten sind (die meistens gekürzt wurden). In einem weiteren Punkt heißt es, daß die Kleidersammlung auf Schwierigkeiten stößt: „Ich verweise in diesem Zusammenhang auf meinen bereits früher eingegebenen Bericht, aus dem ersichtlich ist, daß in diesem Falle an das Letzte herangegangen werden muß, was die Bevölkerung besitzt. Bei einer normalen Bevölkerungszahl von 85.000 wurden bereits 23.000 Decken abgeliefert. 13.000 für die Ausländerlager, 10.000 für die Kleidersammlung, sodaß mit Sicherheit anzunehmen ist, daß ein Teil der Bevölkerung — dem befehlsgemäß die Decken herausgenommen werden sollen — nichts mehr besitzt, womit sie sich zudecken kann."

Am 19. Januar 1946 gab die britische Militärregierung in Gummersbach neue Richtlinien für die Monatsberichte des Kreises heraus. Hierin ein Schwerpunkt der Stimmungsbericht über die Aufnahme der neuen Verwaltungsform in der Bevölkerung.

„Hauptquartier der Militärregierung
Oberbergischer Landkreis
1014 (K) Det.

An den Landrat des Oberbergischen Kreises
in Gummersbach

Neuen Instruktionen entsprechend, die ich vom Regierungsbezirk erhalten habe, muß der Monatsbericht über „Zivil- und Lokalverwaltung" künftig unter folgenden Punkten abgegeben werden:

1.—3.) Betrifft den Kreis nicht.

4.) **Lokalverwaltung:** Änderungen in der Organisation oder den Funktionen der deutschen Verwaltungen im Kreis, der Gemeinde oder dem Amt.

5.) **Ernannte repräsentative Räte:**
   a) Reaktion der Bevölkerung.
   b) Besondere Schwierigkeiten und wie sie überwunden wurden.

6.) **Ernennung von Beamten:**
   a) Namen der höheren Beamten die ernannt oder entlassen wurden (Verwaltungsbeamte).
   b) Art der Neuwerbung und Ausbildung.
   c) Fortschritt in der Ernennung von Berufsbeamten (Stadtdirektoren ect.).

7.) **Bericht über besondere Phasen der Lokalverwaltung.**

Gummersbach, 19. Jan. 1946   gez. S/L Phillips
                                          Comd.-Military Gouvernment"

Im Verwaltungsbericht vom 25. Januar 1946 heißt es dann:

„Zu 4: Bildung der Gemeindevertretungen und des Kreistages abgeschlossen. Alle Unterlagen hierzu liegen der Militärregierung seit dem 27.12.1945 zur Genehmigung vor.

Zu 5: Bevölkerung steht der Trennung zwischen Bürgermeister und Stadt- bzw. Gemeindedirektor abwartend gegenüber, da seit Jahrhunderten deutsche Verwaltungen besoldete Bürgermeister und Landräte hatten.

Zu 6: Ein aus der Gefangenschaft heimgekehrter Regierungs-Referendar, Dr. Lorisch, wird bei der Stadt beschäftigt; er soll anschließend beim Landratsamt für die höhere Verwaltungslaufbahn ausgebildet werden."

Am 8. Februar 1946 wurden dann die Kreistagsmitglieder, die von den Parteien und dem Landrat vorgeschlagen waren, von der Militärregierung bestätigt. Von den 50 Mitgliedern des Kreistages waren 25 von der Christlich Demokratischen Partei (später in CDU umbenannt) und Parteilose, 19 von der SPD und 6 von der KPD.

Im Verwaltungsbericht vom 25. Februar 1946 werden dann auch die neuen Gemeinde- bzw. Stadtdirektoren genannt:

„Zu 4: Vom 5.-26. Februar 1946 fanden in allen Gemeinden die konstituierenden Sitzungen der neu ernannten Gemeindevertretungen statt. Die Trennung Bürgermeister — Gemeindedirektor ist durchgeführt.

Zu 4b: Es gab Schwierigkeiten bei der Wahl des Stadtdirektors von Gummersbach, da der vom Bürgermeister vorgeschlagene Kandidat (Verwaltungsfachmann) aus politischen Gründen nicht tragbar ist. Die Stelle soll ausgeschrieben werden.

Zu 6c: Durch die Gemeindevertretungen wurden folgende Beamte zu Gemeindedirektoren ernannt:
Bergneustadt: Stadtinspektor Rau;
Drabenderhöhe: Gemeindeinspektor Schmidt;
Denklingen: Gemeindeinspektor Runkel;
Eckenhagen: bisheriger Bürgermeister Wagener;
Gimborn: Gemeindeinspektor Jackstadt;
Lieberhausen: bisheriger Bürgermeister Weiß;
Marienberghausen: Angestellter Nöthen;
Marienheide: bisheriger Bürgermeister Lesaar;
Morsbach: Gemeindeinspektor Mauelshagen;
Nümbrecht: bisheriger Bürgermeister Heinrichs;
Ründeroth: Gemeindeinspektor Demmer;
Waldbröl: Gemeindeinspektor Schumacher.

In der Gemeinde Wiehl wurde die Wahl eines Gemeindedirektors bis zur Wahl der Gemeindevertretung durch die Bevölkerung ausgesetzt. (Anm.d.Verf.: Später wurde Herr Hugo Weber zum Gemeindedirektor gewählt.)

In Vertretung
G. (= Goldenbogen)
Reg.Assessor"

Bereits einen Tag später ging im Nachgang des Berichtes vom 25. Februar 1946 ein weiterer Bericht an die britische Militärregierung in Gummersbach, in dem die Nöte der Verwaltungen und der Bevölkerung bezüglich Verpflegung und Versorgung ihren Niederschlag finden.

Der Landrat
des Oberbergischen Kreises   Gummersbach, den 26. Febr. 46.

J.-Nr. .... Dr. G/K.

1.) An
die britische Militärregierung
im
H a u s e .

Betrifft: Monatsbericht.
Bezug: Anordnung vom 19. Januar 1946 - 1o14/GA) 7 - .

- - - - - -

Zu 1 bis 3: s. besonderen Bericht vom 25. Febr. ds.Js.
Zu 4: Im hiesigen Kreise gibt es eine Außenstelle der Industrie- und Handelskammer Köln. Sie vertritt die Interessen der Industrie- und Handelsunternehmungen. Außerdem gibt es noch eine Kreishandwerkerschaft, die eine Kreisinstanz der Handwerkskammer in Köln ist. In der Kreishandwerkerschaft sind alle Innungen des Handwerks vereinigt; sie vertritt die Interessen des Handwerks.
Die Hauptaufgabe dieser beiden beratenden Körperschaften ist, daß die Betriebe wieder in Gang kommen, bezw. am Laufen bleiben. Dadurch ergibt sich auch eine enge Zusammenarbeit mit der Militärregierung. Beide Stellen werden von den deutschen Behörden als Gutachter herangezogen, soweit bei den Verwaltungsbehörden Fragen zu entscheiden sind, die im Zusammenhang mit Handel, Handwerk und Industrie stehen.
Die Landwirtschaft hat noch keine sogenannte Selbstverwaltungs-Organisation. Früher bestand eine Kreisbauernschaft. Ihre Aufgaben werden jetzt von der Abteilung Landwirtschaft in meinem Amte wahrgenommen. Beratend steht der Abteilung Landwirtschaft der Kreisvertrauensmann für das Landvolk zur Seite. Bei den Gemeinden steht den Bürgermeistern der Gemeinde-Vertrauensmann beratend zur Verfügung, der sich wiederum auf die Ortsvertrauensmänner, die sich in den einzelnen Ortsbauernschaften befinden, stützt.

Für

Für die Arbeitnehmer ist im Oberbergischen Kreise eine Einheitsgewerkschaft gebildet worden, die die Interessen der Arbeitnehmer vertritt. Die Gründung eines Arbeitgeberverbandes mit dem Ziele, die Interessen der Arbeitgeber zu vertreten, ist in Vorbereitung.

Zu 5: Die gesamte Bevölkerung des Oberbergischen Kreises ist auf Anordnung der amerikanischen und später der britischen Militärregierung registriert worden. Für die neu in den Kreis hineinkommenden Evakuierten wird diese Registrierung einheitlich und laufend in der Durchschleusungsstelle Dieringhausen vorgenommen.

Eine weitere Registrierung der Bevölkerung wurde in der Weise durchgeführt, daß für jedes Haus sogenannte Hausbewohnerlisten gefertigt wurden, auf der alle in dem betreffenden Hause wohnenden Personen verzeichnet sein müssen. Die Ausstellung und sichtbare Anbringung dieser Bewohnerlisten wird laufend überwacht.

Zu 6: Die Finanzierung der Ausgaben des Kreises und der Gemeinden läßt weiterhin auf größte Schwierigkeiten. Obwohl allmonatlich Geldbedarfsanforderungen von der britischen Militärregierung und den deutschen vorgesetzten Dienststellen angefordert werden, erfolgte lediglich für den Monat Dezember 1945 die Bereitstellung von 1 Million Reichsmark. Am 24. Febr. ds.Js. ging ein weiterer Betriebsmittelzuschuß von 1 Million Reichsmark ein. Diese überwiesenen Geldbeträge reichen nicht aus, um die Ausgaben des Kreises und der Gemeinden zu decken. Es mußte daher auch im letzten Monat bei einzelnen Gemeinden auf Rücklagen zurückgegriffen werden. Es wäre wünschenswert und es würde die Finanzgestaltung wesentlich erleichtern, wenn einmal mitgeteilt würde, mit welchen Zuschüssen monatlich Kreis und Gemeinden wirklich rechnen können. Befehlsgemäß wurde auf Anordnung der britischen Militärregierung und des Herrn Oberpräsidenten der Nord-Rheinprovinz 500.000.- RM, die der Kreis durch Verkauf von Beutekraftfahrzeugen vereinnahmt hatte, nach Düsseldorf abgeführt. Ein weiterer Betrag kann erst dann abgeführt werden, wenn dem Kreis ein entsprechender Betriebsmittelvorschuß gewährt wird, da sonst Gefahr besteht, daß Kreis und Gemeinden nicht mehr flüssig bleiben.

Die Beschaffung von Schuhzeug und Textilien für die Bevölkerung ist äußerst schwierig. Die Zuweisungen, die im Monat Febr. erfolgten, reichen nicht aus, um auch nur den allernötigsten Bedarf zu decken. Stille Reserven, die sich bisher in einzelnen Haushaltungen der Bevölkerung befanden, sind nicht mehr vorhanden. Diese Reserven wurden bei der letzten Kleidersammlung aufgebraucht

aufgebraucht. Es mehren sich die Fälle, daß Eltern ihre Kinder nicht mehr in die Schule schicken können, da diese nicht über 1 Paar Schuhe verfügen. Besonders groß ist der Mangel an Kinderschuhen, denn die Kinder wachsen schnell aus den Schuhen heraus und Ersatz steht nicht zur Verfügung.

Die zugewiesenen Baumaterialien reichten nicht aus, um jene Wohnungen wetterfest zu machen, die sich hätten wohnbar machen lassen. Hier fehlt es vor allem an Dachpappe, Zement und Glas. Manche Wohnungen wären bezugsfertig geworden, wenn diese Materialien zur Verfügung gestanden hätten. So konnte nur das Allernotwendigste repariert werden.

Besonders schwierig gestaltet sich die Versorgung der Bevölkerung mit Kohle. Für den Monat Februar 1946 wurden

a) an Braunkohlen-Briketts   angefordert: 11.160 to
                              bewilligt: 780 to
b) Steinkohle   angefordert: 5 200 to
                              bewilligt: 91 to
c) Koks   angefordert: 4 300 to
                              bewilligt: 208 to.

Die bewilligten Mengen reichen in keinem Falle aus, um auch nur die dringensten Bedürfnisse der Bevölkerung zu befriedigen.

Ich stehe täglich vor derselben Frage; entweder bin ich in der Lage die Krankenhäuser und zum Teil die Diensträume der Behörden zu beheizen und die Gewerbebetriebe - Metzgereien, Bäckereien, Gärtnereien - fallen für die Beheizung aus, oder umgekehrt. Wenn hier keine Änderung in der Zuteilung eintritt, weiß ich nicht, wie wir kohlenmäßig den Monat März überstehen sollen. Ich habe festgestellt, daß fast alle benachbarten Kreise größere Zuweisungen erhalten haben. Meine Vorstellungen bei der NGCC, wurden mit dem Bemerken abgetan, daß eine erhöhte Zuteilung für den Oberbergischen Kreis nicht möglich wäre, da der Oberbergische Kreis nicht grubennah ist.

Ich vermag diesen Einwand nicht gelten zu lassen. Ich betone ausdrücklich, daß ich das Transport-Problem gelöst habe und mir genügend Kraftfahrzeuge zur Verfügung stehen, um jede zugewiesene Menge in den Kreis herein zu holen, sofern nicht durch höhere Gewalt (Hochwasser) ein Transport nicht möglich ist. Wenn aber keine Kohlen bewilligt werden, sind alle meine Möglichkeiten erschöpft.

Ich

Ich würde es dankbar begrüßen, wenn die britische Militärregierung sich der Bewilligung von Kohle für den hiesigen Kreis besonders annehmen würde. Von deutscher Seite vermag ich hierauf so gut wie gar keinen Einfluß zu nehmen.
++ ++
2.) Englische Übersetzung fertigen.
++ ++
3.) Zu den Akten.   In Vertretung :

Regierungs-Assessor.

Weihnachten 1945. Das größte Glück, daß die Familie wieder beisammen ist.

Inzwischen hatte sich der Kreis das „Kreisblatt — Amtliches Mitteilungsblatt für den Oberbergischen Kreis" geschaffen, das von der britischen Militärregierung genehmigt worden war. Die erste Nummer erschien am 20. Dezember 1945 und dann fortlaufend alle vierzehn Tage. Dies bedeutete eine wesentliche Erleichterung in der Bekanntgabe amtlicher Anweisungen und Mitteilungen.

Am 27. Februar 1946 trat der „ernannte" Kreistag zu seiner ersten Sitzung unter Vorsitz des Landrates Dr. Dresbach im Sitzungssaal des Landratsamtes in Gummersbach zusammen. Anwesend war auch der britische Militärgouverneur Oberst Taylor. Der neue Kreistag wählte in seiner konstituierenden Sitzung den Regierungsassessor Dr. Friedrich Wilhelm Goldenbogen zum Oberkreisdirektor. Damit war der erste Schritt zur Demokratisierung des öffentlichen Lebens im Oberbergischen vollzogen. Für den Herbst 1946 waren bereits erste f r e i e und g e h e i m e Wahlen ins Auge gefaßt, die den „ernannten" Kreistag ersetzen sollten. In seinem Rechenschaftsbericht vom Mai 1945 bis Februar 1946 ging Landrat Dr. Dresbach auf folgende Punkte ein: Kreishaushalt und Vermögen des Kreises, Besatzungskosten, Entnazifizierung, Betreuung der politisch Geschädigten, Ernährungslage, Versorgung und Brennstoff, Verkehrslage, Bauwirtschaft, Gesundheitswesen, Schulen, Kreiswohlfahrts- und Jugendfragen, Kriegsbeschädigten- und Flüchtlingsfürsorge. Dann wählte der Kreistag Ausschüsse für die verschiedenen Sachgebiete.

Ab 1. April 1946 war dann Dr. Dresbach nicht mehr fest besoldeter, sondern „ehrenamtlicher" Landrat des Oberbergischen Kreises.

Die Rahmen waren geschaffen, aber Pläne und Theorien in Taten umzusetzen war in vielen Fällen nicht möglich. Überall gab es Engpässe, herrschte nach wie vor große Not, 1946 noch mehr als in den vorangegangenen Jahren, da mittlerweile auch alle Reserven der Bürger aufgebraucht waren, und dazu noch zahlreiche Vertriebene aus den ehemals deutschen Ostgebieten in den Oberbergischen Kreis eingewiesen wurden. Jede Gemeinde versuchte die größte Not mit den geringen Mitteln und Möglichkeiten auf örtlicher Ebene zu mildern — unter tatkräftiger Unterstützung des Deutschen Roten Kreuzes, der Kirchen und anderer caritativer Organisationen.

Um den Sorgen und Nöten der Gemeinden mehr Gehör zu verschaffen, bat Landrat Dr. Dresbach in einem Rundschreiben vom 9. März 1946 die Bürgermeister um Berichte aus ihren Gemeinden, die verstärkt in die Verwaltungsberichte des Kreises an den britischen Militärgouverneur einfließen sollten. Nachstehend sinngemäß einige Eingaben der Bürgermeister an den Landrat; in An- und Abführungsstrichen wörtlich:

16. März 1946:
Bergneustadt: Bevölkerung reagiert wenig auf die neue Verwaltungsform (Zweigleisigkeit). Unklarheit über die neue Gemeindeordnung. Am drückendsten die geringen Zuteilungen an Spinnstoffen und Schuhen und der Kürzung der Brotrationen. „Dies gilt vor allem für Flüchtlinge und Vertriebene, die nichts zuzusetzen haben."
Waldbröl: Bei den Finanzen gilt schon lange der Grundsatz nicht mehr: „Keine Ausgabe ohne Deckung." Neben dem Hinweis auf den Mangel an Nahrung und Kleidung — wie bei allen Eingaben der Gemeinden — heißt es dann noch in der Waldbröler Eingabe: „Die Wohnungsfrage für die ansässige Bevölkerung wird schon seit einiger Zeit durch Austausch von Wohnungen, insbesondere durch Teilung von größeren Wohnungen, zu lösen versucht. Für die Unterbringung der angekündigten Evakuierten und Vertriebenen sind weitgehendst Vorkehrungen getroffen worden, indem die Villen auf dem Krankenhausgelände als auch die Wohnbaracken in Dickhausen für die Aufnahme hergerichtet werden. Der Abzug der Besatzung hat, wohnungsmäßig gesehen, eine fühlbare Erleichterung geschaffen.

18. März 1946:
Drabenderhöhe: Wohnungsnot sehr groß, Ernährungssituation sehr schwierig, „nachdem die Brotration und die Nährmittel auf die Hälfte herabgesetzt wurde. Eingekellerte Kartoffeln gehen bei vielen Familien zu Ende. Ersatz in Steckrüben kann nicht gegeben werden, da diese nicht vorhanden sind". Starkes Absinken der Arbeitsleistung. Der erforderliche Raum für Evakuierte sichergestellt, durchschnittlich vier Personen in einem Raum. Schwierigkeiten bei der Beschaffung von Brennmaterial.
Gimborn/Hülsenbusch: Kein Wohnraum mehr vorhanden. Keine Kartoffeln mehr. „...unüberbrückbare Schwierigkeiten".
Nümbrecht: Nahrungs- und Wohnungsmangel.

19. März 1946:
Eckenhagen: Zur Sicherstellung der Frühjahrsbestellung werden dringend Saathafer und Saatkartoffel benötigt. „Ein besonderes Problem stellt die Bekämpfung des Hamsterunwesens in der Gemeinde dar, das sich immer mehr zu einer Landplage entwickelt. Bis zu 20 Hamsterer wurden von einzelnen Bauernbetrieben pro Tag gezählt. In Zusammenarbeit mit der Polizei sind entsprechende Maßnahmen zur Bekämpfung des Hamsterunwesens eingeleitet". Engpässe: Verpflegung, Schuhe. Baumaterial fehlt für notwendige Reparaturen an Häusern und Wirtschaftsgebäuden.
Lieberhausen: Ablehnung und Enttäuschung über die neue Gemeindeordnung (Zweigleisigkeit).

Der Bürgermeister der Stadt Gummersbach

Fernruf: .
Sammel-Nr. 2462
Fernverkehr 2465

Konten der Stadtkassse:
Städt. Sparkasse Gummersbach Nr. 2
Postscheckkonto Köln Nr. 10120

K.

Postanschrift des Absenders:
Der Bürgermeister der Stadt Gummersbach

An
den Herrn Landrat
h i e r.

Ihre Zeichen	Ihre Nachricht vom	Meine Zeichen	Tag
Dr.G./K,	Vfg. v. 9.3.1946	A.-	2o.3.1946

Betrifft

Monatsbericht.

Zu den angeführten Punkten nehme ich wie folgt Stellung:

In einer am 19. Februar 1946 stattgefundenen Sitzung wurde die neue Stadtvertretung mit 29 Stadtvertretern gebildet.
Die Öffentlichkeit nahm an der Sitzung ausserordentlich starken Anteil, was das allgemeine Interesse für die Wiederbelebung demokratischer Selbstverwaltungsreform beweist. Auch für die Verwaltung der Stadt werden durch die Anträge der Parteien zur Verbesserung der Lebensmöglichkeiten der Bevölkerung wertvolle Anregungen gegeben. Es ist zu erwarten, daß durch die Zwischenschaltung der Parteien als Bindeglied zwischen Verwaltung und Bevölkerung Letztere auch Verständnis und Vertrauen für die Massnahmen der Verwaltung gewinnen wird.
Nach so kurzer Anlaufzeit kann allerdings ein abschließendes Urteil noch nicht gegeben werden. Insbesondere dürfte es noch längere Zeit und Aufklärung bedürfen, um die durch die Verwaltungsreform notwendig gewordene Änderung der bisherigen Stellung des Bürgermeisters und die damit verbundene Umstellung in der Verwaltung dem Publikum nahe zu bringen. Besondere Schwierigkeiten sind hierdurch im Verkehr mit der Öffentlichkeit bisher nicht entstanden.

Neuernennungen von Beamten wurden bisher nicht vorgenommen. Die Stelle des Stadtdirektors soll in der am 21.3. stattfindenden Sitzung besetzt werden. Ferner ist beabsichtigt, die Stellen des Stadtkämmerers und des Hoch-u.Tiefbaurates auszuschreiben, da hier zunächst kein geeigneter Bewerber vorhanden ist. Weiter ist vorgesehen, die Stelle des Stadtschulrates und des Gesundheitsinspektors aus Ersparnisgründen durch den Kreisschulrat bzw. den Kreismedizinalrat mit verwalten zu lassen, wie dies bisher schon der Fall war und sich bewährt hat.

Entlassen wurden im letzten Monat 3 ehemalige Vorstandsmitglieder der städtischen Sparkasse und 1 Angestellter.

Eine Neuwerbung ist vorerst nur für diejenigen Stellen vorgesehen, die unbedingt neu zu besetzen sind.

Bei

Bei der Stadt Gummersbach sind z.Zt. 3 Verwaltungslehrlinge und einige Anwärter in Ausbildung,sodaß der Nachwuchs gesichert erscheint.Ferner sind ausser den aus der Kriegsgefangenschaft entlassenen Beamten und Angestellten mehrere Arbeitskräfte eingestellt worden,die zunächst noch im Angestelltenverhältnis beschäftigt werden.

Die Wohnraumfrage ist mit den zur Verfügung stehenden Mitteln nicht zu lösen.

Die Stadt zählt rd. 5oo Wohnungssuchende,für die kein Raum zur Verfügung steht.Verschärft wird die Lage durch die Notwendigkeit, für mehr als 8 ooo Flüchtlinge Quartiere bereit stellen zu müssen. 2o Wohn-und Geschäftshäuser mussten für Besatzungszwecke beschlagnahmt und geräumt werden.Nur in den dringendsten Fällen konnte bisher geholfen werden.Wenn dies überhaupt möglich war,so ist das darauf zurückzuführen,daß zunächst der Hauptstrom der Flüchtlinge noch nicht eingetroffen ist.Eine vorübergehende Erleichterung ist zwar durch die teilweise Freigabe der von der Militärregierung beschlagnahmten Häuser eingetreten,doch bedeutet das keine fühlbare Entlastung der Wohnungsnot. . . . . .

Die Notlage wird sich weiter vergrößern,wenn es nicht gelingt, durch Materialbeschaffung wenigstens die beschädigten Häuser und Wohnungen wieder in Stand zu setzen und anschließend ein wirklich durchgreifendes Neubauprogramm durchzuführen.

Die Stadt steht hierbei auf dem Standpunkt,daß es nicht tragbar ist,wenn sowohl Arbeitskräfte wie Material nach den Großstädten abgezogen wird,während beides hier dringend benötigt wird.Die Stadt darf bitten,diesbezüglich höheren Ortes Schritte zu unternehmen,zumal zu erwarten ist,daß sich die Bevölkerung der Großstädte wegen der dort herrschenden schlechten Lebensbedingungen dahin in absehbarer Zeit von diesen abwendet und die Mittel-und Kleinstädte,die noch verhältnismässig wenig zerstört sind,aufsucht.

Die Ernährungsschwierigkeiten nehmen laufend zu und können kaum mehr als tragbar bezeichnet werden.Ein allmählicher Kräfteverfall macht sich bereits in der Bevölkerung bemerkbar.Wenn es bisher noch nicht zu ausgesprochenen Hungererkrankungen in grösserem Umfang gekommen ist,so dürfte das nur darauf zurückzuführen sein, daß ein Teil der Einwohner noch in geringem Umfang über kleinere Vorräte an Kartoffeln und Eingemachtem verfügte.Diese sind aber jetzt aufgebraucht,spdaß die meisten Menschen ausschließlich auf die mit Marken erhältlichen Lebensmittel angewiesen sind,die nicht ausreichen,auch nur den gegenwärtigen Ernährungszustand beizubehalten.

Mit 3 Schnitten Brot und 35 - 4o Gramm Nährmittel ist der Hunger nicht mehr zu stillen.Die Erhöhung der Fleisch-und Fischration ist hierfür kein Ausgleich,zumal auch das Fett für die Zubereitung nicht in ausreichendem Masse vorhanden ist.

Besonders hart betroffen werden hierdurch die Arbeiter,die nicht mehr in der Lage sind,die notwendigste Menge an Broten mit zur Arbeitsstelle zu nehmen und die Evakuierten,die in keiner Weise die Möglichkeit irgend eines Zuschusses zu den festgesetzten Rationen haben.Die Folge,ein allgemeines Absinken der Arbeitsleistung,wie es sich schon bei der Kohlenförderung zeigt,wird auch hier unausbleiblich sein.

Auch

Auch die Gemeinschaftsküchen sind mit den verringerten Rationen in ihrer Leistungsfähigkeit zur Herstellung eines sättigenden Essens wesentlich herabgesetzt.Sie werden sich darauf beschränken müssen,wenigstens ein einigermaßen nahrhaftes Mittagessen zu bereiten,während es den Hilfsbedürftigen überlassen bleiben muss, mit einigen Schnitten Brot für das Abendessen selbst zu sorgen. Wie man hört,soll im Vorgebirge überreichlich Gemüse vorhanden sein,sodaß die Bauern sogar teilweise dazu übergehen,das Vieh mit Blumenkohl zu füttern,um die Felder für die Frühjahrsbestellung frei zu bekommen,weil keine Absatzmöglichkeit für das Gemüse besteht.Hier dagegen ist nur unter grössten Schwierigkeiten und in unzureichender Menge Gemüse zu beschaffen.Eine ausgleichende Regelung von höherer Stelle ist dringend erforderlich.

Eine weitere grosse Sorge bereitet die Versorgung mit Brennmaterial.Schon im vergangenen Winter konnte diese trotz grösster Anstrengungen nicht in befriedigendem Masse durchgeführt werden. Kohle ist nur in geringsten Mengen an die Bevölkerung zur Ausgabe gelangt.Aber auch der Holzeinschlag stiess auf besondere Schwierigkeiten,da das Holz aus weiter von der Stadt entfernten unaufgeschlossenen Waldungen entnommen werden musste.Hierzu kam,daß die Wegeverhältnisse einen Transport im Winter wegen der Schneelage vollkommen unmöglich machten..Das Holz,das herangeschafft werden konnte,wurde durch die Fuhrlöhne und sonstigen Nebenkosten so verteuert,daß es den ärmeren Schichten der Bevölkerung unmöglich war,die Mittel dafür aufzubringen.

Es ist deshalb dringend erforderlich,daß schon jetzt mit der Vorsorge für den nächsten Winter begonnen und ausreichende Mengen an Kohlen beschafft werden,da die Holzfeuerung nur ein Notbehelf ist und zum Raubbau am Waldbestand führt,ohne durch entsprechenden wirtschaftlichen Nutzen gerechtfertigt zu sein.

Die Finanzlage der Stadt hat sich einerseits durch das Ausbleiben der Steuerüberweisungen seit 1.10.1945 und zum anderen durch die Ausgaben für Besatzungs-u. Unterstützungszwecke wesentlich verschlechtert.Es mussten Kredite und Rücklagen in Anspruch genommen werden.

Die Stadt kann in nächster Zeit ihren Zahlungsverpflichtungen nur dann nachkommen,wenn sie alsbald die ihr zustehenden Gelder erhält.Dabei handelt es sich um fällige Steuerüberweisungen, rückständige Polizeikosten-u. sonstige Zuschüsse sowie um Vorschußzahlungen für das Reich.

Mit Holz und Decke ins Kino. Der Nachholbedarf in Kultur war groß.

Altenbetreuung. Einbringen einer alten Frau in einen geheizten Gemeinschaftsraum.

Marienberghausen: Ernährungslage und Wohnraumfrage katastrophal.
Morsbach: Der Finanzhaushalt der Gemeinde weist ein Minus von 462.517,00 Reichsmark aus, besonders durch Flüchtlingsfürsorge. 339.000,00 RM liegen in Reichsschatzanweisungen in Berlin fest. Weitere Evakuierte und Flüchtlinge können nicht untergebracht werden. Gemeinde hat schon mehr als 2000 Evakuierte aufgenommen. Hilferuf nach Baumaterial. Mangel an Transportmitteln. „Die Gemeinde ist durch die Zerstörung der Eisenbahnbrücke bei Morsbach vom Reichsbahnverkehr abgeschnitten und kann mit den paar Lastkraftwagen, die größtenteils auf Holzgas laufen, und infolge Reifenmangels und anderer Defekte meist still liegen, nur das Allernotwendigste an lebenswichtigen Gütern heranschaffen."

20. März 1946:
Denklingen: Bürgermeister macht Hofbegehungen: „Ich habe noch keinen Bauernhof, und zwar nicht den kleinsten, verlassen, ohne etwas zu bekommen, wenn es vielleicht nur 25 Pfund Roggen oder Hafer war. Mit dem Herausholen der letzten Reserven kann jedoch die Lebensmittelnot nicht behoben, nur etwas gebessert werden. Ich habe an die Anständigkeit und das Ehrgefühl der Bauern appelliert... Die letzte am 26. Februar 1946 erfolgte Zuteilung (8 Fahrraddecken und 8 Schläuche) war so gering, daß nicht einmal der allernotwendigste Bedarf für Ärzte, Hebammen, Polizei, Gemeindeboten usw. gedeckt werden konnte". Schuhe und Material zur Ausbesserung von Schuhen fehlen. Finanzierung der Gemeindeausgaben aus Rücklagen.

Auch in den Eingaben vom Monat April 1946 berichten alle Bürgermeister von den bereits beschriebenen Nöten. Im Bericht von **Waldbröl** vom 17. April 1946 heißt es dann noch: „Die erheblichen Lebensmittelkürzungen haben ein Absinken der Arbeitskraft und der Arbeitslust hervorgerufen... Es ist beabsichtigt, die weiblichen Kriegshilfsangestellten (der Verwaltung) nach und nach zu entlassen und diese durch geeignete Kriegsversehrte zu ersetzen... Bei den Landwirten hat die nun eingesetzte zusätzliche Schlachtviehabgabe zu Beunruhigungen Anlaß gegeben". Es wird auf die Nachwuchsfrage für Milchvieh verwiesen, wenn zu viele Kälber geschlachtet werden. Die Reichsbahnstrecke Waldbröl — Osberghausen ist wieder in Betrieb genommen worden und brachte eine Erleichterung des Transportwesens.

Der Bürgermeister von **Marienheide** meldete am 18. April — neben den allgemeinen Schwierigkeiten — an den Landrat: „Bisher ist es mir nicht gelungen, vor allem Dachziegel und Zement (zur Reparatur beschädigter Häuser) heranzuschaffen".

Im Verwaltungsbericht des Landrats vom 25. April 1946 an den britischen Militär-Gouverneur wird die vollzogene Zweigleisigkeit der Verwaltungen gemeldet.

„Die Trennung der Ämter in einen politischen Repräsentanten der Gemeinde und einen unpolitischen Verwaltungsleiter ist dem Sinne nach durchgeführt. Sämtliche 14 Bürgermeister der Gemeinden sind inzwischen von der brit. Militär-Regierung bestätigt worden.

In den Gemeinden Ründeroth und Wiehl sind noch keine Gemeindedirektoren gefunden worden (bis zur in Aussicht stehenden Kommunalwahl zurückgestellt). Hier weiterhin Personalunion von Bürgermeister und Gemeindedirektor.

Für Waldbröl und Gummersbach wünscht die Mil.Regierung Gemeinde-/Stadtkämmerer, für die anderen Gemeinden Rentmeister."

In den Berichten der Bürgermeister an den Landrat im Monat Mai 1946 werden immer wieder die bereits erwähnten Nöte angesprochen. Zusätzlich von **Waldbröl:** (15.5.): Freie Demokratische Partei gegründet. Ein Gemeindevertreter wurde wegen Veruntreuung von Lebensmittelkarten verhaftet und aus der CDU und der Gemeindevertretung ausgeschlossen. „Besonders hart wirkt sich die Aufbringung der zusätzlichen Schlachtviehmenge aus, die von Woche zu Woche auf größere Schwierigkeiten stößt. Es ist nicht mehr zu vermeiden, daß tragende Rinder und Kühe der Schlachtbank zugeführt werden."

Eckenhagen meldete am 20. Mai 1946: „Die Wildschweinplage in der Gemeinde nimmt weiterhin zu..."

Der Monatsbericht des Landrats für Mai 1946 an die britische Militärregierung spricht vom langsamen Einspielen der neuen Verwaltungsordnung. „Lediglich im Kreistag wurden von der sozialdemokratischen- und der kommunistischen Partei Angriffe gegen das bisherige Berufsbeamtentum gerichtet. Sie traten für die Abschaffung des Berufsbeamtentums ein. An dessen Stelle sollten Angestellte befristet eingestellt werden." Freie Demokratische Partei neu gegründet. Straßenverkehrsamt wird eine Sonderbehörde. Ein Drittel bis die Hälfte des Viehbestandes wird durch die neuerliche Schlachtviehabgabe dahin sein. Gerüchte kursieren, daß deutsches Vieh nach England geht.

Am 19. Juni 1946 berichtet der Bürgermeister von **Denklingen** an den Landrat von einer Wildschweinplage in der Feldmark seiner Gemeinde. Und ebenso ist der Tenor eines Berichtes des Bürgermeisters von Eckenhagen vom 20. Juni. Letzterer schlägt vor, Feuerwaffen (Jagdgewehre) an zuverlässige Jagdpächter und Wildhüter zum Abschuß der Wildschweine auszugeben. „Die Fluren der ganzen Gemeinde sind teilweise von den Wildschweinen vollkommen umgewühlt, besonders an der östlichen Gemeindegrenze". Bezugsmarken für Schuhe und Spinnstoffwaren sind immer noch nicht eingegangen. „Seit Anfang April d.J. sind keine Marken mehr ausgegeben worden... können mindestens 60 bis 70 Prozent der Schulkinder die Schule nicht mehr besuchen, da sie keine Schuhe haben."

Militärregierung – Deutschland
Britisches Kontrollgebiet

BEKANNTMACHUNG

Registrierung
früherer Angehöriger der deutschen Wehrmacht

In Ergänzung der Bekanntmachung über die Eintragung ~~und~~ ~~~~ der deutschen Wehrmacht und der militärähnlichen Organisationen wird folgendes verordnet:

1. Alle entlassenen Angehörigen der deutschen Wehrmacht, die künftig erstmalig zu ihrem beabsichtigten Wohnsitz zurückkehren, haben sich binnen 48 Stunden nach ihrer Ankunft dort bei der örtlichen deutschen Behörde zwecks Registrierung zu melden.

2. Alle entlassenen Angehörigen der deutschen Wehrmacht, die bereits erstmalig an ihren Wohnsitz zurückgekehrt sind, haben sich sofort bei der örtlichen deutschen Behörde zwecks Registrierung zu melden, falls es noch nicht geschehen ist.

3. Zuständig für diese Registrierung sind die örtlichen Meldebehörden (Einwohnermeldeämter).

4. Verstöße gegen diese Bekanntmachung werden durch Gerichte der Militärregierung bestraft.

5. Diese Bekanntmachung tritt am 1. Mai 1946 in Kraft.

Im Auftrage der Militärregierung

DISCHARGED FOR WORK
CONTROL FORM
Kontrollblatt D.2 KÖLN
AS .... 3 0 I 46

CERTIFICATE OF DISCHARGE
Entlassungschein

| ALL ENTRIES WILL BE MADE IN BLOCK LATIN CAPITALS AND WILL BE MADE IN INK OR TYPESCRIPT. | I
PERSONAL PARTICULARS
Personalbeschreibung | Dieses Blatt muss in folgender weise ausgefüllt werden:
1. In lateinischer Druckschrift und in grossen Buchstaben.
2. Mit Tinte oder mit Schreibmaschine. |

SURNAME OF HOLDER **SPIES**
Familienname des Inhabers

DATE OF BIRTH **14. 8. 1916**
Geburtsdatum (DAY/MONTH/YEAR) Tag/Monat/Jahr

CHRISTIAN NAMES **KURT**
Vornamen des Inhabers

PLACE OF BIRTH **HONSTIG**
Geburtsort

CIVIL OCCUPATION **BAUFÜHRER**
Beruf oder Beschäftigung

FAMILY STATUS—SINGle † Ledig
Familienstand MARRIED Verheiratet ✗
WIDOW(ER) Verwitwet
DIVORCED Geschieden

HOME ADDRESS Strasse **SINGERBRINKSTR 91**
Heimatanschrift Ort **GUMMERSBACH**
Kreis **O.G-B-KREIS**
Regierungsbezirk/Land **KÖLN**

NUMBER OF CHILDREN WHO ARE MINORS
Zahl der minderjährigen Kinder **1**

I HEREBY CERTIFY THAT TO THE BEST OF MY KNOWLEDGE AND BELIEF THE PARTICULARS GIVEN ABOVE ARE TRUE.
I ALSO CERTIFY THAT I HAVE READ AND UNDERSTOOD THE "INSTRUCTIONS TO PERSONNEL ON DISCHARGE" (CONTROL FORM D.1).
SIGNATURE OF HOLDER **Kurt Spies**
Unterschrift des Inhabers

Ich erkläre hiermit, nach bestem Wissen und Gewissen, dass die obigen Angaben wahr sind.
Ich bestätige ausserdem dass ich die "Anweisung für Soldaten und Angehörige Militär-ähnlicher Organisationen" u.s.w. (Kontrollblatt D.1) gelesen und verstanden habe.

II
MEDICAL CERTIFICATE
Ärztlicher Befund

DISTINGUISHING MARKS **SCHUSSBRUCH L. HAND, SPLITTER RE. U. ARM (L.)**
Besondere Kennzeichen

DISABILITY, WITH DESCRIPTION —
Dienstunfähigkeit, mit Beschreibung

MEDICAL CATEGORY **FIT FOR LIGHT WORK.**
Tauglichkeitsgrad

I CERTIFY THAT TO THE BEST OF MY KNOWLEDGE AND BELIEF THE ABOVE PARTICULARS RELATING TO THE HOLDER ARE TRUE AND THAT HE IS NOT VERMINOUS OR SUFFERING FROM ANY INFECTIOUS OR CONTAGIOUS DISEASE

Ich erkläre hiermit, nach bestem Wissen und Gewissen, dass die obigen Angaben wahr sind, der Inhaber ungezieferfrei ist und dass er keinerlei ansteckende oder übertragbare Krankheit hat.

SIGNATURE OF MEDICAL OFFICER
Unterschrift des Sanitätsoffiziers

NAME AND RANK OF MEDICAL OFFICER IN BLOCK LATIN CAPITALS **DR. BURMEISTER**
Zuname/Vorname/Dienstgrad des Sanitätsoffiziers
(In lateinischer Druckschrift und in grossen Buchstaben)

P.T.O.
Bitte wenden

† DELETE THAT WHICH IS INAPPLICABLE
Nichtzutreffendes durchstreichen

Über die Wildschweinplage berichtete Frau Dr. Scheibe, damals Dolmetscherin bei Oberst Taylor in „Ein Leben für den Oberbergischen Kreis":

„War sonst alles knapp, so gab es doch eine Kreatur, die in höchst unerwünschtem Überfluß vorhanden war. Da Deutsche alle Waffen einschließlich der Jagdgewehre hatten abliefern müssen — oder sollen! (auf unerlaubten Waffenbesitz stand fünf Jahre Haft), konnten die Tiere, die die Kartoffel- und Getreideäcker leer fraßen, nicht geschossen werden. Auf dringende Bitte der geplagten Bauern entschloß sich Taylor, allerdings nach einigem Zögern, Wildschweinjagden durchzuführen. Dazu nahm er jeweils eine Reihe oberbergischer Jäger mit... Der Oberst war selbst ein begeisterter Jäger und so ging er angeregt durch seinen Freund, Kreisjägermeister Franz Heuser, mit oberbergischen Bekannten — und zugedrückten Augen — bald auch zur Pirsch auf anderes Wild."

Im Juni 1946 wurde die Entnazifizierung — bis dahin von den Briten durchgeführt — in deutsche Hände gelegt, unter Vorsitz des Juristen Dr. Scheidt. Dadurch mußten viele Verwaltungsfachleute, die der NS-Partei oder ihrer Gliederungen angehört hatten — die bislang von den Bürgermeistern und Gemeindevertretungen gehalten wurden —, entlassen werden. Dadurch wurde der Mangel an Verwaltungsfachleuten immer größer. Im Bericht des Kreises vom 24. Juni 1946 an den britischen Militär-Gouverneur heißt es u.a.: „Um den Mangel an Verwaltungsangestellten abzustellen, soll eine Kreis-Verwaltungsschule eingerichtet werden... Alle Neueinstellungen erfolgen im Angestelltenverhältnis. Spätere Übernahme mit Zustimmung der Gemeindevertretungen in das Beamtenverhältnis."

Die ganze Habe auf einem Handwagen.

Am 8. Juli 1946 erging eine neue Anordnung der britischen Militärregierung an die Kreise, worin für die Monatsberichte neue Richtlinien festgelegt worden sind:

„Hauptquartier der Militärregierung (in Übersetzung)
des Regierungsbezirkes Köln 8. Juli 1946
An das
Hauptquartier Oberbergischer Landkreis 808/Secr/7/4/0/1
Betrifft: Monatsberichte

1. Bei der Konferenz der Kommandeure (Kreis-Gouverneure) am 3. Juli 1946 bat der (Bezirks-)Kommandeur, daß der monatliche Bericht durch eine allgemeine Übersicht vom Detachment-(Kreis-)Kommandeur eingeleitet werden soll und schlug vor, daß folgende Punkte dazu gebraucht werden sollten:
   1. Moral;
   2. Politik;
   3. örtliche Regierung;
   4. P.S.;
   5. Entnazifizierung (oder andere örtliche Angelegenheiten);
   6. Verschiedenes.

2. In Zukunft werden die Kreisoberinspektoren (KROs) eine Übersicht zu ihrem Monatsbericht im Gegensatz zu den früheren Anweisungen einreichen.

3. Die Kreise (Detachments) unterzeichnen folgendermaßen: A.N. Other, Resident Officer (Oberbergischer) Kreis, (Dr. Goldenbogen), Oberkreisdirektor.

Köln, 8. Juli 1946 gez. Major Moseley"

Der derzeitige verantwortliche britische Offizier gab die neue Anordnung des Bezirkskommandeurs mit folgendem Beischreiben an den Oberbergischen Kreis weiter:

„Hauptquartier Militärregierung
Oberbergischer Landkreis
Betrifft: Monatsberichte Ref.1014/GA 6
An Oberkreisdirektor Dr. Goldenbogen

Wir nehmen Bezug auf anliegende Kopie des Briefes 808/Secr/7/4/0/1 vom 8. Juli 1946, § 1.

Wollen Sie uns bitte bis **Freitag, 19. Juli 1946** einen Bericht über die Unterparagraphen 1, 2, 3, 5 und 6 erwähnten Angelegenheiten einreichen.

Gummersbach, 16. Juli 1946 gez. Major Mc Iver"

Deutsche Arbeiter 1945/46

Das obige Schreiben ist von Major Mc Iver unterzeichnet. Hierzu gibt Frau Dr. Scheibe, ehemals Chefsekretärin und Dolmetscherin bei Oberst Taylor, folgende Erklärung:

„Mit Oberst Taylor zog ich zwar im Juli 1946 nach Bergisch-Gladbach, wo er als Kreisgruppenkommandeur dem Oberbergischen, Rheinisch-Bergischen und dem Siegkreis vorstand, doch machte man diese unzweckmäßige Reorganisation bald wieder rückgängig, und wir kehrten Ende März 1947 nach Gummersbach zurück. In der Zwischenzeit hatte Major D.C. Mc Iver den Oberbergischen Kreis stellvertretend geleitet. Nachfolger Taylors, ab August 1949, wurde Brigadegeneral J.P. Duke. Mit ihm ging die Zeit der britischen Militärregierung zu Ende."

Auf dem obigen Schreiben von Major Mc Iver und dem Beischreiben stehen handschriftliche Vermerke, die nicht genau zu lesen sind, offensichtlich von Dr. Goldenbogen vorgenommen. Die Vermerke lassen die Schlüsse zu, daß Mc Ivers Schreiben erst am 22. Juni auf Goldenbogens Schreibtisch lag, oder der nachstehend wiedergegebene Monatsbericht wohl fertig war, aber nicht mehr so weitergegeben wurde, wie der handschriftliche Vermerk: „z.d.A. (zu den Akten) — Verwaltungsbericht" schließen läßt. Wie dem auch sei: Der Verfasser hält diesen letzten Bericht nach dem alten Schema für so aussagekräftig, daß er hier wiedergegeben werden soll:

Kreisverwaltung Oberbergischer Kreis   Gummersbach, d. 24. Juli 1946.

Dr.G./G.

An
das Kreisgruppenhauptquartier
Sieg- Aggerverband
der britischen Militärregierung
in
   Bergisch - Gladbach

Betrifft: Monatlichen Verwaltungsbericht.

Zu 1 bis 3): Betrifft den Kreis nicht.

Zu 4): Änderungen sind in der Berichtszeit nicht eingetreten.
Das Straßenverkehrsamt ist theoretisch vom Landratsamt
abgetrennt worden; dagegen wird im hiesigen Kreis die
Sache praktisch so gehandhabt, als ob das Straßenverkehrsamt
der Kreisverwaltung angegliedert wäre. In der Bevölkerung
ist ebenfalls noch weitgehend die Auffassung vorhanden,
daß das Straßenverkehrsamt ein Bestandteil der Kreisverwaltung sei. Das ergibt sich vor allem auch daraus, daß
die Angelegenheit der Kraftstoffverteilung, der Reifen-
bewirtschaftung pp. Aufgabe des Kreiswirtschaftsamtes ist.
Die Bevölkerung zeigt wenig Verständnis dafür, daß hier
für ein Sachgebiet 2 verschiedene Instanzen zuständig sein
sollen. Die Bevölkerung möchte es mit einer einheitlichen
und einheitlich geführten Verwaltung zu tun haben und
nicht mit einer Fülle von Spezialbehörden.
Die wirtschaftlichen Schwierigkeiten, insbesondere die
Ernährungslage, haben zur Folge, daß das kommunal-politi-
sche Interesse der Bevölkerung merklich schwindet.

Zu 5a): Besondere Schwierigkeiten bestehen auch bei der Durchführung gemeindlicher Aufgaben insofern, als es äußerst schwer
fällt, ehrenamtliche Mitarbeiter, wie Ortsvorsteher pp.
zu erhalten. Weite Teile der Bevölkerung hat ein Frage -
bogen-Komplex befallen. Die in Frage kommenden Personen
befürchten, daß sie bei einer erneuten Durchleuchtung
irgendwie beanstandet werden, ihr Vermögen dadurch blok-
kiert wird und sie selbst in wirtschaftliche Schwierigkeiten gelangen. Es wäre wünschenswert, daß diejenigen

Personen

- 2 -

Personen, die durchleuchtet sind, nun nicht wieder für jede ehrenamtliche Tätigkeit oder berufliche Inanspruchnahme sich erneut durchleuchten lassen müssen. Wer nach Durchleuchtung als Mitglied eines Wohlfahrtsausschusses geeignet ist, muß dies m.E. auch als Ortsvorsteher, als Mitglied eines Jagdausschusses oder dergleichen sein. Bisher ist es möglich gewesen, durch Fühlungnahme mit den politischen Parteien noch die geeigneten Personen zu finden, jedoch wird die Bereitwilligkeit zur Übernahme eines Ehrenamtes immer geringer. Ein Teil der ehrenamtlichen Helfer wird innerlich müde und versucht seine Ämter zur Verfügung zu stellen mit dem Hinweis, daß eine berufliche Überlastung vorliege. In Wirklichkeit befürchten sie, bei der Durchsetzung gemeindlicher Maßnahmen auf Schwierigkeiten mit den Ortsbewohnern oder sonstigen Interessenkreisen, die sie in Anspruch nehmen müssen, zu kommen. Persönliche Anfeindungen sind oft die Folge der Übernahme eines öffentlichen Amtes; denn es ist leider so, daß im öffentlichen Dienst stehende Personen in den meisten Fällen der Bevölkerung Lasten aufbürden müssen. Daß dies Schwierigkeiten mit sich bringt, ist verständlich. Deshalb bedarf es aber eines besonderen Schutzes jeder Person, die bereit ist, sich dem öffentlichen Dienst zur Verfügung zu stellen. Unter öffentlichem Dienst verstehe ich hierbei nicht nur Beamte und Angestellte sondern alle Personen, die irgendwie in Fach- oder Sonderausschüssen tätig sind.

Zu 5) : Trifft nicht zu.

Zu 6 a): Die britische Militärregierung hat mitgeteilt, daß eine Entlassung des Oberkreisdirektors gewünscht würde. Der Oberkreisdirektor hat um seine Beurlaubung bis zur Klärung dieser Angelegenheit gebeten. Eine Entscheidung ist bisher nicht ergangen. Der Oberbergische Kreis wird durch den kurzfristigen Abgang dieses Beamten bei der Durchführung von Verwaltungsaufgaben in größte Schwierigkeit kommen, da ein eingearbeiteter Ersatz nicht vorhanden ist. Im übrigen verweise ich auf die in dieser Angelegenheit gemachten Eingaben.

Zu 6 b): Es ist das Ziel der Kreisverwaltung in möglichst kurzer Zeit einen gut ausgebildeten Beamten- und Angestellten-Körper zu erhalten. Zur Erreichung dieses Zieles ist beabsichtigt, in Gummersbach für den Oberbergischen Kreis eine Verwaltungsschule einzurichten. Die Vorbereitungen sind getroffen, so daß am 1. September

September 1946 die Verwaltungsschule eröffnet werden kann. Es ist vorgesehen, denjenigen Angestellten, die bereits eine ordnungsgemäße Lehr- und Vorbereitungszeit beim Landratsamt und den Gemeinden absolviert haben, durch einen Kurzlehrgang von 1¼ Jahr die Möglichkeit zu geben, die Sekretärprüfung abzulegen. Alle übrigen Angestellten sollen sich einem Sonderlehrgang unterziehen, nach dessen Abschluß entschieden wird, ob sie die Qualifikation für einen Angestellten und Beamten besitzen oder nicht. Diejenigen Angestellten, die eine gute Allgemeinbildung nachweisen, sollen von dem 2. Lehrgang entbunden werden und gleich an dem Sekretär-Lehrgang teilnehmen. Das für diese Verwaltungsschule erforderliche Lehrpersonal wird neben einer hauptamtlichen Kraft durch bewährte Gemeindedirektoren und sonstige mittlere Beamte gestellt werden. Der Austausch von weiblichen Arbeitskräften die beim Kreis und den Gemeinden tätig sind gegen Kriegsversehrte, körperbehinderte und politisch geschädigte Personen geht weiter. Der Austausch kann nur langsam durchgeführt werden, da es sich bei den weiblichen Arbeitskräften zu einem großen Teil um Fachkräfte handelt, die sich seit Jahren in der Verwaltung befinden.

<u>Zu 6 c)</u>: Die Gemeinden Ründeroth und Wiehl sind noch ohne Gemeindedirektor. Die Gemeindevertretungen haben beschlossen die endgültige Wahl bis nach den Kommunalwahlen zurückzustellen. In der Gemeinde Bielstein fehlt ein Gemeinde-Rentmeister, da der bisherige Rentmeister Klein auf Anordnung der britischen Militärregierung entlassen wurde.

<u>Zu 7 a)</u>: In der Zeit vom 10.7.1946 bis 22.7.1946 wurden 3.023 Personen aus dem früher schlesischen Gebieten in den Oberbergischen Kreis hineingeschleust. Die Zahl der Flüchtlinge, die seit dem 16.10.45 in den Oberbergischen Kreis hineingekommen sind, hat damit 8.147 erreicht. Die Unterbringung und Ernährung dieser Personen stößt auf größte Schwierigkeiten. Diese bedauernswerten Menschen kommen ohne alles hier an; sie haben praktisch nur ihr nacktes Leben gerettet. Es fehlen ihnen sämtliche Gebrauchsgüter, Kleidung und eine Existenz. Wenn diese Zahl weiter ansteigt, - und nach Auskunft des Regierungspräsidenten in Köln ist mit einer Weitereinschleusung bis Anfang Oktober zu rechnen, - weiß ich nicht, wie die Menschen untergebracht und wie sie ernährt werden sollen. Auf engstem Raum treffen hier Menschen zusammen, die im Kreise noch ihr karges Leben fristen, die rein äußerlich gesehen

- 4 -

gesehen noch Wohnung, Kleidung und Möbel haben, während auf der anderen Seite diese Menschen aus dem Osten gar nichts mehr besitzen. Von wenigen Ausnahmen abgesehen, ist auch die ansässige Bevölkerung nicht in der Lage, diesen Menschen zusätzliche Lebensmittel zu geben. Sie selbst kann sich durch ihre Gärten mit Gemüse am Leben halten, jedoch reichen diese Gemüsemengen, die sie selbst in ihrem Garten erzeugt haben, nicht aus, um den jetzt kommenden Flüchtlingen wesentlich mit abzugeben. Um diese Flüchtlinge am Leben zu erhalten, beabsichtige ich, eine Verfügung zu erlassen, daß alle Flüchtlinge in Gemeinschaftsverpflegung kommen. Die Vorbereitungen zur Einrichtung derartiger Gemeinschaftsküchen und Verpflegungsstätten sind im Gange. Ich bin auf diese Weise in der Lage, in den Kreis hineinkommendes Gemüse, Kartoffeln, Fisch pp., - auch wenn die eingesessene Bevölkerung dabei etwas zu kurz kommt, - in diese Gemeinschaftsverpflegungsstätten zu steuern. Ich werde diese Küchen ärztlich überwachen lassen, um sicher zu stellen, daß die Zubereitung hygienisch einwandfrei und die Verpflegung ausreichend ist. Es ist dringend notwendig, daß der Oberbergische Kreis, der die Hauptlast der Flüchtlinge mit trägt, bei der Versorgung mit Gemüse pp. besonders bedacht wird. Geschieht dies nicht, so setzt ein Massensterben ein, woran die deutsche Verwaltung nichts ändern kann.

Zu 7 b): Seit über 3 Monaten ist die Versorgung der Flüchtlinge mit Gebrauchsgütern unzulänglich. Bestandsaufnahmen, Erfassungen, Statistiken, Erhebungen pp. wurden durchgeführt; jedoch erfolgte keine Auslieferung von Bezugsmarken, und damit ist keine Möglichkeit für die arme Bevölkerung diese Gebrauchsgüter zu erwerben. Es ist der Bevölkerung unverständlich, daß sich in den Läden Schuhe, Kochtöpfe, Anzüge, Frauenkleider, Fahrräder pp. befinden, während es nicht möglich ist, eine Bezugsberechtigung zum Erwerb dieser Güter zu erhalten. Die Bevölkerung steht auf dem Standpunkt, daß hier organisatorisch irgendeine Fehlleitung vorliegen muß. Wenn in wenigen Wochen die kalte Jahreszeit beginnt, wird ein Drittel der schulpflichtigen Kinder nicht in der Lage sein, die Schule zu besuchen, da sie keine Schuhe besitzen. Jetzt in der wärmeren Jahreszeit können die Kinder barfuß in die Schule gehen, jedoch wird diese Möglichkeit in wenigen Wochen vorbei sein. Es fehlt an sämtlichen Gebrauchsgütern. Wenn ich im Oberbergischen Kreis nicht

nicht 12.000 Betten, 30.000 Decken und 15.000 Strohsäcke hätte fertigen lassen, hätte ich im Oberbergischen Kreis bereits einen Zustand erreicht,daß die Flüchtlinge sich auf den nackten Fußboden hätten legen müssen. Die Fertigung von Betten war nur möglich, daß schwarz, ohne eine Bezugsberechtigung im Oberbergischen Kreis Holz geschlagen worden ist.Für diese Maßnahme wäre auf Veranlassung des Landesforstamtes in Düsseldorf der derzeitige Oberkreisdirektor beinahe inhaftiert worden. Die Not der Bevölkerung nach Gebrauchsgütern schreit gen Himmel. Wenn hier nicht in Kürze Abhilfe geschaffen wird und die Gebrauchsgüter-Industrie in Gang kommt, gehen wir einer Katastrophe entgegen. Raub, Plünderung, Diebstähle und Eigentumsdelikte werden die Folge der Verzweiflung sein,, die diese Menschen packen wird, die nichts mehr ihr Eigentum nennen,
Zur Linderung der großen Not beabsichtige ich im Oberbergischen Kreis eine Sammlung von Haushaltsgegenständen und Möbeln durch die "Freien Wohlfahrtsverbände" durchzuführen. Ich verspreche mir von dieser Sammlung einiges; jedoch ist diese Möglichkeit nur eine geringe Teillösung.

<u>Zu 7 c)</u>:Für die gesamte Bevölkerung macht sich die Lebensmittelknappheit immer mehr bemerkbar. Durch die in der 91. Versorgungsperiode erfolgte Fettverkürzung wird die Lage noch mehr verschärft. Es wäre dringend zu wünschen, daß bald eine Verbesserung in der Lebensmittelversorgung eintreten würde, da die gegenwärtige Lebensmittelversorgung so ist, daß nicht nur die Arbeitskräfte der schaffenden Bevölkerung sinken, sondern auch die Unzufriedenheit immer größer wird. Ganz gefährlich für die politische Stimmung der Bevölkerung ist die durch den Rundfunk bekannt gegebene Nachricht,daß in der russischen Zone die Rationen verbessert worden sind und zwar auf Anraten der Sozialistischen Einheits-Partei, d.h. praktisch also der Kommunisten.In der Flüsterpropaganda der Kommunisten wird dieser Umstand weitgehendst ausgenutzt. Diese Propaganda hat auch Wirkung auf die bürgerlichen Kreise, die sonst dem Kommunismus ablehnend gegenüber standen.

<u>Zu 7d)</u> : Zur Bekämpfung der Wildschweinplage wurden im vergangenen Monat 25 Karabiner zur Verfügung gestellt.Diese Gewehre reichen jedoch bei weitem nicht aus, um der Wildschweinplage Herr zu werden. Täglich gehen bei mir Meldungen ein, die besagen, daß viele Morgen Kartoffeln und Getreide von den Wildschweinen umgepflügt worden sind.Es entsteht hier ein Ausfall in der Ernährung, der zu verhindern gewesen wäre,wenn genügend Jagdgewehre zur Verfügung gestanden

- 6 -

gestanden hätten bezw. stehen würden. Ich bitte dringend, die benötigten
80 Jagdgewehre für den Oberbergischen Kreis freizugeben.

Oberkreisdirektor.

Kippensammler

Die von der britischen Militärregierung gewünschte Entlassung des Oberkreisdirektors Dr. Goldenbogen findet noch einmal in einem Bericht an „das Kreisgruppen-Hauptquartier **Sieg-Aggerverband** der britischen Militärregierung in Bergisch-Gladbach vom 24. Juli 1946 besondere Erwähnung, dieses sicherlich im Zusammenhang mit der 1946 verstärkt geforderten Entnazifizierung. Gründe sind nicht angegeben. Dr. Goldenbogen machte sich darüber Gedanken und glaubte, daß der britische Sicherheitsoffizier J. Born dahinter steckte. „Später stellte sich heraus," so Dr. Goldenbogen, „daß die Engländer aufgrund einer Behauptung, ich sei SS-Mann gewesen, meine Wahl (zum Oberkreisdirektor) verboten hatten. Angeblich waren Zeugen vorhanden. Wie später herauskam, nahmen zwei Kommunisten ihre Behauptung zurück; sie hätten die schwarze Panzeruniform für eine SS-Uniform gehalten." Bekanntlich war Dr. Goldenbogen Offizier in der Nachrichten-Abteilung der 5. Panzerarmee, die bei Kriegsende im Oberbergischen in Quartier lag.

In der 3. Sitzung des Kreistages am 30. August 1946 erteilten die Abgeordneten dem Haushalt 1945 einstimmig Entlastung. Der Haushalt sah so aus:

Einnahmen	9 493 348,50 RM
Ausgaben	9 417 205,03 RM
	76 143,47 RM
Überschuß von Kasseneinnahmeresten	17 835,09 RM
	93 978,56 RM
Haushaltsausgabenreste	28 963,19 RM
	65 015,37 RM

Gründung des Landes Nordrhein-Westfalen

Dr. Dresbach sprach bei einer Rede im Sommer 1946 vor dem Kreistag des Oberbergischen Kreises offen aus, was man allerorts munkelte:

„Ich halte mich für verpflichtet, Ihnen Kenntnis von einem Gerücht zu geben, das folgendes besagt: Wahrscheinlich kommt es doch zur Gründung einer rheinischen Republik. Dehalb hat die britische Militärregierung kein Interesse mehr an den Dingen in der Rheinprovinz."

Streng gehütete Befragungen und Verhandlungen zwischen deutschen Spitzenpolitikern und hohen Beamten mit britischen hohen Offizieren und Zivilbeamten im britischen Hauptquartier in Bünde, mit dem Zivilgouverneur William Asbury, im „Stahlhof" in Düsseldorf zwischen britischen Verwaltungsoffizieren und dem Oberpräsidenten der Provinz Nordrhein, Robert Lehr, und dem Oberpräsidenten von Westfalen, Dr. Rudolf Amelunxen, in Münster, sowie Besprechungen im Stabsquartier des britischen Kommandanten des Regierungsbezirks Köln in der Parkstraße in Köln-Marienburg gaben Anlaß zu vielerlei Spekulationen. Hatte die britische Militärregierung nun wirklich „kein Interesse mehr an den Dingen in der Rheinprovinz", wie Dr. Dresbach vermutete?

Bald nach Kriegsende entwickelte der französische Außenminister Bidault den Plan, die linksrheinischen Gebiete, das Saarland und das Ruhrgebiet von Deutschland zu lösen und sie zu einem international kontrollierten Staatenverband zu machen. Deutschland sollte zerstückelt und zur Uneinigkeit in entscheidenden Fragen gedrängt werden. Alliierte Soldaten sollten zeitlich unbegrenzt die Kontrolle über diesen Staatenverband übernehmen, der aber als Industriekern für Deutschlands Wiederaufbau von großer Bedeutung war. Die Rheinlandbesetzung nach dem 1. Weltkrieg sollte eine neue Auflage erhalten. Frankreich hatte noch immer Furcht vor einem starken, vereinten Deutschland. Für diesen Plan versuchten die Franzosen ihre Verbündeten zu gewinnen. Die Russen waren dem nicht abgeneigt, bestand für sie doch so die Chance, im industriellen Kernstück Deutschlands mitreden zu können, das weit westwärts ihres durch Zonengrenzen abgesteckten Machtbereiches lag. Viel später noch, am 24. Juni 1948, forderte das Warschauer Kommuniqué der Ostblockstaaten die Beteiligung der Ostblockländer an der Kontrolle des Ruhrgebietes. Amerikaner und besonders die Briten waren gegen diesen Plan, da sie katastrophale Folgen für Restdeutschland und ihre Besatzungszonen befürchteten.

Am 30. Juli 1945 trat der am 5. Juni gebildete Kontrollrat in Berlin zu seiner ersten Sitzung zusammen. Dieser Kontrollrat war praktisch die neue deutsche „Regierung", die durch die Befehlshaber ihrer Besatzungszonen verkörpert wurde. In

Die vier Militärgouverneure vor einer Sitzung des alliierten Kontrollrates am 31. Mai 1947 in Berlin. Von links nach rechts: Gen. Maj. Moiret (Frankreich); General Clay (USA); Marschall Sokolowski (UdSSR); Luftmarschall Douglas (Großbritannien).

Britische Besatzungssoldaten

den gegebenen Statuten sollte jeder in seiner Besatzungszone „regieren". Alle vier sollten jedoch einstimmige Entscheidungen treffen in allen „Deutschland als Ganzes betreffenden Angelegenheiten". Diese „Einstimmigkeit" wurde im Grunde nie erreicht, denn die einen wollten ein kommunistisches, die anderen ein demokratisches Deutschland. Viele Vorlagen scheiterten am Veto einer einzigen Besatzungsmacht. Am 20. März 1948 trat die Sowjetunion aus dem Kontrollrat aus, und damit war er praktisch gestorben.

Eingebettet in diese Entwicklung ist die Gründung von neuen Ländern in den westlichen Besatzungszonen. Bereits am 19. September 1945 wurden in der amerikanischen Besatzungszone die Länder Bayern, Württemberg, Hessen und Bremen (Stadtstaat) gebildet. Am 30. August 1946 hatte in der französischen Besatzungszone das neue Land Rheinland-Pfalz seine Geburtsstunde. Am 1. Januar 1947 wurde in der britischen Zone die Neubildung der Länder Nordrhein-Westfalen, Niedersachsen, Schleswig-Holstein und Hamburg abgeschlossen.

Verfolgen wir nun das Werden des neuen Landes Nordrhein-Westfalen:

Die Briten lehnten den Bidault-Plan ab, aber besonders ihre Presse benutzte ihn, um bei den Deutschen Angst vor einer zweiten Rheinlandbesetzung und Bildung eines Separat-Staates zu erzeugen. Sie verfolgten in ihrer Zone andere Pläne, die ihr Außenminister Bevin und ihr Deutschlandminister John B. Hynd im Auge hatten. Als streng gehütetes Geheimnis betrieben sie im Sinne ihrer Labour-Regierung in London und in Übereinstimmung mit den britischen Besatzungsbehörden in Deutschland unter dem Decknamen „Unternehmen Hochzeit" die „Geburt" des neuen Landes Nordrhein-Westfalen aus den alten Provinzen Nordrhein und Westfalen. Zum neuen Land kam dann noch am 21. Januar 1947 das Land Lippe hinzu. Aus der alten preußischen Rheinprovinz waren bereits bei der Errichtung der französischen Besatzungszone die Regierungsbezirke Koblenz und Trier (Südrhein) ausgeschieden, die in dem Land Rheinland-Pfalz aufgegangen sind.

Die Briten lehnten sich bei ihren Planungen an alte deutsche Verwaltungsgebiete und Formen an und erkundeten in vorsichtigen Gesprächen und Verhandlungen die Meinungen der maßgeblichen deutschen Politiker und Verwaltungsbeamten. Die einen waren dafür, die meisten dagegen. Der Oberpräsident der Nordrhein-Provinz, Robert Lehr, sowie der Kölner und der Düsseldorfer Oberbürgermeister Hermann Pünder und Karl Arnold befürworteten einen Zusammenschluß. Auch der CDU-Politiker Dr. Konrad Adenauer stand dem Zusammenschluß nicht ablehnend gegenüber, der die SPD-Vorherrschaft im Ruhrgebiet mit dem konservativen, katholischen Rheinland aufzuheben versprach. Dagegen war natürlich der Vorsitzende der SPD, Dr. Kurt Schumacher, der darüber hinaus befürchtete, daß ein zusammengeschlossenes Nordrhein-Westfalen in der zukünftigen Bundesrepu-

Dr. Kurt Schumacher (Mitte),
Frau Annemarie Renger,
Erich Ollenhauer.

Dr. Konrad Adenauer

blik Deutschland ein zu großes Gewicht haben würde. Auch dagegen waren der Oberpräsident der Provinz Westfalen, Dr. Rudolf Amelunxen, und der Hauptausschuß des westfälischen Provinzialrates, die ein eigenständiges Westfalen behalten wollten.

Am 15. Juli 1946 wurden die Vorsitzenden der CDU und der SPD in der britischen Besatzungszone, Adenauer und Schumacher, zu einer Besprechung mit dem stellvertretenden britischen Militärgouverneur, General Sir Brian Robertson, nach Berlin bestellt. Dort erfuhren sie mehr von den französischen und britischen Plänen und ihnen wurde schließlich eröffnet, daß der Zusammenschluß der Nordrhein-Provinz und der Provinz Westfalen nun eine von den Briten beschlossene Sache sei. An einer Karte wurden ihnen die neuen Grenzen gezeigt. Adenauer stimmte dem zu, Schumacher nicht, aber das änderte nichts.

Am 18. Juli 1946 gab der britische Luftmarschall Sir W. Sholto Douglas, britischer Militärgouverneur von Deutschland und Mitglied des alliierten Kontrollrates, auf einer Pressekonferenz in Berlin die Zusammenlegung der Provinz Westfalen und der Nordrhein-Provinz (Regierungsbezirke Aachen, Köln und Düsseldorf) zum neuen Land Nordrhein-Westfalen bekannt. Und es war nur noch eine Formsache, daß die Bildung des neuen Landes durch die Verordnung Nr. 46 vom 23. August 1946 Gesetzeskraft erhielt und die Auflösung Preußens und der preußischen Provinzen Westfalen und Rheinprovinz durch alliierten Kontrollratsbeschluß vom 25. Februar 1947 vollzogen wurde.

Am 2. Oktober 1946 erfolgte die feierliche Eröffnung des ersten, ernannten Landtages mit 200 von den Parteien vorgeschlagenen und von den Briten bestätigten Landtagsabgeordneten unter Beisein des obersten britischen Militärgouverneurs Douglas und des Zivilgouverneurs Asbury und vieler geladener Gäste im Düsseldorfer Opernhaus. Ministerpräsident wurde der Oberpräsident von Westfalen, Dr. Rudolf Amelunxen (ehem. Zentrum). Die SPD stellte 71, die CDU 66, die KPD 34, das Zentrum 18, die FDP 9 und die Unabhängigen 2 Abgeordnete.

Die Verhandlungen um die Ministerposten begannen. Dr. Adenauer lehnte einen Ministersessel ab. Er glaubte, daß die CDU mit 66 Sitzen zu schlecht weg kam und baute auf eine anstehende Gemeinde- und Kreistagswahl, deren Ergebnisse die jetzige Sitzverteilung im Landtag ändern würde.

Der neue Landtag nahm im Theatersaal der Düsseldorfer Henkel-Werke seine Arbeit auf. Unter schwierigen räumlichen und verwaltungsmäßigen Verhältnissen hat er hier seine Sitzungen abgehalten, bis er 1949 in das ehemalige Ständehaus am Schwanenspiegel umziehen konnte.

Am 13. Oktober 1946 fanden in Nordrhein-Westfalen Gemeinde- und Kreistagswahlen statt, bei denen die CDU mit 49,1 Prozent die weitaus stärkste Partei wurde. Das Wahlergebnis mußte nun auch im neuen Landtag berücksichtigt werden.

Düsseldorfer Opernhaus. „Geburtsstätte" des Landes Nordrhein-Westfalen.

Der „ernannte" Landtag bei seiner 1. Sitzung am 2. Oktober 1946 im Düsseldorfer Opernhaus.

Am 29. November 1946 befahl die britische Militärregierung eine neue Zusammensetzung des Landtages. Die CDU erhielt nun 92, Die SPD 66, die KPD 19, das Zentrum 12 und die FDP 9 Sitze. Die Unabhängigen behielten ihre Sitze. Die CDU stellte vier, die SPD drei, KPD, Zentrum, FDP und Unabhängige stellten je einen Minister. 1947 trat von den Unabhängigen Hermann Heukamp als Minister für Ernährung und Landwirtschaft zurück. An seine Stelle trat Dr. Heinrich Lübke, (CDU), der spätere Bundespräsident.

Im Zuge des verwaltungsmäßigen Aufbaues von unten nach oben fand nach den Gemeinde- und Kreistagswahlen nun am 20. April 1947 die erste Landtagswahl in Nordrhein-Westfalen statt. Die Bürger konnten in freier und geheimer Wahl ihre Abgeordneten wählen. Das Ergebnis: CDU: 37,5 %; SPD: 32 %; KPD: 14 %; Zentrum: 9,8 %; FDP: 5,9 %. Der Düsseldorfer Oberbürgermeister Dr. Karl Arnold (CDU) wurde Ministerpräsident einer großen Koalition aus CDU, SPD, KPD und Zentrum.

Inzwischen machte auch die Verschmelzung Deutschlands zu einem wirtschaftlichen Ganzen — wie in Potsdam vereinbart — weitere Fortschritte, allerdings ohne die Russen, die in ihrer Zone, der Sowjetischen-Besatzungs-Zone (SBZ), konsequent eine sozialistische Planwirtschaft aufbauten.

Im Sommer 1946 traten die Wirtschafts- und Verwaltungsfachleute der britischen und amerikanischen Militärgouverneure zusammen und nahmen die Arbeit zur Schaffung einer gemeinsamen Zone (Bizone) auf. Am 22. August 1946 wurden die deutschen Zonenbeiräte über die bevorstehende, endgültige Verschmelzung der britischen und der amerikanischen Zone unterrichtet. Im September erfolgte die Bildung von bizonalen deutschen Wirtschaftsverwaltungen und zwar für:

— Ernährung und Landwirtschaft (Dr. Hermann Dietrich),
— Verkehr (Dr. Friedrich Schiller),
— Finanzen (Dr. Wilhelm Mattes),
— Post- und Fernmeldewesen (Dr. Christian Blank).

Es gab dann noch viele Schwierigkeiten bezüglich der Abstimmung zwischen Briten, Amerikanern und Deutschen, bis die Bizone in wirtschaftlicher Hinsicht voll funktionsfähig war. Auch erste Überlegungen für einen politischen Zusammenschluß wurden angestellt.

Am 5. September 1946 unterzeichneten die Militärgouverneure von Deutschland, Mc Narney für die USA und Douglas für Großbritannien, den Vertrag über die Verschmelzung der amerikanischen und britischen Besatzungszone zur sogenannten Bizone. Im April 1949, wenige Tage vor der Unterzeichnung des Besatzungsstatuts, wurde durch Vertrag die französische Zone mit einbezogen; die Bizone wurde zur Trizone erweitert.

*Landeswappen von Nordrhein-Westfalen.
links: Rheinland
rechts: Westfalenroß
unten: Lippische Rose*

Kein Ende der Not und erste freie Wahlen

Im Zuge der behutsamen Demokratisierung und Umerziehung der Deutschen und des Aufbaues der Verwaltungen von unten nach oben setzten die Briten in ihrer Zone für den 15. September 1946 die ersten freien und geheimen Wahlen nach dem Mehrheitsprinzip fest. Es sollte auch ein erster Test sein. Aufgrund einer Verordnung (Nr. 28) vom 20. April 1946 wurden in den Gemeinden und Städten der britischen Besatzungszone die Gemeinde- und Stadtvertretungen gewählt. Im Oberbergischen Kreis gab es insgesamt eine Mehrheit für die CDU und nur in einigen Orten für die SPD. Nun konzentrierte sich wieder ein bescheidener Wahlkampf auf die Kreistagswahlen am 13. Oktober 1946. In den Gemeinden wuchs das politische Interesse, was auch im folgenden Bericht erhärtet wird:

Kreisverwaltung Oberbergischer Kreis   Gummersbach, den 21.9.1946.
         Dr.G./G.

An
die britische Militärregierung
   im H a u s e

Betrifft: Allgemeine Übersicht für den Monatsbericht.

1.) Moral:

Auch im vergangenen Monat war eine weitere Nichtbeachtung der Eigentumsbegriffe zu beobachten. Felddiebstähle und Einbruchsdiebstähle mehren sich. Ich führe diese Dinge auf den allgemeinen Mangel vor allem an Nahrungsmitteln zurück. Die Sorge, den Winter überstehen zu können, veranlaßt die notleidende Bevölkerung auf die Felder zu gehen und durch Felddiebstähle eine gewisse Vorratswirtschaft zu treiben. Von den Evakuierten werden verhältnismäßig wenig Felddiebstähle gemeldet, obwohl dieser Personenkreis von der allgemeinen Nahrungsmittelnot am meisten betroffen wird.
Durch die übermäßige Belegung des Wohnraums mit Flüchtlinge. sind in sittlichen Beziehungen Übelstände aufgetreten, auf die ich hier besonders hinweise, damit der Flüchtlingsstrom endgültig aufhört und nicht eine weitere Gefährdung, vor allem Jugendlicher, eintritt.

2.) Politik:

Das allgemeine politische Interesse ist vor den Gemeindewahlen gestiegen. Vor allem die Jugend hat sich kurz vor den Wahlen eingeschaltet und ist wenigstens zum Teil aus ihrer bis dahin abwartenden und zögernden Haltung herausgetreten. Bei allen Parteien wurden zum Teil jugendliche Kandidaten aufgestellt und auch gewählt.
Die Bevölkerung verspricht sich von dem Zusammenschluß der britischen und amerikanischen Zone, vor allem in nahrungsmäßiger Hinsicht, einiges. Die Bevölkerung hat den Eindruck, daß es dringend notwendig ist, daß baldmöglichst eine zentrale deutsche Regierung geschaffen wird, da viele Schwierigkeiten, z.B. das Flüchtlingsproblem, die Versorgung der Bevölkerung mit Nahrungsmitteln und Verbrauchsgütern, das

Wohnungsproblem nicht örtlich, sondern nur zentral gelöst werden können. Die Bevölkerung wünscht, daß baldmöglichst ein Friedensvertrag geschlossen wird. In dem Friedensvertrag interessiert vor allem die Regelung der deutschen Ostgrenzen. Die Rede des amerikanischen Außenministers Byrnes hat in dieser Hinsicht ermutigend gewirkt, worin zum Ausdruck kam, daß die endgültigen Grenzen Deutschlands im Osten dem Friedensvertrag vorbehalten seien und der augenblickliche Zustand nicht als endgültig anzusehen ist. Die Bevölkerung vertritt den Standpunkt, daß durch eine Rückgabe der deutschen Ostgebiete das Ernährungsproblem und das Problem der Beschäftigung gelöst werden könnten.

3.) Örtliche Verwaltung:

Die ernannten Gemeindevertretungen wurden am 15.9.1946 durch gewählte Vertretungen ersetzt. In der Woche vom 23. bis 30.9.1946 werden in allen Gemeinden die neu gewählten Gemeindevertretunge erstmalig zusammentreten und den Bürgermeister und so weit erforderlich den Gemeindedirektor wählen.- Die Wahlen brachten eine überwiegende Mehrheit für die CDU..Gewählt wurden: 163 Mitglieder der CDU., 62 Mitglieder der SPD., 12 Vertreter der FDP. und 2 Vertreter der KPD.
In allen Gemeiden ist eine absolute Mehrheit der CDU. vorhanden lediglich in Bielstein und Wiehl eine sozialdemokratische Mehrheit. - Die noch freien Gemeindedirektorenstellen in Wiehl, Ründeroth und Denklingen sollen in Kürze neu besetzt werden.

4.) Öffentliche Sicherheit:
Ich verweise auf das unter 1 Gesagte.

5.) Entnazifizierung:

Auf Anordnung der britischen Militärregierung wurde der Entnazifizierungs-Ausschuß von 6 auf 15 Mitglieder erhöht. Unter Zugrundelegung des Ergebnisses der letzten Gemeindewahlen wurde die Ausschuß-Mitglieder parteipolitisch wie folgt aufgeteilt:
a) CDU. 8 Mitglieder, SPD. 5 Mitglieder, FDP. 1 Mitglied, KPD. 1 Mitglied.
Als Vorsitzenden, der kein Stimmrecht in dem Ausschuß hat, und Jurist sein soll, ist Dr. Scheidt von der britischen Militärregierung anerkannt worden.

6.) Verschiedenes:

a)

- 3 -

a) Flüchtlingsfürsorge:

Von seiten der Kreisverwaltung aus ist alles getan worden, um das Los der Evakuierten zu mildern. Es wurden aus eigenen Mitteln Betten, Decken und Strohsäcke gefertigt, so daß es bis heute möglich war, jedem Evakuierten ein eigenes Bett zu geben. Im letzten Monat mußte jedoch die Bettenfertigung eingestellt werden, da alles Holz, das für diese Zwecke bereit gestellt war, für den britischen Export beschlagnahmt wurde. Alle Bemühungen Holzscheine zu erhalten, um auf legalem Wege das notwendige Schnittholz zu bekommen, sind bisher ergebnislos geblieben. Es ist dringend notwendig, daß eine weitere Holzzuweisung erfolgt. Bei dem Schnittholz, das für Exportzwecke eingeschnitten wird, fällt eine Menge von Restholz an, das für den Export nicht Verwendung finden kann, jedoch fehlt auch hier die Zuweisung entsprechender Holzscheine.
Bis heute sind noch gar keine Herde bezw. Öfen zugewiesen worden. In wenigen Tagen beginnt der Herbst, und es ist nichts vorhanden, womit die Flüchtlinge ihre Stube wärmen können. Es ist nicht möglich, aus eigenen Mitteln Herde und Öfen zu beschaffen, da hierfür die notwendigen Maschinen fehlen und eine Herdproduktion im Oberbergischen Kreis nicht bestanden hat. Es ist dringend notwendig, daß 10.000 Öfen in den Kreis hineinkommen. Bei Zuweisung von Öfen aber müßten unbedingt die erforderlichen Ofenpfeifen mitgeliefert werden. Im Januar v.Js. wurden dem Oberbergischen Kreis durch die britische Militärregierung 5.000 canadische Öfen zugewiesen. Diese Öfen stehen noch heute unbrauchbar bei den Gemeinden herum, obwohl ich mindestens 8mal gebeten habe, die hierfür erforderlichen Ofenrohre, die nicht geliefert worden sind, zu beschaffen. Die mit der Auslieferung beauftragte deutsche Firma erklärte mir schriftlich, daß sie einen Auftrag zur Auslieferung von Ofenrohren nicht erhalten habe von der britischen Militärregierung. Ich würde es dankbar begrüßen wenn diese Ofenrohre baldmöglichst nachgeliefert würden, damit ich diese Behelfsöfen wenigstens in Betrieb nehmen lassen kann. Die Not an Öfen ist auch bei der übrigen Zivilbevölkerung sehr groß, da in den Städten in 1. Linie Zentralheizung vorhanden war, die aber mangels Kokszuteilung im Winter nicht benutzt werden kann, sodaß die Bevölkerung

<u>um</u>

um nicht zu frieren, darauf angewiesen ist, eiserne Öfen
in den Zimmern aufzustellen.
b) Ernährungswesen:
Völlig unzureichend war im letzten Monat die Versorgung mit
Gemüse. Während ein Teil der Bevölkerung, der bodenständig
hier lebt, noch in der Lage war, sich mit eigenen Gartener-
zeugnissen vorübergehend zu helfen, ist dies bei den vielen
Flüchtlingen nicht möglich. Der Oberbergische Kreis, der 1939
eine Bevölkerung von 83.000 Menschen hatte, weist nunmehr
einen Bevölkerungsstand von 123.000 auf. Das bedeutet, daß
im Oberbergischen Kreis mindestens 40.000 Menschen unter
rein großstädtischen Verhältnissen leben. Der dauernd von
vorgesetzten Dienststellen erhobene Einwand, es handelt sich
bei dem Oberbergischen Kreis um einen Landkreis, verkennt
völlig die wirtschaftliche Struktur dieser Landschaft. Die
Masse der Menschen, die hier im Oberbergischen Kreis leben,
gehen als Arbeiter oder Angestellte in die Fabriken und nur
ein geringer Teil wird in der Landwirtschaft beschäftigt.
Es wäre wünschenswert wenn diese Tatsachen auch bei allen
vorgesetzten Dienstellen entsprechend berücksichtigt würden.

Seit Monaten warten die Landwirte darauf daß die Viehabgabe
verringert wird. Die Viehabgabe ist das unangenehmste Problem
das seit nunmehr 1 1/2 Jahren die ländliche Bevölkerung be-
drückt. Der Landwirt des Oberbergischen Kreises ist von hause
aus friedfertig; aber ich kann feststellen, daß die Viehabgabe
den ländlichen Dorffrieden zerstört hat und reine Gehäßigkeiten
wieder an die Oberfläche brachte, die ein Zusammenleben der
Bevölkerung auf engstem Raume sehr erschweren. Im Oberbergischen Kreis gibt es verhältnismäßig wenig größere Land-
wirtschaften. In den meisten Fällen handelt es sich um sogenannte 1 - oder 2 Kuhhalter, das sind Arbeiter, die am Tage
in die Fabrik gehen und nach Feierabend ihre wenigen Morgen
Land bewirtschaften. Sie haben immer 1 bis 2 Kühe gehalten
und bringen kein Verständnis dafür auf, daß sie es nun nicht
mehr dürfen. Ich muß auch noch darauf hinweisen, daß es sich
bei dem abgegebenen Vieh in fast allen Fällen um Nutzvieh
handelt und nicht um Schlachtvieh; dadurch sinkt der Ertrag
an

an Milch und Fett weitgehendst, und die Versorgung der Großstädte mit diesen Dingen ist hierdurch infrage gestellt.
Es ist dringend erwünscht, daß durch einen Ausgleich zwischen den verschiedenen Ländern und Zonen baldmöglichst ein gerechter Schlüssel für die Viehabgabe gefunden wird, damit dem Massensterben von Nutzvieh Einhalt geboten wird.

c) <u>Versorgung der Bevölkerung mit Gebrauchsgütern:</u>

Auch in dem letzten Monat ist die Versorgung der Bevölkerung mit Gebrauchsgütern aller Art völlig unzureichend. Die offiziellen Zuweisungen seitens des Landeswirtschaftsamtes waren so gering, daß man von einer Versorgung nicht sprechen konnte, eher von einem Glücksspiel der Versorgungsberechtigten. Ich bitte dringend, dafür einzutreten, daß hier eine Besserung eintritt. Ich weise, wie bereits in meinen Vorberichten darauf hin, daß in Kürze viele Kinder die Schule nicht mehr besuchen können, weil sie keine Schuhe haben. Besonders arm sind auch hierbei die Flüchtlinge dran, bei denen die Verwaltung täglich dieses Elend sieht und von sich aus nicht in der Lage ist, zu helfen.
Von der Kreisverwaltung ist beabsichtigt, Anfang Oktober ds.Js. eine Kleider- und Haushalts-Sammlung im gesamten Oberbergischen Kreis durchzuführen. Das Ergebnis der Sammlung ist für die Flüchtlinge bestimmt. Aber auch diese Sammlung, die durch die "Freien Wohlfahrtsverbände" durchgeführt wird, wird nicht vollständig den dringendsten Bedarf decken, sondern bildet nur einen Tropfen auf den heißen Stein der Not.

Vorzüglich Herrn Landrat Dr. Overbach

Oberkreisdirektor.

Anstehen, anstehen...

Dankbar für einen Teller heiße Suppe.

Auch im Juli, August und September schlagen sich Wohnungs- und Nahrungsnot in den Berichten der Gemeinden an den Kreis nieder. Dazu:

Drabenderhöhe/Bielstein (17.7.1946): In den letzten Tagen mehrere Hundert Ostvertriebene in der Gemeinde untergebracht.

Waldbröl (17.7.): Versorgungsnot. Kommunalpolitisches Interesse der Bevölkerung schwindet merklich. Fahrradbereifung wird dringend gebraucht.

Denklingen (19.7.): „Immer wieder wird darauf aufmerksam gemacht, daß Fahrradbereifung in den Geschäften vorhanden ist, daß nur der Mangel an Bezugscheinen die gegenwärtige, fast katastrophal zu bezeichnende Lage, herbeigeführt hat."

Drabenderhöhe (18.9.): In den letzten Wochen rund 1200 Ostvertriebene in der Gemeinde untergebracht. Erhöhung auf 2700 vorgesehen. Ihre Ernährung ist nicht gewährleistet.

Denklingen: „Schwierigkeiten gibt es in der Gemeinde noch und noch. Ich denke vor allem an die Viehabgaben und die Holzauflage von 5000 Raummetern."

Am 13. Oktober 1946 hatte dann die oberbergische Bevölkerung die Gelegenheit, den ersten Kreistag frei zu wählen, der den im Februar von der Militärregierung ernannten ablösen sollte.

Gewählt wurde nach dem Mehrheitssystem. Die CDU erhielt 51,9 % (30 Sitze), die SPD 34,9 % (14 Sitze), die FDP 8,9 % (1 Sitz) und KDP 4,0 % (keinen Sitz).

Am 21. Oktober 1946 trat dann der erste frei gewählte Kreistag zusammen, der Dr. Dresbach zum Landrat wählte. Die Wahl des Oberkreisdirektors — Dr. Goldenbogen sollte in diesem Amt bestätigt werden — unterblieb, da die britische Militärverwaltung den zugetragenen Verdacht hatte, daß Dr. Goldenbogen bei der SS gewesen sei, was sich — wie bereits erwähnt — als Denunziation heraus stellte. Im Kreistagsprotokoll vom 11. November 1946 (2. Sitzung) heißt es dann unter Punkt 3: „Zum Oberkreisdirektor wurde der bisherige Oberkreisdirektor Dr. Goldenbogen auf weitere 6 Jahre wiedergewählt." Und unter Punkt 4: „Der Kreistag beschließt einstimmig die Errichtung einer Stelle eines Kreisdirektors. Als solcher wurde Herr Karl Lohmar aus Dieringhausen auf Dauer von 6 Jahren gewählt."

Mit großer Sorge sah die oberbergische Bevölkerung dem kommenden, vor der Tür stehenden Winter entgegen. Kohlen gab es auf Zuteilungen kaum. Die Gemeinden versuchten durch Holzeinschlag in ihren Wäldern zu helfen, aber es blieben Tropfen auf heißen Steinen. Holzdiebstähle nahmen im erschreckenden Umfang zu. Von den Eisenbahnzügen wurden Kohlen und Briketts gestohlen. Damals hat der Kölner Kardinal Frings gesagt: „Wenn die notwendigsten Sachen zum

Vereidigung von Bürgermeister Martin Siebert durch Stadtdirektor Theodor Stuplich im evangelischen Gemeindehaus Gummersbach.

Freigabe der neuen Aggerbrücke in Ründeroth. Dritter von links Dr. Goldenbogen, zweiter von rechts Oberst Taylor, links daneben Frau Dr. Scheibe.

Leben fehlen, dann ist es berechtigt, sie sich zu nehmen." Damit entstand für Diebstahl das Wort „fringsen". Die schreckliche Lage wird aus folgendem Bericht deutlich, den der Leiter der Energiebewirtschaftung des Oberbergischen Kreises, Paul Lücke, an die Militärregierung eingereicht hat. Paul Lücke, Schwerkriegsbeschädigter, war später Gemeindedirektor von Engelskirchen und dann im Kabinett Adenauer Wohnungsbau- und Innenminister. Seine Sekretärin war in der Kreisverwaltung in Gummersbach Margret Besgen, seit 1953 mit Werner Knabe verheiratet, dem jetzigen Gemeindedirektor von Marienheide. Im Kohlebericht, der im Kopf das Zeichen „Lü./Bs." trägt, heißt es:

Paul Lücke

KREISVERWALTUNG
Oberbergischer Kreis
Energiebewirtschaftung
Tgb.Nr. 72 / I 16
Lü./Bs.

Gummersbach, den 15. Okt. 1946

W.V. 22.X.46

An
die Britische Militärregierung

Bergisch - Gladbach

Betrifft: Kohlebericht - Monat Oktober 1946 - (Stand vom 15.10.).

Wie beigefügte Aufstellung zeigt, war der Eingang der für den Monat Oktober zugeteilten Hartkohle gut, hingegen der Eingang der Hausbrandmengen äußerst schlecht erfolgte. Bis zum Meldeschluß fehlen noch rd. 1.400 t von den 1.700 t, die im Monat Oktober für Hausbrand zugeteilt wurden.

Krankenhäuser

Mit den Zuteilungen für Hospitäler konnte etwa die Hälfte des erforderlichen Bedarfs gedeckt werden. Der unverhältnismäßig kalte Sommer und Herbst machten ein frühzeitiges Heizen in den Krankenhäusern erforderlich, sodaß die geringen Vorräte fast überall aufgebraucht sind. Die Zuteilung des angeforderten Bedarfs für Hospitäler von monatlich 346 t SKK, 43 t SK und 106 t BB ist dringend erforderlich.

Klein-Industrie

Eine Versorgung des Kleingewerbes und der Kleinindustrie mit Kohle für Heizzwecke war nicht möglich. Die Zuteilung mit insgesamt 32 t für den ganzen Oberbergischen Kreis reicht nicht aus, um die Schuhmacher, Schneider u.a. lebenswichtigen Berufe mit dem notwendigsten Heizmaterial zu versorgen. Besonderer Mangel herrscht an Fettnuß 3 - für Schmiedebetriebe. Dieser Mangel besteht schon das ganze Jahr. Eine Ausweichlösung ist nicht möglich. Es kamen Schmiedebetriebe, vor allem auch solche in Steinbrüchen, von denen die gesamte Steinförderung abhängt, zum Erliegen. Der Mangel an Schmiedekohlen wirkt sich auch in der Landwirtschaft sehr ungünstig aus.
Die Militärregierung wird gebeten, eine Mehrzuteilung von 30 - 40 t Fettnuß 3 - 4 für Schmiedezwecke monatlich erwirken zu wollen.

Hausbrand

Die Zuteilungen für Hausbrand betrugen im Monat Oktober 1.700 t. Diese Menge reicht nicht aus, um auch nur die allernotwendigsten Bedürfnisse trotz Brennholzeinschlag – befriedigen zu können. Auf die Stimmung der oberbergischen Bevölkerung wirkt sich die Kürzung der Hausbrandzuteilung im ersten Wintermonat um mehr als die Hälfte, sehr unglücklich aus. Bis zum Monat September galt der Oberbergische Kreis als "grubenfern" und wurde mit Hausbrand so gut wie gar nicht beliefert, daher war jede Bevorratung an Hausbrand in den Haushaltungen unmöglich. In den Nachbarkreisen – Rheinisch-Bergischer Kreis und Siegkreis, die als grubennah" galten, – konnte diese Bevorratung, einschließlich der Klein-Industrie, in den Sommermonaten bis zu einem gewissen Grade durchgeführt werden. Besonders hart trifft die neue Kürzung alle die vielen Flüchtlingsfamilien, die in Behelfsheimen und Behelfswohnungen untergebracht sind. Auch hier konnte trotz großer Bemühungen nicht menschenwürdig geholfen werden.

Die vorgesetzte Wirtschaftsdienststellen der Kreisverwaltung ließen die Hoffnung offen, daß Ende Oktober eine weitere Zuteilung für Hausbrand erfolgen solle. Darauf wartet nun die gesamte Kreisbevölkerung. Sollte diese Zuteilung nicht eintreffen, sieht die Energiebewirtschaftung keine Möglichkeit mehr, bei einem zu erwartenden Kälteeinbruch die damit verbundene Katastrophe für die Bevölkerung – vor allem die Flüchtlinge – zu verhindern.

Behörden

Für Behörden erfolgte keine Zuteilung. Eine Versorgung der vielen öffentlichen Gebäude mit Brennmaterial war daher nicht durchführbar. Schon jetzt aber ist es gesundheitsschädlich, ohne Heizung in den Behörden zu arbeiten. Die Energiebewirtschaftung wird täglich überstürmt mit Rückfragen, wann für öffentliche Gebäude und Behörden eine Zuteilung an Heizmaterial erfolgt. Um das Verwaltungsleben aber in Betrieb halten zu können, müssen wenigstens bei Einbruch der Novemberkälte das Landratsamt, die Bürgermeisterämter, das Finanzamt, die Banken und Sparkassen, sowie Polizei-Dienststellen geheizt werden.

Der vorstehende Bericht zeigt den ganzen Ernst der Kohlenversorgung im Oberbergischen Kreis. Wir befinden uns im ersten Wintermonat. Das Kreisgebiet aber ist weithin unversorgt. Alle Anzeichen deuten darauf hin, daß ein strenger Winter zu erwarten ist. Dieses aber würde für die Bevölkerung ernste Folgen nach sich ziehen.

Frühjahr 1948. Regierungspräsident Dr. Warsch besucht den Oberberg. Kreis. Links daneben Oberst Taylor.

Dr. Warsch und Dr. Goldenbogen (Mitte).

Trümmerfrauen

Als Ergänzung und Verdeutlichung zu diesem Kohlebericht des Kreises noch einige allgemeine Zahlen: 1943 förderten die Ruhrzechen 144 Millionen Tonnen Kohle. 1945 waren es nur 35,5 Mi.To. und 1946 knapp 54 Mi.To. Davon gingen über zwei Drittel als Reparationslieferungen an Großbritannien und die Beneluxländer. Der Rest wurde an deutsche Großverbraucher und öffentliche Einrichtungen wie Kraftwerke, Krankenhäuser usw. verteilt, so daß für den privaten Verbraucher nichts mehr übrig blieb.

In den Eingaben der Bürgermeister oder Gemeinde-Direktoren in der Zeit von Oktober 1946 bis zum Frühjahr 1947 klingen immer wieder die alten Nöte an; zum Abschluß dieses Kapitels sei noch einmal **Waldbröl** genannt:

20.10.1946: Die Kartoffelernte war gut. Es konnten zwei Zentner pro Kopf an die Bevölkerung ausgegeben werden.

21.1.1947: Die hier stationierte belgische Besatzung fordert erneut Wohnraum — 20 gut ausgestattete Zimmer für Offiziere.

17.3.1947: „In der Ernährungslage ist mit Erschrecken festzustellen, daß eine große Anzahl Familien, die ihren Kartoffelbedarf von zwei Zentnern pro Person im Herbst einkellerten, den Vorrat restlos verbraucht haben. Wenn dazu nun auch noch ein allgemeiner Brotmangel eintritt, wie zu befürchten ist, so sind die Folgen hinsichtlich der Ernährung nicht abzusehen. gez. Schumacher, Gemeindedirektor"

22.4.1947: 70 Kilometer Gemeindewege müssen gründlich überholt werden. „Seit Beginn des neuen Schuljahres (nach Ostern) wird für die beiden Volksschulen und die Hollenbergschule eine teilweise Schulspeisung durchgeführt. Für die rund 1000 Schulkinder stehen 500 Portionen zur Verfügung."

Aus dem Verwaltungsbericht der Gemeinde Wiehl ist dann die allmähliche Besserung der Ernährungslage abzulesen: In der schwersten Notzeit — im April 1946 — erhielt der Normalverbraucher (Schwer- und Schwerstarbeiter erhielten Zulagen) pro Monat 5000 Gramm Brot und 1000 Gramm Nährmittel und unterschiedlich geringe Mengen Fett, Fleisch und Eier. Die Zuteilungen besserten sich allmählich. Sie hatten für die 169. Zuteilungsperiode im Oktober 1948 wieder folgende Mengen erreicht: 11.000 g Brot (davon 2.500 g Weißbrot), 1.625 g Nährmittel einschließlich Kaffee-Ersatz, 15 kg Kartoffeln, 800 g Fisch, 400 g Fleisch, 125 g Butter, 500 g Margarine, 62,5 g Käse, 3 Liter Milch und 1.500 g Zucker. Die aufgerufenen Lebensmittel trafen oft unregelmäßig und unzureichend ein, darum war Schlangestehen vor den Geschäften die Regel.

Die Bauern wurden zur Abgabe von Grundnahrungsmitteln verpflichtet. Die Kommissionen, die die Abgabesolls festzusetzen hatten, hatten es nicht leicht, denn jeder Bauer versuchte, sein Soll zu drücken. In einem Bericht der Gemeinde Waldbröl ist das so festgehalten:

„Der Kartoffelkrieg" der Gemeinde Waldbröl verursachte sehr viel unnötige Arbeit, die bei einer objektiven Einstellung der veranlagenden Kommissionen hätte gespart werden können. Durch diese Umstände wurden drei verschiedene Veranlagungen für 609 ablieferungspflichtige Betriebe notwendig. Die Verhandlungen der Einsprüche (der Bauern) der Gemeinde zogen sich über drei Monate hin. In diesen drei Monaten waren drei Arbeitskräfte ausschließlich mit dem ‚Kartoffelkrieg' beschäftigt." In der Ratssitzung vom 19. Februar 1948 gab Bürgermeister Wirges bekannt, daß der „Waldbröler Kartoffelkrieg" beendet ist.

Doch das Jahr 1948 lief gut an. Erleichtert stellte im Mai 1948 Dr. Hans Schlange-Schöningen, Direktor der Verwaltung für Ernährung, Landwirtschaft und Forsten in den vereinigten Westzonen, fest: „Das Schlimmste haben wir überstanden. Die tödliche Gefahr ist überwunden."

Aus „Steinmüller Blätter"

Man muß schon um 1930 herum oder früher das Licht der Welt erblickt haben, wenn man zu denen gehört, die sich an das Ende des 2. Weltkrieges aus eigenem Erleben genau erinnern können. Aber auch für die jüngeren Leser des „Steinmüller" sollte ein kurzer Rückblick auf die Zeit vor 40 Jahren Anlaß sein, sich ein paar Gedanken zu machen über die Unterschiede zwischen gestern und heute, zwischen 1945 und 1985.

Viel Steine gab's und wenig Brot. Steine, die durch den Krieg ihre ursprüngliche Form verloren hatten und zu Trümmern geworden waren. Wir mußten darin leben und wissen heute oft selbst nicht mehr, wie das eigentlich möglich war. Leben hieß, zwar noch zu atmen, aber auf der alleruntersten Stufe des Existenzminimums sein Dasein fristen. Brot und alles andere gab's weniger als wenig, zugeteilt auf Marken. Pro Tag soviel (!), daß es nicht für eine Mahlzeit reichte. Zwangsdiät nach heutigem Sprachgebrauch. Hosenträger waren ein gefragter Artikel, denn Bäuche, die die Hose hielten, waren Mangelware wie alles.

Die politisch angeblich klassenlose Gesellschaft jener Zeit (Unzeit wäre das passendere Wort) war einer anderen Einteilung unterworfen. Es gab Otto, den berühmten Normalverbraucher, und Schwer- bzw. Schwerstarbeiter, denen ein jeweils höheres Quantum an Kalorien zustand. Alleinstehende und Rentner waren am schlechtesten dran. Richtig satt wurde niemand, es sei denn, er zählte zur Spezies der Schieber und „organisierte" en gros. Halbwegs legal dagegen war der Hamsterer. Aber auch für ihn gab's nichts „ohne", man mußte schon was zum Tauschen haben. Tauschen war „in" (auch wenn's diesen Ausdruck damals noch nicht gab), und alles Mögliche und Unmögliche war als Tauschobjekt denkbar. Ein gutes Federbett gegen zwei Pfund Schweineschmalz, das war schon „ein größeres Tauschgeschäft". Es kam nur auf die „Beziehungen" an, ohne sie war man so gut wie verloren.

Das Geld hatte seine Funktion als allgemeines Zahlungsmittel eingebüßt... Lebensmittelkarten waren die eigentliche Währung, und wem sie geklaut wurden, der war auf die Barmherzigkeit seiner Mitmenschen angewiesen. Aber Marken und Bezugscheine, z.B. für „Spinnstoffe" (das Wort Textilien war nicht deutsch genug), bedeuteten noch lange nicht, daß man dafür (es hieß darauf) etwas bekam.

Die Deutschen lernten damals den englischen Nationalsport kennen: Schlangestehen. Man stand in langen Schlangen an, wo es etwas gab, oft ohne vorher zu wissen, was. Man nahm jede Mühe auf sich, nach etwas anzustehen. Notfalls konnte man's ja tauschen.

Hoch im Ansehen, weit höher als heute, stand Tante Emma in ihrem Gemischtwarenladen. Wenn man sie gut kannte und Glück hatte, schob sie einem etwas zu. Ja, das war „Glück" — damals. Wir sollten uns gelegentlich daran erinnern, wenn wir mit der Drahtkarre durch den Supermarkt ziehen und Kilo um Kilo, Liter um Liter darin verstauen...

Herbert Krüger (Aus „Der Steinmüller" Heft 1, 1985)

„Kohlenklau." LKW mit Holzvergaserkessel rechts hinter dem Fahrerhaus.

Das Huhn, das keine Eier legte. Brief eines Steinmüller Mitarbeiters aus dem Jahre 1947. Aus „Der Steinmüller", Heft 2, 1982:

An die
Kreisverwaltung des
Oberbergischen Kreises
Kreisernährungsamt

Gummersbach
Moltkestraße 42

Betr. **E 240/1246**

Nach Erhalt des roten Ablieferungsbescheids vom 1.4., abgestempelt vom 29.5.1947, stellte ich am 1.6. bei der Abteilung E 1 der Städt. Kartenstelle den Antrag auf Streichung des Ablieferungssolls wegen Überalterung des einzigen Huhnes. Ich machte geltend, daß von diesem einen treuen Tier, das die Spuren seines achtjährigen Lebens bereits deutlich trägt, 5 Personen ab und zu Teile eines Eies erwarten, weil jeder mit zur Pflege und Erhaltung beigetragen hat. Ich habe bereits zugegeben, daß eine derartige Urgroßmutter unwirtschaftlich ist, aber immerhin noch besser als garnichts. Andererseits kann man doch wirklich von mir nicht verlangen, daß ich das Huhn nur halte, um 10 Eier abliefern zu können.

Mein Antrag vom 1.6. wurde mit Schreiben vom 31.7. abgelehnt mit dem Hinweis: „Wenn Hühner nicht mehr soviel Eier legen, daß der Ablieferungspflicht von 10 Eiern nachgekommen werden kann, so hat dieses seinen Daseinszweck verfehlt." Ich habe meinem Huhn diesen Satz vorgelesen. — Es hat sich nicht daran gestört und seine geringe Legetätigkeit nicht erhöht. Wochenlang setzte es ganz aus. Das Ergebnis ist jedenfalls, daß ich keine Eier für die Ablieferung habe. (Ich hatte im Stillen immer noch mit Amnestie für die Einhuhnbesitzer gerechnet.)

Und jetzt erreicht mich ihr Ordnungsstrafbescheid vom 13.9.47. Ich soll wegen 100% Rückstand RM 50,— Strafe zahlen wegen Gefährdung der Deutschen Milch-, Fett- und Eierwirtschaft und die fehlenden Eiermengen innerhalb 4 Wochen nachliefern. Inzwischen hat das gute Vieh einen Teil seines Federschmucks eingebüßt, man nennt das Mauser und das Legen hört ganz auf. Es wird in den nächsten Tagen sein Dasein beenden, sobald ich genügend Heizmaterial für die zu erwartende lange Kochzeit zusammen habe. Sollten Sie das gute Stück noch in Augenschein nehmen wollen, ist demnach Eile geboten. Ich bin aber auch gern bereit, es Ihnen vorzuführen.

Ich bin also zu meinem Bedauern nicht in der Lage, die fehlenden Eier in der verlangten Zeit nachzuliefern. Es ist mir nach mehrjährigem Bemühen gelungen, Küken zu erhalten, die hoffentlich Anfang des nächsten Jahres zu legen beginnen, und ich stelle hiermit den Antrag, mir die Ablieferung bis zum nächsten Jahre zu stunden. Gleichzeitig beantrage ich unter Würdigung der oben geschilderten Umstände Aufhebung des Strafbescheids.

Hochachtungsvoll
gez. M. Hardemann

Besatzungslasten

Nachdem das Oberbergische von amerikanischen Truppen besetzt worden war, wurden von ihnen in fast allen Orten Häuser mit ganzen Wohnungseinrichtungen zur Unterbringung ihrer Soldaten beschlagnahmt. Die Bewohner mußten binnen kurzer Zeit ihre Häuser verlassen und durften nur das Notwendigste mitnehmen. Sie mußten sich andere Unterkünfte suchen und kamen bei Verwandten, Freunden und Bekannten unter.

Nach den US-Truppen kamen britische Besatzungstruppen, jedoch in viel geringerer Zahl. Unter ihrem Oberbefehl kam dann die 2. belgische Infanterie-Brigade. Dadurch wurden Häuser frei und teilweise wieder belegt, und andere neu beschlagnahmt.

Die fremden Besatzungstruppen führten sich nicht immer zivilisiert in den beschlagnahmten Häusern auf. So schreibt Heinrich Kleibauer in „1945 — das Jahr des Zusammenbruchs" (Archiv der Stadt Gummersbach): „Die ersten amerikanischen Truppen, die die Stadt besetzten, waren Kampftruppen, die zum Teil bald weiterzogen. Gleich am ersten Tag belegten sie in der ganzen Stadt viele Häuser, die sofort in kurzen Stunden von den Bewohnern vollständig geräumt werden mußten. Nur Lebensmittel und notwendige Sachen durften mitgenommen werden. Diese Truppen haben in den einzelnen Wohnungen wenig Kultur an den Tag gelegt; alle freigewordenen Häuser wiesen eine große Unordnung auf; es war allgemein, daß das Unterste zu oberst gekehrt worden war. Manche Gegenstände, Radioapparate, Photoapparate, Goldwaren, Bettzeug, Töpfe, Wein, Herrenzylinder, Porzellan, Uhren usw. wurden nicht mehr vorgefunden, oder waren in andere Wohnungen verbracht worden."

Die Archive der Städte und Gemeinden sind voll von Schadensmeldungen und Requirierungen von Gegenständen.

Heinz Mühlenweg schreibt in seinem Buch „Von Wilhelm II. zu Konrad I.", Seite 189: „Für viele Gummersbacher kamen böse Zeiten. Die amerikanischen, später englischen und belgischen Besatzungstruppen waren natürlich ihre eigenen Quartiermacher und suchten sich die ihnen am besten, d.h. am komfortabelsten erscheinenden Häuser aus, wegen der Sicherheit jedoch nicht etwa Einzelhäuser, sondern ganze Straßen..."

In Gummersbach waren längere oder kürzere Zeit Villen und Häuser in der Goeben-, Moltke-, Grotenbach-, Zeppelin-, Reininghauser-, Körner- und Kaierstraße von Besatzungssoldaten belegt. Hinzu kamen Villen und Häuser in den Außenorten der Stadt, besonders in Dieringhausen. Die Anzahl der Besatzungssoldaten ist nicht genau zu ermitteln, sie schwankte auch bei den verschiedenen Kontingenten. Kleibauer schreibt: „Der Mittelpunkt der Truppen war das Landratsamt, wo sich die Militärregierung niederließ... Der Hauptverkehr der Truppen spielte sich... von morgens 6 Uhr bis spät abends auf der Moltkestraße ab... Zweimal in der Woche konzertierte hier auch eine zwölfköpfige Dudelsackkapelle (Schotten) in braunen Röckchen, die zunächst großen Beifall fand, der aber allmählich abnahm und zuletzt keine Zuhörer mehr anlockte. Im Herbst 1945 wurden die Konzerte, die sich im Gehschritt abwickelten, eingestellt."

Über Waldbröl schrieb Otto Budde in seinem Buch „Waldbröl", auf Seite 522: „Bis 1949 sah Waldbröl verschiedene Besatzungstruppen kommen und gehen: vom 25.4. bis 19.6.1945 amerikanische Besatzung; vom 20.6. bis 14.7.1945 englische Besatzung; vom 15.7.1945 bis 5.3.1946 und vom 15.5.1946 bis 20.5.1949 belgische Besatzung. Im Jahre 1947 waren für die Besatzungstruppen 98 Wohnungen mit 233 Wohnungsräumen und außerdem 27 sonstige Räume, d.h. Hotel- und Geschäftsräume beschlagnahmt."

Im Verwaltungsbericht der Gemeinde Wiehl für die Jahre 1945 bis 1954 lesen wir dazu: „Zunächst wechselten amerikanische und englische Truppen. Vom 10. September 1945 bis 15. Februar 1949 hatte Wiehl belgische Besatzung. Für teils kürzere, teils längere Zeitdauer waren von den Besatzungstruppen belegt in Wiehl: 2 Hotels, 2 Gasthöfe und 27 Wohnhäuser hauptsächlich im Unterdorf, in der Bahnhofstraße, in der Oststraße, in Ohlerhammer, zeitweise auch in Oberwiehl, ferner die Realschule mit Turnhalle, eine im Weiher aufgestellte Baracke, einige gewerbliche Räume und die Bahnhofsanlagen für die Aufstellung von Fahrzeugen. In Neudieringhausen 19 Wohnhäuser und die Turnhalle."

Es können nicht alle Orte mit den Häuserbeschlagnahmen angeführt werden. Besatzer hatten mehr oder weniger lange Zeit alle größeren Orte des oberbergischen Landes. Zum Abschluß und zur Abrundung dieses Kapitels nun aus dem Bericht über Morsbach von Christoph Buchen: „1945 wurde die Gemeinde Morsbach im Wechsel von verschiedenen Truppen besetzt... Vom 14.7.1945 bis 20.2.1949 war die Gemeinde Morsbach, mit einer kurzen Unterbrechung vom 4.3.-8.7.1946, ganz in belgischer Hand... Die belgischen Besatzungstruppen hatten im Sommer 1945 die Volksschule an der Waldbröler Straße (150 Soldaten, vermutlich eine Kompanie) das Hotel ‚Zum Prinzen Heinrich von Preußen' (6 Offiziere) und das Hotel Brück (10 Unteroffiziere) beschlagnahmt. Später wechselten sie in andere Wohnräume über, so daß Ende 1946 von ihnen 83 Wohnungen belegt waren. 21 Familien mit 53 Personen mußten aus ihren Wohnungen ausquartiert werden. Sogar ein eigenes Varieté hatten die belgischen Soldaten, die Weihnachten 1946 noch um 60 Mann verstärkt wurden, mitgebracht... Bei ihrer Flaggenhissung um 9 und um 19 Uhr mußten die Passanten solange stehen bleiben, bis die Flaggen-

Britische Soldaten.

*Musikcorps der Belgier beim Marsch durch **Gummersbach**.*

parade beendet war. Dabei mußten sie in würdiger Haltung verharren und männliche Passanten die Kopfbedeckung abnehmen... Zum Scharfschießen und für militärische Übungen ließ die Besatzungstruppe bereits im September 1945 das Rossenbachtal von der Grube Magdalena aufwärts bis unterhalb Rossenbachs sperren. Die Morsbacher durften nur zu bestimmten Zeiten ihre dort liegenden Grundstücke betreten."

Nach Auskunft des ehemaligen belgischen Soldaten Sylvain Daubresse, der von Juli 1946 bis März 1947 in Morsbach stationiert war, lag zu dieser Zeit die 3. Kompanie des I. Bataillons der 1. belgischen Infanterie-Brigade in Morsbach. Die Kompanie wurde von Oberleutnant Ghysdael geführt. Bataillonskommandeur war Oberstleutnant Graf de Robiano, Brigadekommandeur Generalmajor Piron. Der Brigadestab lag in Bad Godesberg. Es ist nicht sicher, ob diese Brigade auch im nördlichen Teil des Oberbergischen Kreises gelegen hat, denn in Requirierungsmeldungen erscheint im Raum Gummersbach-Dieringhausen die 2. belgische Infanterie-Brigade als Besatzungstruppe.

Belgischer Soldat.
Morsbach, Bahnhofstraße.

Morsbach. Hans Zimmermann in der Bahnhofstraße. Belgische Besatzungsunterkunft.

Morsbach. Belgischer Besatzungssoldat auf der Brücke über den Morsbach zwischen Waldbröler- und Bach-Straße.

Wiedereröffnung der Schulen

Gleich nach dem Wechsel der Besatzungsmacht wurde im Zusammenwirken mit den neu entstehenden deutschen Verwaltungen die Wiederaufnahme des Unterrichtes in den Schulen vorbereitet. Ende Juli, Anfang August 1945 war es dann so weit; neben anderen Schulen nahm auch die Volksschule Ründeroth in der Hauptstraße den Unterricht wieder auf. Hierzu folgen wir einem langen Gespräch, das der Verfasser am 29. Oktober 1985 mit dem damaligen Lehrer Franz Rübenach aus Ründeroth (Jahrgang 1899) geführt hat, in dem sich die ungeheuren Anfangsschwierigkeiten widerspiegeln, die gleichermaßen für alle Schulen gelten. Rübenach war 38 Jahre Lehrer in Ründeroth, davon 32 Jahre Leiter der katholischen Volksschule. Das Engagement der Lehrer für ihre Schulen, der Wille, im gegebenen Rahmen neu anzufangen, schließt — wie das Gespräch zeigte — die ganze Lehrerfamilie ein, Frau und Kinder.

Am 12. April 1939 erging vom Schulamt des Oberbergischen Kreises an alle Lehrer und Lehrerinnen eine „streng geheime" Anweisung, die einschneidend und umwälzend in das schulische Geschehen eingegriffen hat: An diesem Tage wurden die konfessionellen Schulen aufgelöst und die „Deutsche Volksschule" geschaffen. Unter Punkt 1) heißt es, daß die Errichtung der „Deutschen Volksschule" eine gesetzliche Maßnahme ist und der Lehrer sich „jeglicher Stellungnahme zu enthalten hat. Sein Verhalten zu dieser staatlichen Anordnung wird bestimmt durch die im Reichsbeamtengesetz festgelegten Beamtenpflichten." Punkt 2) behandelte die Entfernung der konfessionellen Kennzeichen, der Kreuze und Bilder. In weiteren Punkten wurden der Religionsunterricht und die nationalsozialistische Erziehung der Kinder behandelt, aber auch, daß „verletzende Angriffe auf die Bekenntnisse, ihre Einrichtungen und Gebräuche... unter allen Umständen zu unterbleiben haben..." Mit dieser Anordnung sollte möglichst behutsam und unauffällig der Einfluß der Kirchen in den Schulen zurückgedrängt werden. Die Schulleiter erhielten Auflagen, die die Durchführung der Anordnung betrafen. Sie mußten den Erhalt der Anordnung auf dem Gemeindeamt durch ihre Unterschrift bestätigen. Es wurde ihnen strengste Geheimhaltung auferlegt.

Aufgrund dieser Anweisung nahm der Schulleiter der zweiklassigen katholischen Volksschule Ründeroth in der Ohler Straße, Franz Rübenach, die beiden Kreuze — eins ein geschnitztes aus Oberammergau — in den Schulräumen ab, verpackte sie sorgfältig und versah den Karton mit der Aufschrift: „Zwei Kreuze der kath. Volksschule Ründeroth". Den Karton übergab Rübenach auf dem Gemeindeamt dem Bürgermeister Dr. Schäfer. Hierzu erinnert sich Herr Rübenach: „Der Bürgermeister war in der NSDAP Zellenwart. Bei der Übergabe der Kreuze stand er mir in brauner Uniform gegenüber und sagte: Herr Rübenach, das verspreche ich Ihnen, was in meiner Macht steht werde ich tun, damit die Kreuze verwahrt werden und mit ihnen kein Unfug getrieben wird." Wie wir später sehen werden, hielt Dr. Schäfer, der kein 100%-iger Nationalsozialist gewesen sein soll, sein Versprechen. Das war 1939. 1940 wurde Lehrer Rübenach zur Wehrmacht eingezogen.

Bei Kriegsbeginn waren alle Schulen in Ründeroth, sowie die Schulen Bellingroth, Bickenbach und Wallefeld, die zur Gemeinde Ründeroth gehörten, voll funktionsfähig. Ende 1944 kam die erste Behinderung: Die katholische Volksschule in der Ohler Straße wurde geschlossen und in den beiden Klassenräumen die Universitätszahnklinik Köln — die ausgebombt worden war — untergebracht. Die Kinder wurden von den anderen Schulen übernommen. Kurz nach Kriegsende wurde die Zahnklinik wieder nach Köln zurückverlegt.

Als am 12. April 1945 abziehende deutsche Truppen die Aggerbrücke in Ründeroth sprengten, wurde auch das Dach der Schule in der Ohler Straße beschädigt; die Lehrerwohnungen erhielten starke Risse. Die Lehrerfrauen und die größeren Kinder, sowie Verwandte, die in Köln ausgebombt und bei Rübenachs untergekommen waren, reparierten das beschädigte Dach. Die benötigten Dachpfannen wurden von Nebengebäuden der Schule gewonnen. Drei Jahre später wurde die Schule von Handwerkern neu eingedeckt.

Als sich nach dem Einmarsch der Amerikaner in Ründeroth alles ein wenig beruhigt hatte, machte sich Frau Rübenach mit ihren Kindern daran, die Panzersperre zu beseitigen, die vor der katholischen Volksschule in der Ohler Straße errichtet, jedoch nicht geschlossen war. So wollten sie für sich und für die Schule Brennholz gewinnen, denn mit Zuteilungen für den kommenden Winter rechnete niemand in dieser Zeit. Frauen und Kinder mühten sich ab, um die Sperre auseinander zu brechen und das Holz auf dem Schulhof zu stapeln. Dann zersägten sie Stämme und Balken auf Feuerholzlänge. Hierzu erinnert sich Frau Rübenach an die Hilfsbereitschaft des „Feindes". Als sie dabei war, mit ihren Kindern die Stämme zu zersägen, kamen zwei junge Amerikaner vorbei, blieben stehen und beobachteten eine Weile, wie sich die Frauen mit den Stämmen abmühten. Mit den Worten: „Diese Arbeit für Euch zu schwer", nahmen sie Frau Rübenach und ihrer Tochter die Säge weg und sägten nun selbst den ganzen Nachmittag Holz. Als sie zum Abendappell mußten, legten sie die Säge mit dem Versprechen fort, in einer Stunde wiederzukommen. Frau Rübenach machte sich um das Wiederkommen Sorgen, denn allzuoft sollten solche Anerbieten mit „persönlichem Näherkommen" belohnt werden. Die jungen Amerikaner kamen wieder. Zuerst baten sie um eine Tasse Kaffee. Als Frau Rübenach ihnen erklärte, daß sie keinen Bohnenkaffee habe, gingen sie alle ins Haus, und die Amerikaner packten aus: Kaffee, Schokolade,

Erdnüsse, Rosinen — für Deutsche Kostbarkeiten, die sie lange nicht mehr gesehen hatten. Der Abend verlief in größter Anständigkeit und Harmonie, den Frau Rübenach nie vergessen wird.

Am 1. August 1945 kam der Oberwachtmeister Franz Rübenach aus amerikanischer Gefangenschaft nach Hause. Rübenach, der als Soldat fast immer in Rußland war, hatte es am Kriegsende durch glückliche Umstände in die Steiermark verschlagen. Dort geriet er in Gefangenschaft und kam ins Kriegsgefangenenlager Ochsenfurt. Dort wurde bereits „gesiebt"; nach Verhören durch amerikanische Polit-Offiziere — die insbesondere nach „NS-Größen" fahndeten — wurden die ganz jungen und ganz alten Soldaten in ihre Heimat entlassen. So kam Herr Rübenach, damals 46 Jahre alt, frühzeitig nach Hause. Warum er mit 41 Jahren schon 1940 Soldat werden mußte, wird im Kapitel „Entnazifizierung" auf Seite 232 beschrieben.

Eine Woche nach seiner Heimkehr wurde Lehrer Rübenach vom Schulamt aufgefordert, den Schulunterricht an der Volksschule Wallefeld aufzunehmen. Als dies angelaufen war und nun einigermaßen lief, wurde er am 8. August 1945 zur Schule Ründeroth in der Hauptstraße (ehem. evang. Volksschule) versetzt, wo auch dort der Unterricht wieder aufgenommen wurde. Die Klassen waren durch die Flüchtlingskinder überfüllt. Rübenach bekam das 1. und 2. Schuljahr und mußte mit 70 Kindern in einem Klassenzimmer fertig werden. Die alten Lehrmittel — mit NS-Gedankengut durchsetzt — durften nicht mehr benutzt werden, auch nicht die Rechenbücher. Es herrschte allgemeiner Mangel an Lehrmitteln, Tafeln, Schreibheften, Bleistiften. Was damals an Findigkeit und Improvisationen geboren wurde, ist einmalig. Lehrer und Schulkinder waren von den Gedanken beseelt, auch unter widrigsten Umständen zu lehren und zu lernen, um die alten Klassenziele zu erreichen. Marianne und Elisabeth Rübenach — damals 15 und 12 Jahre alt — halfen ihrem Vater in der Schule. Wenn Lehrer Rübenach mit dem 2. Schuljahr arbeitete, beschäftigten sich seine Töchter mit dem 1. Schuljahr — setzten sich neben die Kleinen, brachten ihnen das ABC bei und führten ihre Händchen.

Es mangelte an Schreibheften. Um dem abzuhelfen, wurden von einem Anstreichermeister alle Tapeten „losgeeist", die dieser nicht mehr gebrauchen konnte. Diese Tapeten wurden auf Heftgröße geschnitten und auf den Rückseiten Linien gezogen. So entstanden aus alten Tapeten „neue" Schulhefte. Und so wurden aus alten Lesebüchern Übungsstücke auf „neuen Tapeten-Lesebüchern" durch Abschreiben übertragen. Das war mühselig, doch unerläßlich. Lange Bleistifte wurden geteilt und wenn die Stummel zu kurz waren, verlängerten sie findige Kinder mit aufgebohrten Haltern aus Holz.

Die Kath. Volksschule Ründeroth. Heute Rote-Kreuz-Haus.

Kath. Schule Ründeroth. Nachkriegsklasse mit Lehrer Rübenach.

Im Frühjahr 1946 hat dann der katholische Pfarrer von Ründeroth, Michiels, beim Schulamt und dem britischen Kulturoffizier die Wiedereröffnung der katholischen Volksschule Ründeroth in der Ohler Straße durchgesetzt.

„Eines Tages, im Frühjahr 1946", erinnert sich Herr Rübenach, „sagten mir Kinder, daß der Gemeinde-Obersekretär Demmer am anderen Ufer der zur Zeit Hochwasser führenden Agger stehen würde und mir etwas Wichtiges mitzuteilen hätte." Ich ging an den Fluß und Herr Demmer rief herüber: „Herr Rübenach, kommen Sie bitte sofort zum Amt. Eine Erklärung würde jetzt zu weit führen!" Ich ging dann gleich über den von den Amerikanern errichteten Notsteg zum Amt. Herr Demmer führte mich in sein Zimmer und zeigte auf einen Karton, der auf dem Tisch stand: „Kennen Sie diese Pappkiste?" — „Ja, Herr Demmer! Das sind die Kreuze unserer Schule, die ich 1939 abnehmen mußte und auf dem Gemeindeamt in Verwahrung gegeben habe." Wir packten den Karton aus. Die Kreuze waren gut erhalten und unbeschädigt. Herr Demmer erzählte mir, daß die Aktenkeller des Rathauses infolge des Hochwassers geräumt werden mußten. Dabei wurde der Karton mit den Kreuzen zwischen zwei schweren Stellagen gefunden. Dr. Schäfer hatte sein Wort gehalten; das kam ihm auch bei der späteren Entnazifizierung zugute.

Zunächst mußte unsere Schule zum Unterricht wieder hergerichtet werden. Bei der Belegung der Schule durch die Uni-Zahnklinik Köln im Jahre 1944 wurde das Mobilar in den Räumen der Badeanstalt abgestellt. Jetzt mußte es von dort wieder herbeigeschafft werden. Von der Gemeinde bekam ich dazu keine Arbeiter. Bei einem Schreinermeister borgten wir uns einen großen Handwagen; mit diesem brachten die größeren Kinder Schränke, Bänke und Tafeln von der Badeanstalt in die Klassen. Inzwischen waren 131 Kinder wieder zum Schulunterricht angemeldet.

Pfarrer Michiels hat dann den Tag der Wiedereröffnung der katholischen Volksschule Ründeroth festlich gestaltet. Es war an einem Montagmorgen. Im Festgottesdienst ging Pfarrer Michiels auf die Geschichte der beiden Kreuze ein, die auf dem Altar lagen. Zum Schluß hielt er sie in die Höhe und sprach dabei seinen Segen. Dann wurden die Kreuze von einem großen Jungen und einem großen Mädchen übernommen und in feierlicher Prozession Kindern und Erwachsenen von der Kirche zur Schule vorangetragen. Es war ein Höhepunkt im kirchlichen Leben der Pfarrgemeinde St. Jakobus zu Ründeroth."

Die Wiederaufnahme des Unterrichts wurde auch hier von den bereits beschriebenen Schwierigkeiten und Mängeln begleitet, aber sie wurden von Lehrern und Schülern — wie an allen oberbergischen Schulen — gemeistert.

Herr Rübenach fährt fort: „Als ich mich eines Morgens oben in meiner Wohnung zum Schulunterricht fertig machte — es war an einem Montag —, hörte ich auf dem Schulhof lautes Gerede. Ich spürte, daß unten das Gerede große Unruhe brachte und trat ans Fenster. Unten sah ich eine Menge Frauen, und alle hatten an ihren Händen Kinder. Ich nichts wie 'runter. Da standen nun Frauen mit 33 Kindern, die um Aufnahme in unsere Schule baten. Diese Menschen hatten mit den ersten Vertriebenen-Transporten ihre Heimat im ehemals deutschen Osten verloren und in Ründeroth kärgliche Unterkunft bekommen. Für uns Lehrer war es eine Selbstverständlichkeit, diese Kinder aufzunehmen. Die Gesamtzahl unserer Kinder betrug nun über 160. Was nun? — Uns blieb nur der Weg, aus den Kindern vier Klassen zu machen — jeweils zwei Schuljahre in einer Klasse — und sie umschichtig zu unterrichten. So kam eine Hälfte vormittags, die andere nachmittags dran. Nach den ersten, so improvisierten Unterrichtstagen wurde ich beim Schulamt vorstellig und erreichte, daß mir zwei neue Lehrer zugewiesen wurden. Das spielte sich bald gut ein; wer in dieser Woche vormittags dran war, war in der nächsten Woche nachmittags dran.

Für viele Kinder war das mit großen Strapazen verbunden. In der großen Gemeinde Ründeroth waren wir die einzige katholische Volksschule, und viele Eltern — besonders auch die Flüchtlinge aus Schlesien — wollten, daß ihre Kinder in ihrem konfessionellen Glauben erzogen werden sollten. So hatten dann viele Kinder aus den Außenorten wie Kaltenbach, Bellingroth und Wallefeld einen weiten Schulweg zu Fuß, denn Schulbusse oder gar eigne Fahrräder gab es derzeit nicht. Eine Stunde Fußmarsch war keine Seltenheit.

Wenn dann diese Kinder in der Schule ankamen, waren sie hundemüde. Die Lehrkräfte bemühten sich, den Unterricht so interessant zu gestalten, daß die Kinder nicht einschliefen und etwas in ihnen hängen blieb. Diese Zeit und diese Leistungen von Lehrkräften und Schülern haben keine Parallelen."

Wie schon im Winter 1945/46 war auch die Versorgung der Schulen mit Brennmaterial für das Winterhalbjahr 1946/47 nicht gesichert. Schon im Spätsommer 1946 erhielt Schulleiter Rübenach die Mitteilung, daß in dieser Hinsicht von der Gemeinde keine Hilfe erwartet werden kann; die Schulen müßten sich selbst helfen. Und ein Winter hatte bereits die Vorräte aufgezehrt, hatte auch das Holz von den Panzersperren, von zerstörten Häusern und zerschossenen Bäumen aufgebraucht. Nun war guter Rat teuer.

Lehrer Rübenach hatte „Auf der großen Warte" ein Waldstück entdeckt, das abgebrannt war. Das brachte ihn auf eine Idee. Er ging zum zuständigen Förster und bat ihn, das Waldstück mit den Schulkindern abräumen zu dürfen und das Holz als Brennholz für die Schule zu verwenden. Förster Prinz gab die Genehmigung mit zwei Auflagen: Die Stämme in Bodennähe absägen und die Äste im angrenzenden Hochwald zusammenlegen. Lehrer Rübenach trat vor die Schulkinder hin und erklärte ihnen alles. Alle wollten dabei sein, und auch die Eltern gaben ihre Zustimmung dazu.

„Es war ein Waldstück von etwa fünfzig mal fünfzig Metern, also etwa 2500 Quadratmeter", fährt Lehrer Rübenach fort. „Die Stämme des etwa 30jährigen Bestandes, fast so dick wie Telegraphenmasten, waren total schwarz und teilweise verkohlt, die dünneren Äste verbrannt. Am ersten Nachmittag bin ich dann nur mit den Jungen zur ‚Hohen Warte' gezogen, die 360 Meter über dem Meeresspiegel liegt. Eine Gruppe der großen Jungen sägte die Bäume kurz über dem Erdboden ab und zerteilte sie auf Zweimeterenden. Die zweite Gruppe schlug die Äste ab. Am Abend sahen alle aus wie Kohlenschipper. Am zweiten Nachmittag ging es so weiter. An diesem Tage nahm ich bereits die Mädchen mit, die die abgeschlagenen Äste wegschafften und an den vom Förster bezeichneten Stellen ablegten. So war diese Arbeit an einigen Nachmittagen getan.

Nun kam das Problem: Wie die Stämme herunterschaffen? Von der Gemeinde hatte ich keine Hilfe zu erwarten, das hatte man mir gleich gesagt. Wer den steilen Waldweg von der ‚Hohen Warte' hinunter kennt, kann sich vorstellen, was das für eine Arbeit war.

So zogen wir dann mit Bollerwagen zur ‚Hohen Warte'. Auf jeden Wagen kamen etwa acht Stämme. Zwei Jungen zogen und lenkten den Wagen und vier Mädchen hielten die Wagen an angebundenen Springseilen zurück und waren die ‚Bremser'. So schafften wir an einigen Nachmittagen die Stämme zu Tal und stapelten sie auf dem Schulhof auf. Die Gemeinde hat uns dann einen Arbeiter und eine Kreissäge gestellt und an einigen Tagen wurden die Stämme auf Brennholzlänge geschnitten. Die dicken Blöcke wurden von den großen Jungen gespalten. So haben wir selbst für Brennholz gesorgt und im Winter fiel keine Unterrichtsstunde aus."

Der Ausfall des Schulunterrichts am Ende des Krieges bis zur Wiedereröffnung der Schulen schlug sich natürlich negativ auf den Wissensstand der Kinder nieder, dies stellte auch Schulleiter Rübenach immer wieder fest. Nicht lange nach der Holzaktion behielt er das achte Schuljahr nach Unterrichtsschluß zurück und sagte seinen Jungen und Mädchen: „Ostern wollt Ihr in die Berufe. Darf ich 'mal fragen: Wie berechnet Ihr ein Quadrat? — Ein Finger ging hoch, — Dann fragte ich weiter: Wer kann einen Kreis berechnen... eine Wurzel ziehen? — Nichts! — Schreiben, Rechtschreiben — furchtbar. — Ich habe eine derartige Leere in den Köpfen der Kinder festgestellt, daß mir Angst wurde, denn für diese Kinder war ich schließlich verantwortlich, ich hatte sie für den Weg ins Berufsleben vorzubereiten. Beim Schulamt habe ich dann erwirkt, daß ich die Abschlußklasse jeden Tag eine Stunde länger dabehalten durfte, um mit ihr alles Wesentliche nachzuholen, um wenigstens einen befriedigenden Schulabschluß zu erreichen."

Im Sommer 1947 wurde die Schulspeisung eingeführt. Die Lebensmittel kamen anfangs aus amerikanischen Armeebeständen. „Die Schulspeisung war mit Anfangsschwierigkeiten verbunden," führt Herr Rübenach aus. „Die erste Frage, wo kochen wir die Suppen? war bald gelöst. In der Waschküche der Schule. — In **was** kochen war das Problem. Ich ging zum Amt und trug das vor. Dort erinnerte sich jemand an einen kupfernen Waschkessel, der schließlich in einem Winkel des Amtskellers gefunden wurde. Wir haben dann den Waschkessel gründlich gereinigt. Ein Arbeiter der Gemeinde mauerte eine neue Pfeife und baute den Waschkessel in den Herd der Waschküche der Schule ein.

Die Gemeinde hat uns dann Frau Deutschmann als Köchin zugewiesen, mit der wir uns alle gut verstanden haben. Sie verstand es, aus dem Gegebenen das Beste zu machen. Meine Frau und die andere Lehrersfrau haben bei der Ausgabe der Suppen geholfen. Die Kinder bekamen je eine große Schöpfkelle voll Suppe in ihre Töpfe oder Henkelmänner hinein."

Im Zusammenhang mit der Schulspeisung haben sich ergreifende Szenen abgespielt; eine führt Herr Rübenach an: „Ich denke da an ein Mädchen der Oberklasse, damals 13 Jahre alt; meine Frau, die dieses Mädchen des Öfteren beob-

Schulspeisung in der Kath. Volksschule Ründeroth.

achtet hatte, machte mich auf sie aufmerksam. Als das Mädchen ihren Teil erhalten hatte, ging es in eine stille Ecke und löffelte ihre Suppe — löffelte aber nicht das Töpfchen leer. Meine Frau trat hinzu und fragte: ‚Resi, schmeckt Dir die Suppe nicht?' — ‚Doch Frau Rübenach! Mein Vater muß im Stahlwerk Dörrenberg schwer arbeiten und hat immer solchen Hunger, dem nehme ich etwas von meiner Suppe mit!' Die Essenpause betrug eine halbe Stunde, Zeit genug, um die Suppe in Ruhe essen zu können. Einige Kinder nahmen etwas Suppe für ihre kleinen Geschwister nach Hause mit. Es waren Szenen, die uns Erzieher ans Herz gingen."

Neben dem Schuldienst übernahm Lehrer Rübenach Ende 1945 auch noch die Gemeindebücherei, die er bis 1972 — weit über seine Pensionierung — geführt hat. Die im Schwimmbad ausgelagerten Bücher — etwa 700 Bände — wurden in die Gemeindebücherei, neu eingerichtet in der kath. Volksschule, gebracht. Dort wurden sie laut Liste des britischen Kulturoffiziers nach folgenden Punkten gesichtet:

— Alle Bücher mit NS-Inhalt („Mein Kampf", „Mythos des 20. Jahrhunderts" usw.) sind unverzüglich auf der britischen Kreiskommandantur abzugeben.

— Alle Bücher, die nach einer Sperrfrist von drei Jahren erst wieder ausgegeben werden durften („Graf Zeppelins große Ozeanfahrten", die vier Bismarck-Bände usw.). Diese Bände wurden eingepackt und verwahrt.

Etwa 200 Bände blieben übrig, davon die Hälfte Kinderbücher. „So streng dienstlich, wie diese Anweisung war," erinnert sich Herr Rübenach, „die Engländer haben sie nie überwacht, geschweige denn die Durchführung kontrolliert. Von der Ausleihe wurde reger Gebrauch gemacht. Der Lesehunger war groß und ein gewisser ‚Nachholbedarf' vorhanden."

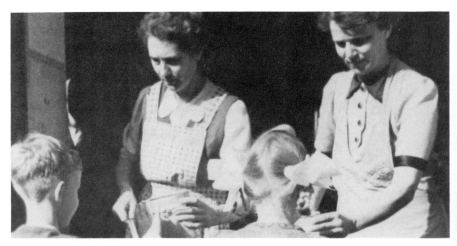

Die Lehrerfrauen Rübenach und Modemann geben die Suppe aus.

Abschrift
Speisezettel
für die 1. - 2. und 4. Woche der 109. Zuteilungsperiode.

1. Tag: **Süße Haferflockensuppe** — Freistellung für:
   Haferflocken-Suppenmehl   85 g   3 Tage

2. Tag: **Süße Suppe mit Trockenobst oder Marmelade**
   Suppenmehl   85 g
   Trockenobst oder Marmelade   20 g   3 Tage

   Trockenobst oder Marmelade wird den Kochstellen direkt zugewiesen.

3. Tag: **Bohnensuppe mit Speck und Fleisch.**
   Bohnensuppenmehl   62,5 g
   Fleischkonserven   20 g   3 Tage
   Speck   10 g

   Fleischkonserven und Speck wird den Kochstellen direkt zugewiesen.

4. Tag: 1. und 2. Woche
   Schokoladenbrei   100 g   2 Tage

4. Tag: 4. Woche
   Kakaotrunk mit Brötchen
   Zur Zubereitung von 1/4 ltr. Kakaotrunk werden direkt zugeteilt:
   Kakao   10 g   1 Tag
   Milchpulver   30 g
   Zucker   15 g außerdem
   A - Mehl   45 g
   für ein 50 g Brötchen. Die Brötchen sind von den örtlichen Bäckereien herzustellen.

5. Tag: **Nudelgulsch.**
   Teigwaren   65 g
   Fleischkonserven   40 g   3 Tage
   Speck   3 g

   Die Speise ist von den Kochstellen selbst herzustellen.

6. Tag: **Nährstangen**
   1 Nährstange zu   100 g

Schulamt   Gummersbach, den 10.12.1947
des Oberbergischen Kreises

Abschrift
allen Stadt - und Gemeindeverwaltungen im Kreise zur Kenntnis. Die Lieferungen erfolgen mit Ausnahme der Nährstangen durch die bekannten Großhandelsfirmen. Die Nährstangen werden von der Firma Winterscheid in Bielstein ausgeliefert. Für die 3. Woche (Weihnachtswoche) wird ein besonderer Speiseplan übersandt. Mit dieser Zuteilung sind Sie (einschließlich der Weihnachtszuteilung) bis zum 4.1.48 versorgt.

                    gez. Heyn
                    Schulrat
                    Beglaubigt: gez. Unterschrift

(Fundstelle: Lehrer i.R. Franz Rübenach, Ründeroth)

Schulspeisung

Nicht lange nach dem Umbruch 1945 mehrten sich die Forderungen von Eltern und Schülern der Hollenbergschule in Waldbröl zur Wiederaufnahme des Unterrichts. Bald ließ auch die britische Besatzungsmacht erkennen, daß sie dazu ihre Einwilligung geben werde, aber noch standen zu viele Schwierigkeiten im Wege. Es fehlte an allem, an Schulräumen, da die meisten von Besatzungstruppen belegt waren, es fehlte an Mobilar, es fehlten Bücher und andere Lehrmittel bis hin zur Kreide. Ein Bild dieser Misere — für alle Schulen zutreffend — zeichnete der Waldbröler Konrektor Ernst Branscheid im Mitteilungsblatt der Hollenbergschule vom Januar 1956; er schrieb:

„Am 1. Dezember 1945 erhielt die Schule vom britischen Militärgouverneur, Oberst Taylor, die Erlaubnis zur Wiederaufnahme des Unterrichts. Am 5. Dezember fand im Beisein von Oberst Taylor, des Schulrates als Vertreter der Aufsichtsbehörde, der Bürgermeister des Einzugsgebietes, des Superintendanten der Aggersynode, der evangelischen und katholischen Geistlichkeit, rund 200 Eltern und 350 Schülern und Schülerinnen die Eröffnungsfeier statt, in der rücksichtslos die Verkehrtheiten der vergangenen 12 Jahre dargelegt und das Fundament für den Wiederaufbau aufgezeigt wurden: christliche Ethik, Mut, Einsatzwille und der unerschütterliche Glaube an die Zukunft unseres Volkes..." Auf diesen Grundlagen war es möglich, das Vertrauen der Nachbarvölker und der Welt wiederzugewinnen. Alle Reden geißelten die NS-Zeit, sie brachten aber auch den unerschütterlichen Willen zum Neuanfang unter den aufgezeigten ethischen Grundlagen zum Ausdruck. In der anschließenden Aussprache mit der Elternschaft wurde dieses Vorhaben voll unterstützt. Alle waren bestrebt, zu ihrem Teil am Aufbau der Schule beizutragen, Behörden und Eltern mit Arbeitseinsätzen und materiellen und finanziellen Mitteln, Schüler und Schülerinnen mit einem Lerneifer sondergleichen, Gleichzeitig wurde der Ausbau der Schule zu einer Vollanstalt, also mit Abiturabschluß, angestrebt.

Da die Hollenbergschule noch von belgischen Truppen besetzt war, mußte der Unterricht in zwei Räumen der evangelischen und zwei Räumen der katholischen Volksschule, im Versammlungsraum der Baptistengemeinde und in einem Wohnraum in der Vennstraße durchgeführt werden. Das Amtszimmer der Schule war in der Wohnung des Schulleiters. Der Schulbetrieb wurde umschichtig vor- und nachmittags durchgeführt. Die 350 Schülerinnen und Schüler wurden in zehn Klassen von zehn hauptamtlichen Lehrkräften unterrichtet. Religionsunterricht gaben in Nebenstunden die Pfarrer beider Konfessionen.

Wie in allen Schulen fehlte es an Heften, Büchern, Schreibmaterial. Beheizung und Beleuchtung sowie das Heranbringen der Schüler aus den Außenorten warfen immer wieder neue Probleme auf. Dennoch wuchs die Zahl der Schülerinnen und Schüler ständig an. Es bestand ein großer Lern-Nachholbedarf. Viele junge

Schulspeisung

Schule Windhagen. Abgabe der NS-Bücher.

Männer, die aus dem Krieg zurückgekehrt waren, drückten noch einmal die Schulbank, um sich neue Lebensgrundlagen zu schaffen. Viele Schüler waren im Alter zwischen 20 und 30 Jahren. Am 1. Februar 1946 betrug die Schülerzahl 378.

Ende Februar 1946 wurde die Hollenbergschule von den Besatzungstruppen geräumt, aber wie sah sie aus? Bombenwürfe, Artilleriebeschuß, Plünderungen und Besatzungsunterkunft hatten die Schule in eine Ruine verwandelt. Ein undichtes Dach, zertrümmerte Türen und Fenster und Unrat in allen Ecken. Das Mobilar war verheizt, Projektionsapparate, Mikroskope und Linsen gestohlen, die Bibliothek in alle Winde zerstreut, der Schulplatz von den Besatzerfahrzeugen in einen Sturzacker verwandelt. Dennoch ging die Gemeindeverwaltung mit Unterstützung von Lehrerschaft, Eltern und Schülern an die Instandsetzung der Schule. Gemeindeverwaltung und Schulleitung wurden auf harte Proben gestellt, „doch sollte rühmend erwähnt werden, daß die Schreinerei Eschmann mit sehr großem Geschick, Fleiß und Sachverständnis die Trümmer der Türen, Fenster, Tische, Stühle, Bänke und Schränke mustergültig wieder zusammenflickte und der Hausmeister Hubert Rögels mit unermüdlicher Mühe und nimmer erlahmender Geduld dem unablässig wiederkehrenden Schmutz der Dachdecker, Maurer, Zimmerleute, Anstreicher usw. zu Leibe ging, sodaß nach so vielem vergossenen Schweiß nach Wiederaufnahme des Unterrichts in den alten Räumen das Schulgebäude sich als Schmuckkästchen erwies, wie es sich in den letzten 35 Jahren nicht präsentiert hatte..."

Im Zuge des Wiederaufbaues wurden aus der Direktorwohnung drei neue Klassenräume, ein Lehrerzimmer, ein Amtszimmer sowie Räume für die Bibliothek und den Werkunterricht gemacht. Fehlende Stühle, Tische und Schränke wurden aus Spenden der Eltern zusammengebracht. Die verschwundene Schulglocke wurde durch eine großkalibrige Artilleriekartusche ersetzt.

Nach Abschluß der Arbeiten hielt die Schulleitung Ende März 1946 im Kino in Waldbröl eine Elternversammlung ab, an der ca. 500 Elternteile teilnahmen. Der Schuldirektor bedankte sich beim Bürgermeister sowie allen, die am Wiederaufbau der Schule mitgewirkt hatten und gab bekannt, daß nun der seit langem angestrebte Ausbau zum Vollgymnasium in die Wege geleitet sei.

Da das allgemeine Leistungsniveau der Schülerinnen und Schüler infolge kriegsbedingter Ausfälle an Unterrichtsstunden unbefriedigend war, ordnete die Schulbehörde an, daß nur 50% der Schüler und Schülerinnen — also die besten — in die nächsthöheren Klassen versetzt werden durften. Das bedeutete eine Verlängerung der Schulzeit um durchschnittlich zweieinhalb Jahre. Ebenso streng waren die Aufnahmeprüfungen für das neue Schuljahr zu Ostern 1946. Von 170 Angemeldeten wurden nur 100 aufgenommen; dies auch zur Vermeidung einer Überfüllung.

Mit Beginn des neuen Schuljahres wurde am 26. April 1946 der Unterricht in der Obersekunda aufgenommen und damit der Schritt zum Vollgymnasium vollzogen.

Der Mangel an Unterrichts- und Schreibmaterial, an Brennstoffen für die Beheizung der Klassen, an Räumen und die schlechten Verkehrsbedingungen für die Schüler der Außenorte zwangen weiterhin zu Improvisationen. Schwierigkeiten, die heute unvorstellbar sind, waren auch für 1946 und 1947 zu meistern. Als Beispiel sei angeführt, daß die Hollenbergschule am 3.10.1946 von der Kreis-Schulbehörde die Mitteilung erhielt, sie könne von Köln eine Zuteilung von 18 Stück weißer Kreide, 20 Radiergummi und 3 Päckchen Tintenpulver abholen — und das für über 500 Schülerinnen und Schüler.

Das Schuljahr 1947/48 wurde mit 587 Schülerinnen und Schülern in 14 Klassen eröffnet. Die von der Gemeinde zugesagten Barackenräume konnten nicht freigegeben werden, da sie mit Flüchtlingen belegt waren. Drei Klassen hatten daher noch keine Bleibe und waren ständig auf Wanderschaft von einem zum anderen Klassenzimmer. Es fehlte auch noch an Sitzgelegenheiten.

Am 17. Juli 1947 feierte die Hollenbergschule im Kinosaal ihren 86. Geburtstag, an dem die zuständigen Behörden, die Kirchenvertreter und die Elternschaft teilnahmen. Gedichte, Musikvorträge, Volkstänze und das Lustspiel „Der zerbrochene Krug" umrahmten die Feier. Das kulturelle Leben hatte einen ungeheuren Nachholbedarf, der sich in mannigfaltigen Darbietungen ausdrückte, die zum Teil von den Schulen geboten wurden.

Konrektor Branscheid schloß so seine Chronik für 1948 ab: „Die letzten Februartage 1948 brachten dem Hollenberg-Gymnasium die Erfüllung jahrzehntelanger Wünsche. Vom 19. bis 24. Februar fand unter Vorsitz des Kommissars der Landesregierung, Oberschulrat Professor Völcker, Düsseldorf, die erste Abiturientenprüfung statt, im Beisein des Instruction-Officer des Militär-Gouvernment, Oberstleutnant Trickett, eines Vertreters des Unterhaltsträgers und der gespannten Anteilnahme aller an der Schule interessierten Kreise. Sämtlichen Schülern des Sonderlehrgangs, 37 an der Zahl, konnte das Zeugnis der Hochschulreife erteilt werden. Damit ist der Ausbau zur Vollanstalt zu Ende gebracht."

Politische Umerziehung, Entnazifizierung, Militärgerichte

Schon bei den Konferenzen von Teheran und Jalta waren sich Stalin, Roosevelt und Churchill darüber einig, den deutschen Nazismus, der von der National-Sozialistischen-Deutschen-Arbeiter-Partei und ihren Gliederungen verkörpert wurde, und den deutschen Militarismus, mit dem Generalstab als Rückgrat, zu zerschlagen und ein Wiedererstehen unmöglich zu machen. Alle Kriegsverbrecher und alle Personen die sich eines Verbrechens gegen die Menschlichkeit schuldig gemacht hatten, sollten bestraft werden.

Diese Absicht der Alliierten nach ihrem Siege erfuhr die Masse der deutschen Bevölkerung erst durch die öffentliche Bekanntgabe in der „Proklamation Nr. 1" des Oberbefehlshabers der Alliierten Streitkräfte, General Dwight D. Eisenhower, die erstmalig durch Maueranschläge Mitte September 1944 im Raum Aachen und dann in allen deutschen Gebieten, die von den Westalliierten eingenommen oder besetzt worden sind. „In dem deutschen Gebiet, das von den Streitkräften unter meinem Oberbefehl besetzt ist, werden wir den Nationalsozialismus und den deutschen Militarismus vernichten... Führer der Wehrmacht und der NSDAP, Mitglieder der Geheimen Staatspolizei und andere Personen, die verdächtigt sind, Verbrechen und Grausamkeiten begangen zu haben, werden gerichtlich angeklagt und, falls für schuldig befunden, ihrer gerechten Bestrafung zugeführt.."

Der Oberbefehlshaber der britisch-kanadischen Streitkräfte, Feldmarschall Montgomery, ging sogar noch weiter und hat allen Offizieren und Mannschaften seiner 21. Armeegruppe laut Befehl vom 25. März 1945 verboten, mit den besiegten Deutschen menschlichen Umgang aufzunehmen (Fraternisierungsverbot). „Ein Kontakt mit der Bevölkerung ist nur im dienstlichen Verkehr gestattet... Ich wünsche keine gegenseitigen Besuche... kein Händeschütteln... Der Einfluß der Nazis hat alles durchsetzt, selbst die Kirchen und Schulen. Die Besetzung Deutschlands ist ein Kriegsakt, dessen oberstes Ziel die Vernichtung des Nazisystems ist. Für euch Soldaten ist es noch zu früh, zwischen guten und schlechten Deutschen zu unterscheiden... Wir kennen nicht die Theorie der Herrenrasse, aber wir wollen es erreichen, daß die Schuldigen nicht nur verurteilt werden, sondern auch das Ausmaß ihrer Schuld begreifen. Nur wenn das erreicht ist, ist der erste Schritt zur Neuerziehung der Deutschen getan, ein Schritt, der es ermöglichen soll, die Deutschen zur menschlichen Anständigkeit zurückzuführen.."

Im Zuge der Umerziehung und „des Begreifens der Schuld" wurde die deutsche Bevölkerung zur Teilnahme an Vorträgen und Lichtbildvorführungen in den örtlichen Kinos gezwungen, bei denen viele erstmalig von den Verbrechen in den deutschen Konzentrationslagern erfahren haben. Im Zuge dessen sind auch die

Vorgänge in Lindlar zu sehen, bei denen bei Kriegsende russische Kriegsgefangene erschossen worden sind (siehe Seite 64). Die Briten nahmen die Umerziehung sehr ernst. Das beweist eine Beschwerde des Militärgouverneurs Taylor vom 3. Juli 1945, die er an Landrat Dr. Dresbach gerichtet hat. Darin verlangt er den nötigen Ernst beim Besuch des Buchenwald-Filmes. Er habe festgestellt, daß insbesondere Jugendliche bei den Filmvorführungen gelacht haben und mit fröhlichen Gesichtern die Kinos verlassen hätten.

Gleich nach der Besetzung der deutschen Lande fahndeten die Alliierten nach den Größen der NS-Partei, nach hohen Wirtschaftsführern und Generalstäblern, um sie festzusetzen und abzuurteilen. Bereits am 20. November 1945 begann in Nürnberg vor einem internationalen Militärtribunal der Kriegsverbrecherprozeß gegen die 24 Hauptkriegsverbrecher — u.a. Göring, Ribbentrop, Heß, Frank, Ley und die Generäle Keitel und Jodl —, der am 1. Oktober 1946 mit 12 Todesurteilen und in vielen Fällen mit langjährigen Freiheitsstrafen endete. Bereits am 16. Oktober wurden die Todesurteile durch Erhängen vollstreckt.

Alle mußten den Buchenwald-Film sehen.

Kriegsverbrecherprozess in Nürnberg, Oktober 1945. V. l. n. r.: Göring, Hess, v. Ribbentrop, Keitel, Kaltenbrunner.

Ehemalige NS-Funktionäre wurden in „Automatic Arrest" interniert.

Hospital des Internierungslagers Staumühle.

Internierungsbaracke

Um in der Übergangszeit eine gewisse kommunale Verwaltung aufrecht zu erhalten, wurden unter Punkt IV der „Proklamation Nr. 1" alle Beamte, Angestellte und Arbeiter des öffentlichen Dienstes (Wasser, Elektrizität, Verkehr) „verpflichtet, bis auf weiteres auf ihren Posten zu verbleiben und alle Befehle und Anordnungen der Militärregierung oder der Alliierten Behörden... zu befolgen." Dazu bedienten sich die Orts- und Kreiskommandanten ihrer Militärpolizei und deutscher Hilfspolizisten mit „unbelasteter Vergangenheit", die meistens nur durch eine weiße Armbinde mit dem Stempel der Kommandantur zu erkennen waren.

Im Frühsommer 1945 begannen dann auch die politischen Besatzungsoffiziere auf Orts- und Kreisebene mit der Ausfindigmachung und Verhaftung von Parteifunktionären und Wirtschaftsführern der mittleren und unteren Ebenen. Damit verbunden war auch die Sperrung von deren Bankkonten und die Beschlagnahme von Mobilar, Wohnungen und Häusern. Fast alle Kreis- und Gauleiter der NS-Partei waren vor dem Einmarsch der Alliierten geflohen und in anderen Regionen, oft unter falschem Namen, untergetaucht, so auch Kreisleiter Jean Pieck aus Gummersbach. Die meisten wurden ausfindig gemacht und verhaftet. Die NS-Funktionäre des Oberbergischen Kreises wurden in der Hermannsburg in Gummersbach bis zum Weitertransport in das Lager Recklinghausen festgesetzt; zeitweise waren es bis zu 40 Personen.

Im Herbst 1945 wurden dann die Beamten und Angestellten der kommunalen Behörden, die man bis dahin zum Wiederaufbau der Verwaltungen gebraucht hatte, die der NS-Partei angehörten, durch „Unbelastete" ersetzt. Neben den NS-Funktionären ab Blockleiter aufwärts, kamen auch viele Beamte in „Automatic Arrest", das heißt, sie wurden in Barackenlagern wie Staumühle bei Paderborn und Recklinghausen oder in Kasernen bis zum Abschluß ihres Entnazifizierungsverfahrens festgesetzt.

Zur Auffindung von ehemaligen Funktionsträgern und Mitgliedern der NSDAP und ihrer Gliederungen bedienten sich die Alliierten Deutscher, die Gegner des Nationalsozialismus waren. Oft waren auch persönliche Racheakte im Spiele. Eine große Hilfe war auch den politischen Besatzungsoffizieren das „Central Registry of War Criminals and Security Suspects", ein Register in Buchform, in dem alle Funktionsträger der NSDAP und ihrer Gliederungen, Sicherheitsdienst (SD), Gestapo und Offiziere der Wehrmacht verzeichnet waren. Dieses alphabetisch geordnete Register der „Sicherheits- und Kriegskriminellen" wurde von Briten und Amerikanern bereits im Kriege aufgestellt und fußt wahrscheinlich auf Aussagen von deutschen Emigranten, auf in Zeitungen, Büchern und im Rundfunk genannten Namen, und Aussagen von Kriegsgefangenen. Auf Seite 142 finden wir den Namen Theodor Pichier, Landrat, Gummersbach, und auf Seite 143 Jean Pieck, NSDAP Kreis Gummersbach.

CENTRAL REGISTRY OF WAR CRIMINALS AND SECURITY SUSPECTS

WANTED LIST

142

Name	Cr. file No.	Sex	Nat.	Born	Unit, Rank, Town	Reason wanted For	By
PHAL	19564	M			Police, Laibach (Germany)		
PHANN	61420	M	GER		Sipo Agent, Bucharest (Rumania)	00	00
PHANN	61490	M	GER		S.D. Official, Athens (Greece)	00	00
PHEIFFER	61419	M	GER		Abwehr Official, Operator, Wiesbaden (Germany)	00	00
"HEILER	19565	M	GER		S.S., Hauptsturmfuehrer	00	00
ᵥLPS E...	?184?	M	BRI	12	Renega...	00	r
...CHARDT	19595	m			...fficial, Landgerichtsrat, Litomerice (Czechoslovakia)	00	
PICHEL	19596	M			Police, Oberleutnant	00	00
PICHIER	19598	M			Police, Nachrichtenoffizier, Prague (Czechoslovakia)	00	00
PICHIER	19597	M	GER	84	Public Official, Landrat, Wuppertal (Germany)	00	00
PICHIER Theodor	59759	M	GER	89	Public Official, Landrat Oberbuergermeister, Gummersbach (Germany)	00	00
PICHL	19600	M		83	Public Official, Landrat, Gummersbach (Germany)		
PICHLER	695	M	GER		S.S., Standartenfuehrer	00	00
PICHLER	61406	M	GER		Army, Leutnant	00	00
PICHLER	19601	M	GER		Abwehr Official, Sonderfuehrer	01	
...	19602	M	GER		S.S., Obersturmfuehrer		
					S A S...		

143

Name	Cr. file No.	Sex	Nat.	Born	Unit, Rank, Town	Reason wanted For	By
PICKARD	10076	M			Army, Hauptmann, Stalag 4 (Germany)	07	66
						07	09
PICKART Herbert	19613	M	GER		Public Official, Buergermeister, Amorbach (Germany)	00	00
PICKARTZ	696	M	GER		Army, Corporal, Issy les Moulineaux (France)	07	25
PICKEL	31417	M	GER		Army, Major, Finmark (Norway)	01	47
PICKEL	697	M	GER		Public Official, Regierungsvizepräsident, Inoroclaw (Poland)	00	
PICKEL	19615	M	GER		Public Official, Deputy District President, Hohensalza		
PIEBER	61399	M	GER	05	S.D. Official, Leutnant, Grasse (France)		
PIECK	36654	M	AUS		Hauptmann		
PIECK	19625	M			N.S.D.A.P., Kreisleiter, Wuppertal (Germany)	00	
PIECK Carel	19630	M	DUT		N.S.D.A.P., Director of Dutch Welfare Centre	00	00
PIECK Jean	58043	M	GER		N.S.D.A.P., Kreis Gummersbach (Germany)	00	00
PIECKE	19632	M			N.S.A.B., Kreisamtsleiter, Ludinghausen (Germany)	00	00
PIEDBOUT	206030	M	FRE	03	Abwehr Agent, Marine, Wiesbaden (Germany)	00	00
PIEDERSTORFER Josef	19626	M			N.S.D.A.P., Kreisgeschaftsfuehrer, Dachau (Germany)	00	00
PIEGER Georg	109876	M	GER	99	Kripo Official, Strasbourg (France)	00	00
	19627	M			Schupo (Police), Hauptmann, Berlin, Kopenick (Germany)	00	00
	10622	M			S... ...mant...	00	00
					(Hitler Jugend), Schwaben	00	r

Ab Herbst 1945 begannen dann auch die Entlassungen von Beamten und Angestellten der kommunalen Verwaltungen im Oberbergischen, die der NSDAP oder ihrer Gliederungen angehört haben. Sie wurden durch „Unbelastete" ersetzt. Mitläufer der NS-Partei und ihrer Gliederungen sollten sich einer Entnazifizierung unterziehen, bei der Schuld oder Unschuld festgestellt werden sollte. „Schuldige" wurden mit Bußgeld, Enteignung oder Freiheitsstrafe belegt. Konkrete Anweisungen ergingen in der „Kontrollratsverordnung Nr. 24 über die Entfernung von Nazis und Personen, die der Sache der Alliierten feindlich gegenüberstehen, aus Ämtern und verantwortlichen Stellungen. Vom 12. Januar 1946". Darin heißt es unter § 1:

„Die Dreierkonferenz in Berlin beschloß als Zweck der Besetzung Deutschlands u.a.: die Entfernung aller Mitglieder der NSDAP, die an der Tätigkeit der Partei nicht nur nominell beteiligt waren (künftig ‚aktive Nazis' genannt), sowie aller anderen Personen, die der Sache der Alliierten feindlich gegenüberstehen, aus öffentlichen und halböffentlichen Ämtern und aus verantwortlichen Stellungen in wichtigen Privatunternehmen. Derartige Personen sollen durch solche ersetzt werden, die man nach ihren politischen und moralischen Eigenschaften für fähig hält, bei der Entwicklung echter demokratischer Einrichtungen in Deutschland mitzuhelfen."

„Die Entnazifizierungsbestimmungen in der britischen Zone", die auf die Kontrollratsverordnung Nr. 24 aufbauen, definiert dann auf acht Seiten die Paragraphen und ihre Ausführungsbestimmungen. Die Verordnung Nr. 24 wurde durch die Verordnungen Nr. 28 und Nr. 38 ergänzt.

Das Entnazifizierungsverfahren in der britischen Besatzungszone wurde durch die Anweisung Nr. 3 vom 17. Januar 1946 grundsätzlich so geregelt, daß die zu bildenden deutschen Entnazifizierungsausschüsse keinerlei Spruch-, sondern lediglich Gutachtertätigkeit ausüben dürfen. „Über das von den deutschen Stellen ermittelte Gutachten entscheidet in jedem Falle zunächst Public Safety (Special Branch)."

Der „Deutsche Entnazifizierungs-Ausschuß Oberbergischer Kreis" entstand im Frühjahr 1946 und wurde vom Juristen Dr. Scheidt geleitet. Daneben entstanden in den Städten und Gemeinden „Entnazifizierungs-Unterausschüsse" die sich aus drei bis fünf Personen aller Parteien zusammensetzten, die von den Stadt- und Gemeindevertretungen vorgeschlagen und von den Briten bestätigt wurden.

An alle Beamten, Angestellten und Arbeiter der kommunalen Verwaltungen gingen bereits im Frühjahr 1946 Fragebogen zur Entnazifizierung mit 132 Fragen. Die Auswertungen brachten Weiterbeschäftigungen oder Entlassungen. Die Entnazifizierungen in der Wirtschaft, bei Handwerkern und in den freien Berufen folgten. Strafen erfolgten durch Geldstrafen, Einziehung des Vermögens, Entlassungen, Berufsverboten, Rückstufungen im Beruf und Freiheitsentzügen. Dagegen konnte Berufung an den Berufungsausschüssen der Regierungsbezirke eingelegt werden.

Zur Entlastung konnten die Entnazifizierungs-„Fälle" Leumundszeugnisse von unbelasteten Nachbarn und Freunden beibringen. So schrieben auch die Pastoren beider Konfessionen viele „Persilscheine", die von guten Taten der Belasteten berichteten.

Jedes Mitglied der NSDAP oder ihrer Gliederungen war ein „Fall", der nach dem Willen der Alliierten restlos aufgeklärt werden sollte, das heißt, die Beteiligung an der Ausführung der nationalsozialistischen Anordnungen und Gesetze, an Kriegsverbrechen und Verbrechen gegen die Menschlichkeit.

Alle zur Entnazifizierung anstehenden Deutschen wurden in fünf Kategorien eingestuft, in Hauptschuldige, Belastete, weniger Belastete, Mitläufer und Unbelastete. Angesichts von Millionen von „Fällen" war es schwer, ja fast unmöglich — abgesehen von den Hauptschuldigen, die in den Nürnberger Kriegs- und Wirtschaftsverbrecherprozessen abgeurteilt wurden — gerecht zu urteilen. Michael Freund schrieb dazu in „Deutsche Geschichte", Seite 1544: „An den (Nürnberger Kriegsverbrecher-)Prozeß sollte sich die Entnazifizierung anschließen, die mit

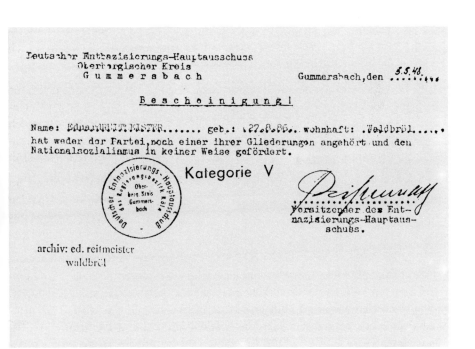

einem grotesken und tragischen Fehlschlag endete. Die Sieger gedachten den Nationalsozialismus mit der Wurzel auszurotten und all seine Quellen zuzumauern. Aber sie fanden keine Nationalsozialisten, sondern nur Parteimitglieder, die in die aus der Weimarer Republik übernommene Beamtenschaft nach und nach hineingewachsen waren..." Kommunen und Fabriken wurden durch die Entlassungen der Parteimitglieder führerlos. „Da die zwölf Millionen Parteimitglieder aber der aktiven Bevölkerungsschicht Deutschlands entstammten, hieß dieses Programm, fast die ganzen führenden Schichten Deutschlands aus Regierung, Verwaltung und Gesellschaft auszuscheiden. Da durch dieses System Deutschland unregierbar wurde, brach es rasch zusammen..."

In der Tat wurden die einst strengen Anordnungen immer weitherziger ausgelegt. Und schließlich wurde anerkannt, daß für Beamte und Angestellte, Lehrer und Juristen im Staatsdienst 1937 „eine zwangsweise Parteimitgliedschaft eingeführt wurde".

Nach der Aburteilung der Hauptschuldigen in Nürnberg fiel die Kategorie I weg und alle anderen rückten um eine Stufe auf. In den Städte- und Gemeindearchiven Oberbergs befinden sich nur Vorgänge der Kategorien III und IV, also der weniger Belasteten und Mitläufer.

Mitte 1949 stellte der Entnazifizierungsausschuß für den Oberbergischen Kreis seine Arbeit ein, und es blieb nur noch ein Entnazifizierungs-Hauptausschuß im Regierungsbezirk Köln. Um diese Zeit hatten die Briten längst alle Arbeit in die Hände deutscher Entnazifizierungsausschüsse gelegt. Erst 1955 wurde die Entnazifizierung von der neu entstandenen deutschen Bundesregierung endgültig abgeschlossen.

*

Lehrer und Schulleiter Franz Rübenach, Jahrgang 1899, erzählte dem Verfasser am 29. Oktober 1985 in seiner Wohnung in Ründeroth die Geschichte seiner Entnazifizierung:

„Ich bin am 1. Juli 1937 in die NSDAP eingetreten. Vielleicht ist Ihnen dieser Tag schon einmal aufgefallen; das war der Tag, an dem vier Millionen deutscher Beamten in die Partei aufgenommen wurden — zwangsweise. In Ründeroth hat sich das so abgespielt: Mein Lehrerkollege und ich, sowie Bedienstete der Post, der Eisenbahn und Männer des öffentlichen Lebens erhielten vom Zellenleiter der NS-Partei eine Vorladung zum 1. Juli 1937 in das Parteibüro im Gasthaus ‚Zur Post'. Wir haben zuerst einmal die Nasen aneinander gesteckt — was verbrochen? — Was ist los?

Morgens um 10 Uhr waren wir dann auf dem Parteibüro. Keiner von uns wagte, ein Wort zu sprechen. Auf einmal ging die Tür auf — der Zellenleiter erschien in brauner Uniform mit einem dicken Packen Akten unter dem Arm: ‚Heil Hitler! — Setzen Sie sich bitte! — Ich begrüße Sie und freue mich, daß sie so spontan und freiwillig um Ihren Eintritt in die Partei nachgesucht haben.' Er ging an seinen Aktenberg, öffnete die erste Akte: ‚Parteigenosse Neu (war Postbeamter)! Ich freue mich, daß Sie nun Parteigenosse sind. Hier haben Sie Ihre Urkunde! Bitte bezahlen Sie den Aufnahmebeitrag von 20 Reichsmark beim Kassenwart.' An diesem 1. Juli 1937 hat die Parteikasse 80 Millionen Eintrittsbeiträge kassiert und dann jeden Monat weitere fünf Reichsmark von uns. So hatte der Zellenleiter von jedem von uns — wir waren alle katholisch — ein fertiges Aktenstück und wir brauchten es nur noch zu unterschreiben. Niemand wagte, dagegen zu protestieren, so sehr waren wir im Laufe der Zeit schon eingeschüchtert, und niemand wollte seinen Arbeitsplatz verlieren. Genau so sind viele Beamte in die NS-Partei gekommen.

Als ich bei den Amerikanern in Süddeutschland in Gefangenschaft kam und vom Vernehmungsoffizier nach der Parteizugehörigkeit befragt wurde, gab ich das an. Als er das Datum meines Eintritts in die Partei erfahren hatte, lächelte er nur und ich konnte gehen. Dieses Datum kannte er und auch die damit verbundenen Zusammenhänge. An diesem Tage wurden vier Millionen Beamte ‚freiwillig' gezwungen, in die NSDAP einzutreten."

Am 12. April 1939 erhielten die Lehrer und Lehrerinnen die mehrmals erwähnte „streng geheime" Anweisung zur Auflösung der Konfessionsschulen und Einführung der „Deutschen Volksschule". Den Erhalt mußte der Schulleiter durch Unterschrift bestätigen. Dies schloß ein, daß sie davon an Außenstehende nichts erzählen durften.

In diesem Zusammenhang mußten auch die Kreuze in den Klassen der katholischen Volksschule Ründeroth entfernt werden, die Schulleiter Rübenach dem damaligen NS-Zellenleiter und Bürgermeister Dr. Schäfer zur Aufbewahrung übergeben hatte. Schäfer gab Rübenach das Versprechen, die Kreuze gut und sicher aufzubewahren, und unausgesprochen blieb: ... bis zum erneuten Aufhängen in den Klassen. 1946, als Dr. Schäfer längst nicht mehr Bürgermeister war, wurden die Kreuze gefunden und nach einer feierlichen Prozession wieder in der Schule aufgehängt. Dies brachte auch Dr. Schäfer, der wahrlich kein 100%-iger „scharfer" Nationalsozialist gewesen sein soll, die Entnazifizierung.

Folgen wir nun zunächst dem Fall Rübenach:

Am 20. Juni 1940 erhielt Schulleiter Franz Rübenach den Gestellungsbefehl für den 21. Juni. Rübenach war bereits im Ersten Weltkrieg eineinhalb Jahre Soldat gewesen. Es fiel auf, daß die Einberufung zur Wehrmacht so kurzfristig kam, d.h.:

Heute Gestellungsbefehl und morgen schon einrücken. Rübenach verständigte umgehend den zuständigen Amtsleiter im Gemeindeamt, doch auch der konnte dazu nichts sagen.

Am nächsten Tag, pünktlich um 7 Uhr, meldete sich Lehrer Franz Rübenach auf dem Wehrmeldeamt Gummersbach. Der diensthabende Feldwebel in der Anmeldung war erstaunt und sagte: „Was wollen Sie denn hier? Diese alten Jahrgänge werden doch (noch) nicht eingezogen!" Er ging ins Haus um erst nach einer halben Stunde wiederzukommen. Er hat sich über den Fall Rübenach informiert.

Nun Herr Rübenach zum Verfasser: „Was ich Ihnen jetzt erzähle, habe ich erst nach dem Kriege erfahren: Ich soll über die oben erwähnte Geheim-Anordnung ‚Deutsche Volksschule' mit Eltern gesprochen haben. Das hat der Ortsgruppenleiter erfahren, der dann bei der Gauleitung um ein Parteiverfahren nachgesucht hat. Wenn das gekommen wäre, wäre ich aus dem Beruf geflogen und hätte vielleicht als einfacher Arbeiter bei Dörrenberg arbeiten können. Ein anderer Berufskollege aus dem Bezirk, ein voll überzeugter Nationalsozialist, ist zur Gauleitung gefahren und hat erreicht, daß ich nicht vor ein Parteigericht kam, aber ich mußte ‚bestraft' werden. So wurde ich dann eingezogen und war fünfeinhalb Jahre Soldat.

Am 1. August 1945 kam ich aus amerikanischer Gefangenschaft. Als ich am 2. August in meinem Garten arbeitete, kam der Kollege Paul Wallefeld, Lehrer in der Schule Bickenbach, und sagte: ‚Franz, jetzt kann ich's Dir erzählen, was damals mit Dir gespielt worden ist: Der Kollege..., der in der Gauleitung öfter zu tun hatte, hat Dich damals angezeigt, und der andere Kollege... hat das Verfahren abgewendet.' " So war das damals. Aufgrund dieser Tatsachen, die durch Zeugen erhärtet werden konnten, und durch die religiöse Einstellung machte dann die Entnazifizierung des Lehrers Franz Rübenach keine Schwierigkeiten.

Nissenhütten im Internierungslager Staumühle bei Paderborn.

Zum Fall Dr. Schäfer:

Lehrer Rübenachs Schwager, Dr. Wilhelm Istas, war Rechtsanwalt am Oberlandesgericht in Köln. Als er 1946 aus der Kriegsgefangenschaft kam, lebte er einige Zeit bei Rübenachs, da seine Familie in Köln durch Bomben alles verloren hatte. Schon in Ründeroth, in seiner Notwohnung, nahm er die Tätigkeit als Rechtsanwalt wieder auf und bearbeitete Fälle, die mit der Entnazifizierung zusammen hingen. Viele Leute holten sich seinen Rat. Rechtsanwalt Dr. Istas sprach perfekt englisch und konnte so auch die „Fälle" direkt vor dem britischen Gerichtsoffizier in Gummersbach und vor dem höheren britischen Gericht in Köln vertreten. Von letzterem erhielt er schon bald die offizielle Zulassung und Vertretungsbefugnis.

Unter den Ratsuchenden war eines Tages auch Dr. Schäfer, der ehemalige Bürgermeister von Ründeroth. Das mit den Kreuzen der katholischen Volksschule zu Ründeroth kam zur Sprache, was von Lehrer Rübenach in der Schulchronik festgehalten worden war. Das war eine wichtige Entlastung und Dr. Schäfer wurde von den Briten entnazifiziert.

*

Um nach dem chaotischen Zusammenbruch Deutschlands eine gewisse Ordnung aufrecht zu erhalten, bedienten sich die Alliierten ihrer Militärpolizei und Militärgerichtsbarkeit. Die Militärpolizei überwachte nur die außergewöhnlichen Einschränkungen, die der deutschen Bevölkerung durch strenge Verbote auferlegt worden waren. Wer entsprechende Anordnungen und Befehle nicht befolgte und gefaßt wurde, dem drohten Strafen. Wer nach der Sperrstunde auf der Straße angetroffen wurde, wurde eingesperrt. Wer Waffen nicht abgab, dem drohte sogar die Todesstrafe. Die Militärpolizei wurde von deutschen Hilfspolizisten unterstützt, die „unbelastet" waren und als Zeichen ihrer Machtbefugnis meistens nur eine Armbinde mit Dienststempel trugen.

Nachdem die deutschen Verwaltungen entnazifiziert waren und wieder einigermaßen funktionierten, nahmen auch deutsche Gerichte ihre Tätigkeit wieder auf. Sie wurden von entsprechenden Besatzungsoffizieren überwacht. Delikte, die mit der Besatzungsmacht und ihrer Sicherheit zusammen hingen, wie illegaler Waffenbesitz und Sabotage, wurden weiterhin von den Besatzern abgeurteilt. Viele Strafen wurden aufgrund von Lebensmittelschieberei und Korruption ausgesprochen, um den immer mehr um sich greifenden Schiebereien und illegalen Geschäften Herr zu werden. Hamsterfahrten und Tauschgeschäfte waren trotzdem nicht zu unterbinden; man durfte sich nur nicht fassen lassen. Um den großen „Geschäften"

Einhalt zu gebieten, wurde Mitte 1947 der Bürgermeister von Düsseldorf, Jacobi, als Korruptionskommissar eingesetzt, an den sich jeder wenden konnte. Aber weder Korruptionskommissar noch Polizei wurden Herr der Lage. Die Reichsmark war praktisch wertlos. Tauschen und kompensieren gehörte zur Erhaltung des Lebens. Und das galt bis in höchste Verwaltungen. So wurde auch Landrat Dr. Dresbach dessen in einem anonymen Brief an den Korruptionskommissar Jacobi beschuldigt, was er aber entkräften konnte. Dr. Dresbach sagte dazu in einer Kreistagssitzung unter Beisein von Oberst Taylor: „Wir alle, die wir hier sitzen, beweisen allein durch unsere Existenz, (weil wir noch leben) daß wir uns ständig gegen die Anordnungen (der Militärregierung) vergangen haben, daß wir maggeln, auf dem schwarzen Markt kungeln, uns auf verbotene Weise Kalorien beschaffen." Dr. Dresbach verhehlte auch nicht, daß er das in größerem Stile zu Gunsten des Kreises und seiner Bevölkerung verantwortet. So war das eben!

Es traten auch Fälle von persönlichen Bereicherungen auf. So wurden in Waldbröl von einem in der Verwaltung tätigen Mann Lebensmittelkarten unterschlagen. Unregelmäßigkeiten im größeren Umfang wurden in Gummersbach aufgedeckt. Vom 16. bis 20. Dezember 1947 wurde im Gemeindehaus ein Strafprozeß wegen Wirtschaftsverbrechen durchgeführt. Lebensmittelkarten und Warenbezugscheine waren unberechtigt ausgegeben worden. Dieser Prozeß wirbelte Staub auf; es gab einmal zweieinhalb Jahre Zuchthaus, sechsmal Gefängnisstrafen zwischen drei und zwölf Monaten, und einmal 3000 Reichsmark Geldstrafe.

*

Straftaten oder Umgehungen von Anordnungen der Militärregierung, die mit ihrer Sicherheit oder die ihrer Truppen zusammen hingen, wurden von ihren Militärgerichten abgeurteilt. Besonders in der Anfangszeit hatten sie Angst vor deutschen „Werwolf"-Aktionen. Der „Werwolf", eine Organisation von Fanatikern, wurde am Schluß des Krieges ins Leben gerufen und sollte Sprengungen und Sabotageakte im feindlichen Hinterland durchführen; dazu kam es aber nur ganz selten. Mehr oder weniger war „Werwolf" ein Wunschgebilde der untergehenden deutschen Staatsführung.

Eine der ersten Maßnahmen der Beastzungstruppen war die Anordnung, daß die deutsche Bevölkerung unverzüglich ihre Waffen an bezeichneten Sammelstellen abgeben mußte. Dazu gehörten alle Schuß- und Jagdwaffen sowie Stichwaffen wie Dolche, Seitengewehre und Stiletts. Mit dieser Maßnahme sollten Anschläge auf die Besatzungstruppen und ihre Einrichtungen verhindert werden; die Besatzer

Unbelastete Deutsche werden zu Polizisten ausgebildet.

Schwarzmarktgeschäfte.

hatten immer noch Angst vor den Deutschen. Bei Nichtbefolgung dieser Anordnung drohten hohe Strafen. Beispielhaft nun ein Fall, der wegen unerlaubten Waffenbesitzes in die britische Militärgerichtsbarkeit fiel.

Zur Vorgeschichte: Die Familie Z. war nach ihrer Flucht aus ihrer pommerschen Heimat im kleinen Ort Unnenberg bei Lantenbach bei einem Bauern untergekommen. Sie wohnten in zwei Wirtschaftsräumen, die notdürftig wohnbar gemacht worden waren. Die Lebensbedingungen waren allgemein schlecht, im Winter die Bruchsteinwände der Unterkunft frostweiß.

Wilfried Z., 17jähriger Sohn der Familie, hatte Freunde, mit denen er durch Feld und Wald streifte und schon manches Mal verbotenerweise mit Handfeuerwaffen und Panzerfäusten, die überall noch in den Wäldern herumlagen, Unfug getrieben und geschossen. Kriegsbedingt waren den damaligen Jugendlichen Waffen bekannt, und sie verstanden damit auch umzugehen.

Wilfrieds Freund hatte von seinem Vater, der als Soldat gefallen war, eine Walther-Pistole vom Kaliber 7,65 mm, jedoch ohne Munition, die er als Andenken aufbewahrte.

Als die Währungsreform 1948 durchgeführt worden war und alle Deutschen mit 40 Deutsche Mark wieder anfangen mußten, war auch den Jugendlichen das Geld knapp. Wilfrieds Freund Paul überlegte, ob er nicht seine Walther-Pistole für harte D-Mark verkaufen sollte.

Als die Jugendlichen eines abends zum Tanzen in der Stadthalle Gummersbach waren, streckten sie die ersten Fühler aus und boten belgischen Besatzungssoldaten die Pistole zum Kauf an. Die Belgier ließen sich darauf nicht ein und es schien, als wäre die Sache vergessen. Einen Tag später erschien deutsche Polizei in Begleitung britischer Militärpolizei in Unnenberg, die die Jugendlichen festnahmen und zur Kreispolizei nach Gummersbach brachten. Die Walther-Pistole wurde sichergestellt. Es folgten Verhöre durch deutsche und englische Polizisten. Die Jugendlichen sagten, wie es war und wurden im Polizeigebäude eingesperrt.

Die Eltern der Jugendlichen nahmen sich am nächsten Tag Rechtsanwälte zur Verteidigung ihrer Kinder — die Z.s den Rechtsanwalt Dr. Steinsträsser —, die erwirkten, daß die Jugendlichen gegen Hinterlegung einer Kaution von 100 DM freigelassen wurden. Wilfrieds Kaution wurde von seinem Lehrherren bezahlt, bei dem er das Schlosserhandwerk erlernte, da seine Eltern das Geld nicht hatten.

Ein paar Tage später kam ein englischer Gerichtsoffizier nach Unnenberg und erkundigte sich nach den Lebensbedingungen und den familiären Verhältnissen der Jugendlichen. Daraus war schon zu schließen, daß die Besatzungsmacht diesen

Fall von unerlaubtem Waffenbesitz nicht für „umstürzlerisch" oder der britischen Besatzungsmacht gefährlich werdend ansah. Ein ungutes Gefühl blieb jedoch, denn auf unerlaubten Waffenbesitz stand im Höchstfall die Todesstrafe.

Vier Wochen später war in Köln vor einem hohen britischen Militärgericht die Verhandlung des Falles und weitere Verhandlungen ähnlicher Delikte. Alle Angeklagte waren Jugendliche.

Verhandlungsgang und Urteilsfindung waren schwierig, da immer wieder gedolmetscht werden mußte, weil die Amtssprache englisch war. Die Herren des Hohen Gerichtes flößten mit ihren weißen Perücken und roten Roben Respekt ein. Auf dem Tisch vor ihnen lagen die Waffen. Der Ankläger wies in seinen Ausführungen darauf hin, daß Waffenbesitz für Deutsche verboten sei und stellte Strafantrag.

Rechtsanwalt Dr. Kirsch, der die Verteidigung der Jugendlichen insgesamt übernommen hatte, hielt eine brillante Verteidigungsrede die darauf abzielte, den unerlaubten Waffenbesitz seiner Mandanten als „Dumme-Jungen-Streiche" hinzustellen. Er beschwor die Richter, einmal an ihre Jugend zu denken, in der sie sicherlich auch Verbotenes taten.

Mit großer Spannung wurde das Urteil erwartet und das lautete dann: „Wegen unerlaubten Waffenbesitz sechs Monate Gefängnis, die in Betracht der Jugend zur Bewährung auf drei Jahre ausgesetzt werden." Die jungen Deutschen gingen erleichtert nach Hause.

Das Ende eines „Werwolfs".

Aachen, den 16. März 1945.

Werter Kollege!

Zu der am Sonntag, dem 18. März 1945, vormittags 10 Uhr, im Gebäude der Handwerkskammer, Couvenstraße stattfindenden

Versammlung

werden Sie dringend eingeladen.

Tages-Ordnung:

Wiedereröffnung der Gewerkschaften unter dem Namen „Allgemeiner Deutscher Gewerkschaftsbund".

Im Auftrage:
M a t t h i a s W i l l m s.

In Aachen wurde der erste Ortsverband des neuen Gewerkschaftsbundes gegründet.

Gummersbach. Tag der Arbeit (1. Mai) 1947. Zug vor evang. Gemeindehaus.

Die Briten erteilten 1945/46 erste Lizenzen an SPD, KPD und CDU zur Herausgabe von Zeitungen, die jedoch wegen Papiermangel sehr dünn waren und nur kleine Auflagen erreichten. Am 19. März 1946 gab Dr. Heinrich Heinen, Köln, die „Kölnische Rundschau" und entsprechende Regionalausgaben — darunter die „Oberbergische Volks-Zeitung" (OVZ) — neu heraus. Andere Zeitungen folgten.

Wiederaufbau der kleinen Ortschaft Piene

Am 11. April 1945 näherte sich ein Jeep mit drei Amerikanern der kleinen Ortschaft Piene an der nordöstlichen Grenze des Oberbergischen Kreises. Im Jeep saßen drei US-Soldaten der 8. Infanteriedivision des Generals Moore, die auf Lüdenscheid vorging. Die Frauen von Piene — die meisten Männer waren deutsche Soldaten — hatten bereits weiße Fahnen zum Zeichen der Übergabe aus den Häusern gesteckt und hielten sich somit an die Verhaltensmaßregeln, die die Amerikaner durch Flugblätter überall bekannt gemacht hatten. Die Frauen von Piene wußten aber nicht, daß im oberen Ortsteil noch eine Nachhut der Deutschen lag, die das Feuer auf den amerikanischen Jeep eröffnete. Dabei wurde ein US-Major getötet. Die beiden anderen Soldaten rasten zurück. Daraufhin drangen Teile des US-Infanterieregiments 28 kriegsmäßig in Piene ein, jagten die Bevölkerung aus den Häusern und zündeten diese an. (Vergleiche: „...bis zur Stunde Null", Seite 244.)

Nach den Übersichten des Ortsvorstehers von Piene, Wilhelm Hornbruch, und Unterlagen der Gemeinde Lieberhausen wurden acht Häuser schwer und drei weitere leichter zerstört. Hinzu kamen ein schwer zerstörtes Haus in Neuenhaus und zwei weniger mitgenommene Häuser in Straße und Neuenschmiede.

Nachdem die Amerikaner weitergezogen waren, gingen die Bewohner von Piene daran, sich in den Ruinen ihrer Häuser Notunterkünfte zu schaffen; andere kamen bei Freunden und Verwandten in anderen Orten unter. Alle Häuser waren mehr oder weniger zerstört und ausgebrannt, alle Dachstühle abgebrannt, die Dachziegel größtenteils zerbrochen.

Da es zum Sommer ging, konnte das Vieh auf die Weiden getrieben werden, oder es wurde in Behelfsställen untergebracht. Alle Geschädigten dachten jedoch mit Sorgen an den kommenden Winter. Im Jahr des totalen Zusammenbruchs des Deutschen Reiches rührte sich in der Tat noch nicht sehr viel für solche Geschädigten. Erst mußte wieder eine Verwaltung entstehen. Und dann hatte jedermann mit sich zu tun, und so auch die Gemeinde.

In einer Aktennotiz des Landrats Dr. Dresbach vom 3.4.1946 heißt es: „Der Gesamteindruck ist, daß keine Ortschaft, als Ganzes genommen, im Gebiet des Oberbergischen Kreises so gelitten hat, wie Piene. Die Unterkommensverhältnisse für Menschen und Vieh sind unwürdig." Hierzu sei bemerkt, daß das viel schwerer zerstörte Engelskirchen damals zum Rheinisch-Bergischen Kreis gehörte.

Mit dem Wiederaufbau der Wohnhäuser von Piene wurde die „Baugesellschaft Oberberg O.H.G." (Rötzel und Braunschweig) vom „Kreisausschuß Bau" beauftragt. Aber es fehlte an Baumaterial, an Transportmitteln, es fehlte an Handwerkern, da viele noch in der Gefangenschaft waren.

Die ungeheuren Schwierigkeiten des Wiederaufbaues von Piene sind aus dem Schriftverkehr und den Akten zu ersehen, die im Archiv des Oberbergischen Kreises in Gummersbach unter der Nummer 3298 aufbewahrt werden, die auch für dieses Kapitel die Grundlage bilden. Danach standen bis zum Einbruch des Winters die Grund- und Zwischenmauern von neun Häusern. Steine wurden größtenteils aus den Trümmern geborgen. Ein schier unüberwindlicher Engpaß wurde die Beschaffung von Bauholz, und das in einer Region mit großen Wäldern. Hierzu mußten entsprechende Einschlag- und Einschnittgenehmigungen der britischen Militärregierung vorliegen. Und diese berücksichtigte zuerst die Anforderungen aus den Beneluxländern.

Bei der Beschaffung von anderen Baumaterialien hatte der Kreis weitgehendst freie Hand; er beschlagnahmte die vorhandenen Bestände und verteilte sie nach Dringlichkeit.

In einem Schreiben an den Landrat Dr. Dresbach vom 27. Oktober 1945 bittet die „Baugesellschaft Oberberg" um „Holz für Deckenbalken und Dachstühle, damit die Zimmerarbeiten weitergeführt, bzw. vor dem Winter abgeschlossen werden können."

Am 29. Oktober 1945 verfügte das Kreisbauamt die Beschlagnahme des gesamten Baueisens — Herrn Lessenich, Kleinenbernberg, gehörend —, das oberhalb des Hauses Budde und am Brandteich lagerte. Die Beschlagnahmen waren stets vom britischen Militär-Gouverneur „abgesegnet".

Am 6. November forderte die „Baugesellschaft Oberberg" vom Kreisbauamt noch einmal mit Nachdruck das Bauholz für die Häuser Hornbruch, Eckenbach, Hildebrecht und Solbach in Piene.

Drei Tage später Anforderung des Kreises von 45 Tonnen Kalk beim britischen Kreisgouverneur zum Wiederaufbau von Piene.

Im Dezember und Januar ruhten anscheinend die Wiederaufbauarbeiten. Erst am 30. Januar 1946 erscheint in den Archivunterlagen ein Schreiben des Architekten Brands, Bergneustadt, das an das Kreisbauamt gerichtet ist. In der Anlage befinden sich die Holzlisten für Solbach, Donadell, Eckenbach, Hildebrecht, Hornbruch, Bock, Karl Bränker und Galka aus Piene, Rehr aus Neuenschmiede, Linde-Richling aus Lantenbach, August Albus aus Straße, Kaufmann jr. aus Brücken und Josef Hütte aus Belmicke. Aufgrund dieser Aufstellung fordert das Kreisbauamt für jeden Bauherren fünf Festmeter Bauholz vom Preußischen Forstamt Siegburg an, das auch die Staatsforsten im Oberbergischen verwaltet.

Im April 1946 besuchte Landrat Dr. Dresbach die Ortschaft Piene in der Gemeinde Lieberhausen. Dazu lesen wir in einer Aktennotiz:

„Am Dienstag, den 2.4. ds. Js. habe ich zusammen mit den Herren Oberkreis-Direktor Dr. Goldenbogen und Kreis-Inspektor Klein die Ortschaft Piene besichtigt. Der Gesamteindruck ist, daß keine Ortschaft, als Ganzes genommen, im Gebiet des Oberbergischen Kreises so gelitten hat, wie Piene. Die Unterkommensverhältnisse für Menschen und Vieh sind unwürdig. Die einzelnen Hauseigentümer haben Bauverträge abgeschlossen mit der Oberbergischen Baugemeinschaft. Die Bausummen, die mir genannt worden sind, erscheinen reichlich hoch, sodaß infrage kommt, die Preisbehörde mit einer Prüfung zu beauftragen.

Wichtiger aber als die Baufinanzierung und die Baukosten ist der Umstand, daß bei Wiederherstellung der Kriegsschäden so gut wie garnichts mehr geschieht. An verschiedenen Stellen sind Reparaturen vorgenommen worden. Man sieht gewisse Ziegelaufbauten. Aber man hat den Eindruck, daß seit einiger Zeit nichts mehr geschehen ist.

Der Ortsvorsteher Hornbruch berichtete mir, daß die Oberbergische Baugemeinschaft am 1.4.ds.Js. die letzten Baugeräte habe abfahren lassen. Seitdem hat sich der Bevölkerung eine große Hoffnungslosigkeit bemächtigt.

. . . .

Am 3.4. ds. Js. besichtigte ich morgens den Neubau der Garage des Fuhrunternehmers Theile in Pernze, auf der Strecke Pernze — Niederrengse. Dort war ein Arbeiter der Oberbergischen Baugemeinschaft mit tätig. Dann habe ich kurz den Wohnungsneubau des Kaufmanns Inkemann besichtigt, der nunmehr der Vollendung entgegengeht. Dort ist der Maurermeister Lange tätig.

Man kann der Meinung sein, daß ein Wohnungsneubau und ein Garagenneubau gegenwärtig nicht zu vertreten sind. Ich will mich dieser Meinung nicht absolut anschließen. Aber es ist ein unmöglicher Zustand, daß in derselben Gemeinde ein kriegsgeschädigter Ort vollkommen verlassen daliegt und dicht daneben ein Garagenneubau und ein Wohnungsneubau in Angriff genommen bzw. vollendet werden.

Ich habe die Absicht, den Leiter der Oberbergischen Baugemeinschaft — Herrn Rötzel — vor den Kreisausschuß laden zu lassen, d.h., für Mittwoch, den 10.4.ds.Js. — nachmittags 15.00 Uhr. Damit sich der Kreisausschuß selber ein Bild verschaffen kann, werde ich die Mitglieder des Kreisausschusses STUPLICH, KUSENBERG und Albert NOHL zu einer Besichtigung auffordern, die nach kurzer Vorbesprechung am Donnerstag, den 4.4.ds.Js. in meinem Dienstzimmer um 9.00 Uhr beginnen wird.

Ich halte es für richtig, daß auch der Leiter des Arbeitsamtes — Herr HERCHER — an dieser Besichtigung teilnimmt und werde ihn dazu bitten.

Durchschlag an: Herrn STUPLICH, KUSENBERG, Albert NOHL, STAMM, HERCHER und Oberkreis-Dir. Dr. Goldenbogen z.gefl. Kenntnisnahme.

gez. Dr. Dresbach"

Die Ergebnisse der Überlegungen und Pläne des Landrats Dr. Dresbach schlagen sich in nachfolgender Niederschrift nieder:

„Am Donnerstag den 4. April 1946 fand durch nachfolgende Herren des Kreisausschusses:

mit
Herr Bürgermeister Stuplich,
Herr Kusenberg,
Herr Nohl,
Herrn Gem.-Dir. Weiß als Vertr.d.Gem. Lieberhausen,
Herr Kreisbaumeister Stamm,
Herr Bauunternehmer Rötzel,
Herr Architekt Brands

ein Ortstermin in Piene statt, um an Ort und Stelle Maßnahmen zu erörtern, wie den durch die Kriegseinwirkungen schwer geschädigten Einwohnern von Piene geholfen werden kann. Bekanntlich wurden durch die Kriegseinwirkungen in Piene insgesamt 15 Anwesen beschädigt, bzw. zerstört. 4 geschädigte Häuser wurden soweit wieder hergestellt, daß mit dem Dachaufbau begonnen werden kann. Zunächst sind Holz, Zement, Ziegelsteine und Dachziegel zu beschaffen. Nach der beigefügten Holzliste des Herrn Architekten Brands kommen insgesamt 224,812 cbm Bauholz in Frage. Für die 4 erforderlichen Dachaufbauten werden 48,747 cbm Bauholz benötigt.

Es wird vorgeschlagen, aus dem zur Zeit vorhandenen Holz für die „Rheinländerhilfe" die erforderliche Menge bei den Sägewerken einschneiden zu lassen. Dieses Holz könnte demnächst aus den für den zivilen Sektor zur Verfügung stehenden Mengen an die „Rheinländerhilfe" erstattet werden.

Der Kreis hat eine Zuweisung über 20 to Zement für die Sofortmaßnahmen (Wohnungsbau) in Aussicht. Die Baustoffhandlung Wirth in Kotthausen ist mit der Abholung dieses Zementes beauftragt. Aus dieser Menge können 10 to für Piene abgezweigt werden.

Für die Ziegelsteine wären durch den Energiebevollmächtigten des Kreises 10 to Briketts und 10 to Kohle freizugeben. Die Homburger Dampfziegelei in Elsenroth ist bereit, gegen Stellung von 10 to Briketts 25.000 Ziegelsteine zu liefern. Ebenso hat sich das Ziegelwerk Cronrath in Boxberg (Waldbröl) bereit erklärt, gegen 10 to Kohle 20-25.000 Ziegelsteine zu liefern.

Bisher erhielt der Kreis eine monatliche Zuweisung von 6.000 Dachziegeln für das Wohnungsnotprogramm. Es wird vorgeschlagen, die demnächst eingehenden Ziegel zum größten Teil nach Piene zu leiten.

Nach Eintreffen der Ziegelsteine auf der Baustelle sind von dem Zementwerk in Niederseßmar 300 Sack Zementkalk nach Piene zu liefern.

Eisenscheine sollen nach Eingang ebenso zur Verfügung gestellt werden."

In den vom Kreisarchiv gesammelten Schriftstücken fällt auf, daß der Wiederaufbau von Piene durch das Fehlen von Bauholz für die Geschoßdecken und Dachstühle ungemein verzögert wurde. Sicherlich konnten die deutschen Behörden bei der britischen Militärregierung nur schwer Freigaben von Bauholz durchsetzen, da bereits 1945 viel Nutzholz als Reparationen für Großbritannien und die Beneluxstaaten eingeschlagen und geliefert werden mußte. Der Besuch Dr. Dresbachs in Piene brachte allem Anschein nach die energische Fortführung der Bauvorhaben in Piene, denn am 6. April 1946 mußte der Architekt Brands noch einmal die Holzanforderungen für die genannten Bauten an das Kreisbauamt einreichen.

Am 10. April 1946 fand dann im Landratsamt Gummersbach eine Kreisausschußsitzung statt, bei der für Piene wichtige Beschlüsse gefaßt wurden. Einführend berichtete der Bürgermeister von Lieberhausen, Weiß, über den Umfang der Zerstörungen in Piene und die für den Wiederaufbau vorgesehenen Maßnahmen. „Der Kreisausschuß sagt eine volle Unterstützung... zu." Folgende Beschlüsse wurden gefaßt:

Piene:

Aus dem Bestand der Firma Cronrath, Boxberg/Waldbröl, sind 15.000 Ziegelsteine zu beschlagnahmen.

Verhandlung mit der Kohlenstelle zwecks Verfügungstellung von 10 Tonnen Briketts für die Homburger Dampfziegelei (Lutter) in Elsenroth.

Freigabe von 300 Sack Zementkalk über Firma Bubenzer & Krefting an die Oberbergische Baugesellschaft.

Falls keine Dachziegel angeliefert werden, soll Zement aus der allgemeinen Zuteilung abgezweigt werden, zur Herstellung von Zementdachziegeln.

Das erforderliche Bauholz soll aus der „Rheinländerhilfe" genommen werden. Jedoch wurde dem Unternehmer Rötzel vorgeschlagen, das Holz aus der französischen Zone (gleich hinter Morsbach beginnend) zu holen, da dieses schon trocken sei.

Bau Theile, Pernze: Garagenneubau ist hinsichtlich Materialanfuhr unter Kontrolle zu nehmen.

Kriegsschaden Klein, Dieringhausen-Hohl: Vordringlich zu berücksichtigen. Es fehlen Zement und Dachziegel.

Nach wie vor war die Beschaffung von Bauholz mit großen Schwierigkeiten verbunden. Vermutlich hatten alle Sägewerke Holzreserven, die jedoch für die „Rheinländerhilfe" vorgesehen waren und nicht anderweitig verwendet werden durften. Der Kreis-Bauausschuß drängte jedoch die Sägewerksbesitzer, Holz für Piene aus der „Rheinländerhilfe" (zum Wiederaufbau von Köln usw.) zu nehmen und stellte eine spätere Auffüllung des Bestandes in Aussicht, was völlig ungewiß schien.

Am 30. April 1946 berichtete der Kreisbaumeister Stamm an den Landrat Dr. Dresbach, daß die Bauten Hornbruch, Donadell, Hildebrecht, Eckenbach und Solbach in Piene so weit gediehen sind, „daß mit der Verzimmerung sofort begonnen werden kann". Er fragt dann an, ob das Bauholz aus der „Rheinlandhilfe" genommen werden kann.

In der Zwischenzeit haben sich die verantwortlichen Stellen weiterhin um die Bereitstellung und den Einschnitt des benötigten Holzes bemüht. Am 10. Mai 1946 teilte das Kreisbauamt Architekt Brands mit, daß das Sägewerk und die Zimmerfirma in Meinerzhagen die Arbeiten für Piene nicht übernehmen kann. „Ich bitte Sie, sich mit Zimmermeister Domininghaus, Baldenberg, in Verbindung zu setzen, daß dieser in Gemeinschaft mit Josef Wigger, Wiedenest, die Arbeiten übernimmt."

Am 18. Mai wurde das in Kleinenbernberg beschlagnahmte Baueisen (von Lessenich) abgeholt und nach Piene gefahren.

Die Kosten des Wiederaufbaues von Piene wurden vom Staat getragen.

In einer Aktennotiz vom 4. Juni 1946 ist zu lesen:

„Bürgermeister Stuplich und Herr Nohl, sowie Bauunternehmer Rötzel und Kreisbaumeister Stamm haben die Baustellen in Piene besichtigt. Die Wiederaufbauarbeiten schreiten gut voran. Allgemeine Zufriedenheit bei den Kreisausschußmitgliedern. Es wird alles getan, um die Bauarbeiten rasch voranzutreiben."

Der Motor für den Wiederaufbau von Piene war Landrat Dr. Dresbach. Immer wieder drängte er seine untergebenen Dienststellen zum raschen Handeln. Am 27. Juli war er wieder in Piene. Dazu schrieb er an Kreisbaumeister Stamm:

„Ich habe den Eindruck, daß die Arbeiten gegenüber der letzten Besichtigung langsamer vorangehen. Vor allen Dingen fehlt es an Holz... zum mindesten mit Dachlatten geholfen werden könnte... Eine Besichtigung durch Sie (Stamm) ist dringend notwendig."

Am 2. August 1946 antwortete der Kreisbaumeister dem Landrat in einem Schreiben, daß die Bielsteiner Holzgroßhandlung und das Sägewerk Köster & Haas in Burgmühle (?) in der kommenden Woche Dachlatten anliefern bzw. mit dem Einschnitt von Dachlatten beginnen. Ende nächster Woche wird Piene mit Dachlatten beliefert.

Am 16. August forderte der Kreisbaumeister bei der Homburger Dampfziegelei (Lutter) in Elsenroth weitere 80.000 Ziegelsteine für Piene an.

Größte Schwierigkeiten brachte die Freistellung und das Einschneiden von Bauholz, was von der Besatzungsmacht genehmigt werden mußte. Wie bereits erwähnt, gingen große Mengen des in deutschen Wäldern geschlagenen Bauholzes nach Belgien, Luxemburg, den Niederlanden und Großbritannien. An zweiter Stelle rangierte die „Rheinländerhilfe", Bauholz für die zerstörten Städte Köln, Düsseldorf und andere. Die Gemeinden des Oberbergischen Kreises mußten sich selbst helfen. Sicherlich hatten die Sägewerke „schwarze Bestände", aus denen weniger geschädigten Hausbesitzern zur Instandsetzung ihrer Wohnstätten geholfen wurde, aber so große Anforderungen wie Piene stellte keine Gemeinde. Hinzu kam, daß dieser Ort infolge seiner Lage kaum Ausweichmöglichkeiten hatte, daß seine Bewohner in unzerstörten Nachbarhäusern unterkommen konnten. Zum Einschneiden des Holzes, der Balken, Dachlatten, Bretter, mußten die Sägewerke Lohnschnittgenehmigungen haben; ohne diese — insbesondere bei großen Mengen — ging kein Sägewerksbesitzer an die Arbeit, weil er jederzeit mit Kontrollen der Besatzungsmacht rechnen mußte. Am 7. August 1946 legte dann Major Iver von der britischen Militärverwaltung in Gummersbach seiner zuständigen Dienststelle, der Timber Licensing, Sektion North-Rhine Region, in Düsseldorf, Oxforthouse, einen Antrag auf Lohnschnittgenehmigung über 160 Festmeter Bauholz für Piene vor, die dem Sägewerk Weuste in Wiedenest genehmigt wurden. Nun ging es Zug um Zug, und bald hatten die Rohbauten in Piene Dachstühle. Endlich war es so weit. Nach über einem Jahr Kampieren in unwürdigen Behausungen konnten die Bewohner von Piene aufatmen, ihre Häuser standen vor der Fertigstellung. Es konnte Richtfest gefeiert werden, und zu Weihnachten 1946 waren die Dächer eingedeckt.

Piene wurde am 11.4.1945 von der 8. US-Infanteriedivision in Brand gesetzt. Aufnahme vom 26.10.1946 vom Wiederaufbau.

Überall fehlten die Männer. Trümmerfrauen beim Aufräumen.

Die Industrie- und Wirtschaftspläne für Deutschland

Briten und Amerikaner machten sich schon 1943 Gedanken über die Industrie und die Wirtschaft in einem besiegten und besetzten Deutschland. Sie kamen überein, alle der Kriegsproduktion dienende Betriebe zu demontieren oder zu zerstören. Alle lebensnotwendigen Industrien, Hoch- und Tiefbau, Bergbau und Energie, Handel und Verkehr, und besonders die Landwirtschaft sollten erhalten und gefördert werden, um den Deutschen ein Existenzminimum zu sichern.

In der Konferenz von Potsdam trat auf amerikanischer Seite Harry S. Truman für den verstorbenen Franklin D. Roosevelt auf, und im Verlauf der Konferenz dann auch noch als Vertreter Groß-Britanniens Clement Attlee für Winston Churchill. Beide Politiker waren nüchterne Pragmatiker, mit den politischen Realitäten vertraut und gefühlsmäßig weder mit der früheren Politik, noch mit bestimmten Persönlichkeiten — wie Stalin — verbunden. Sie kamen ohne große Illusionen nach Potsdam und wollten erreichen, was sie erwarten konnten. Aber bald wurden die Meinungsverschiedenheiten zwischen Ost und West immer größer, sodaß es im Nachhinein als ein Wunder erscheint, wenn doch noch die Grundlage einer gemeinsamen Wirtschaftspolitik für Deutschland gefunden werden konnte mit folgenden Grundzügen:

1. Vernichtung des deutschen Kriegspotentials. Wirtschaftliche Abrüstung. Entflechtung der deutschen Industrie. Verhinderung von Konzentrationen, um bei den Kartellen und industriellen Großunternehmen die Machteinwirkung auf die Politik künftig auszuschließen.

2. Reparationsleistungen an Länder, die von Deutschland geschädigt worden sind. (Die Russen wollten eine Viermächtekontrolle über das Ruhrgebiet und das Rheinland, und die Hälfte aller von Deutschland zu leistenden Reparationen. Dagegen sperrte sich besonders Attlee. Die Konferenz drohte zu platzen.)

3. Förderung von Bergbau und Landwirtschaft, sowie der Friedenswirtschaft dienende Industrie. Ingangsetzung und Ausbau des Transportwesens und des Wohnungsbaues.

Auf dieser Grundlage wurde am 26. März 1946 von den Alliierten der Industrieplan für Deutschland beschlossen.

Alle Einzelpläne waren darauf angelegt, den Deutschen einen Lebensstandard zu gewähren, der den der anderen europäischen Länder nicht übersteigen sollte. Deutschland sollte im Wirtschaftlichen von allen Besatzungsmächten als einheitliches Ganzes behandelt werden, doch die Gegensätze zwischen Ost und West wurden immer größer und schließlich schlug jede Seite einen eigenen Weg ein.

Heftigen Streit gab es z.B. um die Festsetzung der künftigen deutschen Stahlproduktion und anderer Quoten — Werkzeugmaschinen, schwere Traktoren, Rohaluminium, syntetischer Treibstoff —, die zwischen 15 und 50% der deutschen Vorkriegsproduktion betragen sollten.

Im Potsdamer Abkommen war festgelegt, den Deutschen genügend Mittel zu belassen, um ohne fremde Hilfe existieren zu können. Es enthielt aber auch die Verpflichtung, für alle industriellen und wirtschaftlichen Schäden aufzukommen, die Deutschland anderen europäischen Staaten zugefügt hatte, d.h. eine Entschädigung mit Industrieanlagen und Gütern, sowie Kohle, Kali, Holz usw. Die UdSSR und Polen sollten neben allen Reparationen aus der sowjetischen Besatzungszone auch noch 10% der Reparationen aus den Westzonen erhalten. Gemischte Kommissionen — darunter auch jugoslawische und tschechische — bereisten alle Zonen und suchten u.a. nach Maschinen, die während des Krieges aus ihren Ländern nach Deutschland verbracht und in die Kriegsproduktion eingespannt worden waren. Die Kommissionen legten fest, welche Industriebetriebe, Maschinen und Ausrüstungen für Reparationen in Frage kommen und demontiert werden sollten.

Nachdem im April 1946 zugunsten der Sowjetunion u.a. eine Bremer Schiffswerft und Teile einer Kugellagerfabrik und eines Flugzeugwerkes aus der britischen und amerikanischen Zone abgebaut worden waren und ein Ausgleich an Nahrungsmitteln aus der sowjetischen Besatzungszone nicht „gezahlt" wurde, ließen die Westmächte in ihren Zonen die Russen nicht mehr demontieren.

Schon bei Kriegsende wurde erkennbar, daß Kohle europaweit fehlte, um die Industrien und die Stahlerzeugung wieder in Gang zu bringen. (Nach dem Morgenthau-Plan sollten die Ruhrzechen unter Wasser gesetzt werden.) Im Zuge dessen setzten die Briten alles daran, die Kohleförderung im Ruhrgebiet auf den höchstmöglichen Stand zu bringen. Bergleute wurden bevorzugt aus der Kriegsgefangenschaft entlassen und berufsfremde junge Leute für den Bergbau verpflichtet. Um ihnen Anreize zu bieten, gab es Verpflegungszulagen und andere Vergünstigungen. Über zwei Drittel der Förderung ging nach Großbritannien, Frankreich und den Beneluxstaaten. 1943 förderten die Ruhrzechen 144 Mio. To. Kohle. 1945 waren es nur 35,5 Mio. To. und 1946 knapp 54 Mio. To. Davon erhielten die Deutschen nicht einmal ein Drittel.

1946 standen 2000 deutsche Betriebe und Werke auf der Demontageliste, 1947 waren es nur noch 700 (ausschließlich Sowjet-Zone), und 1949 wurde die Demontage ganz gestoppt.

Anfangs standen auch viele Betriebe im Oberbergischen auf der Demontageliste, und es galt nachzuweisen, daß sie für die Friedensindustrie und den Wiederaufbau benötigt wurden. Wie weit konnte der Begriff „Kriegsproduktion" überhaupt gefaßt werden? Wo doch alle Betriebe im Laufe des Krieges in die Kriegsproduktion eingespannt worden sind? So fertigte z.B. Steinmüller in Gummersbach Chassieteile für Panzerspähwagen, Schmidt + Clemens in Berghausen Sonderstähle und U-Boot-Teile, Dr. H. E. Müller in Bergneustadt Teile für den Flugzeugbau.

Bald nach der Besetzung des Oberbergischen Landes durch die Amerikaner bemühten sich Leitungen und Belegschaften um die Wiederingangsetzung ihrer Betriebe. Wo die alten Führungskräfte wegen NS-Parteizugehörigkeit ihr Werk nicht mehr betreten durften, traten „Unbelastete" an ihre Stelle. In der Stunde der Not wuchsen alle Werksangehörigen mit ihrem Werk zusammen, wie nie zuvor. Alle Belegschaften waren von dem Willen beseelt, durch unermüdliche Arbeit ihre Werke, ihren Betrieb wieder anlaufen zu lassen. Ihr Betrieb, ihr Werk war ja ihre Lebensgrundlage, gab ihnen Arbeit und Brot. Ihr Fleiß und Arbeitswille, ihre Zähigkeit Widerstände zu überwinden, sind mit heutigen Maßstäben nicht zu messen. Und das alles bei den Hungerrationen, die es auf den Lebensmittelkarten gab. Bei unzureichender Bekleidung, geflickten Schuhen, bei weiten Fußmärschen zum Werk, oder mit Fahrrädern, die auf „Vollgummi" liefen, weil es keine herkömmliche Fahrradbereifung gab.

Bald rollt wieder die Straßenbahn.

Neubeginn bei Schmidt+Clemens

Ende des Krieges hatte die Firma Schmidt + Clemens in Berghausen/Kaiserau über 2000 Beschäftigte.

Im Zuge der Einnahme des Oberbergischen Landes durch die 78. US-Infanteriedivision, die von der Sieg her angriff, fielen am 11. April 1945 Gummersbach und am 12. April Ründeroth und das gesamte Leppetal in amerikanische Hand. Damit begann auch die Besetzung des Edelstahlwerkes Schmidt + Clemens in Berghausen/Kaiserau. Die letzten Betriebsangehörigen mußten das Werk verlassen und durften es zunächst nicht wieder betreten. Die Amerikaner verpflichteten lediglich eine kleine Notbelegschaft, um die Strom- und Wasserzufuhr sicherzustellen, da das Werk als sogenanntes Befreiungslager für Russen und Ukrainer vorgesehen war, wie bereits im Kapitel „Plünderungen und Überfälle" beschrieben.

Mit den beiden Chefs fand sich bald im Zweigbetrieb Bickenbach eine kleine Schar von Mitarbeitern zusammen, die beratschlagten, was nun zu tun sei und wie es weitergehen sollte. Zunächst wurden die wenigen geborgenen Unterlagen geordnet. Carl Schmidt kam vom Haus Espen in Berghausen zu Fuß nach Bickenbach und Alfred Schmidt, der in der Grotenbachstraße in Gummersbach wohnte, mit Pferd und Wagen.

Im improvisierten Büro von S+C in Bickenbach erschienen Ende Juni 1945 zwei Offiziere der britischen Besatzungsmacht — sie hatte das Gebiet inzwischen von den US-Truppen übernommen — mit dem Vertreter einer Ofenbaufirma, um bestimmte Typen der von S+C in den letzten Kriegsjahren produzierten Gußteile für Ofenroste in Steinkohlenkraftwerken im Ruhrgebiet abzuholen, falls solche noch vorhanden waren. Glücklicherweise waren alle Lagerbestände inzwischen neu registriert und karteimäßig erfaßt worden, sodaß man den britischen Offizieren sagen konnte, daß sich die benötigten Roststäbe im Hauptwerk befinden würden. In mehreren Abholaktionen wurde das Lager so gelichtet, daß an eine Neuproduktion der Roststäbe gedacht werden mußte und somit S+C auf eine Genehmigung zur Aufnahme einer Teilproduktion im Werk Berghausen/Kaiserau rechnen konnte. Bergbau und Energie hatten bei allen Besatzungsmächten absoluten Vorrang. Nach Verhandlungen mit britischen Besatzungsbehörden in Essen und Düsseldorf erhielt Schmidt + Clemens am 24. September 1945 das „Permit" für die Aufnahme der Produktion von Kraftwerks-Roststäben und Pumpenteilen für den Bergbau. Im Permit, der Produktionsgenehmigung, ist die Höchstzahl der Beschäftigten mit 250 und des monatlichen Stromverbrauchs von 400.000 Kilowattstunden angegeben, an die sich der Betrieb zu halten hatte. Die vorgesehene Demontage des Werkes war damit zunächst abgewendet.

H.Q. MILITARY GOVERNMENT NORTH RHINE PROVINCE
(INDUSTRY)

Ref. No. ....

PERMIT
(GENEHMIGUNG)

Authority is hereby given for the undermentioned firm to operate:
(Nachstehender Firma wird hiermit Fertigungserlaubnis erteilt:)

SCHMIDT & CLEMENS
BERGHAUSEN BEZ. KÖLN

Products authorized:
(Genehmigte Erzeugnisse bzw. Fertigung:)

SPARE GATES FOR MARTIN GRATE FURNACES,
PARTS FOR COAL DUST MILLS, BOILERS LININGS,
ACID PROOF PARTS OF PUMPS ETC.

(No goods other than the foregoings will be produced without authority from this H.Q.)
(Keine anderen als die vorstehend genannten Erzeugnisse dürfen ohne Genehmigung dieser Dienststelle hergestellt werden.)

Maximum number of employees authorized: 250
(Genehmigte Höchstzahl der Beschäftigten:)

Maximum consumption of Electricity authorized: 400.000 kwh p.month
(Genehmigte Höchstmenge der Stromentnahme:)

This Permit does not carry with it any preferential status in the procurement of raw materials, power or transport. It is liable to be withdrawn at any time in which event it will be surrendered to this H.Q. on demand.

(Mit dieser Genehmigung ist keine bevorzugte Behandlung bei der Arbeitsbeschaffung, der Rohmaterialbeschaffung, Stromversorgung oder Transportgelegenheit verbunden. Sie kann jederzeit zurückgezogen werden und ist dann auf Verlangen dieser Dienststelle zurückzugeben.)

Lt Col. SO/I Econ 11

Date: Düsseldorf, 24th Sept.1945

H.Q. MILITARY GOVERNMENT
NORTH RHINE PROVINCE
(INDUSTRY)

This certificate is the property of the Mil. Gov. and is to be safeguarded. It will be produced on the order of any competent authority.
(Diese Bescheinigung ist Eigentum der Militär-Regierung und ist sicher aufzubewahren. Sie ist auf Verlangen der zuständigen Stelle vorzuweisen.)

Copies: LWA
1014 022 K/Dt.
      008 I/R Dot.
      Pub.Utilities

Der glückliche Umstand zur Aufnahme der Produktion von notwendigen Teilen für Kraftwerke — Strom ging zu dieser Zeit über Verbundnetze auch als Reparationslieferungen in die Beneluxländer — sicherte Schmidt + Clemens das Überleben.

Halten wir nun zunächst Rückschau, wie es zur Aufnahme der Produktion von Roststäben bei Schmidt + Clemens kam:

1943 fielen die Gießereien von Krupp in Essen und Rheinmetall in Düsseldorf durch Luftangriffe völlig aus, sodaß ein neuer Zulieferant für Ofenroste aus Chromstahlguß für Kohlefeuerungsanlagen gesucht werden mußte. Dabei trat man schließlich an S+C heran. Obwohl das — kaufmännisch gesehen — kein besonderes Geschäft zu werden versprach und die gewünschten Mengen nicht sehr groß waren, sagte die Firmenleitung zu — nicht zuletzt im Hinblick auf den ungewissen Ausgang des Krieges und eine künftige Friedensfertigung. Die Roststäbe wurden überwiegend in Zechenkraftwerken zur Verbrennung sogenannter Mittelprodukte (minderwertiger Steinkohle) verwendet und dienten damit zur Energieerzeugung, die trotz aller Anstrengungen des Bergbaues und der Kraftwerke lange Zeit nach dem Kriege völlig unzureichend war. Dieser Notlage verdankt Schmidt + Clemens die Wiederaufnahme der Produktion im Werk Berghausen/Kaiserau.

Nach Russen, Ukrainern und Italienern, die nacheinander im Werk Berghausen/Kaiserau untergebracht waren, befanden sich mit Erteilung der Genehmigung (Permit) zur Wiederaufnahme der Produktion noch etwa 700 Polen im Werk. Ein Zaun trennte das Lager von den Betriebsabteilungen.

70 Männer der alten Belegschaft fingen im September 1945 bei Schmidt + Clemens wieder an. Zunächst waren tagelange Aufräumungsarbeiten notwendig. Vieles war mutwillig zerstört, so z.B. fast alle Schalt- und Steuerungskästen an den Maschinen. Doch bald konnte die Gießerei wieder arbeiten und wenig später auch andere Abteilungen. In kurzer Zeit wuchs die Belegschaft auf die genehmigten 250 Mann an. Die ersten Roststäbe wurden fertig, aber auch andere Teile für schwere Bergwerksausrüstungen und Pumpen. Es ging langsam wieder aufwärts.

Neben den Aufträgen für Kraftwerke und den Bergbau half die Firma Schmidt + Clemens wo sie konnte auch in der näheren Umgebung. So wurden u.a. auch folgende Aufträge ausgeführt:

— Instandsetzung einer Schlammpumpe für das Krankenhaus Marienheide.
— Neuanfertigung einer Saugpumpe für die Wasserleitungsgenossenschaft Hartegasse.
— Reparatur von zwei Pumpen für die Wasserversorgung von Berghausen.

Im Sommer 1946 wurde der Pumpenbau bei S+C erweitert. Nach Besserung der Materiallage erhielt das Werk im November 1946 den ersten großen Auftrag von großen Pumpen für ein großes Chemiewerk, das mit der Herstellung von Chemiefasern begonnen hatte. Im gleichen Monat kam ein großer Auftrag über Pumpenlaufräder für eine große Ruhrzeche herein. Und so ging es dann laufend weiter. Schließlich führte der Wiederaufbau der Geschäftsverbindungen zur stetigen Erweiterung der Produktion sowohl im Guß- wie im Schmiedebereich.

Neubeginn bei der Firma L. & C. Steinmüller, Gummersbach

Als am 11. April 1945 amerikanische Truppen Gummersbach besetzten, litt das Werk Steinmüller unter den Zerstörungen vorausgegangener Luftangriffe und konnte in diesem Zustand keinen Produktionsbetrieb aufnehmen. Im Werk beschäftigt gewesene ausländische Arbeiter und Kriegsgefangene zerstörten mutwillig noch letzte funktionstüchtige Einrichtungen. Mit aufgebrochenen Schränken, Schreibtischen und zerstreut in den Räumen herumliegenden Akten sah es bei der Verwaltung nicht anders aus.

Der damalige Firmeninhaber, Herr Dr. Carl Hugo Steinmüller, durfte das Werk nicht mehr betreten. Das gleiche Los traf sechs leitende Mitarbeiter, die der NSDAP (NS-Partei) angehörten. Von der US-Militärregierung wurde ein Schwiegersohn des Firmeninhabers, Herr Ingenieur Jean Gustave Stoltenberg-Lerche, als neuer Bevollmächtigter der Firma eingesetzt.

Jean Gustave Stoltenberg-Lerche wurde am 3. März 1898 als Sohn des norwegischen Bildhauers Hans Stoltenberg-Lerche in Paris geboren. Entgegen der Familientradition ergriff er einen technischen Beruf. Nach seiner Ausbildung zum Ingenieur war er in verschiedenen Unternehmen in England und Deutschland tätig. In Düsseldorf lernte er Herta Steinmüller kennen und heiratete sie im Jahre 1930.

Dem neuen Bevollmächtigten der Firma Steinmüller wurde Herr Oberingenieur Werner Oehler als Assistent beigegeben, der sich in allen Abteilungen und den externen Belangen des Werkes auskannte. Mit Herrn Oehler wurden die personell besten Voraussetzungen gegeben, das Werk wieder aufzubauen, und mit Lieferungen des Werkes letztlich auch Energieversorgungsanlagen wieder anfahren zu können.

Zerstörte Kesselbau-Halle.

Links Werner Oehler, 1940.

Voraussetzung für den Wiederaufbau des Werkes war ein Permit, das nur die Besatzungsbehörde erteilen konnte.

Mit dem Versuch einer ersten Kontaktaufnahme — ausgestattet mit der behördlich erforderlichen Fahrgenehmigung — machten sich bereits zwei Wochen nach dem Ende der Kampfhandlungen Oberingenieur Werner Oehler und Dr. Ingenieur Günter Mönninghoff auf den Weg nach Essen. Hier sollten Möglichkeiten der Arbeitsaufnahme erkundet und eine Fürsprache bei der Wirtschaftsabteilung der Militärbehörde erwirkt werden, die sich in der ehemaligen Hauptverwaltung Krupp etabliert hatte. Beide Herren müssen bei ihrer Vorstellung einen derartig überzeugenden Eindruck hinterlassen haben, daß bereits wenige Tage später, am 24. Mai 1945, das für Steinmüller und letztlich für die Stadt Gummersbach entscheidende Permit zum Wiederaufbau und zur Produktionsaufnahme des Werkes erteilt wurde.

Mitte Juni 1945 wechselte die Besatzungsmacht, als Gummersbach mit seinem Einzugsgebiet zur britischen Besatzungszone kam. Die Zusammenarbeit mit den zuständigen Wirtschaftsoffizieren war positiv. Ihnen dürfte es zu verdanken gewesen sein, daß sich das Werk innerhalb der Reparationsleistungen nur von einer Werkzeugmaschine hat trennen müssen.

Zuerst ging man bei Steinmüller — wie in allen Betrieben — daran, im Werk und in den Büros aufzuräumen, zu säubern, zu ordnen. Dann wurden die Gebäude und Hallen instandgesetzt. Materialmangel zwang zu Improvisationen. Die Arbeit wurde mit Mitarbeitern bewältigt, die infolge kriegsbedingter Minderernährung nicht voll leistungsfähig waren, doch ihr Arbeitswille war einzigartig. Die Lebensumstände der Steinmüllerleute, die nach Erhalt des Permits wieder anfangen durften in ihrem Werk zu arbeiten, waren — wie bei allen Deutschen — von Not und Elend, Hunger, Wohnungsnot und Mangel an den elementarsten Dingen des täglichen Lebens gekennzeichnet. Dazu kam, daß dieses Personal zum Teil stark überaltert war. Rund 400 jüngere Stammarbeiter von Steinmüller befanden sich noch in der Kriegsgefangenschaft. Das Arbeitsamt konnte die neuen Personalanforderungen von Steinmüller nur unbefriedigend erfüllen. Insbesondere fehlten jüngere Fachkräfte wie Schlosser, Dreher, Schweißer und Rohrbieger. Heimkehrende Soldaten, ob ehemalige Betriebsangehörige oder Fremde, wurden vom Werk aufgenommen und vielfach direkt von der Straße eingestellt. Heute sind einige davon schon über 40 Jahre bei Steinmüller und zum Teil ausgezeichnete Ingenieure und leitende Montagefachkräfte geworden.

Die Instandsetzungsarbeiten wurden mit großem Eifer bewältigt. Die zerstörte Kesselbauhalle bekam z.B. ein vollständig neues Dach. Dazu mußten neue Dachbinder hergestellt werden. Für diese einzigartige Konstruktion kamen Rohre und

Stahlprofile aller erdenklichen geometrischen Formgebungen zur Verwendung, die noch als Altlagerbestände zur Verfügung standen. Die bis heute unverändert gebliebene Schweißkonstruktion bildete für die damalige Zeit — auch statisch gesehen — eine erwähnenswerte Sonderleistung.

„Mit der Erteilung des Permits war nicht die Frage gelöst, was produziert werden sollte," lesen wir im „Steinmüller Blatt" (Betriebszeitung) vom Juni 1963. „Niemand konnte zu dieser Zeit ahnen, welchen Weg die deutsche Industrie beschreiten würde, ob überhaupt ein Wiederaufbau möglich sei oder nicht, zumal bei den damaligen Feindstaaten die widersinnigsten Pläne bestanden. Eine Beschäftigung für die Belegschaft mußte aber gesucht werden, und so kam man auf eine ziemlich ausgefallene Idee: Auf fast allen Bahnhöfen standen zerschossene Lokomotiven herum, die instandgesetzt werden mußten, falls überhaupt ein einigermaßen normaler Eisenbahnverkehr wieder ermöglicht werden konnte. Hieran waren auch die Besatzungsmächte außerordentlich interessiert, und so gelang es der Firma, Reparaturaufträge für Lokomotiven zu bekommen, obwohl wir ja niemals auf diesem Gebiet tätig gewesen waren. Auf dem Werksgelände standen nun schon bald alle möglichen Typen von Lokomotiven, deren Kessel bzw. Feuerungen beschädigt waren und die von unseren Fachkräften instandgesetzt wurden.

Durch Umsetzung nicht beschädigter Maschinen in ebenfalls unbeschädigte Hallen wurde die Voraussetzung geschaffen, auch die Normalproduktion wieder in die Wege zu leiten, aber zunächst fehlten auch hier alle Aufträge. So wandte man sich voll dem Wiederaufbau des Werkes zu... Der Wiederaufbau machte so gute Fortschritte, daß bereits am 1. Oktober 1945 die Firma wieder 1200 Arbeiter und Angestellte beschäftigte."

Am 1. Januar 1946 wurde Herr Ober-Ingenieur Werner Oehler zum Betriebsleiter ernannt. Ihm oblag nun in der Hauptsache die Verantwortung für den Wiederaufbau und die Produktion des Werkes, während Herr Stoltenberg-Lerche, inzwischen zum Generaldirektor bestellt, für die Geschäftsführung zuständig blieb. Oehler war schon in den 30-er Jahren als Steinmüller-Ingenieur mit internen und externen Sonderaufgaben beauftragt. Als der Krieg ausgebrochen war, erwirkte die Firma für ihn eine unabkömmlich-(u.k.-)Stellung. Im Sommer 1940 — nach dem Frankreichfeldzug — reparierte Oehler mit Mitarbeitern die teilzerstörte Kesselanlage des Straßburger Kraftwerkes. Davon erfuhr General Wellmann, Wehrmachtsbeauftragter für Energiefragen in von Deutschland besetzten Ost-Ländern, und bestellte Oehler zu sich nach Berlin. Nach einer längeren fachlichen Aussprache stand für Wellmann fest, daß Oehler für ganz spezielle Wiederaufbauarbeiten in den besetzten Ostgebieten besondere Voraussetzungen erfüllt. Als dann deutsche Truppen in der Sowjetunion standen, reparierte Oehler mit einem Team dort

Kessel- und Feuerungsanlagen, u.a. im Kraftwerk Sugress in der Ukraine. Danach entwickelte er gezielte Schweißpraktiken für die Vorfertigung von U-Boots-Schalen und gepanzerte Mannschaftswagen im Werk Gummersbach; dadurch wurde er immer weiter u.k. gestellt. So hatte Steinmüller gleich nach der Stunde Null einen hervorragenden Fachmann für den Wiederaufbau zur Verfügung, der kein Parteigenosse der NSDAP war.

Schon bald nach der Besetzung Deutschlands ließen die Besatzungsmächte neue (alte) politische Parteien und Gewerkschaften zu. Die Gewerkschaften gaben die Parole aus: „Hitler ist tot, die Gewerkschaften leben!" Die von Hitler verbotenen Gewerkschaften erwachten zu neuem Leben; auch bei der Firma Steinmüller. Es wurde ein Betriebsrat gewählt — Vorsitzender Herr August Brensing — und dazu folgende Ausschüsse:

1. Allgemeine Verwaltung;
2. Ausschuß für soziale- und Unfallbetreuung;
3. Tarif- und Akkordregelung;
4. Pensions- und Unterstützungskasse;
5. Jugendausschuß.

Hauptanliegen des Betriebsrates war es, eine weitgehende Mitbestimmung zu erwirken. Von der Militärregierung war vorgegeben, daß in jedem Vierteljahr eine Betriebsversammlung stattfinden sollte, mit Rechenschaftsberichten und Erörterung betrieblicher Fragen. Bei Steinmüller fand die erste Betriebsversammlung am 4. Januar 1946 statt.

Parallel dazu liefen viele Gespräche zwischen Betriebsführung und Betriebsrat, insbesondere über die 1946 verstärkt angelaufene Entnazifizierung und die damit verbundene Entfernung oder Rückstufung ehemaliger Parteigenossen der NSDAP. Dies betraf nicht nur Verwaltungsangestellte, sondern auch ausgezeichnete Praktiker wie Ingenieure, Meister und Vorarbeiter. Laut alliierter Anordnung durfte kein ehemaliger Parteigenosse mehr eine vorgesetzte Stellung bekleiden. Darüber wachte der Betriebsrat, doch wie bei jeder Neuordnung wurde anfangs über das Ziel hinausgeschossen und die Anordnungen zum Teil zu engstirnig ausgelegt. Beide Seiten versuchten mit Beharrlichkeit und Überzeugungskraft ihren Willen durchzusetzen. Letztendlich kam es bei Steinmüller — zum Wohle des Werkes — immer wieder zu Kompromissen.

Belastete ehemalige Mitarbeiter, die im Zuge der Entnazifizierung nicht mehr bei Steinmüller arbeiten durften, kamen nach Rücksprache und Genehmigung durch den Betriebsrat wieder ins Werk und wurden in untergeordnete Stellungen als Gießerei-Hilfsarbeiter, Schlosser und Dreher usw. eingesetzt. Mit ausschlaggebend dazu war der Mangel an Fachkräften bei immer mehr Arbeitsauf-

Wiederaufbau bei Steinmüller

Werk Steinmüller

trägen. Der untergeordnete Einsatz zeitigte aber auch positive Seiten wie folgendes Beispiel: Ein Kesselrohrkonstrukteur, der ein Jahr lang als Rohrbieger arbeiten mußte und mit praktischen Spitzfindigkeiten vertraut wurde, machte später als Konstrukteur die besten Zeichnungen für die Arbeiten oft sehr schwieriger Rohrverformungen.

Trotz mancher Gegensätze zwischen Betriebsführung und Betriebsrat war doch bei allen der gute Wille zur Zusammenarbeit und zum beschleunigten Wiederhochbringen des Werkes Steinmüller immer vorhanden. Mit viel Fleiß und Geschick wurde wieder aufgebaut. Beharrlich und zielstrebig wurden die notwendigen Betriebsstoffe wie Kohle, Eisen, Holz, Werkzeuge usw. beschafft. Der für die oberbergische Wirtschaft zuständige britische Verwaltungsoffizier, Mister Mordecay, war fair und half wo er konnte.

Für inzwischen möglich gewordene Steinmüller-Lieferungen konnten Gegengeschäfte erzielt werden, die oftmals auch als Lebensmittel, Arbeitskleidungen oder fehlende Betriebsstoffe hereingebracht werden konnten. Der Werksleitung war es ein besonderes Anliegen, zusätzliche Lebensmittel der Werksküche zuzuführen, um jedem Mitarbeiter während dieser Zeit ein warmes Mittagessen zu geben. Die Verteilung sonstiger Waren übernahm der Betriebsrat.

Die Werksküche von Steinmüller leitete seit 1938 die evangelische Diakonie-Schwester Wilhelmine Lambeck. In einem Brief vom 18. Oktober 1981 schrieb sie an den Personalchef von Steinmüller u.a.: „Heute, leider wohl verspätet, möchte ich mich sehr herzlich bei Ihnen und Schwester Edith Hogeweg bedanken für die Gratulation zu meinem 85. Geburtstag... Ich begann meine Tätigkeit am 1. November 1938... Herr Dr. Vohswinkel führte mich in meinen Dienst ein... Täglich mußten 750 Mittagessen gekocht werden... Dann brach der Krieg aus... 1940 war es so, daß wir die Werksküche auch der Wehrmacht mit zur Verfügung stellen mußten... es war nicht immer ganz einfach. Die Lebensmittelkarten wurden eingeführt — das Einteilen der immer knapper werdenden Lebensmittel erschwerte vieles. Wir standen immer unter Kontrolle... Bei Kriegsende kamen die Amerikaner und beschlagnahmten das ganze Werk. Auch die Werksküche mußte räumen, und wir mußten in die Barackenküche ‚am Erpelchen' ausweichen. Später, als die Truppen abgezogen waren, konnten wir dann wieder die Werksküche einnehmen..."

In der Steinmüller-Betriebszeitung vom Juni 1963 lesen wir: „Es folgten die schlechten Jahre 1946 bis 1948. Was ist damals nicht alles getan worden, um den Betrieb aufrecht zu erhalten, was mußte nicht alles ‚kompensiert' werden, um Werkstoffe und Maschinen zu bekommen, um den Schaffenden im Werk zusätzliche Nahrungsmittel und Kleidung zu besorgen! In diesen Jahren gehörte viel Mut und Optimismus dazu, den Glauben an die Zukunft nicht zu verlieren... Man atmete richtig auf, als Reparaturaufträge für Kesselanlagen, die durch Bombenangriffe oder andere Kampfhandlungen zerstört waren, insbesondere von den Zechen des Ruhrgebietes einliefen..."

1945/46 reparierte die Firma Steinmüller zunächst Lokomotiven aller Art, sowie Kessel-, Kraftwerks- und Hygieneanlagen. Die Auftragseingänge waren sehr gut, dabei blieb der Engpaß an Facharbeitern, besonders an Monteuren, Schlossern und Schweißern bestehen. In der ersten Hälfte des Jahres 1946 kamen dann auch erste Aufträge aus der amerikanischen und französischen Besatzungszone hinzu. Daneben wurden aus Rohrreststücken sogenannte „Kanonenöfen" gebaut, die im Oberbergischen Kreis an Bedürftige zur Warmhaltung ihrer Wohnungen verteilt wurden.

Im März 1946 fand bei Steinmüller eine Pressekonferenz mit anschließendem Rundgang durch die Betriebsabteilungen statt. Das Ergebnis liegt in einem Zeitungsbericht vor, der auszugsweise so wiedergegeben wird:

„Genau ein Jahr ist's her. Von der nahen Front stoßen amerikanische Jagdbomber in heulendem Sturzflug auf Gummersbach nieder, ziehen hoch, stoßen wieder herunter. Bordkanonen und MGs speien flammende Perlenketten auf Dächer und Hallen des Dampfkesselwerkes vor dem Bahnhof. Plötzlich der Ruf aus den dichtgefüllten Bunkern am Stadtrand: ‚Das Werk Steinmüller brennt!' Schwarze Rauchwolken wälzen sich über das Werk. Aus immer neuen Brandherden züngelt die rote Lohe hoch. An mehreren Tagen wiederholen sich die Angriffe... Noch in seinen letzten Zuckungen hat die Kriegsfurie das Werk gepackt, das einst an fernste Meeresküsten seine Erzeugnisse versandte. Über 2500 Arbeiter, Angestellte, Techniker und Ingenieure schafften hier in Friedenszeiten. Am Kriegsende lagen Kesselschmiede und Vorwärmewerkstatt in Trümmern. Presserei, Schreinerei, Modellager, Kalibrier- und Lehrwerkstatt wurden stark beschädigt.

Über die Aufbauarbeiten gab der jetzige Generaldirektor, Herr Stoltenberg-Lerche, unserem Vertreter ein Presseinterview. Auf die Frage, welche Abteilungen sofort nach Kriegsende auf Friedensproduktion umgestellt werden konnten, wurde uns geantwortet, nur 5 % des Werkes seien mit der Fertigung von Kriegsmaterial beschäftigt gewesen. Presserei, Lehrwerkstatt und Kalibrierwerkstatt wurden schon in den ersten Monaten wieder unter Dach gebracht, Kesselschmiede und Vorwärmewerkstatt anderweitig installiert. Zum Glück sind die wichtigsten Maschinen gerettet worden. Alle diese Abteilungen arbeiten jetzt wieder produktiv. Zuerst wurden Lokomotiven... in der Rohrwerkstatt repariert, dann liefen Aufträge zur Erneuerung von Kesselanlagen für Gas-, Wasser-, Elektrizitäts- und

Der Steinmüller 2/82

Für die „Älteren" zur Rückbesinnung auf die Zeit echter Not und für die „Jüngeren" als nachträglichen Anschauungsunterricht zum besseren Verständnis einer Zeit, die sie selbst nicht (oder nicht bewußt) erlebt haben.

Wer weiß wo?

Wir suchen:

Allgemeine Werkzeuge

Januar-Februar Ausgabe 1946

Das Jahr 1945 liegt hinter uns:

Es war ein schweres Jahr. Durch das Kriegsende lag unser Werk vollständig still. Im Mai begann die Wiederaufnahme der Arbeit mit 238 Betriebsangehörigen, nachdem die Militär-Regierung die Genehmigung zur Weiterarbeit erteilt hatte. Der Geschäftsführung gelang es, die Produktion wieder anlaufen zu lassen. Eins der größten Probleme war - die Materialbeschaffung. Mancher Mitarbeiter hat uns hierbei durch sein Interesse im vergangenen Jahr wertvolle Hilfe geleistet. Bisher konnten wir den Anforderungen, die an uns zur Wiederingangsetzung wichtiger Kraftwerksanlagen gestellt wurden, gerecht werden. Der Reichsbahn konnten wir in der Zeit des vollkommen daniederliegenden Verkehrs helfen durch die Reparatur von Lokomotiven. Unter schwersten Verhältnissen wurde im vergangenen Jahr ein Neuanfang zu fruchtbarer, friedlicher Arbeit gemacht.

Weihnachten

versammelte sich die Belegschaft vollzählig vor dem Verwaltungsgebäude und hörte Ansprachen unseres Generaldirektors, Herrn Stoltenberg-Lerche, und des Betriebsratsvorsitzenden, Herrn August Brensing. Es war die erste Weihnacht im Frieden. Die Belegschaft blickte dankbar auf das Jahr 1945 zurück. Jeder gelobte sich, tatkräftig an Vergangenem und Überwundenem mit der Zukunft fertig zu werden.

Das Jahr 1946

liegt als Jahr der Aufbauarbeit vor uns. Die Erlaubnis zur Weiterarbeit wurde von der Militär-Regierung gegeben. Der Auftragsbestand ist bereits gesichert. 1285 Betriebsangehörige arbeiten wieder mit. Im Vertrauen auf unseren guten Willen können wir hoffnungsfreudig in die Zukunft blicken und dazu beitragen, daß wirklicher Friede zum Segen der Menschheit wird.

Die Arbeit ist unser bester Helfer!

Mancherlei Schwierigkeiten müssen noch überwunden werden. Die Material- und Werkzeugbeschaffung macht uns dabei besondere Sorgen. Aber gerade zur Behebung dieser Sorgen kann weiterhin jeder zu seinem Teil mitarbeiten, auch außerhalb des Rahmens seines normalen Arbeitsgebietes. Wir wollen nicht vergessen, daß, wer dem Betrieb hilft, hilft der ganzen Belegschaft und damit sich selbst. Wir wollen uns deshalb Mühe geben, nachstehendes zu bekommen:

<u>Jeder arbeite mit.</u>

L. & C. Steinmüller
GmbH.

Februar 1946   gez. Stoltenberg-Lerche

	Schraubenzieher in verschiedenen Breiten, Klingenlänge 130-160 mm evtl. zum Umstecken,
	Schraubenzieher für Elektriker, also mit isoliertem Griff und möglichst auch mit isolierten Klingen,
25 - 30 Stück	Spitzzirkel 200-250 mm Länge,
12 - 15	Spitzzirkel mit Bogen ca. 300 mm lang,
12 - 15	Bohrwinden mit Knarre,
10	Handbohrmaschinen 0 - 10 mm bohrend,
10	Handbohrmaschinen 0 - 13 mm bohrend,
30 - 50	Wasserwaagen 600 mm lang, mit Längs- und Querlibelle
100 -150	Ersatzlibellen für Wasserwaagen (Längs- u. Querlibellen)
20 - 25	Gewinde-Schablonen für metrisches Gewinde,
20 - 25	Gewinde-Schablonen für Whitworth-Gewinde,
2 - 3 Dtzd.	Montagemesser für Elektriker,
	eine Anzahl kleinere und größere Beile, letztere 1250-1500 gr.
30 - 50 Stück	Kneifzangen (Beißzangen) ca. 180 mm lang,
30 - 50	Kneifzangen (Beißzangen) ca. 250 mm lang,
1 - 2 Dtzd.	Flachzangen ca. 125 mm lang,
1 - 2	kleine Rundzangen ca. 125 mm lang,
1 - 2	Gaszangen (Blitzzangen) ca. 225 mm lang,
2 - 3	Kombinationszangen mit Isolierung gegen 15000 Volt ca. 180 mm lang,
2 - 3	desgleichen 180 - 210 mm lang,
1 Partie	Schnellstahl-Spiralbohrer von 1-10 mm ⌀, steigend um je 1/2 mm mit cylindrischem Schaft,
300 - 500 Stück	Gasanzünder nebst
500 Stück	Ersatzsteinen dazu,
3	Schlichthobel }
8	Putzhobel }
6	Doppelhobel } alle mögl. mit 48 mm breiten Hobeleisen
8	Simshobel mit Doppeleisen,
1	Falzhobel,
2	Hobelbänke, Banklänge mindestens 2000 mm
25	Kastenschiebkarren,

andere Versorgungsbetriebe ein. Im Mai 1945 waren 238 Arbeiter zu 50 % mit Aufräumungsarbeiten beschäftigt. Jetzt stehen bereits wieder 1434 Arbeiter, Angestellte und Techniker im Betrieb; nur 10 % davon sind noch beim Aufbau tätig. Täglich werden Dampfkessel, Feuerungen, Wasserreiniger, Behälter und Rohrleitungen repariert oder neu hergestellt. Die Produktionskurve geht aufwärts. Kohle wurde durch die Militärregierung freigegeben. Man hofft, den zurzeit fühlbaren Eisen- und Stahlmangel zu beseitigen, sobald die deutsche Rohstahlerzeugung stärker anläuft. Da das Werk immer auf Friedensproduktion eingestellt war, wird mit Sicherheit damit gerechnet, daß es auf Grund der Potsdamer Beschlüsse zu den 55 % der Industriebetriebe gehören wird, die die Grundlage der künftigen deutschen Friedenswirtschaft bilden..."

„Es ‚kleckerte' sich zusammen," lesen wir in der Steinmüller-Zeitung von Juni 1963, „bis kurz nach der Währungsreform u.a. der erste größere Auslandsauftrag, und zwar aus Schweden, erteilt wurde. Aber nicht nur der Wiederaufbau des Werkes allein bereitete Sorgen, sondern auch die allgemeine Not, vor allen Dingen auf dem Gebiet des Wohnungswesens, erforderte Hilfsmaßnahmen. Auch hier hat das Werk unter Leitung von Herrn Stoltenberg-Lerche in vorbildlicher Weise durch Errichtung von Werkswohnungen und Förderung des Eigenheimbaues mit dazu beigetragen, diese Not zu lindern."

Nach der Währungsreform fing die Firma Steinmüller an, ihre alten Verbindungen mit Auslandskunden wieder herzustellen. Zwischen 1950 und 1960 stieg das Auslandsgeschäft enorm an. In der zweiten Hälfte der 50-er Jahre betrug der Anteil am Auslandsgeschäft über 50 Prozent. Rund um den Globus wurden neue Anlagen gebaut.

Es war gut, daß die Entnazifizierung bei Steinmüller zügig abgewickelt wurde und 1947 größtenteils abgeschlossen werden konnte. Damit kamen viele Fachkräfte wieder in Positionen zurück, die ihrem Wissen und ihrer Ausbildung entsprachen. Durch vermehrte Auftragseingänge blieb dennoch lange Zeit ein Fachkräftemangel bestehen. Neue große Kraftwerke mit kompletten Feuerungs- und Wasseraufbereitungs-Anlagen wurden gebaut. Ende 1960 baute Steinmüller in Finnland und Südafrika neue Produktionsbetriebe auf. Im Zuge des Auslandsgeschäftes bildete Steinmüller im Stammwerk Gummersbach aus den betreffenden Ländern (u.a. Indien) Fachkräfte aus, die dann in eigener Regie ihren Werken und Anlagen dienten.

Das Unternehmen Steinmüller in Gummersbach hat sich von der Stunde Null an bis heute gut behauptet und ist auch für die mannigfaltigen Zukunftsaufgaben (Umweltschutz) gerüstet.

Neubeginn bei der Firma Dr. H. E. Müller, Bergneustadt

Hermann Ernst Müller, Sohn des bergneustädter Textilfabrikanten Ernst Christian Müller und dessen Ehefrau Pauline, geborene Storm, wollte Landwirt werden. Nach einer gründlichen Ausbildung auf Gütern in der Mark Brandenburg und im Rheinland machte er 1929 an der Landwirtschaftlichen Hochschule Bonn-Poppelsdorf seinen Doktor (agrar). Als in der Weltwirtschaftskrise auch für die Landwirtschaft keine rosigen Zeichen gesetzt waren, besann sich Dr. Hermann Müller anders und gründete 1930 mit drei Mitarbeitern in gemieteten Räumen eine kleine Metallwarenfabrik, in der Halbfertigteile für verschiedene Industriezweige hergestellt wurden. 1931 heiratete Hermann Müller Gerda Hoene, eine pommersche Gutsbesitzertochter. Aus der Ehe gingen acht Kinder hervor.

Mitte der 30-er Jahre nahm die Firma die Fertigung von Haus- und Küchengeräten auf. Mit dem Anwachsen der Produktion wuchs auch die Zahl der Mitarbeiter. Bei Kriegsausbruch hatte die Firma 114 Beschäftigte. Der Betrieb wurde voll in die Kriegsproduktion einbezogen. (Siehe „Bis zur Stunde Null", Seite 30-32).

Während des Krieges hatte Dr. Müller zunehmend Reibereien mit der Ortsgruppenleitung der NS-Partei. Dabei ging es insbesondere um Einberufungen zur Wehrmacht und Freistellungen von Mitarbeitern, die für den Betrieb unentbehrlich waren. Bei diesen Auseinandersetzungen hatte Dr. Müller die Unterstützung von Generalleutnant Röder von Diersburg, der die nach Bergneustadt ausgelagerte Wehr-Ersatz-Inspektion Köln leitete.

Als der Krieg zu Ende war und sich die allgemeine Lage entspannt hatte, machte sich Dr. Hermann Müller Gedanken über die Wiederingangsetzung seines Betriebes. Schon einmal hatte er einen schweren Anfang. Flexibilität, Umstellung war auch jetzt das Gebot der Stunde. Er hatte den richtigen Gedanken, daß im bombenzerstörten Deutschland ein ungeheurer Bedarf an Küchen- und Haushaltsgeräten bestand, und mit Küchengeräten fing er ja einmal an. Dazu erinnert sich Josef Halbe, 1945 fünfzehnjähriger Werkzeugmacherlehrling der Firma Dr. Hermann E. Müller:

„Im Juni 1945 erschien Dr. Hermann Müller persönlich bei mir zu Hause in Attenbach und bat mich, wieder zur Arbeit in seinem Betrieb zu erscheinen. Zunächst sollte aufgeräumt und Ordnung geschaffen werden. Da noch keine Verkehrsverbindung bestand, mußte ich zu Fuß über Wiedenest nach Bergneustadt gehen. Das bedeutete, daß ich sehr früh los mußte und sehr spät heimkam. Und das bei den Sperrzeiten, die von 19 Uhr abends bis 7 Uhr morgens festgesetzt waren. Bei meinem täglichen Fußmarsch mußte ich zwei amerikanische Kontrollen passieren, die erste bei der Wirtschaft Hollmann an der Kölner Straße in Bergneustadt und die zweite direkt vor der Firma am Bahnübergang, wo die Amerikaner ein großes Treibstofflager hatten. Der Eingang der Firma Dr. H. E. Müller war damals am jetzigen Betriebsratsgebäude.

In den Büroräumen räumten wir zunächst alles am Boden Zerstreute auf, glätteten die Schriftstücke und legten sie Herrn Clemens vor, der an einem Tisch saß und entschied: Zur Aufbewahrung — zur Vernichtung! Die unwichtigen Schriftstücke wurden verbrannt. Diese Arbeiten zogen sich etwa 14 Tage hin.

Danach räumten wir in den Werkstätten auf (Büros und Werkstätten befanden sich alle im jetzigen Hauptverwaltungsgebäude der Firma Teves) und demontierten die Maschinen, die von der deutschen Kriegsindustrie vereinnahmt worden waren und aus anderen Ländern stammten. Diese Aktion wurde von der Besatzungsmacht befohlen und ihre Durchführung überwacht."

Die Rückgabe dieser Maschinen war in den Reparations- und Rückgabeplänen verankert und wurde von alliierten Wirtschaftsoffizieren überwacht. Dennoch versuchten die deutschen Firmen diese Anordnungen zu umgehen.

„Die französischen und tschechischen Maschinen", so Herr Halbe, „wurden abgeklemmt, nach unten geschafft und zur Abholung bereitgehalten.

Danach trat die Frage in den Vordergrund: Was sollen wir unternehmen, was herstellen? Da wir für die Junkers-Flugzeugwerke in Dessau gearbeitet hatten, besaßen wir aus dieser Produktion noch einen größeren Vorrat an Aluminiumblechen, Rund- und Sechskantstäben usw. Hermann Müller entschloß sich zur Produktion von Haushaltsartikeln aus dem vorhandenen Material. Auf den uns verbliebenen kleinen Pressen wurden Einzelteile für Wasser- und Schaumlöffel gestanzt, die zusammengenietet wurden. Bald danach kamen einfache Wasserschüsseln und Töpfe hinzu. Material oder Bleche, die für unsere Produktion zu hart waren, wurden mit anderen Firmen für brauchbares Material eingetauscht."

Schon sehr früh, im Sommer 1945, bekam die Firma Dr. Hermann E. Müller von der britischen Militärregierung die Genehmigung (Permit) zur Aufnahme der Produktion von Gebrauchsgütern, allerdings mit sehr beschränkter Stromzuteilung.

Für die weitere Entwicklung der Firma Müller wurden Findigkeit, Unternehmerinitiative und das Zusammentreffen von glücklichen Zufällen ausschlaggebend und richtungweisend: Die Freundschaft Dr. Hermann Müller — Röder von Diersburg, der als alter Generalsjahrgang frühzeitig aus der Kriegsgefangenschaft entlassen wurde, zahlte sich nun aus. Und von Diersburg hatte bereits freundschaftliche Verbindungen mit Offizieren einer alliierten Dienststelle in Düsseldorf geknüpft, die mit Reparationen und Wirtschaftsfragen befaßt waren, unter ihnen der Brite Mordecay, der für die oberbergischen Betriebe zuständig war. Aus diesen Freundschaften entwickelte sich auch ein gutes Verhältnis zwischen Mr. Mordecay und Dr. Hermann Müller.

Mister Mordecay hatte sicher seine strengen Anweisungen von der britischen Militärregierung und den alliierten Kommissionen, die für Reparationen und Demontagen in Deutschland zuständig waren, aber alle Hinweise deuten darauf hin, daß er dennoch bestrebt war, möglichst viele Betriebe auch im Oberbergischen auf Produktionen des notwendigsten Bedarfs der Bevölkerung umzustellen und sie vor Demontagen zu bewahren. So sorgte er auch dafür, daß Maschinen der Firma Dr. Hermann Müller, die von britischen, belgischen und anderen Kommissionen beschlagnahmt worden waren, nicht abtransportiert wurden. Einige Maschinen kamen bis zum Bahnhof und wurden dann durch das persönliche Einschreiten von Mister Mordecay — der fast jede Woche einmal in Bergneustadt war — wieder zurückgebracht.

Bald nahm dann auch die Fabrik Dr. Hermann E. Müller die Produktion von Kochplatten, Backröhren, Heizöfen und Waffeleisen auf. Da es an isolierten Stromleitern fehlte, wurden in Heimarbeit Glas- und Keramikperlen auf Kupferdraht aufgezogen (meterweise Abrechnung) und verarbeitet. Neben der Auslieferung der Produkte an staatliche Verteilungsstellen blieben durch Falschbuchungen und sonstige Manipulationen kleinere und größere Mengen dieser Bedarfsartikel für den betrieblichen Tauschhandel übrig.

Durch Verbindungen Dr. Hermann Müllers mit Gutsbesitzern im Rheinland und in Norddeutschland wurden mit den illegal abgezweigten Haushaltsgeräten Lebensmittel — Kartoffeln, Gemüse, Schweine — eingetauscht. Herr Nockemann, der überall Freunde und Kriegskameraden hatte, wickelte mit größter Beweglichkeit diese Tauschgeschäfte für die Firma ab. Die notwendigen Fahrgenehmigungen für den LKW des Betriebes besorgte Mister Mordecay. Längst war der Holzgaser auf Treibgas umgestellt, aber der Vergaserkessel am LKW blieb trotzdem dran — für den illegalen Transport von Schweinehälften. Dieser Tauschhandel war auch notwendig, da die Firma Dr. Müller viele Pommern-Familien der Hoeneschen Güter illegal aufgenommen hatte. Deshalb vor das Kreisamt zitiert, mußte sich Dr. Hermann Müller verpflichten, für diese Pommern selbst zu sorgen.

Kriegsgefangene und Zwangsarbeiter waren in ihre Heimatländer zurückgegangen. Viele Bergneustädter waren gefallen oder kamen erst nach Jahren aus der Kriegsgefangenschaft zurück. Einen großen Teil der neuen Arbeiter der Firma Dr. Müller stellten nun die Pommern, für die sich Dr. Müller verpflichtet fühlte. Bereits im August 1945 trafen die ersten ein und im Dezember waren dann 130 Pommern aus Schönebeck und Altstadt in Bergneustadt vereinigt. Die meisten wurden in betriebseignen Räumen untergebracht oder es wurden neue Unterkünfte geschaffen.

Der Neuanfang und die Entwicklung der Metallwarenfabrik Dr. Hermann E. Müller in Bergneustadt ist wohl einmalig im Oberbergischen, weil hier Landwirtschaft und Industrieproduktion zwangsläufig verbunden wurde, die sich in der schweren Zeit glücklich ergänzt haben. Durch Familienbande mit der Landwirtschaft Pommerns verbunden, wurde Bergneustadt zur rettenden Insel der heimatlos gewordenen Pommern. Sie kamen nach und nach mit Pferden und Treckwagen. So wurde die Firma Dr. Hermann Müller halb Fabrik und halb Bauernhof. Es wurden Pferdeställe, Traktorenschuppen und eine Scheune gebaut. In einem Wohngebäude — zwischen jetziger Baracke und Bremsen-Abteilung — bekamen die Pommern-Familien je ein Zimmer. Und als neue ankamen wurde weiter gebaut. So entstand bald ein richtiger Hof, der von Gebäuden umschlossen wurde.

Im November 1945 kam Kurt Hopp mit seiner Mutter und seinen drei Geschwistern nach Bergneustadt. Sein Vater war Soldat und niemand wußte, wo er war. So ging es vielen Familien.

„Als ich von Vöhrum-Eixe nach Bergneustadt kam", so Kurt Hopp, „waren die Leute von Dr. Hermann Müller gerade dabei, den völlig zerfahrenen Hof zu pflastern. Herr Jäger, ein Schulfreund vom Doktor, war Steinsetzer und hatte die Aufsicht. Ich übernahm ein Pferdegespann und fuhr Steine und Kies heran. Dann fuhren wir die Bombentrichter voll und beackerten Ländereien, die den Müllers gehörten und zugepachtet waren. Wir säten Getreide und pflanzten im Frühjahr Kartoffeln. Aus dem firmeneignen Wald wurde Bauholz und Brennmaterial gewonnen. Die Pommern kannten ja alle diese Arbeiten. Daneben arbeiteten wir auch in der Fabrik, was gerade am dringendsten war. Im Winter hatten wir auch einen Trecker im Gange. Mit dem fuhr ich dann alle möglichen Lasten. Die Landwirtschaft kam auch uns zugute; wir hatten meistens mehr zu essen als andere in der Stadt. Wir brauchten keine Miete zu zahlen und waren sozusagen in Halbdeputat. Dafür fuhren und arbeiteten wir auch außer der Fabrikarbeitszeit; so fuhren wir sonntags Bleche und anderes Material vom Bahnhof ab, das dort meistens samstags abends ankam. Zu Weihnachten wurden Schweine geschlachtet und das Fleisch unter den Arbeitern verteilt. Das hat uns in der schweren Zeit sehr geholfen."

Aus vielen Berichten der damals Beteiligten wird deutlich, daß Dr. Hermann Müller und sein Bruder Hans-Joachim, genannt Hajo, der als Betriebsleiter eingesetzt war, immer bemüht waren, als gute Lotsen ihre Leute und ihren Betrieb durch alle

Klippen der schweren Zeit zu steuern. Die Militärregierung hatte strenge Anordnungen erlassen — sie waren da, um umgangen zu werden. So war zum Beispiel die Stromabnahme zu eng bemessen. Stundenweise waren die Betriebe mit Stromentnahmeverboten belegt. Auch dann liefen die Maschinen, dann hielt ein Belegschaftsmitglied im Dachfenster des Hauptgebäudes Wache, um anrückende Kontrollen rechtzeitig zu melden, damit die Maschinen schnell ausgeschaltet werden konnten. Oft war aber eine allgemeine Stromsperre, dann kam kein Strom durch die Leitungen.

Mister Mordecay kannte natürlich die Absichten der Briten und der alliierten Kommissionen, wie sie mit Deutschland umzugehen gedachten. Die zunehmenden Spannungen zwischen den Westmächten und der Sowjetunion — auch im Bezug auf Demontagen und Reparationslieferungen — ließen Fronten entstehen, die sich immer mehr verhärteten. Vorgesehene Demontagen unterblieben. Aus mehreren Gesprächen mit Mister Mordecay erfuhr Dr. Hermann Müller von dieser Entwicklung. Um das Stromkontingent erhöhen zu können und dem Betrieb ein festeres Standbein zu geben, riet Mordecay Dr. Müller zur Aufnahme der Produktion von Ersatzteilen für Kraftwagen der Westmächte, insbesondere „Ford", die als Reparationslieferungen verbucht werden sollten. Dadurch konnte Mister Mordecay im Permit die Stromzuteilung erhöhen, und damit war auch eine gewisse Materialzuteilung verbunden. Dr. Hermann Müller überlegte nicht lange und sagte zu, obwohl diese Produktion für den Betrieb Neuland war. Und dies war ein weiterer glücklicher Zufall, der zur Ausgangsbasis einer Entwicklung der Metallwarenfabrik Dr. Hermann E. Müller führte, die niemand auch nur im Traum vorausgeahnt hätte. Diese Produktionsaufnahme war entscheidend und der Grundstein zu einem der größten Zuliefererwerke für die Autoindustrie. Glückliche Zufälle wurden so zu Faktoren, die schließlich einer ganzen Kleinstadt Arbeit und Brot gaben.

1946/47 lief die Produktion von Achsschenkelbolzen, Lenkungsteilen, Lüfterflügeln und Riemenscheiben für „Ford"-LKW an. Inzwischen hatten auch die Ford-Werke in Köln ihre Produktion wieder aufgenommen.

Ein weiterer Glücksfall war, daß viele Leute der Ford-Automobilwerke nach den Bombenangriffen auf Köln ins Aggertal evakuiert waren. Mit einem Ford-Ingenieur, Herrn Streit, kam Dr. Müller bald in Verbindung. Streit zog dann einen kleinen Stamm von ehemaligen Facharbeitern und Ingenieuren von Ford nach, die die Produktion von Automobilteilen im Schep-Bau der Firma Müller aufnahmen. Spezielle Maschinen fehlten, aber mit Improvisationskunst, Erfindergabe und vor allem mit einem Arbeitswillen sondergleichen wurden alle Anlaufschwierigkeiten gemeistert. So baute ein Elektrofachmann fehlende Motoren selbst. Ventilatoren, die sonst aus einem Stück gestanzt waren, bestanden nun aus Lüfterflügeln, die

Dr. Hermann E. Müller

Metallwarenfabrik Dr. Hermann E. Müller, Bergneustadt
1945-1948

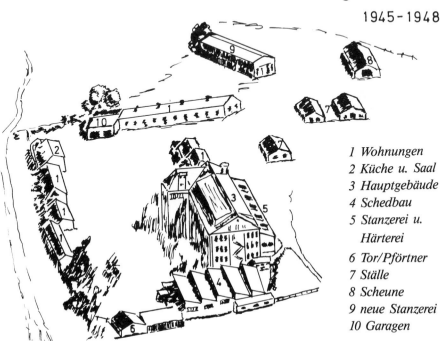

1 Wohnungen
2 Küche u. Saal
3 Hauptgebäude
4 Schedbau
5 Stanzerei u. Härterei
6 Tor/Pförtner
7 Ställe
8 Scheune
9 neue Stanzerei
10 Garagen

zusammengenietet wurden. Keilriemenscheiben, sonst ein Gußteil, das entsprechend abgedreht wurde, bestanden nun aus zwei verformten Blechschalen, die zusammengenietet oder geschweißt wurden. In der Mitte wurde eine aus Rundstahl abgedrehte Nabe hart eingelötet. Ingenieur Alfons Streit, ein Österreicher, wurde bald zu den Ford-Werken nach Köln zurückgerufen, wo er in höhere Positionen aufgestiegen ist. Er hat die Firma Dr. Hermann Müller nie vergessen und ihr später an Automobilteilen zugeschanzt, was sie mit immer größer werdender Belegschaft und Maschinenausstattung, in immer neuen Hallen, nur zu fertigen imstande war. Ein Zwölfstunden-Arbeitstag wurde die Regel über viele Jahre. Oft schliefen die Arbeiter am Arbeitsplatz, um weite Anmarschwege zu vermeiden.

Bis dahin war es ein weiter und schwerer Weg. Weihnachten 1946 wurde von der Firma eine kleine Weihnachtsfeier ausgerichtet, mit einem Basar, wo Thermosflaschen, Töpfe und andere kleine Dinge gewonnen werden konnten; alles Sachen, die die Betriebsleitung mit anderen Firmen kompensiert hatte. Weihnachten 1947 bekamen alle Betriebsangehörige Heringe aus den ersten Fängen der deutschen Hochseefischer nach dem Kriege.

In den Unterlagen des Kreises fand der Verfasser immer wieder Hilferufe des Landrates an die Militärverwaltung nach Fahrradbereifung. Auch die auswärtigen Betriebsangehörigen der Firma Dr. Müller können davon berichten. Sie kamen aus entfernten Orten zur Arbeit — zu Fuß oder mit klapprigen Fahrrädern die entweder auf blanken Felgen liefen, oder Vollgummibereifung hatten, je nach Findigkeit des Besitzers.

Die Maschinenausstattung wurde nach und nach verbessert. Maschinen wurden gekauft oder getauscht. Dazu erinnert sich Kurt Hopp: „Eine Kieseling-Presse wurde dreimal aufgestellt, das erste Mal, als sie kam, in der jetzigen Bremsen-Abteilung. Dann kam ein französischer Offizier und klebte einen Siegel dran — also beschlagnahmt. (Vielleicht stammte sie aus der französischen Zone, die gleich hinter Morsbach begann.) Die Presse mußte zum Bahnhof geschafft werden. Von Steinmüller holten wir einen Kran mit vier Säulen. Damit wurde die Presse vom Fundament abgehoben und auf eine Schleppe gesetzt, die wir aus T-Eisen und starken Blechen zusammengeschweißt hatten. Die Presse wurde zum Bahnhof geschleppt, wo sie tagelang gestanden hat. Nichts rührte sich. Dann wurde die Presse mit dem Traktor wieder zurückgeschleppt und mitten auf der Wiese (wo heute die Blechnerei II und die Mittelsäulen-Abteilung 201 sind) auf ein vorbereitetes Fundament gesetzt. Das war eine schwere und mühevolle Arbeit, mit Rundhölzern zum Rollen und Kanthölzern zum Unterlegen. Nach ein paar Tagen stand die Presse ganz schief. Wir hatten die Presse auf ein zugeschüttetes Bombenloch gesetzt; der Boden hatte nachgegeben. Ein neues Fundament wurde daneben ge-

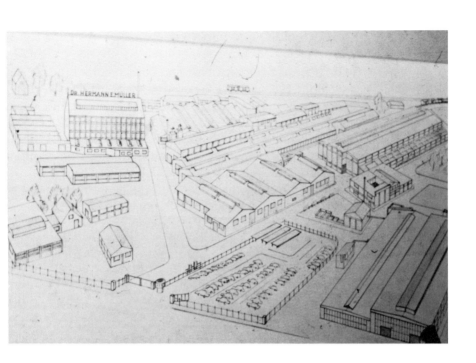

macht und abermals mit großen Mühen die Presse darauf gesetzt. Dann wurde rund um die Presse ein Bretterverschlag gebaut, damit Fremde die Presse nicht sehen konnten und sie vor dem Wetter geschützt war. Danach wurde rund um den Bretterverschlag eine kleine Halle gebaut. So entstand nach und nach die (alte) Stanzerei, wo heute die Blechnerei II ist. Die meisten Arbeiten machten wir allein. Kies und Holz hatten wir genug. An Kalk und Zement haperte es; beides kam lose auf dem Bahnhof an und wurde von uns mit Gespannen und Traktor abgefahren. Die Lagerung dieser Baustoffe war immer ein Problem, denn einen richtigen trockenen Lagerraum hatten wir nicht. Im nächsten Jahr wurde dann weiter gebaut; es entstand das Hallenstück, wo heute der Sandstrahler ist. Und so ging es weiter. Dann kamen auch größere Maschinen, und langsam fing die Fertigung von Autoteilen an."

Mit anderen Pommern bestellte Kurt Hopp im Frühjahr die Müllerschen Felder und erntete sie im Sommer und Herbst ab. In anderen Zeiten wurden die Pommern im Betrieb beschäftigt, an den Pressen, an der Blechschere, in der Montage.

Von Herrn Jürgen Müller — einem Sohn des Firmengründers — wissen wir, daß viele Gefahren für den Betrieb von Mister Mordecay abgewendet worden sind, daß er die notwendigen Genehmigungen von der britischen Militärregierung beschaffte.

Der Aufstieg der Metallwarenfabrik Dr. Hermann E. Müller in Bergneustadt, von einem kleinen Küchengeräthersteller zu einem der größten Zuliefererwerke der deutschen Automobilindustrie ist im Oberbergischen wohl einmalig. Unternehmerinitiative, Risikobereitschaft und ein ungeheurer Arbeitseinsatz von Betriebsleitung und Belegschaft ließen das Werk gedeihen. Und mit dem Gedeihen ihres Werkes stieg auch ihr Lebensstandard.

Als 1948 die Währungsreform durchgeführt wurde, stand die Metallwarenfabrik Dr. Hermann E. Müller bereits auf festem Grund, auf dem sie weiterbauen konnte.

1964 starb plötzlich der Firmengründer Dr. Hermann E. Müller im Alter von 62 Jahren. Ist er ein Opfer seiner ständigen Arbeitsüberlastung geworden? Sein Verantwortungsbewußtsein sich selbst und seinen Arbeitern und Mitmenschen gegenüber erschien unbegrenzt. Zwischenmenschliche Beziehungen, Vertrauen und das richtige Augenmaß in kritischen Lagen, das Füreinander-Einstehen in bester Wechselwirkung führten zum großen gemeinsamen Erfolg.

1969 verkauften seine Kinder das Werk an die Firma Teves, weil sie einsahen, daß sie als Privatunternehmen der immer größer werdenden Konzentration der Industrie und den damit verbundenen Abhängigkeiten nicht gewachsen sein konnten.

Flüchtlinge und Vertriebene, Wohnungs- und Versorgungsnöte

Die oben stehenden Probleme wurden bereits in mehreren Kapiteln dieses Buches in anderen Zusammenhängen behandelt. Hier sollen noch einige Detailberichte zur Abrundung des Gesamtbildes beschrieben werden.

Bis zum Ende des Krieges 1945 wurden viele Häuser und Wohnungen durch Bombenangriffe zerstört, die durch Neubauten oder Instandsetzungen nicht ersetzt werden konnten. Die Oberberger mußten zusammenrücken. Die Wohnungskrise wurde noch angespannter durch den Zustrom von Bombengeschädigten und Evakuierten aus Großstädten und linksrheinischen Gebieten und schließlich katastrophal durch die nach dem Kriege einsetzende Flut von Flüchtlingen aus der sowjetischen Besatzungszone und von Ostvertriebenen.

Am 6. August 1945 saßen in der Kreisverwaltung in Gummersbach Dr. Goldenbogen, Kreisbaumeister Stamm, die Stadtbaumeister von Gummersbach, Funcke und Eick, und die Sägewerksbesitzer Pampus und Solbach zusammen und sprachen über die Herstellung von 180 Holzhäusern bis zum Winter. Wie viele Wohnbaracken von diesen Holz- und Sägewerken hergestellt wurden, konnte nicht ermittelt werden.

Es wurden auch alle von Fremdarbeitern frei gewordenen Baracken und Behelfshäuser in die Wohnraumplanung einbezogen, aber auch diese Maßnahmen reichten nicht aus, um der Wohnungsnot Herr zu werden.

Die Wohnungsnot weitete sich erheblich aus, als 1946 die Ostvertriebenen in den Oberbergischen Kreis kamen. Die Zuteilung der Vertriebenen wurde vom Regierungsbezirk und vom Land gesteuert. Die Flüchtlinge und Vertriebenen kamen über die nordrhein-westfälischen Flüchtlingslager Aachen, Arnsberg, Detmold, Düsseldorf, Köln und Münster. Hauptdurchgangslager waren in Siegen, Warburg und Wipperfürth.

Im Oberbergischen Kreis lief die Aufnahme der Flüchtlinge und Vertriebenen über die Aufnahme- und Einweisungsstelle Hotel Drilling in Dieringhausen, die bis zum 1.10.1948 bestanden hat. Als Beispiel der Bevölkerungszunahme sei die Stadt Gummersbach angeführt. Sie hatte 1939 21.100 und im März 1947 29.100 Einwohner, und das bei einer Minderung von 859 zerstörten und teilzerstörten Wohnungen. Mit Einsetzen der Zuführungen der Vertriebenen aus Ostpreußen, Pommern, dem Wartheland, Schlesien und dem Sudetenland mußten die örtlichen Wohnungskommissionen daran gehen, den gesamten Wohnraum aufzunehmen, um ihn dann möglichst gleichmäßig zu verteilen. Das war eine schwere Aufgabe, denn die, die Wohnraum abgeben sollten, wehrten sich dagegen. Die Leidtragenden waren meistens die Flüchtlinge und Vertriebenen. In den Archiven befinden sich viele solcher Fälle — gute Beispiele, aber auch schlechte:

Aus Stadtarchiv Gummersbach. Abschrift vom Original. Namen wurden weggelassen.

„Gemeinde Lieberhausen   Lieberhausen, den 18.10.1946
Gemeindedirektor

An den Bezirksausschuß
z. Hd. v. Herrn Erich Weuste

Lantenbach

1.) Frau A wohnt mit Mutter und Kind bei B in Deitenbach. Sie kann nicht heizen und nicht einkellern. Es liegt wohl böse Absicht des Eigentümers vor um die Frau loszuwerden.

Ich bitte Sie hier sofort das Nötige zu veranlassen damit den armen Leuten geholfen wird.

2.) Frau A wohnt mit geistesschwachem Sohn bei B in Deitenbach. Sie kann nicht heizen und nicht einkellern. Ihre Tochter, Frau C wohnt mit ihren beiden Kindern (7 und 8 Jahre) bei D in Deitenbach. Wäre es möglich die beiden Familien zusammen zu bringen, vielleicht bei E in Lantenbach, da Frau A die Kinder ihrer Tochter betreut und für alle kocht. Frau C arbeitet.

Ich bitte um die Ansicht des dortigen Ausschusses.

                         gez. Weiß
                         Gemeindedirektor."

Vertreibung/Abtransport der Sudetendeutschen

Die Vertreibung der Deutschen sollte — laut Potsdamer Beschlüsse — auf humane Weise geschehen.

Kreisverwaltung Gummersbach, den 8. Oktober 1946
Oberbergischer Kreis
Allg.innere Verwaltung

An den Herrn Regierungspräsidenten **in Köln**

Betr.: Preis- und Lagebericht.
Bezug: Verfügung vom 25.7.1945 — Tgb.-Nr. 23/45 (Kr.) —

Durch den anhaltenden Zugang an Flüchtlingen ist die Gesamteinwohnerzahl des Oberbergischen Kreises jetzt auf 121.639 Personen (gegenüber 83.552 Personen im Jahre 1939) gestiegen. Es befinden sich also **rd. 38.000 Menschen mehr** im Kreise als im Jahre 1939. Schon diese Zahl veranschaulicht deutlich, mit welchen Schwierigkeiten auf allen Gebieten gekämpft werden muß.

Die Bevölkerung ist von den Sorgen und Nöten der aus den östlichen Gebieten kommenden Flüchtlinge stark beeindruckt. Was diese an körperlichen und seelischen Qualen haben erdulden müssen, scheint kaum glaubwürdig. Sie sprechen jedoch so überzeugend, daß ihre Angaben nicht angezweifelt werden können. Abgesehen von dem Verlust des gesamten Hab und Gutes mußten teilweise auch körperliche Mißhandlungen ausgestanden werden.

Durch den Massenzuzug werden die Wohnraumverhältnisse immer mehr beengt. Die Folgen hierfür dürften sich erst später besonders stark auswirken. Ohne jeglichen Vorrat an Nahrungsmitteln und Heizmaterial, dazu abgerissen in Kleidung und Schuhzeug, sehen die Flüchtlinge mit banger Sorge der schlechten Jahreszeit entgegen. Es kommt nicht nur vereinzelt vor, daß Flüchtlingsfamilien nur einen einzigen Topf zur Verfügung haben, in dem das Essen gekocht wird, die Kinderwäsche gewaschen und der auch zur allgemeinen Körperwäsche benutzt werden muß. Hier muß dringend, auch zur Vermeidung von Seuchen, Abhilfe geschaffen werden. Weiter fehlt in vielen Fällen die allernotwendigste Möbelausstattung.

Die schon bestehende Ernährungskrise wird durch den starken Flüchtlingszugang noch weiter verschärft. Feld- und Gartendiebstähle sind laufend zu verzeichnen. Es kommt dabei vor, daß die wenigen Quadratmeter Kartoffelanbaufläche armer Familien in einer einzigen Nacht den Dieben zum Opfer fallen. Gleiche Fälle ereigneten sich mit Obst und Gemüse. Um den Obstdiebstählen vorzubeugen, ist das Obst zu einem großen Teil bereits vor der Reife gepflückt worden.

Die Hamsterfahrten haben nicht nachgelassen, obwohl die meisten dieser Leute ohne Erfolg nach Hause zurückkehren. Der Bauer ist auch nicht mehr in der Lage, den Hungernden zu helfen...

... gez. Dr. Dresbach

Erfassungs- und Durchschleusungsstelle Dieringhausen. Hotel Drilling.

Gummersbach. Notwohnung in einer Baracke in der Moltkestraße, mit Gemeindeschwester Rosemarie Mellinghoff.

Aus Stadtarchiv Gummersbach, Nr. 1333. Abschrift vom Original. Namen wurden weggelassen.

Gemeindeverwaltung Lieberhausen, den 2. August 1946
Lieberhausen

An die
Kreisverwaltung des
Oberbergischen Kreises
Kreiswohnungsamt
in Gummersbach

Betrifft: Flüchtlinge.

Herr ... aus Rosentalsseifen weigert sich sowohl mir als auch einer polizeilichen Aufforderung gegenüber, die ihm zugewiesenen 6 Flüchtlinge aufzunehmen. Er erhielt zunächst eine Frau zugewiesen und die ihm dann noch zugewiesenen 5 Personen hat er abgewiesen und die Türe zugeschlossen. Herr ... wurde ausdrücklich auch von der Polizei auf die Folgen der Weigerung aufmerksam gemacht.

Die Wohnungsliste ist wie folgt:

1 Küche	16,0 qm.
3 Schlafzimmer	40,5 qm.
2 sonstige Zimmer	28,0 qm.
Gesamt	84,5 qm!

Die Familie besteht aus zwei männlichen, 3 weiblichen Personen und 1 Kind unter 12 Jahren, insgesamt also 6 Personen. Die von mir zugewiesenen Flüchtlinge sollen auf die sonstigen 2 Zimmer.

Ich bitte hier sofort die nötigen Maßnahmen zu ergreifen.

gez. Unterschrift
Gemeindedirektor

DRK-Nähstube in Bielstein.

Baracken-Wohnungen. Silberg-Bergneustadt

Aus Stadtarchiv Gummersbach, Nr. 1333. Abschrift vom Original. Namen wurden weggelassen.

Gemeinde Lieberhausen   Lieberhausen, den 3.7.1947

Verhandelt

Unaufgefordert erscheint die Ehefrau A, geboren am ... und sagt aus:

Am 1. Juni ds. Jhrs. wurden mir vom Wohnungsamt Lieberhausen im Hause B in Lantenbach zwei Zimmer zugewiesen. Wir sind dann gleich dort eingezogen. Frau B stellte uns aber zunächst nur ein Zimmer zur Verfügung, da sie angeblich das zweite Zimmer für sich benötigte. Als Grund gab sie an, daß sie nicht gerne bei uns über das Zimmer in ihr Zimmer gehen möchte. Diesen Zustand haben wir nun vier Wochen mitgemacht, aber weiterhin ist uns das nicht möglich, da wir wegen der warmen Witterung nicht mehr mit vier Personen in einem kleinen Raume kochen, wohnen und schlafen können.

Weiter sind uns von Frau B an Möbeln nur ein Tisch zur Verfügung gestellt worden. Ich weiß aber bestimmt, daß Frau B den Nachbarn Möbel zum Unterstellen angeboten hat.

Weiter hat Frau B uns auch die Lampe aus der Wohnung entfernt, sodaß wir ohne Licht sind. Da mein Mann nun morgens um 4.30 Uhr schon mit dem Omnibus nach Meinerzhagen zur Arbeit fahren muß, müssen wir im Dunkeln aufstehen. Ein Zustand, der auch nicht länger zu ertragen ist.

Ich bitte nun die Gemeindeverwaltung Lieberhausen doch dafür Sorge zu tragen, daß diese Mißstände beseitigt werden.

v. g. u.
gez. Unterschrift
g. w. o.
gez. Unterschrift
Verw. Angestellte

*

Die Wohnungsnot wurde noch durch die Beschlagnahme von Häusern durch die Besatzungstruppen vergrößert. Nach den Amerikanern kamen die Briten, letztere nur mit kleinen Kontingenten. Ab Spätsommer 1945 kam dann die belgische Infanterie-Brigade ins Oberbergische, die in allen Städten und größeren Orten abermals Wohnungen beanspruchte. Die Belgier unterstanden der Weisungsbefug-

Gummersbach, Moltkestraße, Baracken-Notwohnungen.

Baracken-Wohnungen in Dieringhausen, Hochstraße.

nis der Briten. Belgischer Verbindungsoffizier zum britischen Kreiskommandanten Taylor war der Captain Houblinne. Erneut mußten Wohnungen für die Besatzer freigemacht werden und erneut wurden davon — wie aus den Unterlagen der Altgemeinde Lieberhausen ersichtlich ist — insbesondere Flüchtlinge und Vertriebene betroffen, die im Zuge des Ausgleiches innerhalb des Kreises von einer Gemeinde in die andere wie Schachfiguren verschoben worden sind.

Die Verordnung Nr. 16 der britischen Militärregierung vom 30.10.1946 über Wohnungszuweisungen und Wohnungswechsel sollte die Wohnungssituation in geordnete Bahnen lenken, aber sie wurde in der Praxis durch viele Hintertüren umgangen. Ein Wohnungswechsel — auch überregional — konnte nur durch Tausch vorgenommen werden. Ausgenommen waren Familienzusammenführungen. Ein Schreiben des Regierungspräsidenten Dr. Warsch (1947-1957) vom 17.6.1947 an die Kreisverwaltung in Gummersbach weist noch einmal mit allem Nachdruck darauf hin, daß die Aufnahmen insbesondere von SBZ-Flüchtlingen ohne Genehmigung verboten sind. Wer keine Zuzugsgenehmigung hatte, bekam keine Lebensmittelkarten.

Große Schwierigkeiten bereitete auch immer die Beschaffung von Brennmaterial zum Kochen und Heizen, obwohl das Oberbergische Land durch seine Wälder bekannt ist. Holz war bewirtschaftet und fast das gesamte Nutzholz ging als Reparation nach England und den Benelux-Ländern, ebenso die Kohle des Ruhrgebietes. Bereits im Sommer 1945 wurde die Bevölkerung immer wieder darauf hingewiesen, daß sie mit Kohle- und Brikettzuteilungen für den Winter nicht rechnen könne, jeder müsse sich selbst helfen. Aus den Berichten des Kreises wurde die äußerst mangelhafte Zuteilung an Kohlen und Briketts ersichtlich, die vorwiegend den Krankenhäusern, Altenheimen und anderen öffentlichen Institutionen zugeführt wurden. Die Gemeinden bemühten sich insbesondere die Flüchtlinge und Vertriebenen, die völlig fremd ins Oberbergische kamen, zumindest mit Holz zu versorgen. Dazu gab es viele Aktionen. So wurde von Seiten der Militärregierung und des Kreises der 13. (Samstag) und 14. (Sonntag) Oktober 1945 zu "Tagen des Holzes" erklärt. In der Anweisung an die Gemeinden heißt es dazu: "Sofern die einzelnen Familien mit Karren oder Handwagen nicht in der Lage sind, das Holz abzufahren, ist das Abfahren mit Pferdegespannen durch die Gemeinden zu veranlassen. Es darf keinen Handwagen geben, der an diesen Tagen nicht zum Holzfahren benutzt wird." Die Leute, insbesondere die Jugend, gingen in die Wälder und sammelten unter Aufsicht der Förster Ast- und Stangenholz und fuhren es nach Hause. Die Polizeibeamten mußten dem Militärgouverneur Taylor von den Sammelaktionen berichten. Die Berichte fielen unterschiedlich aus.

Flüchtlingsehepaar vor ihrem Behelfsheim in Sessinghausen.

Holzbeschaffung

Daneben erhielten die Gemeinden Auflagen von Brennholz, das über Berechtigungsscheine abgegeben wurde. Aus einem Schriftvorgang des Oberförsters Kornmesser aus Frömmersbach wird ersichtlich, daß der Raummeter Brennholz 30 Reichsmark gekostet hat. In einer schriftlichen Anweisung des Forstmeisters Wecke von der höheren Forstverwaltung in Siegburg an den Oberförster Kornmesser wird der Einschlag von 4000 Raummeter Brennholz für den Winter 1946/47 aus den Wäldern der Stadt Gummersbach verlangt. Die Gemeinde Wiehl hatte sogar 6000 Raummeter aufzubringen, und zwar aus:

1. Kahlschlag von Niederwaldbeständen;

2. Durchforstung von Laubholzbeständen;

3. Starke Durchforstung von Buchenbeständen im Alter von 30 bis 90 Jahren;

4. Stock-Rodung auf Kahlschlagflächen;

5. Zu Schanzen gebundenes Reisig.

Der Großteil des eingeschlagenen Holzes ging über Berechtigungsscheine nach Köln und in andere Städte des Rheinlandes.

Zum Zersägen des Brennholzes wurden in den Gemeinden an mehreren Stellen Kreissägen aufgestellt.

Die meisten Vertriebenen waren mittellos, viele konnten das ihnen zugeteilte Brennholz nicht bezahlen. Am 22. November 1945, um 19.30 Uhr, gab die bekannte Konzertpianistin Johanna Glässer-Kessel im Lichtspielhaus Torlay in Derschlag einen Klavierabend mit Werken von großen Musikern. Auf den Plakaten stand: „Die gesamte Einnahme dient zur Verbilligung bzw. zum freien Bezug von Holz für alte Leute und Bedürftige der Derschlager Bevölkerung."

*

Ein Spiegelbild der Situation ergeben Auszüge aus der Akte „Flüchtlinge und Vertriebene" des Archivs der Stadt Waldbröl:

8.2.1946:
Die Gemeinde fordert vom Kreis 150 Zentner Stroh zum Füllen von Strohsäcken für Vertriebene und Flüchtlinge an. Für die ärztliche Betreuung der zu erwartenden Flüchtlinge wird Herr Dr. Kurt Demmer benannt. (Anmerkung des Verfassers: Die genaue Bezeichnung Flüchtlinge und Vertriebene wurde erst 1948 per Verordnung verfügt. Bis dahin wurden beide Begriffe oft durcheinander gebracht. Vertriebene waren dann jene Menschen, die ihren Wohnsitz jenseits der Oder-Neiße-Linie hatten und zwangsmäßig nach Restdeutschland abgeschoben wurden.)

Aufruf

an die oberbergische Bevölkerung

Die Flüchtlingswelle ist nun auch über unsere Heimat gekommen. Fast 20000 Flüchtlinge sind in unseren Wohnungen einquartiert worden. Jeder von uns sieht, daß die meisten dieser Flüchtlinge bettelarm sind.

Wir wollen jetzt versuchen, ihnen ihr kleines bedürftiges Heim etwas wohnlich auszugestalten. Fast in allen Fällen konnte die Kreisverwaltung Betten und Decken zur Verfügung stellen, unmöglich war bisher die Beschaffung von anderem Mobiliar und von Hausrat. Hier gibt es nur einen Weg zu helfen:

Wir wollen freiwillig Möbel und Hausrat abgeben!

Die Kreisverwaltung und die unterzeichneten Verbände richten darum an die gesamte Bevölkerung die Bitte, alle überflüssigen, nicht selbst dringend benötigten Gegenstände den Flüchtlingen zur Ausgestaltung ihrer Räumlichkeiten zur Verfügung zu stellen. Die Sammlung erfolgt in den einzelnen Gemeinden, und alle gesammelten Gegenstände verbleiben in der Gemeinde.

Die oberbergische Bevölkerung ist bisher ein Vorbild an Opferbereitschaft auf allen Gebieten gewesen. Die Unterzeichneten wissen, daß dieser Opfersinn unserer Bevölkerung auch jetzt alles tun und spenden wird, um die Not der heimatlosen Flüchtlinge zu lindern.

gez. Dr. Dresbach,
Landrat

Caritas: Hurtz, Dechant
Innere Mission: Fach, Superintendent
Dipl.-Ing. Mengewein
Deutsches Rotes Kreuz: Dr. Linden
Arbeiterwohlfahrt: Brüning.

Gummersbach, den 12. Oktober 1946.

18.5.:
Beschwerdeschreiben des Landrats an die Bürgermeister, daß ihm die LKW-Fahrer berichtet haben, daß die für die Vertriebenen zugeteilten Gebrauchsgegenstände nicht immer sachgemäß gelagert werden. Eine Gemeinde verweigerte das Nachzählen der angelieferten Decken. Bis jetzt habe der Kreis 700.000 RM für gefertigte Gegenstände ausgegeben.

22.5.:
Einrichtung von Gemeinschaftsküchen vom Kreis erwünscht. Als Beispiel wird der Kreis Olpe hingestellt, wo Gemeinschaftsküchen von Gastwirten usw. betrieben werden. Dort zweimal am Tage eine warme Mahlzeit zum Preise von 1.40 RM.

25.6.:
Lager Dickhausen z.Zt. belegt mit 48 Flüchtlingsfamilien mit etwa 200 Personen. Dort eine Gemeinschaftsküche.

21.9.:
Kreis regt die Einrichtung von Schneider- und Schuhmacherstuben unter fachkundiger Leitung in den Gemeinden an. In den Städten und Gemeinden entstanden solche Einrichtungen teilweise unter Leitung und Betreuung des DRK und der Kirchen.

Okt./Nov.:
Möbel- und Hausratsammlung in den Orten für Flüchtlinge und Vertriebene mit Unterstützung der Kirchen und der caritativen Organisationen. Dazu auch ein Aufruf des Kreises, der auch von den Vorsitzenden der caritativen Verbände unterzeichnet war. „Die gesammelten Gegenstände verbleiben in der Gemeinde."

31.3.1947:
Ergebnisse der Möbel- und Hausratsammlung listenmäßig erfaßt. Für Waldbröl vom Ortsverein der Arbeiterwohlfahrt und vom Deutschen Roten Kreuz.

14.8.:
Zuweisung von 5 Öfen à 42 RM für Waldbröl.

27.8.:
Zuweisung von 270 Löffeln, und 9 Gabeln (von Firma Kniebe, Gummersbach) für Waldbröl.

8.9.:
Zuweisung von Gebrauchsgütern für Flüchtlinge für Waldbröl: 1 Gußtopf à 9 RM, 3 Töpfe à 8.90 RM, 1 Eimer à 3.03 RM.

5.9.:
Anordnung Nr. 1/47 vom Sozialminister NRW über Bildung und Organisation von Flüchtlingsvertretern, die in die Flüchtlingsausschüsse der Gemeinden gewählt werden sollen.

16.12.:
Wahl der Flüchtlingsvertreter in Waldbröl. Im Dezember 1947 dann auch in allen anderen Städten und Gemeinden des Oberbergischen Kreises.

Flüchtlinge auf einem Bahnhof.

Streiflichter

In einem Arbeitsgespräch von Mitarbeitern der Firma Teves Bergneustadt, am 28. Januar 1986, kamen Begebenheiten zur Sprache, die schon viele vergessen oder gar nicht erlebt haben. Sie stehen beispielhaft für viele ähnliche Erlebnisse aus verschiedenen Bereichen des täglichen Lebens. Wenn wir an unsere Gegenwart denken — eine Zeit des Überflusses —, so erscheinen die Erlebnisse von damals unglaublich.

Hans-Gerd Bisterfeld erinnert sich: „Die Nacht vor dem Einmarsch der Amerikaner in Bergneustadt am 11. April 1945 saß meine Mutter mit uns Kindern — Vater war Soldat — wegen des Artilleriefeuers nicht in unserem Hauskeller in der Hauptstraße 8, sondern in unserem Felsenkeller in der Talstraße, der uns sicherer erschien. Ich war als damals 13jähriger Junge entdeckerfreudig und hatte auch keine Angst. Weil ich so müde war, schlich ich mich aus dem Felsenkeller fort und ging in unser Haus, um endlich wieder einmal im Bett auszuschlafen, denn wir hatten wegen der Flieger und der Artillerie bereits viele Nächte im Keller verbracht. Nächte vorher und am 10. April tagsüber beschoß amerikanische Artillerie vom Baldenberg her deutsche Flak- und Artilleriebatterien, die im Räschen und in der Nähe der Jugendherberge in Stellung waren. Ich war so müde, daß ich das Artilleriefeuer nicht einmal hörte. Nahe der Flakstellung wurde Tage zuvor eine deutsche Frau getötet; aus einer großen Kopfwunde floß das Blut. Das war für uns Kinder ein grauenvoller Anblick.

Am 11. April kamen die Amerikaner über den Baldenberg nach Bergneustadt. Es wurde kaum noch geschossen. Wir Kinder standen bei der Buchhandlung Blumberg. Wir mußten die Hände hoch nehmen und wurden von den Soldaten in die Häuser geschickt. Ich hatte eine Armbanduhr um, die Vater gehörte, und ehe ich mich versah, hatte sie mir ein Neger vom Handgelenk abgestreift. Ich weinte und lief nach Hause. Dem Neger muß das ans Herz gerührt haben, denn er kam hinter mir her und gab mir die Uhr in unserer Küche zurück."

Als es draußen ruhiger geworden war — die amerikanischen Kampftruppen zogen Richtung Aggertalsperre weiter —, wagten sich die Bergneustädter aus den Häusern. Es dauerte dann auch nicht lange, da wurden Geschäfte und Lager von ausländischen Zwangsarbeitern und Einheimischen geplündert. Im Kriege gab es fast nichts mehr zum Anziehen für die Zivilbevölkerung, und die alten Sachen waren abgetragen und -zigmal gestopft und geflickt. Auch Hans-Gerd Bisterfeld hatte bald raus, was da lief, aber seine Mutter wollte das nicht — klauen gab es nicht. Dennoch schlich sich der Junge fort. „Die Leie runter, wo jetzt der Rewe-Markt ist", erinnert sich Herr Bisterfeld, „befand sich ein großes Textillager in der alten

Krawinkelschen Fabrik, das geplündert wurde. Da gab es auch Wolle und Wollsachen. Ich dachte an meine über und über gestopften Strümpfe und ging zum Textillager. Dort war ein großes Durcheinander, Menschen wühlten in den Beständen und schrien. Ich nahm Wolle und Wollsachen und ging nach Hause."

In Bergneustadt blieb eine kleine US-Einheit zurück, die auch das Leben der Deutschen durch Befehle und Anordnungen „regelte". Es gab Sperrzeiten. Anfangs durfte man nur vormittags und nachmittags je eine Stunde auf die Straße. Mehr als drei Personen durften nicht zusammen stehen.

Captain Krac (?) und ein weiterer Captain führten die kleine amerikanische Einheit, die neben der Militärverwaltung auch für die Nachschubsicherung der 78. US-Infanteriedivision — die das Oberbergische Land erobert und besetzt hatte — zuständig war. Die amerikanischen Offiziere quartierten sich in der Villa Krawinkel ein. Die anderen Soldaten lagen in der Schule. Bei Stremme wurde für die US-Soldaten gekocht. Hierzu erinnert sich Friedhelm Röttger: „Der Koch war ein Deutschamerikaner und hieß Maic. Er sprach gut deutsch. Eines Tages kam er in unsere Wohnung und besah sich die vielen Bücher, die wir hatten. Bei dieser Gelegenheit engagierte er meine Mutter zum Bügeln ihrer Feldblusen; das mußte wegen der Rückenfalten gekonnt sein. Die Amerikaner brachten dann laufend Uniformen und Wäsche zum Bügeln und ‚bezahlten' mit Kaffee, Schokolade, Zigaretten und Apfelsinen."

Gleich nach dem Einmarsch der Amerikaner sammelten sie die Russen und Italiener auf der Ladestraße zum Abtransport in Großlager. Hierbei geriet der Oberleiter der Organisation Todt in ihre Hände und wurde von ihnen regelrecht erschlagen.

An der Bahn-Ladestraße legten die Amerikaner ein riesiges Treibstofflager an, alles abgefüllt in 20-Liter-Kanistern. Von dort holten die Kampftruppen ihren Treibstoff für die Fahrzeuge. Laufend wurde das Lager wieder aufgefüllt.

Eine der ersten Verordnungen der Amerikaner war die Abgabe aller Schuß- und Stichwaffen, was die US-Soldaten überwachten.

„Mein Vater war Jäger", so Hans-Gerd Bisterfeld. „Er hatte einige Jagdwaffen und auch einen russischen Karabiner und eine Pistole vom Kaliber 7,65 mm. Als der Aufruf zur Waffenabgabe verkündet wurde, verpflichtete mich meine Mutter dazu, Vaters Waffen abzugeben. Ich sagte meiner Mutter, daß Vater darüber sehr böse sein wird, wenn er aus dem Kriege heimkommt. Ich wollte die Waffen so verstecken, daß sie niemand findet. Mutter bestand auf die Abgabe der Waffen. Ich tat es — versteckte aber doch ohne Mutters Wissen den guten Drilling und die Pistole."

Um den Übergang ohne größere Störungen zu vollziehen, bedienten sich die Amerikaner anfangs der deutschen Verwaltungen. So blieb auch Bürgermeister Renntrop zunächst im Amt. Und so auch die Verwaltungsfachleute und die Polizisten. Letztere ohne Waffen, nur mit besonderen Armbinden versehen. Die deutschen Behörden waren aber nur Befehlsempfänger der Amerikaner. In Bergneustadt fungierte der Realschüler Horst Schmalenbach, der gut englisch konnte, als Dolmetscher.

Eine der ersten Maßnahmen der Amerikaner war das Einsammeln der Munition, die die deutschen Soldaten hinterlassen hatten. Männer und Jugendliche wurden zum Einsammeln bestimmt und die Holzgas-Lastwagen der Firmen Dr. H. E. Müller, Christian Müller, Dick und Ising zum Abfahren verpflichtet. Die gesammelte Munition wurde nach Alperbrück gefahren und im dortigen Steinbruch „versenkt". Bei dieser Aktion hat ein alter Bergneustädter, Eugen von der Linde, sein Augenlicht verloren. Beim Zuwerfen gegurteter MG-Munition drangen ihm Geschoßspitzen in die Augen. Ein Auge lief sofort aus, das andere versuchte man durch eine Operation im Krankenhaus Gummersbach zu retten. Nach qualvollen Tagen war er auch auf dem anderen Auge blind.

Nach der Beruhigung der Lage streiften die Jungen von Bergneustadt wieder durch Wald und Flur — neugierig und voller Abenteuerlust. Am Räschen entdeckten sie ein deutsches Geschütz, das wohl mit einer Sprengladung versehen war, aber nicht mehr gesprengt wurde. Die Jungen — im Krieg aufgewachsen und schon im Jungvolk (NS-Jugendorganisation) im Umgang mit Waffen, Handgranaten und Sprengmitteln unterwiesen — brachten den Sprengsatz zur Explosion und das Geschütz hatte nur noch Schrottwert. Dadurch wurden die Amerikaner aufgeschreckt und fuhren mit Jeeps und gepanzerten Fahrzeugen zur Sprengstelle. Sie vermuteten Aktionen des „Werwolfs" und suchten auch das Gelände ab. Die Jungen waren über alle Berge.

Ein anderes Mal fanden sie eine Kiste mit italienischen Handgranaten. Die Jungen machten die Handgranaten fachgerecht „scharf" und warfen sie von sicherer Böschung herab auf einen Acker, der gerade mit Kartoffeln bepflanzt war und nun ein zweites Mal „umgepflügt" wurde.

Auch in Bergneustadt blühte der Schwarzhandel. Schwarzhändler — zumeist Auswärtige — wurden bei Razzien von Amerikanern und deutschen Hilfspolizisten zusammengetrieben. Dann wurde ihnen die verbotene Ware abgenommen. Viele wurden begrenzte Zeit in einem Raum der Schule eingesperrt. Hierzu erinnert sich Horst Schmalenbach: „Oft haben wir Jungen den Schwarzhändlern, die wir kannten, geholfen und ihnen unbemerkt ihre Taschen abgenommen und sie unbemerkt zu ihnen nach Hause getragen."

Über ein gefährliches Erlebnis berichtete Hans-Gerd Bisterfeld: „Nicht lange nach dem Einmarsch der Amerikaner ging ich zu meinem Onkel von der Linde, der am Bahnhof einen Kohlen- und Futtermittelhandel hatte. Dort habe ich schon als Zehnjähriger Koks und Briketts aus den Waggons ausgeladen. Mich trieb eigentlich immer die Neugierde zur Unrast.

Auf der Ladestraße befand sich ein riesiges Benzinlager der Amerikaner. Am Bahnübergang, im Wärterhaus, war ständig ein amerikanischer Wachposten, der auch die Ein- und Ausfahrt zum Benzinlager kontrollierte. Dort streifte ich nun jeden Tag herum, freundete mich mit GI's an und half ihnen beim Auf- und Abladen der Lastwagen. Dabei entwickelte ich bald eine besondere Technik, die die Amis beeindruckte: Ich schob die Kanister mit so großem Schwung zwischen meinen Beinen hindurch, sodaß sie auf dem glatten Bodenblech des Wagens gleich bis zum stapelnden Soldaten rutschten. Sie lobten mich dafür und gaben mir Kaugummi, Süßigkeiten und Südfrüchte. So sorgte ich gleichzeitig für unsere Familie. Einmal konnte ich sogar einen Kanister Benzin stehlen und diesen mit Kohlen in einen Kohlensack nach Belmicke schmuggeln, wofür ich Kartoffeln erhalten habe.

Eines Tages ging ich wieder zum Benzinlager — dieses Mal mit Vaters Pistole in der Tasche, die ich gegen Lebensmittel eintauschen wollte. Ich hatte Angst und wollte schon umkehren, doch als ich einen mir bekannten Neger als Wache am Benzinlager erblickte, bekam ich wieder Mut. Die Neger waren fast alle sehr kinderliebend. Ich bot dem Neger meine Pistole zum Tausch an. Er willigte ein und gab mir dafür ein Paket mit Truppenverpflegung, das ich freudig nach Hause brachte. Meiner Mutter sagte ich nicht, wofür ich es erhalten hatte. Von dem Neger erhielt ich dann noch vier solcher Pakete, jede Woche eins. Meine Mutter war besorgt und sagte: ,Junge, Du wirst doch nicht stehlen?!' — Ich erwiderte nur: ,Mama, kümmere Dich nicht darum, es ist schon alles in Ordnung!' "

Zahnarzt Bisterfeld kam Anfang September 1945 aus der Gefangenschaft nach Hause. Bald praktizierte er wieder; belgische Besatzungssoldaten, die unter Oberhoheit der Briten die Amerikaner abgelöst hatten, waren nun vorwiegend seine neuen Patienten. Gearbeitet wurde nur gegen Lebensmittel und Zigaretten.

„Wir hatten in Wiedenest einen Apfelhof", erinnert sich Hans-Gerd Bisterfeld. „Als die Äpfel noch nicht einmal reif waren, wurden sie schon vom Baum gestohlen. Um das zu unterbinden, bauten wir im Apfelgarten einen kleinen Unterstand, in dem ich mit unserem Hund Waldmann Wache bezogen habe. Da über Nacht Sperrstunde war, mußte ich immer sehen, daß ich beim Hin- und Rückweg nicht von Wachen und Streifen geschnappt wurde. Aber wir Jungen kannten ja alle Schleichwege. In der Kartoffelernte half ich bei einem Bauern — natürlich gegen Kartoffeln als Lohn."

Viele deutsche Soldaten, die aus der Kriegsgefangenschaft entlassen wurden, wußten nicht, wohin sie gehen sollten, da ihre Heimat im Osten verloren war. Sie waren froh, irgendwo unterzukommen und suchten dann über das Rote-Kreuz ihre Angehörigen. Viele deutsche Soldaten, denen die Heimat erhalten geblieben war, fanden dort vollkommen veränderte Verhältnisse vor, an die sie sich erst gewöhnen mußten. Seine Heimkehr und seine ersten Eindrücke und Erlebnisse im Oberbergischen schilderte Wilhelm Feldberg (Name geändert) aus Gummersbach so:

Feldberg war Ingenieur bei einem Gummersbacher Großunternehmen. Im Jahre 1944 wurde er zur Deutschen Wehrmacht eingezogen und kam nach der Ausbildung als Pionier an der Westfront zum Einsatz, wo er 1945 in amerikanische Gefangenschaft geraten ist. Am 1. November 1945 wurde er mit vielen Kameraden aus dem Kriegsgefangenenlager Bolbek in Frankreich in die Heimat entlassen. Der Transportzug erreichte in Saarbrücken deutschen Boden und endete im Entlassungslager Münster. Von dort gingen die nach Kreisen zusammengestellten Gruppen in verschiedene Städte Deutschlands; Wilhelm Feldberg kam mit einer Gruppe nach Siegburg, wo sie von einem Vertreter des Arbeitsamtes empfangen wurden. In Siegburg wurde noch einmal eine Unterteilung vorgenommen und dann konnte Feldberg mit vier Kameraden mit der Brölbahn nach Waldbröl fahren, wo sie übernachten mußten. Am nächsten Vormittag ging ein Bus nach Gummersbach. Am 4. Dezember 1945 kam Feldberg in seiner Heimatstadt an.

Wilhelm Feldberg wußte nichts von zu Hause. Er scheute sich nach seinem Elternhaus zu gehen, denn er ahnte Böses. Mit einem Freund ging er zu seiner Frau Anna (Name geändert), die bei ihren Eltern wohnte. Die Wiedersehensfreude war überwältigend. Hochbeglückt konnte ihm seine Frau seine kleine Tochter präsentieren, die er noch nie gesehen hatte. Frau Feldberg hatte immer an die glückliche Heimkehr ihres Mannes geglaubt und wurde darin bestärkt, durch die positive Aussage einer Kartenlegerin, die schon einmal der Familie eine Begebenheit genau vorausgesagt hatte. Kartenlegerinnen hatten damals eine Blütezeit, waren letzte Hoffnung für Verzweifelte.

Dann gingen sie in sein Elternhaus. Dort bestätigte sich, was Wilhelm Feldberg vorausgeahnt hatte. Seine Mutter war hilflos den vielen Fremden ausgesetzt, die im Hause wohnten oder zwangseinquartiert worden waren. Hier galt es zunächst geordnete Verhältnisse zu schaffen.

Dann ging es um die Ernährung. Lebensmittel waren knapp geworden. Geld zählte kaum noch. Der Tauschhandel blühte. Wie alle anderen, so suchten auch die Feldbergs nach Möglichkeiten um an Lebensmittel zu kommen, denn die auf Marken zugeteilten Mengen reichten nicht zum Leben. Einen Zentner Kartoffel mußte man selbst bei der bäuerlichen Verwandtschaft mit 400 RM bezahlen. Bald hatten die Feldbergs herausgefunden, daß die Bauern unter anderen dringend Koppelkrampen (Weidezaunösen) zur Reparatur ihrer Weideumzäunungen brauchten. Das brachte Wilhelm Feldberg auf eine Idee.

Er beschaffte sich mit Hilfe des Personalchefs seiner Firma einige Rollen verzinkten Draht aus dem Werk. Dann entwickelte er zwei kleine Geräte zur Herstellung von Koppelkrampen, die in den Schraubstock eingespannt wurden.

Im ersten Gerät wurde der Draht beim Einschub gerichtet und schräg auf Länge abgeschnitten. Mit dem zweiten Gerät wurden die Abschnitte gebogen. Auf diese Weise fertigte Wilhelm Feldberg paketweise Koppelkrampen, die seine Frau mit einer Bekannten bei den Bauern gegen Lebensmittel eintauschte.

Bei ihren Tauschzügen zu den Bauern der näheren und weiteren Umgebung nahm Anna Feldberg oft Frau Temmler (Name geändert) mit. Frau Temmler war Witwe und lebte mit einem Ingenieur der Ford-Werke zusammen. Als ihre Heimstatt in Köln zerstört war bauten sich die beiden in Eigenleistung ein schönes, zweckmäßiges Behelfsheim unweit der Feldbergs.

Frau Feldberg und Frau Temmler waren ein ideales „Gespann". Anna Feldberg hatte die Begabung, geschickt auf die Bauern zuzugehen und Frau Temmler verfügte über viele Tauschobjekte aus alten „Beständen" und die ihr Lebensgefährte herstellte; Rundfunkantennen, Angelgeräte und andere Dinge, die sehr gefragt waren.

Ihre Tauschzüge zu den Bauern waren immer ein Erfolg.

Jeder Hausbesitzer nutzte selbst kleinste Flächen zum Anbau von Gemüse. Die Blumengärten vor den Häusern wurden zu Kohl- und Salatgärten. Darüber hinaus teilte die Stadt über den Ortsvorsteher den Familien Kartoffelland zu. Die Feldbergs erhielten eine Parzelle auf der Burth, ziemlich weit entfernt von ihrer Wohnung. Sie bauten sich mit den Nachbarn eine Schutzhütte gegen Regen. Als die Kartoffeln erntereif wurden, bewachte Feldberg mit den Parzellennachbarn Tag und Nacht die Felder, damit die Kartoffeln nicht gestohlen wurden.

Im Herbst 1946 gab es ungewöhnlich viel Bucheckern. Alle Frauen gingen Bucheckern und Eicheln suchen, die sie in den Sammelstellen gegen Öl und Margarine eintauschen konnten. Frau Feldberg war eine fleißige Sammlerin und nicht selten waren 50 Pfund täglich der Lohn ihrer Arbeit.

Nachdem die Bauern der Umgebung für Koppelkrampen keinen Bedarf mehr hatten, mußten dann auch die Feldbergs — wie viele andere — an die Aussteuer und andere Sachen herangehen. So wurde auch die wertvolle Briefmarkensammlung gegen Lebensmittel eingetauscht. Es gab Bauern, Egoisten, die die Not der Menschen ausnutzten und Dinge erwarben, die sie früher nie besessen hatten, von denen sie nicht einmal geträumt hatten. Es gab aber auch viele Bauern, bei denen die christliche Nächstenliebe noch etwas galt.

Am 1. Februar 1946 konnte Wilhelm Feldberg seine alte Stellung bei seiner Firma wieder antreten. Der Betrieb lief wieder im begrenzten Umfang. Vieles hatte sich verändert.

Wenn der Holzvergaser eine (Weinbrand-)Fahne hat
von Herbert Krüger

Es war im September oder Oktober 1945, einige Monate nach dem „Zusammenbruch", dem Ende des Dritten Reiches. Improvisation bestimmte den neuen Alltag, findige Menschen bastelten Verwendbares fast aus dem Nichts, clevere Leute hatten „Beziehungen".

Einer aus dieser Spezies der besonders Cleveren wohnte ein paar Häuser neben uns auf dem Dorf, in das es uns im Kriege verschlagen hatte. Er war — sein Name tut hier nichts zur Sache, nennen wir ihn N.N. — befreundet mit dem Bürgermeister, dem neuen; dieser kannte den englischen Stadtkommandanten der nahegelegenen Kreisstadt, wenigstens so gut, daß die Beschaffung und Zulassung eines noch fahrbereiten Opel Super 6, den man im Hinterhof eines ausgebombten Hauses unter einer alten Plane entdeckt hatte, kein besonderes Problem darstellte.

Der Beschlagnahme des Super 6 folgte die Ausstellung der Papiere auf den neuen Eigentümer N.N., an der Fahrertür stand schon bald darauf das begehrte „Authorized by Military Government". Besorgt wurde noch eine fast neue Batterie (British made), und etwas Sprit gab's aus englischen Armeekanistern. Doch das reichte nicht für längere Fahrten. Was also tun?

Holzvergaser — das war die Lösung. Also stellte N.N. den Opel auf Holzantrieb um, fuhr mit der mülltonnenähnlichen Konstruktion am Fahrzeugheck durch die Lande und „organisierte".

Reifen, Schuhe, Mehl, Zigaretten, Textilien — was man so brauchte zum Leben und Handeln. Auch eine geheime Weinbrandquelle wurde angezapft, die man im Raum Wiesbaden entdeckt hatte. Weinbrand — fast ein Zauberwort, Inbegriff höchsten Genusses! Für Weinbrand gab's Tabak, für Tabak Butter, für Butter wieder Weinbrand, für Weinbrand Zigaretten und dafür wieder Benzin. So war das damals, manche werden sich noch erinnern. Also Benzin letztlich gegen Weinbrand — wozu also noch mit Holzantrieb fahren? Aber den Kessel wieder demontieren? Das ging wohl nicht, das wäre aufgefallen. (Woher hat der das Benzin?) Also: Den Super 6 wieder auf normalen Benzinbetrieb umgestellt und den „Holzkocher" als Attrappe drangelassen. Naheliegender Gedanke (Not macht erfinderisch!): Den Holzkessel als Transportbehälter benutzen, sprich als Geheimfach für „Edles aus dem Rheingau". Der Behälter wurde zu zwei Dritteln mit lebensmittelfester und alkoholbeständiger Kupferfolie ausgekleidet und diente bei den weiteren Schmuggeltouren als Weinbrand-Container.

Aus heutiger Sicht war das sicher jenseits jeder Legalität, aber damals sah man das anders. Jedenfalls wurde im oberen Drittel des Kessels nach wie vor Holz „vergast", zur Tarnung natürlich und um den Schein zu wahren bei den zahlreichen Fahrzeugkontrollen, vor allem an der Grenze zwischen der englischen und amerikanischen Besatzungszone. Wochenlang ging alles gut, der Kessel qualmte, die Papiere waren in Ordnung, „Okay, go ahead!" Bis eines Tages ein besonders eifriger Sergeant (vielleicht war's auch nur ein Corporal) sich nicht mit der üblichen Routine-Kontrolle begnügte, sondern dem verdächtig qualmenden Kessel seine Aufmerksamkeit widmete. Er öffnete den Deckel und ... schnupperte neben dem Geruch glimmenden Holzes den verführerischen Duft edlen deutschen Weinbrands. Aber seine Fantasie und Zeit reichten zum Glück nicht aus, sich die Realität vorzustellen. Auf die barsche Frage, ob denn Cognac geladen sei („Got any Cognac in there?"), erhielt er die offensichtlich überzeugend klingende Antwort: „No, not Cognac at all", und ließ N.N. samt Opel und Ladung passieren. Cognac hatte N.N. ja auch nicht an Bord, er konnte sein schlechtes Gewissen mühsam beruhigen und den Weinbrand unentdeckt nach Hause bringen. Es war trotzdem die letzte Fahrt mit einer Alkoholfahne, denn „mit des Geschickes Mächten ist kein ew'ger Bund zu flechten".

Übrigens: Der Holzvergaser-Kessel wechselte bald danach seinen Besitzer. Der neue Eigentümer zahlte in bar: 3 Flaschen „Deutscher Weinbrand".

Als Morsbach an der „Zonengrenze" den Namen „Republik" erhielt

von Christoph Buchen

Morsbach, die südlichste Gemeinde des Oberbergischen Kreises lag als einzige unmittelbar nach dem Zweiten Weltkrieg an der Zonengrenze zwischen britischer und fränzösischer Besatzungszone. Daß neben den ohnehin strengen Auflagen der Alliierten die Zonenrandbewohner noch weitere Unannehmlichkeiten in Kauf nehmen mußten, soll nachfolgender Bericht verdeutlichen:

Bis Ende 1948 wurde die Gemeinde Morsbach im Wechsel von verschiedenen Truppen besetzt.

Vom 14.7.1945 bis 20.2.1949 war die Gemeinde, mit kurzen Unterbrechungen vom 4.3. bis 8.7.1946, ganz in belgischer Hand. Die belgischen Truppen standen in einem englischen Truppenverband, da die Gemeinde Morsbach zur britischen Besatzungszone gehörte. Die Gemeindegrenze war zu drei Fünftel Zonengrenze zwischen britischer und französischer Zone. Diese Zonengrenze war sicherlich nicht vergleichbar mit der Grenze zur DDR, sie war aber auch keineswegs so durchlässig, wie etwa die britische oder amerikanische Zone.

Viele Morsbacher können sich sicher noch gut daran erinnern, daß es damals gar nicht so einfach war, in die französische Besatzungszone nach Wissen oder Friesenhagen zu gelangen, Orte, mit denen Morsbach seit jeher eng verbunden war. Durch Grenzpolizei wurden Fahrzeuge und Fußgänger, z.B. am Grenzübergang unterhalb Volperhausens, angehalten, nicht selten Autos beschlagnahmt, wenn sie keine Fahrgenehmigung hatten, und die Fußgänger mit Geldstrafen belegt oder zurückgewiesen.

Diese Schwierigkeiten hielten mehrere Jahre an. Am 23.8.1946 beschwerte sich ein Mitglied des Verkehrsausschusses des Oberbergischen Kreises beim Kreisausschuß in Gummersbach über Behinderungen auf der „Transitstrecke" von Morsbach nach Freudenberg. In dem Schreiben heißt es wörtlich: „Die Hauptverbindungsstraßen von Waldbröl nach Siegen führen hinter der Gemeinde Morsbach auf kurzer Strecke durch die französische Zone. Auf der Strecke Morsbach—Crottorf—Friesenhagen—Freudenberg bzw. Wildbergerhütte—Crottorf sind weder der Beginn noch das Ende der französischen Zone kenntlich gemacht. Seit einigen Wochen stehen an diesen Straßen bei Wassermühle und an der Abzweigung bei Crottorf deutsche Polizisten der französischen Zone und kontrollieren den Verkehr, insbesondere den Kraftwagenverkehr, beschlagnahmen Lebensmittel und verhängen Geldstrafen wegen verbotenem Grenzübertritt. Hierdurch wird der Verkehr stark behindert."

Langsam lockerten sich jedoch diese strengen Grenzkontrollen.

Oberberg wurde nach wie vor von Gummersbach aus „regiert". Am 21.6.1945 teilte Landrat Dr. August Dresbach in einem Schreiben allen Bürgermeistern im Oberbergischen Kreis mit, daß sich die neue englische Militärregierung in seinem Haus aus Oberst Taylor, Major Haines, Hauptmann Elliot und Leutnant Vian zusammensetzte. Nur diese Personen hatten Anweisungs- und Befehlsbefugnis für die deutschen Behörden im Kreisgebiet.

Aufsichtsbehörde für die Bürgermeister, die Entscheidungen allerdings schon selbstverantwortlich treffen konnten, war der Landrat. Alle Anordnungen der Militärregierung an die Bürgermeister liefen über den Landrat in Gummersbach. Die britische Militärregierung bestand darauf, bis zum 1.1.1946 eine Trennung zwischen dem ehrenamtlichen Bürgermeister als Repräsentanten und politischen Ratsvorsitzenden einerseits und der Leitung der Verwaltungsgeschäfte andererseits vorzunehmen. Danach sollte der Leiter der Gemeinde- oder Stadtverwaltung die Dienstbezeichnung „Gemeinde- oder Stadtdirektor" erhalten. —

Das Reisen unterlag zur damaligen Zeit strengen Beschränkungen. So hieß es in einer öffentlichen Bekanntmachung der Militärregierung im Juli 1945: „Wer nicht im Besitz eines Befreiungsscheins ist, darf in ein Gebiet, das mehr als 100 Kilometer von seinem Wohnsitz liegt, nicht reisen. Niemand ist befugt, die britische Zone zu verlassen."

Diese Anordnung wurde aber im August 1945 bereits gelockert. Nach einer Mitteilung des Gouvernements vom 13.8.1945 war von diesem Tag an „freie Bewegung für alle Zivilisten innerhalb der britischen Zone gestattet". Die Fahrer von Motorfahrzeugen benötigten allerdings nach wie vor die entsprechenden Passierscheine. Zivilisten mußten lediglich im Besitz der Registrierungskarte sein. So bekamen die Bürger immer mehr Bewegungsspielraum und fühlten sich nicht mehr so bevormundet, wie kurz nach dem Zusammenbruch.

Kurz nach Kriegsende glich das öffentliche Leben in Deutschland einem Chaos. Es war nun wieder an der Zeit, wieder System in das Zusammenleben der Menschen unter der „Schirmherrschaft" der Alliierten zu bringen, z.B. durch Bestandsaufnahmen.

Am 6.5.1945 teilte der Gummersbacher Landrat den Bürgermeistern mit, „daß mit der Ausstellung der Personalausweise an Personen über 12 Jahre voraussichtlich erst im Laufe der nächsten Woche begonnen wird". Jede Person über 12 Jahre hatte 1945 außer Haus ständig einen Registrierschein mitzuführen. Ebenfalls durften die Bürger die Straßen nur benutzen, wenn sie im Besitz eines Passierscheines mit Fingerabdruck waren.

Die Gottesdienste durften die Morsbacher zwar besuchen, aber ansonsten bestand striktes Versammlungsverbot. Landrat Dr. Dresbach gab es im Juli 1945 bekannt:

„Im Auftrag der britischen Militärregierung bringe ich hiermit das Versammlungsverbot erneut in Erinnerung. Jegliche Zusammenkunft von mehr als fünf Zivilpersonen ist untersagt. Des weiteren mache ich erneut darauf aufmerksam, daß die britische Militärregierung jegliche politische Betätigung, von wem sie auch ausgehen mag, verbietet. Die Regierung hat ferner den Druck jeglicher Zeitungen und Zeitschriften im Landkreis verboten." —

Langsam bekam die Militärregierung und die von ihnen eingesetzten deutschen Verwaltungsleute das Durcheinander in den Griff. So konnte man beispielsweise einer öffentlichen Bekanntmachung vom 3.8.1945 entnehmen:

„Teilweise Wiedereinsetzung der deutschen Gerichtsbarkeit im Oberbergischen Kreis. Auf Anordnung der Militärregierung ist das Amtsgericht Gummersbach am 23.7.1945 wiedereröffnet worden." Das Amtsgericht Waldbröl folgte am 29.11.1945. Zunächst wurden jedoch nur bearbeitet: Strafsachen, mit Ausnahme von Privatklagesachen; Bürgerliche Rechtsstreitigkeiten einschließlich Arreste; einstweilige Verfügungen und Beweissicherungsverfahren; Vormundschaftssachen, Nachlaßsachen, Konkurssachen, Arbeitsrechtsstreitigkeiten (letztere bis zur Eröffnung des Arbeitsgerichts). Die Zwangsversteigerungsabteilung, das Grundbuchamt und die Registerabteilung blieben vorerst geschlossen.

In diesen Monaten nach dem Zweiten Weltkrieg erhielt die Gemeinde Morsbach den Spitznamen „Republik". Ihre „Insellage" zwischen Bergischem Land, Westerwald und Siegerland an der britisch-französischen Zonengrenze stand hierfür u.a. Pate. Außerdem war der im Wissertal liegende Ort Morsbach durch die zerstörten Straßen, Schienenwege und Brücken fast vollständig von der „Außenwelt" abgeschlossen. Landrat Dr. Dresbach prägte zu dieser Zeit den Namen „Republik" Morsbach, als er die Gemeinde gegenüber dem britischen Oberst Taylor in Schutz nahm. Einige Bürger hatten nämlich dem Briten in manchen Angelegenheiten zu eigenmächtig gehandelt und gegen die Vorschriften der Alliierten verstoßen.

1947 wurde auch wieder Karneval gefeiert. Landrat Dr. Dresbach und seine Familie nahmen, auf Einladung von Bürgermeister Reifenrath, an dem Volksfest teil. Die Militärregierung hatte die Erlaubnis erteilt, daß Karneval drei Tage auch im Freien gefeiert werden durfte, allerdings mit der Auflage, von 18 Uhr bis Tagesanbruch keine Gesichtsmasken zu tragen. Ab Mai 1946 waren sonntags auch wieder überall Tanzveranstaltungen erlaubt.

Das Leben überall im Oberbergischen ging nach dem Krieg weiter und begann sich langsam zu normalisieren.

Eine Hamstertour
von Marlene Rück

Wir wohnten in der Rospe bei Gummersbach. Im Frühjahr 1946 kam mein Vater aus der Kriegsgefangenschaft nach Hause, zu einer Zeit, als die Lebensmittel sehr knapp waren und sich alles ums Essen drehte. Nahrung herbeizuschaffen und anzuhäufen, wo immer dazu Gelegenheit war, zu „hamstern", war zu einer Lebensnotwendigkeit geworden. Die Rheinniederung und die Eifel wurden zu bevorzugten Hamstergebieten der Oberberger. Jeder, der dort Verwandte oder Bekannte oder keines von beiden hatte, fuhr dort hin, um Landprodukte zu kaufen oder einzutauschen, zur Aufbesserung der äußerst knappen Markenzuteilungen.

Eines Tages erhielten meine Eltern einen Brief von einem Kriegskameraden meines Vaters der in der Eifel eine große Landwirtschaft besaß. Er schrieb, daß wir zu ihm kommen sollten, um ihm bei einigen Arbeiten zu helfen — und wir könnten doch einiges zum Leben gebrauchen.

Wir wollten fahren, denn auch bei uns war das Essen sehr knapp. Vater erkundigte sich, wie wir am besten dorthin gelangen konnten, denn es fuhren noch nicht überall die Züge wieder, und auch die Eisenbahnstrecke war bei Overath noch unterbrochen. Eines Tages im Herbst war es dann so weit. Meine Eltern hatten zwei Koffer an der Hand und Vater zusätzlich noch einen Rucksack auf dem Rücken.

Wir fuhren von Gummersbach mit dem Bus bis Köln. In Köln überall Ruinen, verbogene Eisenträger und Geröll. Der Bahnhof wimmelte von Menschen, die mit Koffern, Rucksäcken und Taschen bepackt waren. Vater setzte meine Schwester und mich auf einen Koffer und ging fort, um sich nach den Zügen nach Euskirchen zu erkundigen. Als er zurückkam, sagte er, daß der Zug von einem anderen Bahnsteig, jedoch erst in einer Stunde abfahren würde. Wir zogen mit dem Gepäck zum anderen Bahnsteig. Überall patrouillierte englische Militärpolizei. Es war richtig unheimlich.

Nach langem Warten fuhr der Zug endlich ein, aber er war schon übervoll. Die Leute standen auch auf den Trittbrettern und zwischen den Waggons auf den Puffern. Wo sollten wir da noch einen Platz erwischen?

Nach einigem Hin- und Herhetzen hatte Vater in einem Abteil einen Sitzplatz erhalten, den Mutter einnahm, mit meinem Schwesterchen auf dem Schoß. Vater und ich (8jährig) standen dicht gedrängt zwischen den vielen Menschen. Die Fahrt nach Euskirchen schien uns wie eine Ewigkeit, und als wir dort ankamen, waren wir Kinder totmüde.

Auf dem Bahnhof kam uns Willy Pauly schon entgegen. Die Männer fielen sich in die Arme, und dann wurden auch Mutter und wir Kinder herzlich begrüßt. Onkel Willy, wie wir Kinder ihn nannten, führte uns zu seinem wartenden Pferdefuhrwerk. Unsere Koffer — die fast leer waren — wurden verstaut und dann begann die Fahrt.

Für uns Kinder war das ein Erlebnis. Wir saßen auf Heusäcken und betrachteten mit großen Augen die an uns vorüberziehende Landschaft. Da waren Felder in immer wieder anderen Formen und Dimensionen, Wiesen und Weiden, auf denen Herden von Kühen und Jungtieren weideten. Es war alles so friedlich und anders als bei uns im Oberbergischen. Nach einiger Zeit erreichten wir das Dorf Lessenich und den Hof von Onkel Willy.

Die Höfe sind dort ganz anders gebaut als bei uns. Ein großes Tor bildet den Eingang. Der Wohntrakt, die Ställe und Scheunen sind im Karree gebaut und so gleicht jeder Hof einer geschlossenen Festung.

Auch mit Onkel Willys Frau gab es eine herzliche Begrüßung. Sie führte uns — wir Kinder nannten sie Tante Christine — ins Haus und stellte uns ihrer Schwiegermutter vor. Sie saß auf einer Eckbank, vor sich eine große alte Bibel, und hinter ihr an der Wand hing ein großes Kruzifix mit einem Licht darunter. Die alte Dame strahlte Ehrwürdigkeit aus, von der wir Kinder ergriffen waren.

Tante Christine riß uns aus unserem Staunen, half uns Kindern aus den Mänteln und setzte uns an den gedeckten Tisch. Dann holte sie einen großen Topf mit Suppe und füllte uns auf. Dazu gab es Brot, Butter, Wurst, alles Dinge, die wir daheim nur ganz selten zu sehen bekamen. Nach dem Essen trugen Mutti und Tante Christine uns Kinder ins Schlafzimmer der Paulys und legten uns in die Ehebetten, wo wir bald einschliefen.

Am nächsten Morgen wurden wir durch das Quietschen der Schweine wach, die Onkel Willy gerade fütterte. Im Nu waren wir angezogen und liefen nach unten. Nach einem reichhaltigen Frühstück gingen mein Schwesterchen und ich auf Entdeckungsreise — und auf einem Bauernhof gab es viel zu entdecken: Hühner, Gänse, einen Hund und andere Tiere. Dann durften wir mit Onkel Willy auf dem Traktor hinaus auf die Weide, wo die Kühe gemolken wurden. Nach einem ereignisreichen Tag sanken wir am Abend todmüde ins Bett.

In der Nacht wurden wir durch Poltern und Lachen, das von der Treppe herkam, wach und nicht lange danach kamen meine Eltern und Onkel und Tante Pauly ins Zimmer. Vater war voller Kuhdreck und Blut. Alle lachten und wir lachten mit. Erst später haben wir den ganzen Zusammenhang erfahren: Meine Eltern und Paulys wollten ein Rind „schwarz" schlachten. Sie banden ihm das Maul zu,

1945/46. Überfüllte Züge, Trittbrettfahrer, Hamsterer.

Nachtquartier auf dem Bahnhof.

damit es nicht schreien sollte und brachten es in einen etwas abseits gelegenen Jungviehstall. Im Schein von Sturmlaternen sollte es geschlachtet werden. Der Altknecht schlug das Tier mit der stumpfen Seite der Axt vor den Kopf. Als es betäubt niedergefallen war, stach er die Hauptschlagader am Hals durch, damit es ausbluten sollte. Als es gefallen war, mußten die anderen das Tier mit Stricken fesseln und festhalten, bis es tot war. Als mein Vater seinen Strick nur einmal etwas locker ließ, schlug das Tier aus, und mein Vater lag in der anderen Ecke des Stalles und war voller Kuhdreck.

Die nächsten Tage halfen meine Eltern die Ernte einbringen. Wir Kinder durften manches Mal mit dem Traktor mitfahren, wenn Runkeln und Zuckerrüben in Mieten oder die Scheune gefahren wurden. Wenn die Wagen mit Zuckerrübenschnitzeln beladen waren, die von der Zuckerfabrik kamen, aßen wir davon; sie schmeckten so köstlich süß.

So vergingen uns Kindern die Tage in Lessenich viel zu schnell. Mit vollen Koffern und vollem Rucksack brachten Onkel und Tante Pauly uns wieder zum Bahnhof. Wieder fuhr ein übervoller Zug in den Bahnhof ein. Und auf dem Bahnsteig wimmelte es von Menschen, die alle mitfahren wollten. Alles drängte zu den Abteiltüren. Wir wurden hin- und hergeschoben. Mutter hielt uns an den Händen fest, und Vater behielt unser Gepäck im Auge und suchte einen Platz. Endlich kamen wir in ein Abteil hinein. Onkel Willy gab Vater das Gepäck rein, und dann wurden auch wir Kinder reingehoben. Das Abteil war schon voll. Da kein Sitzplatz mehr frei war, setzten wir Kinder uns auf die Koffer. Mutter und Vater standen mit den anderen so dicht gedrängt, daß sie sich kaum bewegen konnten. In den Gepäcknetzen türmten sich Koffer, Kartons und Rucksäcke bis unter die Decke. Sogar kleine Kinder saßen im Gepäcknetz. An allen Kleiderhaken hingen Taschen und Netze. Und jedesmal auf einer anderen Station das gleiche Bild: schreien, schieben, drängen, stöhnen, eifern. Es war schrecklich; mein Schwesterchen weinte. Endlich erreichten wir Köln und mußten aussteigen.

Auf dem Bahnhof in Köln stand britische Militärpolizei und kontrollierte die Reisenden. Meine Eltern hatten Angst, daß sie uns unsere Lebensmittel — Eier, Speck, Fleisch, Butter —, die wir von den Paulys bekommen hatten, abnehmen würden, denn wir sahen, wie sie sich Taschen und Koffer öffnen ließen und manche Leute mitnahmen, denn „hamstern" war ja verboten.

Da kam meinem Vater eine Idee: Er setzte uns Kinder auf die Koffer und sagte, wir sollten ganz ruhig sein und uns nicht von der Stelle rühren. Dann ging er ein Stück von uns fort und beobachtete mit Mutter die MP. Wir ahnten die Gefahr und hatten Angst, doch die MP kümmerte sich nicht um uns. Langsam wurde der Bahnhof leerer, und dann war auch die Militärpolizei nicht mehr zu sehen. Nun

kamen auch unsere Eltern zurück und Vater trieb uns zur Eile an, denn wir mußten bis zur Bushaltestelle ein ganzes Stück laufen. Es ging durch einen Tunnel, dann über Steine und Schutt. Wo man hinsah, sah man Ruinen.
In Schweiß gebadet und außer Atem erreichten wir endlich die Bushaltestelle. Der Bus war schon überfüllt, der Fahrer wollte uns nicht mehr mitnehmen. Uns Kindern fielen vor Übermüdung die Augen zu, und in den Ruinen von Köln konnten wir nicht übernachten. Mein Vater und der Busfahrer führten eine erregte Debatte. Der Fahrer schien sich nicht erweichen zu lassen. Wir standen immer noch draußen, nur Vater stand auf dem Trittbrett und redete auf den Busfahrer ein. Als der abfahren wollte, trat mein Vater an ihn dicht heran und flüsterte ihm etwas ins Ohr. Darauf schien er gewartet zu haben. Nun schaffte er noch Platz und energisch ließ er die Leute zusammenrücken, so daß wir noch einsteigen konnten. Als die Fahrt begann, wurde es schon dunkel. Ich bemerkte, wie Vater etwas aus dem Rucksack nahm und es in eine Tasche tat, die neben dem Busfahrer stand.

Zu Hause hat er uns dann gesagt, daß er dem Busfahrer Eier und Speck gegeben hat, sonst hätte der uns nicht mehr mitgenommen.

Auf Hamsterertour,
Trittbrettfahrer.

Erinnerungen an eine schwere Zeit
von Hans Münch

Ich war 1945 8 Jahre alt, also in einem Alter, in dem mein Erinnerungsvermögen entwickelt war. Viele Erlebnisse aus der Endzeit des Krieges habe ich bis heute nicht vergessen, sie gehören zu meinem Leben.

Unsere Familie wohnte in Köln-Klettenberg. Vater war Soldat und Mutter war mit uns Kindern allein. Das war nicht einfach, denn die Kriegszeit brachte immer mehr Beschwernisse und Entbehrungen, je länger sie dauerte. Da die Bombenangriffe auf Köln immer furchtbarer wurden, zog meine Mutter in Erwägung, mit uns Kindern Köln zu verlassen. Aber wohin?

Schon zu Friedenszeiten fuhren meine Großeltern, die in Köln eine Färberei und chemische Reinigung besaßen, oft nach Ründeroth zum Essen in das Hotel Hohenstein. Dabei kamen sie mit der Familie Feuring in Verbindung, die am „Hohenstein" eine Pension betrieben hat. In dieser Pension verbrachte ich dann jedes Jahr einige Wochen. Bei Wochenendausflügen schlief ich manches Mal bei Familie Vedder/Henk, die am Hohenstein eine Bäckerei hatte. So war bereits eine Verbindung nach Ründeroth geknüpft.

Nach den schweren Bombenangriffen auf Köln quartierten wir uns 1943 als ständige Gäste bei Feurings ein. Unsere kleine Wohnung war durch einen Nebeneingang zu erreichen, und so waren wir für uns und störten niemanden. Ab und zu fuhr ich mit meiner Mutter nach Köln, um in unserer dortigen Wohnung nach dem Rechten zu sehen. Oft mußte der Zug wegen Jagdbomberangriffe im Tunnel bei Heiligenhaus stehen bleiben, bis alles vorüber war. In Köln ging bald alles drunter und drüber — der Krieg nahm an Schärfe zu. Da fuhr meine Mutter nur noch selten und allein nach Köln, und zum Schluß war das überhaupt nicht mehr möglich, weil kein Zug mehr gefahren ist und die Eisenbahnstrecke bei Heiligenhaus zerstört war.

In der Endzeit des Krieges erlebten wir fast jeden Tag in Ründeroth Jaboangriffe. Dann gingen die Menschen in die Luftschutzbunker am Hohenfels, im Weinberg an der Agger oder in die Aggertalhöhle. Feurings hatten sich im Garten einen Erdbunker gebaut, wie viele andere Ründerother, die ihr Eigentum nicht verlassen wollten. In Schnellenbach gab es auch noch einen größeren Felsenbunker.

In den letzten Tagen des Krieges waren wir fast Tag und Nacht in der Aggertalhöhle, in die aber nicht mehr als 50 Personen rein durften, da sonst der Sauerstoff der Luft zu knapp wurde. Für uns Kinder gab es viel zu entdecken und wir spielten Verstecken. Nachts flatterten Fledermäuse herum, viel mehr als heute. Die Notdurft wurde, wenn kein Fliegeralarm war, im Freien verrichtet. Gewaschen und die nötigste Toilette wurde an der Walbach erledigt. Gekocht wurde in einem großen Kessel vor der Höhle — wenn was zum Kochen da war! Ansonsten wurden wir von meiner Großmutter Claßen mit Brennessel-Gemüse beköstigt. Als am 12. April 1945 Ründeroth von den Amerikanern besetzt wurde, war auch für uns das „Höhlenleben" vorbei; wir luden unsere Sachen auf einen Bollerwagen und bezogen unser altes Quartier in der Pension Feuring.

Kurz bevor die Amerikaner kamen, sprengten deutsche Soldaten noch die Aggerbrücke in Ründeroth. Die Besetzung verlief ohne Zwischenfälle, denn die meisten deutschen Soldaten waren in Richtung Schnellenbach weitergezogen. Einige ergaben sich. Sie wurden mit anderen deutschen Soldaten auf großen Lastwagen weggefahren. Die Fahrer waren meistens Neger.

Viele Ründerother gingen bereits daran, die Panzersperren, die im Krümmel, nach Schnellenbach und am alten Wasserreservoir bei Müllensiefen (Richtung Wallefeld) errichtet waren, abzubauen und das Holz als Brennmaterial zu gewinnen. Wir Kinder liefen in den alten Stellungen herum, die deutsche Soldaten gebaut hatten, und suchten nach brauchbaren Sachen.

Die erste Zeit fuhren die Amerikaner und später auch die Deutschen über die Eisenbahnbrücke, die zwischen den Schienen mit Bohlen ausgelegt war. Dann errichteten die Amerikaner einen Steg und eine Notbrücke in der Nähe der alten, gesprengten Aggerbrücke.

Gleich nach dem Einmarsch der Amerikaner wurden die Geschäfte und Läger in Ründeroth von Ausländern und Deutschen geplündert. Ich holte Wolle und Wollsachen von Ermen & Engels in Engelskirchen (heute Rathaus), weil wir das am Nötigsten hatten.

Im Wolf'schen Park war ein Verpflegungslager der Deutschen Wehrmacht zurückgeblieben; dort holten wir Büchsenmilch und andere Lebensmittel. Später standen da Öbels Brotwagen. Jetzt ist dort die Firma Rheinbrot.

Alle Schuß- und Stichwaffen mußten auf der Bürgermeisterei auf Anordnung der Amerikaner abgegeben werden. Viele taten das nicht und versteckten sie in den Häusern oder im Walde. Wir Jungen wußten, wo sich solche Verstecke befanden.

Oft streiften wir im Walde umher und trieben mitunter gefährlichen Unfug. Bei der Auffahrt von Oskar Dörrenberg stand eine von der Deutschen Wehrmacht zurückgelassene Achtacht-Flak mit Munition. Wir Kinder schlugen mit Hammer und Meißel die Kupferführungsringe ab und entfernten aus den Kartuschen die Pulverstangen. Dann traten wir auf die Pulverstangen, die mit einem Ende in die

Kartuschen hineinragten und zündeten sie an. Beim Erreichen der Mitte der Pulverstange verursachte der Brandsatz einen Knall und die Kartuschen schossen ab wie Raketen.

Gleich nach der Stunde Null hungerten wir sehr. Auf die Lebensmittelkarten gab es zu wenig. Es wurde alles vertauscht, um an Lebensmittel zu kommen. Ich hatte Rollschuhe und einen Füllfederhalter, die tauschte ich bei einem Neger gegen Zigaretten und Südfrüchte ein. Damals gab es die „Zigaretten- und Schnapswährung" anstelle von Geld. Später hat dann meine Mutter ihren ganzen Schmuck so hergegeben, den sie aus der Wohnung in Köln gerettet hatte. Ohrringe, Ringe, Brillianten und echte Meiß'ner Vasen wurden gegen Brot und Kartoffeln eingetauscht, um die Familie zu ernähren. Auf Lebensmittelkarten gab es pro Woche für uns ein Brot und einen Liter Milch, und das war für vier Personen zu wenig.

Zusätzlich gab es ab und zu in den Bäckereien ungesalzenes Maisbrot; stundenlang mußte man darauf anstehen. Maisbrot schmeckte nur frisch aus dem Ofen, älter und kalt geworden schmeckte es widerlich. Später gab es in den Bäckereien Dannenberg in Ründeroth und Bellingroth in Schnellenbach ganz schwarzes Roggenbrot.

Als mein Vater, Josef Münch, im Dezember 1945 aus der Kriegsgefangenschaft kam, kauften meine Eltern ein leerstehendes Behelfsheim auf dem Mühlenberg. Es war eigentlich nur eine zweiräumige Holzbaracke. Ein einfacher Kochherd und ein eiserner Ofen dienten zum Kochen und Wärmen. Holz gab es im angrenzenden Wald genug und später auch ab und zu auf Marken beim Kohlenhändler Lindenberg Briketts. Wasser mußte von einer zentralen Wasserstelle von weit hergeholt werden. Wir fingen deshalb Regenwasser auf. Damit hat Mutter unsere Wäsche gewaschen, im Winter im eiskalten Wasser. Elektrisches Licht gab es nicht. Wir mußten uns mit „Hindenburglichtern" (Talglichter in flachen kleinen Schalen) behelfen. Am Eingang des Behelfsheimes hing eine leere Granatenkartusche, die von Mutter angeschlagen wurde, wenn wir zum Essen kommen sollten.

Etwas abgesetzt vom Behelfsheim befand sich unser Holzklosett. Unter der Brille war ein Holzkasten, der von Zeit zu Zeit geleert wurde. Dazu wurde die Brille, die mit Scharnieren versehen war, nach hinten umgeklappt. Einmal — es war schon Frühjahr aber noch Frostwetter — machte ich auf dem Klo eine „neue Erfindung", als ich austreten mußte. Die Brille war hochgeklappt und ich dachte, daß es auch so gehen müßte. Ich setzte mich auf den vorderen Bretterabschluß — und fiel, ehe ich mich versah, hintenüber in den Klokübel hinein. Zum Glück war hierin noch alles gefroren. Auf mein Geschrei hin erlöste mich mein Vater aus der mißlichen Lage. Wir haben noch lange darüber gelacht.

Behelfsheim im Wolf'schen Park, Ründeroth. Heute steht da das Schulzentrum.

Ründeroth. Behelfsheime am Mühlenberg.

1948 bekam unsere Baracke Wasser- und Lichtanschluß. Den Graben für die Wasserleitung mußte mein Vater selbst ausheben.

Um unsere kärgliche und unzureichende Nahrung aufzubessern suchten wir im Walde Pilze und trockneten sie. Auch Wildfrüchte und Beeren suchten und aßen wir. Aus Brennesseln wurde Spinat gemacht. Für die Schule suchten und sammelten wir Ginsterblüten, Hagebutten, Holunderbeeren und weißen Fingerhut. Wir sammelten auch Bucheckern, die von Zeit zu Zeit von der Schule abgeholt wurden. Dafür gab es Tee und Bucheckernöl zurück.

Nach der Schule half ich oft in der Schnapsbrennerei und Landwirtschaft von Friedrich Müller in der Walbach und bekam dafür Kartoffeln als Lohn. Einmal habe ich beim Kartoffelsortieren ganz kleine Kartoffeln, die durch die Siebe fielen, mit nach Hause nehmen wollen, da habe ich von Oma Mia Müller eine Rüge bekommen, da diese Kartoffeln an die Schweine verfüttert werden sollten. Später hat mich Oma Müller wie einen Sohn behandelt. Ich war sogar an ihrem Sterbebett.

Die Bauern und kleinen Landwirte lebten ganz gut. Sie schlachteten „schwarz" und vertauschten auch Fleisch gegen Waren, die sie benötigten.

Überall pflanzten die Männer Tabak, in den Hausgärten, an Bahndämmen, auf urbar gemachten Feldern. Der Tabak wurde oft schon noch grün geerntet und auf Fäden auf Balkonen, an Scheunen und Ställen zum Trocknen aufgehängt. Der getrocknete Tabak wurde fest zusammen gerollt und auf einem Brett mit einem Messer fein geschnitten. Davon drehten sich die Männer Zigaretten oder rauchten ihn in der Pfeife. Jeder nannte sein Erzeugnis anders, der eine „Marke Dreherburg", der andere „Heustallmischung", „Wald- und Wiese" oder „Bahndammschnitt".

Manche Leute brannten aus Zuckerrüben, Getreide oder Melasse heimlich Schnaps — zum Selbertrinken oder zum Vertauschen. Schnaps galt als gutes Zahlungsmittel. Mancher Schnaps war richtiger Fusel; andere verfeinerten ihn durch Kohlefilter und Essenzen. Der Schnaps, der aus Kartoffeln gebrannt wurde, hieß „Knolli Brandy".

In der Obstzeit stahlen wir Äpfel und Pflaumen. Manche wurden getrocknet. Ich mochte so gerne Graupensuppe mit getrockneten Pflaumen und Milchsuppe mit Trockenobst.

Einmal ist uns ein Truthahn zugelaufen. Wir sperrten ihn in den Holzschuppen ein, weil wir nicht wußten, wem er gehörte, auch in der Hoffnung, eine Aufbesserung der Verpflegung zu erhalten. Wir hofften, daß sich niemand melden würde, doch dann erschien Frau Zimmermann aus der Walbach, die ihren Truthahn suchte; wir gaben ihn zurück.

Einmal sollte ich mit dem gleichaltrigen Dietrich Groß-Blotekamp, dem Sohn des Pfarrers, einen Kuchen abholen, den Frau Groß-Blotekamp angerichtet und zum Backen in die Bäckerei Vedder gebracht hatte. Wir hatten Hunger und aßen unterwegs den halben Kuchen auf.

Inzwischen hatten alle Schulen ihren Lehrbetrieb wieder aufgenommen. Nach der Schule gingen wir oft zu den belgischen Besatzungssoldaten, die nach den Amerikanern und Engländern gekommen waren, ins Rathaus. Dort bekamen wir von den Offizieren meistens etwas zum Essen.

Später wurde dann in den Schulen eine Schulspeisung durchgeführt. Wir bekamen jeden Tag eine Suppe und an jedem Freitag eine Tafel Schokolade (50 Gramm) der Marke „Kwatta". Für uns Kinder war der Freitag immer ein Festtag.

Als mein Vater aus der Gefangenschaft heimgekehrt war, hatte er lange Zeit keine Arbeit. Und es gab auch wenig staatliche Unterstützung, so daß jeder darauf bedacht war, etwas zu tun, um die Lebensbedingungen zu verbessern. Mein Vater „maggelte", wie es damals hieß, mit Hausratsgegenständen wie Siebe, Töpfe und Schöpflöffel, das heißt, er „handelte" mit solchen Sachen, die er sich beschaffte und wieder verkaufte oder bei den Bauern gegen Lebensmittel eintauschte. Im Winter war ich mit meinem Vater oft unterwegs, dann zog ich den Schlitten, auf den wir die Sachen aufgeladen hatten. Im Winter 1946 zu 1947 hatte ich nicht einmal Handschuhe.

Der Winter 1947 zu 1948 war sehr streng mit viel Schnee. Um uns in der Nacht gegenseitig zu wärmen — in den Holzbaracken war es sehr kalt —, schliefen wir Kinder mit den Eltern in den eng aneinander gestellten Betten dicht nebeneinander. Um den Hals hatten wir unsere Schals und auf dem Kopf unsere Baskenmützen. Wände und Fenster waren voller Eisblumen. Die Einkellerungskartoffeln im kleinen Kriechkeller unter dem Fußboden — eigentlich nur ein kleines Loch von ca. einem Meter Tiefe — erfroren, obwohl sie gut zugedeckt waren. Danach gab es „süße" Kartoffeln.

In diesem kalten Winter passierte ein großes Unglück. Der Kinderwagen mit meinem kleinen Bruder Harald stand am Herd, damit der Kleine gewärmt wurde. Auf dem Herd stand immer ein Kessel mit warmen und manchmal sehr heißem Wasser, das wir zum Waschen und Zähneputzen nahmen. An jenem Tag stand der Kessel am Rand der Herdplatte. Als Harald in einem unbewachten Augenblick aufstand und mit seinen Patschhändchen am Kessel rüttelte, kippte der Kessel herunter und das heiße Wasser kam über den Kleinen. Harald erlitt große und starke Verbrühungen. Meine Mutter bemühte sich um den Kleinen und sagte zu mir: „Hans, lauf schnell zur Apotheke und hole Brandsalbe!" Ich rannte ins Dorf zur Apotheke Gissinger und trug ganz außer Atem mein Anliegen vor. Herr Gissinger kannte mich wohl nicht, denn er fragte: „Wer bist Du?" — Ich wollte Hans sagen und sagte: „Ich bin Herr Münch!" Gelächter, doch nach kurzer Erklärung bekam ich die Brandsalbe, aber da stellte ich fest, daß ich vergessen hatte, Geld mitzunehmen. Ich brachte später die 50 Pfennig, die die Salbe kostete, zur Apotheke.

Die Salbe half nicht mehr. Mein kleiner Bruder war so sehr verbrüht, daß er ins Krankenhaus nach Marienheide gebracht werden mußte, wo er ein paar Tage später gestorben ist.

Mein Vater und ich holten den toten Bruder ab, in einem kleinen Sarg, den wir mitgenommen hatten. Wir fuhren mit dem Leppebähnchen bis Bickenbach. Dort setzten wir den Sarg auf meinen Handschlitten und zogen ihn nach Hause. Die Beerdigung hat Herr Lehrer Rübenach geplant. Mehrere meiner Schulkameraden trugen den kleinen Sarg zum Friedhof, wo mein Bruder Harald beigesetzt wurde.

Mehrmals wurde ich allein mit einem Namensschild um den Hals zu meiner Großmutter, Oma Münch, geschickt, die in der Eifel bei ihrem früheren Dienstmädchen wohnte. Die Zugschaffner kümmerten sich um mich und setzten mich auch in die Anschlußzüge. Da die Strecke nach Köln noch nicht wieder befahrbar war, ging es von Overath über Bonn und Remagen nach Andernach. Im Raum Remagen gab es noch viele Bombentrichter und der Zug mußte ganz langsam, auch über die amerikanische Pionierbrücke, fahren. Von Andernach holte mich meine Großmutter immer ab; wir fuhren weiter bis Kottenheim, kurz vor Mayen. Von dort mußten wir bis Ettringen laufen, wo meine Großmutter bei ihrem ehemaligen Dienstmädchen wohnte, seitdem ihre Bäckerei in Köln ausgebombt war. Oma hatte für uns immer Lebensmittel besorgt. Wir gingen auch auf die abgeernteten Felder und sammelten Ähren, die abgebrochen waren und vom Rechen nicht erfaßt worden waren. Die Ähren haben wir dann mit einem Dreschflegel gedroschen und dann gereinigt, indem wir Körner und Spreu bei Wind hochwarfen. Die Spreu wurde vom Wind fortgetragen und die Körner fielen in ein ausgebreitetes Tuch. Weil die Schuhe — ich hatte ein einziges Paar — von den Stoppeln nicht beschädigt werden sollten, lief ich beim Ährensammeln immer barfuß.

Vollbepackt, begleitet von meiner Großmutter, fuhren wir immer auf demselben Wege nach Ründeroth zurück.

Ja, es war eine schwere Zeit, die ich als Acht- bis Elfjähriger mitmachen mußte, und ich wünsche mir, daß sie nie wieder kommen möge. Nach der Währungsreform 1948 wurde es dann laufend besser.

Ein Bauführer erzählt

Über den Neubeginn in der oberbergischen Bauwirtschaft erzählte der ehemalige Bauführer Ernst (Name geändert) dem Verfasser am 16.6.1986:

Kurt Ernst, Jahrgang 1916, wurde nach schwerer Verwundung in Rußland 1943 aus der Deutschen Wehrmacht als nicht mehr kriegsverwendungsfähig entlassen. Aber schon bald danach wurde er vom Arbeitsamt Gummersbach zu einer Kölner Baufirma dienstverpflichtet und zum Bauführer ausgebildet, zunächst auf Fliegerschäden-Baustellen in Köln. Nach der Einarbeitungszeit wurde die Baugruppe Ernst der Organisation Todt (OT) unterstellt, die mit Wehrbauten befaßt war, und sollte beim Bau des „Atlantik-Walles" in Frankreich eingesetzt werden. Der Baueinsatz wurde abgesagt, weil das Schiff mit den Baugeräten, das von Norwegen kam, im Hafen von Antwerpen versenkt wurde. Daraufhin baute die Baugruppe Ernst einen Luftschutzbunker für eine deutsche Kommandostelle in St. Omer und wurde dann nach Köln zurückversetzt, wo neue Aufträge warteten.

Um diese Zeit begann man mit der Verlagerung der „Ford-Werke" von Köln ins Oberbergische, weil sie in den Bergen nicht so fliegergefährdet waren. Ford baute überwiegend LKW für die Wehrmacht und deshalb war die Verlagerung und Dezentralisierung von großer wehrwirtschaftlicher Bedeutung. Zu diesem Vorhaben wurde auch die Baugruppe Ernst herangezogen; sie führte einige Umbauten in den Textilbetrieben Baldus in Osberghausen und Friedrichstal und den Mühlentaler-Werken in Dieringhausen durch. Infolge der sich immer mehr überstürzenden Kriegsereignisse liefen die Umbauten in den Arbeitssälen, die Schaffung von Fundamenten für Metallbearbeitungsmaschinen u.ä. sehr schleppend.

Ende 1944 arbeitete dann die Baufirma mit ausländischen Arbeitern sowie dienstverpflichteten deutschen Steinhauern aus Kohlegruben des Ruhrgebietes an einem unterirdischen Werk, das in den Hohl bei Dieringhausen hineingetrieben werden sollte. Im Zuge der letztgenannten Aufträge hatte die Firma einen Teil ihrer Direktion und der technischen Abteilung von Köln nach Niederseßmar und Grunewald verlagert und dort auch Maschinen- und Baumateriallager eingerichtet.

Der neue Auftrag wurde für ein unbekanntes deutsches Rüstungsunternehmen in Angriff genommen, das Zünder für Bomben und ähnliche Dinge herstellte. Auftragsfirma und ihre vorgesehene Produktion wurden auch dem Bauführer nicht bekannt und die Geheimhaltung läßt darauf schließen, daß hier auch Zünder und ähnliche Mechanismen für V-Waffen hergestellt werden sollten.

Die Baugruppe arbeitete von Süden her in den Berg hinein. Der Eingang des Stollens befand sich bei den Mühlentaler-Werken, wo heute der Parkplatz des Kaufhauses Famila ist. Der Stollen wurde unter der Bahnlinie in den Berg hinein getrieben. Berechnungen und Sprengungen wurden von den Bergbau-Spezialisten vorgenommen, das Wegräumen und Herausschaffen des Gesteins von den Fremdarbeitern.

Als Dieringhausen bei Kriegsende fast täglich von US-Jagdbombern angegriffen wurde, suchte die Bevölkerung im Stollen, der bereits 30 bis 40 Meter in den Berg hineingetrieben war, immer häufiger Schutz vor den feindlichen Fliegern, so daß an ein Arbeiten bald nicht mehr zu denken war. Vor dem Anrücken der Amerikaner löste sich die Baugruppe auf. Der Bauführer kam nicht in amerikanische Gefangenschaft, weil er eine glaubwürdige Entlassung aus der Deutschen Wehrmacht nachweisen konnte. Als 1946 eine Überprüfung aller ehemaligen deutschen Soldaten durchgeführt wurde, erhielt er auch noch einen Entlassungsschein von den Engländern, und am 16. Mai 1945 die vorgeschriebene Kennkarte mit dem Fingerabdruck anstelle eines Lichtbildes.

Im Sommer 1945, als die deutsche Wirtschaft langsam wieder zu arbeiten begann, hat sich auch Kurt Ernst wieder bei seiner Baufirma gemeldet. Alle arbeitsfähigen Deutschen mußten ja arbeiten, um Leben zu können. Im Büro in Niederseßmar machten sie Bestandsaufnahme und durchdachten alle Möglichkeiten zum Wiederanfang. Es lagen bereits Anfragen von Hausbesitzern und oberbergischen Betrieben für den Wiederaufbau ihrer Wohnungen, Häuser und Werke vor. Auch einige Stammarbeiter und Berufsfremde meldeten sich und baten um Arbeit.

Nach Durchführung von kleineren Reparaturen an Wohnhäusern wurde Kurt Ernst bereits im Herbst 1945 zum Wiederaufbau der Textilfabrik Christian Müller und Sohn in Bergneustadt als Bauführer eingesetzt.

Kurt Ernst sagte dazu: „Der Anfang war sehr schwer, da es an Baumaschinen, an Kalk, Zement und Moniereisen fehlte, und es fehlte auch an Transportmitteln, um die Baumaterialien heranzuschaffen. Der neue Gebäudeteil sollte in Skelettbauweise und in Stahlbeton ausgeführt werden."

Zuerst besorgte der Bauführer aus einem ihm bekannten OT-Baumaschinenlager in Rönsahl eine größere Mischmaschine. Dann ging er mit einigen Stammleuten der Baufirma daran, den durch Bomben zerstörten und abgebrannten Dachstuhl des Westgebäudes um eine Etage aufzustocken. Währenddessen rissen Stammarbeiter der Firma Müller — Weber, Stricker und Wirker — den alten, mehrstöckigen und bombengeschädigten Fachwerkteil in der Mitte der beiden neueren Fabrikteile ab, und zwar ohne jeden Unfall. An diese Stelle wurde der

Christian Müller + Sohn, heute Kaufhaus Dahl, Bergneustadt. Wiederaufbau 1945/46. Straßenfront.

Baustelle Christian Müller und Sohn, Bergneustadt 1945, Mischanlage.

Neubau mit Treppenhaus und Fahrstuhl gesetzt. Weitere Arbeiter — Flüchtlinge und andere Arbeitssuchende — wurden eingestellt, denn vieles, was sonst Maschinen taten, mußte in Handarbeit bewältigt werden, so z.B. Ausschachtungen für Fundamente und zur Aufnahme von Wasser- und Abwasserleitungen. An Baufacharbeitern fehlte es immer noch, da noch viele in Kriegsgefangenschaft waren.

Die Firma Christian Müller & Sohn hatte sich frühzeitig um eine Arbeitserlaubnis (Permit) bei der britischen Besatzungsmacht beworben und dann auch bekommen, weil ja Stricksachen kein Rüstungsgut waren und von der Bevölkerung dringend benötigt wurden. Mit der Erteilung der Arbeitserlaubnis war dann auch später eine Zuweisung von Rohstoffen verbunden. Vorerst gab es jedoch noch keine Zuteilungen, und die Firma mußte auf ihre Lagerbestände an Baumwolle und Wolle zurück greifen. Diese wurden nun weitgehendst zum Kompensationshandel für den Wiederaufbau der Gebäude eingesetzt. Für Geld war nichts zu bekommen, die Reichsmark hatte praktisch keinen Wert mehr. Der Tauschhandel blühte.

„Die Entlohnung", so Herr Ernst, „erfolgte in Geld und Dingen, die die Firmen herstellten. Schließlich wurde daraus ein System mit Punktebewertung. Bei Müller bekamen wir neben Geld eine bestimmte Menge gesponnener Wolle pro Arbeitsstunde. Wir haben dann auch Akkord- oder Zuschläge für vorzeitige Arbeitserfüllung rausgeholt. Mit diesen Produkten sind wir dann losgefahren, um dafür Lebensmittel einzutauschen. Ich bin fast jeden Monat einmal mit meinem Schwager nach Niederbayern oder in die Rheinniederung zum Hamstern gefahren. Zweimal sind wir in den Kreis Düren gefahren. Da diese Region unter den Kämpfen stark gelitten hatte, waren die Bauern von den Ablieferungspflichten entbunden und konnten so mit ihren Produkten praktisch ihre Höfe wieder aufbauen. Diese Bauern konnten alles gebrauchen."

Als dann die Dacherneuerung bei Müller & Sohn in Bergneustadt fertig war, wurde der neue Skelettbau in Angriff genommen. Inzwischen hatten die Müller-Arbeiter den alten Fachwerkbau abgerissen. Im firmeneignen Wald wurde mit eignen Leuten Bauholz geschlagen und zum Sägewerk geschafft. Dort wurde es zu Schalholz, Kantholz und Balken geschnitten. Als dann die Arbeit am neuen Gebäude beginnen sollte, bestand noch immer keine Möglichkeit, Rheinsand und Kies von den Kiesgruben am Rhein heranzubringen. Die an mehreren Stellen zerstörte Eisenbahnlinie nach Köln war noch nicht wieder hergestellt. Und an einen Transport mit den wenigen Holzgas-LKW der Verkehrsträger und der Industrieunternehmen war nicht zu denken, da diese mit der Heranschaffung von Lebensmitteln und Kohlen voll beschäftigt waren. Zudem waren auch noch viele Straßen und Brücken — so auch die Aggerbrücke bei Ehreshofen — unterbrochen. „Aus dem Kölner Raum und der Rheinniederung konnten also weder Kies noch andere Baumaterialien nach Bergneustadt geschafft werden", so Kurt Ernst. „Als dann 1947 die Eisenbahnbrücke bei Ehreshofen fertig war und auch der Eisenbahntunnel zwischen Rösrath und Overath wieder befahrbar war, konnten wir Kiestransporte mit der Bahn durchführen. Da es der Eisenbahn an rollendem Material fehlte, wurden für diese Kiestransporte sogenannte Schadwaggons eingesetzt, d. h. Waggons, die Splitterlöcher — durch Bomben — hatten, G-Wagen ohne Dächer, Brandschäden im Boden und an den Seitenwänden, die notdürftig mit Brettern oder Blechen abgedeckt waren. So konnten schließlich ganze Züge mit Kies herangebracht werden, die in Derschlag entladen wurden, natürlich alles von Hand.

Als wir bei Müller in Bergneustadt 1945 anfingen, bekamen wir auf diese Weise noch keinen Kies. Aus alten Halden der Grauwacke AG bei der Aggertalsperre wurde dann Split und Brechersand geholt und mit Zement zu Beton verarbeitet. So entstand der erste Skelettbau nach dem Kriege.

Zement und Baustahl konnte nur im Kompensationshandel gegen andere Waren herangeschafft werden. Man mußte immer die Ohren offen haben, und wo es etwas zu holen gab, was wir für den Bau brauchen konnten, mußte gehandelt werden. Geeignete Mitarbeiter von Müller & Sohn, d.h., die handeln konnten, fuhren

Besprechung der Bauleitung auf der Baustelle.

mit dem firmeneignen Holzgaser in die Zementfabriken und tauschten Wollsachen gegen Zement und Kalk. Die Arbeiter dieser Werke hatten ja auch nichts anzuziehen.

Große Schwierigkeiten bereitete die Beschaffung von Baustahl. Als die Bestände aufgebraucht waren, wurden zum Beispiel in leichte Bügel oder Bewehrungen Stanzblechabfälle der Firmen Huhn, Drolshagen, und Schriever & Hähner, Wiedenest, verarbeitet. Die Beschaffung von Baustahlstangen für die Betonskelette war viel schwieriger. Der Einkäufer der Baufirma war ständig unterwegs und suchte nach brauchbarem Material. Einmal entdeckte er in einem Stahlwerk in Oberhausen ein großes Lager Stahlspiralen mit einem Stangendurchmesser von 16 mm. Das zu Spiralen aufgedrehte Stahlmaterial wurde zum Bunkerbau an der Atlantik-Küste verwendet, in den sogenannten Zerschellschichten. Diese hatten die Aufgabe, einschlagende Bomben und Granaten abzufedern und dadurch den eigentlichen Bunker vor der Zerstörung zu bewahren. Die in Oberhausen lagernden 40 Tonnen dieser Stahlspiralen konnte wohl niemand verwenden. Wir tauschten sie gegen Strickwaren der Firma Christian Müller & Sohn ein.

Nun ging es darum, wie diese Stahlspiralen gerade kriegen? Nach einigen mißglückten Versuchen zog dann die Firma Pühler in Sessinghausen die Stahlspiralen auf einem alten Schrubbelsbock (Drehbank) gerade. Eine Spirale ergab dann immer einen Baustahl von 10 bis 12 Meter Länge, den wir als Moniereisen in Trägern und Pfeilern verwandten."

So wurden die Bauleute zu Meistern der Improvisation. Die auftretenden Schwierigkeiten wurden gemeistert, Schwierigkeiten, die man sich heute kaum vorstellen kann. Alle trugen zur Überwindung der Schwierigkeiten bei, denn hinter allem stand ein ungebrochener Lebenswille, der Wille zu arbeiten, um sich selbst und damit auch das ganze Volk wieder hochzubringen.

Ende 1945 wurde ein großes Baumaschinenlager der OT in Holzwipper von der Besatzungsmacht freigegeben. Dort holte sich die Baufirma Mischer, Kompressoren, Walzen und Bagger. Die Bezahlung erfolgte zugunsten des Kreises und ging in die sogenannte Beutekasse.

Als der Wiederaufbau der Firma Christian Müller & Sohn in Bergneustadt vollendet war, häuften sich neue Aufträge. So wirkte Kurt Ernst am Wiederaufbau der Textilwerke Schönental und Krawinkel mit. Unter solchen Arbeitsbedingungen wurde das Krankenhaus in Bergneustadt wieder instand gesetzt, wurde die Lederfabrik Weyland in Dümmlinghausen und das Rathaus von Wipperfürth wieder aufgebaut. Es ging langsam aber stetig voran. Maschinenbesatz und noch immer ein Fehl an Baufachleuten machten sich immer noch bemerkbar.

Einschalungsarbeiten.

Wiederaufbau des Rathauses von Wipperfürth. Aufhängung der Eingangshalle.

Um leistungsfähiger zu werden taten sich Baufirmen zusammen. In einer Arbeitsgemeinschaft mit einer anderen Baufirma wurden dann die Trinkwasseranlage in Erlenhagen und mehrere Hochbehälter, die von dieser beschickt wurden, erstellt. „Man muß daran erinnern", so Kurt Ernst, „daß immer noch die meisten Arbeiten von Hand gemacht werden mußten, insbesondere die Grabenschachtungen für kilometerlange Rohrleitungen, und das in unserem steinigen Boden.

Unter solchen Bedingungen mußten wir viele Aufträge durchführen. Wir stellten immer mehr Leute ein. Viele waren aus der Kriegsgefangenschaft heimgekehrt, aber es gab auch viele, die ihre Heimat verloren hatten oder dahin nicht mehr zurück wollten. Die Firma ersetzte oft die Familie, mußte für Essen und Unterkunft sorgen. Ich erinnere mich da an einen ungarischen Leutnant, ein sehr patenter Mann, der fleißig Gräben schippte und dann zum Bauhandwerker herangebildet wurde. Der ging dann Ende 1946 nach Kanada, und wie wir später erfahren haben, von da als Baufachmann nach Australien, wo er beim Zusammensturz einer Fabrikhalle ums Leben kam.

Um auch als LKW-Fahrer einspringen zu können, machte ich 1946 beim alten Fahrlehrer Kriegeskotte in Derschlag den Führerschein. Wir fuhren meistens mit dem alten Holzgaser die Steinaggerstraße nach Eckenhagen und zurück. Dabei mußte unterwegs gehalten und der Kessel neu gestocht werden."

So war Kurt Ernst bis 1951 am Wiederaufbau im Oberbergischen beteiligt. Dann wurde er als Bauführer seiner Firma zum Neubau des Bahnhofes von Heidelberg eingesetzt. Nur alle sechs Wochen kam er auf drei Tage nach Hause. So ging es jahrelang. Frau und Kinder mußten ohne ihn auskommen. Dann arbeitete er in Koblenz, Saarburg, Trier und an der Schwammenaul-Talsperre. In den 60-er Jahren arbeitete er wieder im oberbergischen Raum, an der Biggetalsperre, an der Sauerlandlinie, und seine letzte Baustelle vor Eintritt in den Ruhestand war das Strandbad Bruch am Vorstaubecken der Aggertalsperre.

Die Währungsreform

Während des Krieges wurden in Deutschland unaufhörlich Geldnoten gedruckt, sodaß alle Grundlagen einer gesunden Wirtschafts- und Finanzpolitik erschüttert, ja ausgesetzt waren. Keine Börse der Welt notierte mehr die deutsche Währung. Am Ende des Krieges waren 60 Milliarden Reichs-Mark-Noten im Umlauf. Das bedeutete eine riesenhafte Verschuldung des Deutschen Reiches, die noch durch die Nachkriegsausgaben der Besatzungsmächte erhöht wurde. Auf dem „Schwarzen Markt" in Berlin verkauften US-Soldaten „Camel" und andere amerikanische Zigaretten für 5 bis 8 RM das Stück und für 10 Reichsmark bekamen sie in ihren Dienststellen einen Dollar umgetauscht. So erzielte ein US-Leutnant in vier Wochen einen „Zusatzsold" von 12.000 Dollar, die er mit nach Hause nehmen konnte. Und die Sowjets schlossen bereits bei ihrem Einmarsch die deutschen Banken und beschlagnahmten die Geldbeträge; so kamen sie zu ungeheuren Reichsmarkbeträgen, mit denen sie ihren in Deutschland stationierten Truppen jahrelang ausstehenden Sold nachzahlten.

Bevor der Krieg zu Ende ging, machten sich britische und amerikanische Finanzexperten — aber auch deutsche — darüber Gedanken, wie der ungeheure Geldüberhang abzubauen sei. Nach dem Zusammenbruch des Deutschen Reiches war zwar die Reichsmark noch lange gesetzliches Zahlungsmittel, aber ihr Wert sank ständig. Die „Zigarettenwährung" wurde maßgebend. Sachwerte waren gefragt. Tausch- und Kompensationsgeschäfte wurden Grundlage des Handels.

Als in den westlichen Ländern die Währungen saniert waren, liefen auch die Planungen für Deutschland an. Die Sowjets verhielten sich zunächst abwartend. Als dann Ende 1947 bei der Londoner Außenministerkonferenz auch in dieser Frage keine Fortschritte erzielt werden konnten, waren sich die drei Westmächte darüber einig, gegebenenfalls auch ohne die Sowjets in ihren Besatzungszonen eine Währungsreform durchzuführen. Vordenker dieser Währungsreform wurde der damals 26-jährige Amerikaner Edward A. Tenenbaum, der dem deutschen Wirtschaftsprofessor Ludwig Erhard anläßlich einer Besprechung im November 1947 ermunternd sagte: „Sie werden sich noch wundern, was die Zukunft bringen wird."

In den USA wurden Geldnoten gedruckt und unter größter Geheimhaltung („Operation Bird Dog") über Bremerhaven nach Frankfurt am Main gebracht und im Reichsbankgebäude deponiert.

Bereits im Sommer 1945 hatte sich in München eine „Volkswirtschaftliche Abteilung für Bayern" gebildet, die auch währungspolitische Fragen behandelte und damit auch in die öffentliche Diskussion brachte. Mit diesen Fragen beschäftigte sich in München auch eine Kommission des neu gegründeten Deutschen Gewerkschaftsbundes. Die oben angeführte Kommission „... für Bayern" leitete der Nationalökonom Adolf Weber.

Ende September 1947 wurde dann auf Vorschlag des Wirtschaftsrates für die Westzonen eine ständige Kommission gebildet, die unter dem unscheinbaren Namen „Sonderstelle Geld und Kredit" Anfang Oktober 1947 in Bad Homburg ihre Arbeit aufnahm. Vorsitzender war Professor Ludwig Erhard, 1897 in Fürth geboren, 1947 Honorarprofessor an der Universität München. Zu der achtköpfigen Kommission gehörten Erwin Hielscher und andere Bank- und Finanzexperten.

Anfang April 1948 erläuterten die Finanzberater des amerikanischen Militärgouverneurs Clay und des britischen Militärgouverneurs Robertson den deutschen Herren in Bad Homburg ihre Pläne. Am 20. April wurde dann die Kommission „Sonderstelle Geld und Kredit" in einem Sonderbus mit Milchglasfenstern von Bad Homburg angeblich nach Braunschweig gefahren, doch im Kasernenkomplex des ehemals deutschen Fliegerhorstes Rothwesten bei Kassel hieß es schon: „Alles aussteigen!" Die Deutschen trafen mit Finanzexperten der Westmächte zusammen und besprachen die Währungsreform.

In der umzäunten und streng bewachten Kaserne, in der sogenannten „Konklave von Rothwesten", arbeiteten die deutschen Finanzexperten unter völliger Abschirmung von der Außenwelt die Pläne aus. Strengste Geheimhaltung sollte es Schiebern und Spekulanten unmöglich machen, auf die Währungsvorhaben entsprechend zu reagieren.

Am Abend des 18. Juni 1948, einem Freitag, als bereits alle Banken und Geschäfte geschlossen hatten, wurde durch Rundfunk und Extrablätter das „Gesetz zur Durchführung der Währungsreform am 20. Juni 1948" im Namen der drei westlichen Militärgouverneure verkündet. „... Mit Wirkung vom 21. Juni 1948 gilt die Deutsche-Mark-Währung. Ihre Rechnungseinheit bildet die Deutsche Mark, die in hundert deutsche Pfennige eingeteilt ist..."

Unter den Schiebern und Spekulanten brach eine Panik aus. Sie konnten ihre Reichsmarkbeträge nicht mehr umsetzen.

Die Währungsreform setzte natürlich Vorbereitungen bis in die untersten Verwaltungsebenen voraus. Am 15. Juni 1948 war im Landratsamt Gummersbach eine geheime Dienstbesprechung, an der alle Gemeinde- und Stadtdirektoren teilnahmen. Es wurde die Abwicklung des Geldumtausches besprochen, die die Ernährungsämter in Verbindung mit den Lebensmittelausgabestellen durchführen sollten. Der Tag X war noch unbekannt.

Am 16. Juni unterrichteten die Stadt- und Gemeindedirektoren ihre Beamten und Angestellten. Nehmen wir als Beispiel die Gemeinde Wiehl, rekonstruiert durch Archivunterlagen:

Am 16. Juni richtete Gemeindedirektor Weber ein internes Rundschreiben an seine Beamten und Angestellten, das diese abzuzeichnen hatten. Darin heißt es, daß der Tag X noch nicht bekannt ist, daß aber damit gerechnet wird, das dies der 20. Juni sein wird. „Nachdem das **Neugeld** am Montag bei der Landeszentralbank Gummersbach angekommen ist, soll die Aufteilung auf die beiden Ausgabestellen Städtische Sparkasse Gummersbach und Kreissparkasse Waldbröl erfolgen. Für Gemeinde Wiehl Abholung des Neugeldes am Donnerstag 12.00 Uhr mittels eines von der Gemeinde zu stellenden Kraftwagens unter Begleitung eines Polizeibeamten..." Am Samstag den 19. Juni sollten alle Amtsbüros geschlossen bleiben. Beamte und Angestellte sollten sich zur Durchführung des Geldumtausches für Sonntag den 20. Juni bereithalten.

Am Abend des 18. Juni wurde der Tag X ausgelöst. Bereits am Morgen des 19. Juni erfuhren die Bewohner der Ortsteile von Wiehl durch Maueranschläge von der Durchführung des Geldumtausches, der in den Ausgabestellen der Lebensmittelkarten zu erfolgen hatte. Wiehl hatte 12 Umtauschstellen. Der Umtausch begann am 20. Juni, morgens um 8.00 Uhr, mit den Buchstaben A und B. Fortlaufend dann die anderen Buchstaben zu gewissen Zeiten. Zur Kontrolle

In den USA gedrucktes Geld kommt nach Deutschland.

des erfolgten Umtausches wurden die Lebensmittelkarten viermal gelocht. Die Umtauschstellen waren jeweils mit vier Beamten oder Angestellten besetzt, die den Umtausch zügig durchführten. In der Abrechnung vom 24. Juni 1948 steht, daß die Gemeinde Wiehl 9.183 Kopfgeldbeträge ausgezahlt hat.

Am 20. Juni 1948, einem verregneten Sonntag, tauschten also die Bewohner der drei Westzonen und Westberlins ihr altes in neues Geld um — 60 Reichsmark gegen 40 Deutsche Mark. Weitere 20 Deutsche Mark wurden Wochen später ausgegeben. Familienväter konnten das Kopfgeld gleich für die ganze Familie umtauschen.

Am 20. Juni 1948 waren alle Westzonenbewohner gleich arm oder reich. Mitunter bildeten sich in den Städten an den Umtauschstellen lange Schlangen. Es war ein Ereignis. Das neue Geld wurde wie das siebte Weltwunder bestaunt. Der Umtausch verlief reibungslos. Und nach wenigen Tagen waren in den Geldinstituten auch alle Sparguthaben umgestellt — waren für 100 RM-Einlagen 6,50 DM gutgeschrieben.

Am 5. Oktober 1948 schrieb der Minister für Ernährung, Landwirtschaft und Forsten des Landes Nordrhein-Westfalen (Sitz in Düsseldorf), Dr. Heinrich Lübke, an die Oberstadt- und Oberkreisdirektoren:

„Nachdem der erste Teil der Währungsreform, die Erstausstattung der Bevölkerung mit Deutscher Mark, mit der Auszahlung der 2. Rate des Kopfgeldes im Lande Nordrhein-Westfalen seinen Abschluß gefunden hat und somit auch die Mitwirkung meines Ministeriums und der Ernährungsverwaltung beendet ist, ist es mir ein Bedürfnis, alle beteiligten Stellen, die bei der Durchführung des der Ernährungsverwaltung erteilten Sonderauftrages mitgewirkt haben, meine Anerkennung und meinen Dank auszusprechen.

Die Auszahlung der 1. Kopfquote ist ausschließlich durch die Ernährungsämter und ihre Kartenstellen erfolgt. Trotz der ungewöhnlich kurzen Zeit, die zur Vorbereitung zur Verfügung stand, ist der Umtausch in einer derart vorbildlichen Weise abgewickelt worden, daß die Öffentlichkeit, die Presse und die Landesregierung diese Tatsache gebührend anerkannt und bestätigt haben."

Der sowjetische Militärgouverneur verbot die Zulassung der neuen Deutschen Mark in seiner Besatzungszone und in Ostberlin. Am 23. Juni 1948 antworteten die Sowjets ihrerseits mit einer Währungsreform in ihrer Zone. Auf RM-Noten wurden Kupons aufgeklebt. Pro Kopf wurden 70 RM gültig gemacht. Die Umtauschquoten der Bank- und Spareinlagen wurden gestaffelt, nach oben immer weniger werdend. Später wurde die Kupon-Mark durch neu gedrucktes Geld ersetzt.

Geldumtauschstelle

Das neue Geld.

Die Spaltung der Währung trug zur wesentlichen Verschlechterung des „Klimas" zwischen den Sowjets und den Westmächten bei. Die Sowjets versuchten durch eine Blockade Berlin auszuhungern und sperrten alle Landverbindungen. Bis zum 4. Mai 1949 wurde Berlin über eine „Luftbrücke" versorgt — mit Großflugzeugen, die die Berliner „Rosinenbomber" nannten. Und nicht nur Lebensmittel wurden nach Berlin eingeflogen, auch große Mengen Kohlen, für den Hausbrand und für ein neu errichtetes westberliner Kraftwerk.

Ab 21. Juni 1948 war die Deutsche Mark in den Westzonen gesetzliches Zahlungsmittel. Über Nacht waren die sonst fast leeren Verkaufsregale in den Läden voll — voller Waren aller Art, die keine Erfassungsstelle aufgespürt hatte. Politiker entrüsteten sich über die „Hochstapelei des Elends", doch Ludwig Erhard — Vorsitzender der „Wirtschaftsverwaltung des Vereinigten Wirtschaftsgebietes" - sagte später: „...ohne das Polster der gehorteten Waren wäre die Währungsreform nicht gelungen, wäre sie ins Leere gestoßen."

Die Deutschen vertrauten ihrer neuen D-Mark. Sie arbeiteten, ja schufteten dafür, setzten Initiativen frei wie nie zuvor. Für gutes Geld gab es bald gute Waren aller Art. Das neue Geld machte bald die Lebensmittelkarten überflüssig.

Luftbrücke Berlin, „Rosinenbomber" 1948.

Heimkehr aus russischer Kriegsgefangenschaft

von Engelbert Groß-Blotekamp †

Dieses Kapitel wurde der Broschüre „Bewahrung — Bericht über die Kriegsgefangenschaft in Rußland 1945-1950" des evangelischen Pfarrers Engelbert Groß-Blotekamp entnommen.

Engelbert Groß-Blotekamp wurde 1906 in Dorsten geboren und war ab 1933 Pfarrer der evangelischen Kirchengemeinde Ründeroth, wo er 1976 verstorben ist. Er wurde 1939 zum Wehrdienst eingezogen. Weitere Stationen waren: 1940 Leutnant der Artillerie, 1942 Oberleutnant, 1943 Hauptmann, 1944 Major und Kommandeur einer Artillerie-Abteilung der 290. Infanteriedivision.

Groß-Blotekamp ging mit dieser Division bei der Kapitulation im Mai 1945 in Kurland in russische Gefangenschaft, wo er alle Tiefen des menschlichen Daseins erlebte: Entbehrungen, Rechtlosigkeit, Hunger und Krankheit. Sein starker Glaube half ihm und anderen Kameraden über alle Klippen. Er ging durch mehrere Gefangenenlager der Sowjetunion und wurde von Verhör zu Verhör geschleppt. Er bangte und hoffte.

Amerikaner, Briten und Franzosen hatten bereits ihre deutschen Kriegsgefangenen in die Heimat entlassen, aber es gab noch Millionen von deutschen Familien, die auf den Mann, den Vater, den Sohn, den Bruder warteten, die noch in russischer Kriegsgefangenschaft waren. Bittgottesdienste wurden abgehalten, Paketaktionen gestartet. Die Kriegsgefangenen in Rußland wurden nicht vergessen. In dieser Frage stand das ganze deutsche Volk einmütig zusammen und wünschte sich nichts sehnlicher als die Heimkehr der Kriegsgefangenen aus Rußland. Außer dem Wunsche konnte es sonst nichts weiter tun, denn die Entscheidungen trafen nur die Siegermächte.

Auf Druck der Westalliierten und der Weltmeinung verpflichtete sich die Sowjetunion, bis 31. Dezember 1949 alle Kriegsgefangenen in ihre Heimat zu entlassen — alle Kriegsgefangenen, aber nicht die „Kriegsverbrecher". Und so wurden noch schnell viele Tausend Kriegsgefangene zu „Kriegsverbrechern" gemacht. Eine neue Welle von Verhören begann. Es wurden neue Vergehen und Kriegsverbrechen „erfunden". Oft waren dann die daraus resultierenden „Urteile" vorgefaßt und nach 10-minutiger „Verhandlung" „rechtskräftig". 25 Jahre Zwangsarbeit war die Regel. Erst auf energischen Einspruch Dr. Adenauers bei seinem Besuch in der Sowjetunion im Jahre 1955 wurden sie endlich in ihre Heimat entlassen.

Folgen wir nun den Ausführungen Groß-Blotekamps, eines Mannes, der Hunger und Krankheiten glücklich überstanden hatte, der glaubte, solche Notlage auch in der Heimat anzutreffen, aber 1950, bei seiner Heimkehr, war in Westdeutschland das Schlimmste überwunden, „gewöhnte ich mich daran, daß es einen Samba, Luxus und Üppigkeit gibt":

*

4 1/2 Jahre nach der Kapitulation hat die Sowjetunion die geschilderte „Rechtsprechung" in den Gefangenenlagern durchgeführt. Die „Rechtsprechung" ist darum so grausam, weil sie zu dem Zeitpunkt eingeleitet worden ist, den die UdSSR als Termin für die Repatriierung sämtlicher deutschen Kriegsgefangenen erklärt hatte.

Nach dem Namensaufruf sind wir Heimkehrer in eine andere Baracke verlegt worden. Zurück bleibt ein Häuflein von 150 Kameraden, die ihrer Verhaftung entgegensehen. Einige von ihnen sind verzweifelt. Sie äußern Selbstmordgedanken. Andere haben nur den einen Wunsch, möglichst bald zu sterben. Einer fragt mich, ob es sich mit den christlichen Grundsätzen verträgt, zu hungern, um dadurch den Tod schneller herbeizuführen. Selbst Graf „Knitterich", der sich nie etwas vorgemacht, dieses Mal aber stark gehofft hat, will die Flinte ins Korn werfen. Oberleutnant Junkers von meiner Division ist auch dieses Mal nicht auf der Liste. Er läßt ebenfalls durchblicken, daß er „Schluß machen" will. Er gibt mir den Trauring für seine Frau. Auch mein Freund und mein Regimentskommandeur übergeben mir die Ringe. Aber sie beauftragen mich nicht, wie andere das tun, ihren Frauen zu sagen, sie seien nun frei und sollten sich nicht mehr gebunden fühlen. Sie wissen, was das christliche Traugelübde bedeutet, und was sie von ihren Frauen erwarten müssen und dürfen. Ich versuche, meine Kameraden zu beruhigen, während der 2 1/2 Tage, die wir noch Zeit haben bis zum Abgang des Transportzuges. Diese Tage sind ausgefüllt mit Baden, Einkleiden, Zusammenstellung der Waggon-Belegungen, Appellen. Aber zwischendurch ist Zeit genug, in die Baracke der Zurückgehaltenen zu gehen.

Es sind wieder reichlich Pakete gekommen. Die Zurückgebliebenen veranstalten ihre „Henkersmahlzeiten". Sie haben sich schon wieder eingefangen. Ich sehe sie ruhig sich verabschieden, wenn sie zum Verhör gerufen werden. In gesteigertem Maß werden die Verhaftungen durchgeführt. Mit fieberhafter Eile arbeiten die Vernehmungskommissionen, um bis zum Jahresende fertig zu sein.

Aus unserer Baracke wird ein Kamerad zum Verhör geholt, der bereits für den Heimtransport eingekleidet ist. Wir sehen ihn nicht wieder. Einige Kameraden erscheinen freudig erregt. Sie sind dem Transport plötzlich noch zugeteilt worden.

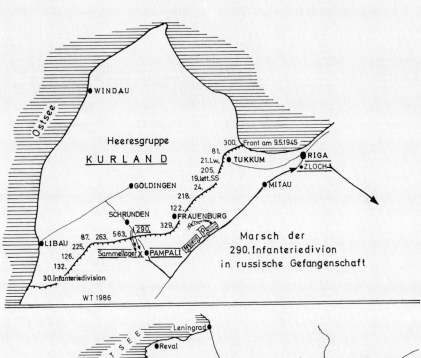

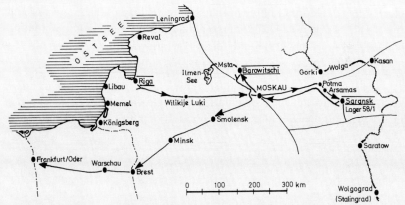

Durch russische Kriegsgefangenenlager und Heimkehr nach Deutschland

Die Zurückbleibenden haben viele Aufträge für uns. Ihre ernsten Gesichter lassen bei uns keine Fröhlichkeit aufkommen. Noch haben ja auch wir selbst keine absolute Gewißheit.

Mein Freund hat mich gebeten, eine Bibelstelle auszusuchen, die er in Rußland und seine Frau in Deutschland täglich lesen wollen.

Während wir zu einem Stiefelappell angetreten sind, wird mein Regimentskommandeur von einem russischen Landser zum Verhör geführt. Der arme Kerl sieht reichlich verstört aus. Er hat kein Auge mehr für uns. Eilig geht er in sein Verhängnis. Jetzt kommt mir erst ganz zum Bewußtsein, wie „lieblich mir das Los gefallen" ist, wenn nicht noch in letzter Minute die schwerste Enttäuschung kommt.

Man nimmt es genau mit unserer Einkleidung. Warm und sauber werden wir verpackt, im Gegensatz zu den zerlumpten Heimkehrern der früheren Jahre. Man will mit uns in der Westzone Eindruck machen. Der russische Lagerkommandant beanstandet den Mantel eines in die britische Zone reisenden Kameraden. Er weist ausdrücklich darauf hin, der Engländer werde diesen Mantel zu Propagandazwecken mißbrauchen. Mit verstecktem Grinsen nehmen wir diese Feststellung zur Kenntnis. Einig war man sich also nur, um uns zu vernichten! Man hat uns büßen lassen. Und jetzt sollen wir Propagandaobjekte sein!

Am nächsten Tag, es ist der 23. Dezember, werden wir in eine leere Baracke zur Filzung geführt. Ich gerate an einen freundlichen jungen Soldaten, vor dem ich meine Habseligkeiten ausbreiten muß. Die Durchsuchung ist harmlos.

Am Nachmittag treten wir zum Abmarsch an. Nun, Himmel stürze nicht ein! Am Tor ist die letzte Kontrolle. Dort kann uns das Schicksal noch ereilen, falls unser Name nicht in der maßgeblichen Liste des dort kontrollierenden Offiziers steht. Es ist eine umständliche Prozedur, die stundenlang dauert.

An der Wache sitzt vor dem geöffneten Tor an einem Tisch ein Offizier. Mit Kreide ist ein großes Kreuz auf dem Boden gemalt, auf das jeder treten muß, um seinen Vornamen, Vaternamen, Geburtsjahr und Dienstrang zu sagen. Stimmt alles mit der Liste überein, darf der Betreffende durch das Tor gehen und draußen der Marschkolonne sich anschließen und warten.

Wir sind alphabetisch aufgestellt. Es ist schon dunkel, als ich wenige Meter vom Tor entfernt stehe. Zu meiner Rechten ist der Lagerkarzer, in dem unsere Kameraden ihrer Aburteilung entgegensehen. Das Herz möchte sich umdrehen, indem ich mir vergegenwärtige, wie ihnen jetzt zumute ist, während wir in die Freiheit marschieren. Vor dem Tore sind die erleuchteten Zimmer der Kommandantur, in denen die Verhöre weitergehen. Gerade wird ein Kamerad von einem Soldaten gebracht, um eingesperrt zu werden. Er muß an uns vorüber. Und wir können ihm nicht helfen. Er schaut nicht auf. Mit schnellen Schritten eilt er auf den Karzer zu.

Engelbert Groß-Blotekamp vor seinem Bunker in Kurland; rechts noch als Oberleutnant.

Rußland, Deutsche Kriegsgefangene.

Nun endlich stehe ich auf dem weißen Kreuz. Gleichgültig schaut der Offizier in die Liste. Meine Angaben stimmen mit der Liste überein. Mit einer schnellen Rechtswendung bin ich durch das Tor.

Gegen 8 Uhr abends ist der letzte des Transportes durch das Tor gegangen. Wir marschieren ab. Der sonst so schleppende Plennieschritt ist beflügelt worden. Die russischen Posten geleiten nur, üben keine Aufsicht mehr aus. Unbegreiflich ist uns das noch. Auf den Straßen von Borowitschi sind nur wenige Leute zu sehen; sie beachten uns nicht. Bald sind wir an den Waggons, die irgendwo auf einem dunklen Gleis des Güterbahnhofs stehen.

Wir haben den für uns bestimmten Waggon bald gefunden. Pritschen und Öfen sind eingebaut. In russischer Wattebekleidung warm verpackt, werden wir diesmal nicht frieren. Wir werden uns beim Schlafen ablösen müssen, weil sonst die Plätze nicht reichen.

Kurz vor der Abfahrt gibt es noch eine freudige Überraschung: Oberleutnant Junkers von meiner Division ist auf einem LKW mit den Begleitoffizieren zum Transportzug gebracht worden. Er weiß nicht, wie ihm geschehen ist. Mitten in den trübsten Gedanken war er um 9 Uhr abends plötzlich zur Wache befohlen worden. Man fragte ihn nach seinem Vornamen, Vaternamen und dem Geburtsjahr. „Dawai na Transport!", hieß es dann. Eiligst mußte er sich fertigmachen. Ein Soldat stand hinter ihm in der Baracke: „Dawai, Dawai!" Es hatte eine Namensverwechslung vorgelegen. Am nächsten Morgen, Heiligabend 1949, kann ich meinem Divisionskameraden bei einem Halt den Ehering wieder übergeben. Er strahlt überglücklich. Welch eine Wendung an der Grenze der Verzweiflung!

Abends feiern wir Weihnachten mit einem Lied und einer Ansprache im Waggon. Aber unsere Herzen schweben so sehr zwischen dem, was war und dem was noch nicht ist, daß von einer echten weihnachtlichen Freude und stillem Frieden bei uns wenig zu spüren ist.

Während einer Nacht werden wir umgeladen und einem anderen Transportzug angehängt. Wir kommen in einen kalten Waggon ohne Pritschen. Wir hocken und legen uns kreuz und quer durcheinander. Der Zug steht lange Stunden still.

Die Kälte läßt keinen Schlaf aufkommen. Es ist nicht mehr weit bis Brest-Litowsk.

Der Zug hält in Brest. Während wir unsere Sachen aufpacken, wird draußen mehrere Male mein Name gerufen. Ein jäher Schreck fährt mir in die Glieder. Sucht man mich, um mich wieder auszusondern und zurückzuschicken, wie es schon so manchem ergangen ist? Ich antworte nicht. Ich steige unauffällig mit anderen aus. Aber draußen wartet ein Oberleutnant von meiner Division, der mit einem Transport aus Tiflis gekommen ist und unseren Transport entdeckt hat.

Kriegsgefangenenlager Borowitschi (UdSSR). Lazarett und Ambulanz.

Bäckerei, Banja (Bad) und Küche.

Wohnbaracken

Im ersten Morgengrauen müssen wir uns auf einem Platz vor einem Pavillon versammeln. Wieder erscheint ein Offizier mit einer Liste. Wieder pocht das Herz. Wieder werden wir aufgerufen, und jeder muß an ihm vorüber. Auch dieses Mal steht mein Name richtig in der Liste. Das letzte Hindernis scheint genommen zu sein. Aber nun werden wir durch eine Baracke geschleust, deren rückwärtiger Ausgang wieder auf dem Bahnsteig mündet. Es geht schubweise und sehr langsam. In der Baracke müssen wir uns bis auf die Haut ausziehen. Noch einmal heißt es: „Arme hoch!" Zwei sowjetische Offiziere kontrollieren, ob nicht doch noch jemand von uns das Blutgruppenzeichen der SS trägt. Einer von ihnen spricht ein so vollendetes Deutsch ohne fremdländischen Akzent, daß ich annehmen muß, er ist ein deutscher Emigrant. 6 Sowjet-Soldaten stehen hinter 6 kleinen Tischen, bewaffnet mit Hammer und Meißel. Wir müssen mit unserem Bündel an ihren Tisch treten. An den selbstgefertigten Holzkoffern werden mit den Meißeln die Böden durchschlagen, ob vielleicht zwischen einem Doppelboden geheime Aufzeichnungen verborgen sein könnten. Ebenfalls werden die Schlösser abgeschlagen. Vielleicht könnten sich auch darunter Zettel verbergen. Ich habe einen alten verschabten Friedenskoffer von meinem Regimentskommandeur mitbekommen. Der bleibt unberührt. Die Durchsicht meiner Kleidungsstücke geschieht schnell und ohne Beanstandung. Ich kann alle Fotografien aus der Heimat behalten. Das leere Briefpapier wird mir abgenommen. Eilig raffe ich mein wirres Bündel zusammen und kleide mich an. Bald stehe ich an den Gleisen.

Der Zug, der uns durch Polen nach Frankfurt an der Oder bringen soll, wird eingesetzt. Polnische Offiziere übernehmen nun das Geleit. Sie fallen uns auf wegen ihrer Eleganz und zivilisierten Geschmeidigkeit. Der Zug wird von deutschem Personal gefahren. Sendboten der Heimat sehen wir in diesen Männern und sind beglückt. Begierig sind wir, von ihnen ein Stimmungsbild aus der sowjetischen Besatzungszone zu bekommen. Sie versehen aber, ohne sich groß um uns zu bekümmern, ihren Dienst. Diese Transporte sind ihnen nichts Neues mehr.

Auf den Haltestationen in Polen stehen polnische Frauen und Kinder und bieten das schönste Weißbrot an zum Tausch gegen unsere primitive Unterwäsche aus Nessel. So offenbart sich uns der Segen der gelenkten Wirtschaft auch hier.

Leider können wir in den von Polen besetzten deutschen Gebieten keine genauen Beobachtungen machen, da wir diese Strecke zum größten Teil in der Nacht durchfahren. Nur fällt mir auf, daß morgens und abends in vielen Häusern kein Fenster beleuchtet ist.

Am 1. Januar rollen wir über die Oderbrücke. Das Häusergewirr von Frankfurt an der Oder taucht aus einem feuchten Dunst auf. Es ist mittags 12.30 Uhr. Am Brückeneingang ist ein sowjetisches Wachthäuschen. Kriegsmäßig steht der

Wachtposten an der neuen deutschen Grenze. „Deutschlands Grenze liegt am Ural", so hörten wir es noch vor einigen Jahren. Nun hat sich Sibirien an die Oder herangeschoben!

Irgendwo abseits in einem breiten Gleisgewirr hält der Zug. Wir steigen aus. Wir stehen dicht an der Straße, an der wir uns zu einem langen Zuge formieren. Die Straße erscheint wie ausgestorben. Auch an den Fenstern sehen wir keine neugierigen Gesichter. Unser Anblick, so scheint es, bietet unseren Landsleuten in der Sowjetzone nichts Neues. Eine Frau geht an uns vorüber, lächelt uns an und sagt gedämpft: „Willkommen in der Heimat."

Wieder gab es Aufregung. Immer noch spüren wir die Faust im Nacken. Einige Kameraden werden zum Verhör beim sowjetischen Kommissar gerufen. Sie schauen sich schon nach einem Loch im Zaun um. Aber der Gewaltige will nur hören, wie die Behandlung in der Gefangenschaft war. Selbstverständlich bekommt er die Auskunft: „Korrekt, Verpflegung ausreichend, Arbeitseinsatz nach Kräften." Den Dank an die Sowjetunion haben die Aktivisten des Transportes schon in Borowitschi schriftlich übermittelt.

In britischer Kriegsgefangenschaft.

Am nächsten Morgen stehen wir, während nasser Schnee fällt, in wilder Unordnung um einen barhäuptigen jungen Mann in der Aufmachung eines Lageraktivisten. Wahrscheinlich ist er ein solcher gewesen und steht nun in Frankfurt im Dienste der Russen. In Wind und Wetter spielt er den eisernen Mann. Er ruft unsere Passierscheine aus. Wer einen Schein empfangen hat, kann durchs Tor gehen.

Als Freie, ohne Geleit wandern wir querfeldein nach Gronenfelde.

Die Baracken sind überfüllt und kalt. An Schlaf ist kaum zu denken. Lange vor Tagesanbruch und vor Kälte klappernd waschen wir uns im Freien unter den Wasserkränen. So vertreiben wir das Schlafbedürfnis. Dann treten wir in der Dunkelheit an. Wir stolpern über einen Feldweg. Es geht über eine hohe, schmale Brücke, einen Bahndamm hinunter, über viele Gleise, und schließlich sind wir an einem langen Zuge, der dort wie vergessen ohne Licht und ungeheizt steht. Es ist ein richtiger Personenzug, der uns an die Zonengrenze bringen soll. Wir sitzen wieder friedensmäßig in einem Abteil.

Es ist der 3. Januar. Wir fiebern der Heimat entgegen. Der Zug fährt verhältnismäßig schnell und hält selten. Aber wo er hält, kommen Kinder gelaufen, um von uns Brot zu erbetteln. In Halle werden Schnäpse, Bier und Würstchen auf dem Bahnsteig angeboten. Erstaunlich, nachdem uns der Mangel in den bettelnden Kindern vor Augen geführt worden ist. Kümmerlich genug sind die Umstände, unter denen der Verkauf erfolgt. Aber wir sollen doch einen guten Eindruck mitnehmen.

Spät abends steigen wir in Heiligenstadt auf dem Eichsfeld aus. Bis zur Grenze ist es von hier nur noch eine Station. Die Nacht verbringen wir in einer großen Schule. Auch hier erhalten wir reichlich Verpflegung. Es wird wirklich nicht gespart! Eine Kapelle spielt in der Aula auf. Es geht bis tief in die Nacht hinein. Unser letztes Ostgeld können wir in Bier und Schnäpsen anlegen.

Mit fahrplanmäßigen Zügen fahren wir morgens an die Grenzstation. Vor dem Bahnhof warten deutsche Frauen, Mädchen, Kinder und Greise mit Handwägelchen, um für ein Stück Brot unser Gepäck bis zum Schlagbaum zu bringen. So arm ist unser Volk also geworden! Anders haben wir es auch nicht erwartet. Wir haben eine gute halbe Stunde zu gehen. Dann sehen wir den russischen Schlagbaum und zur rechten Hand die russische Wache. Kann es jetzt noch eine Überraschung geben?

Wir müssen uns in Fünfer-Gruppen formieren und unseren Entlassungschein in die Hand nehmen. Mit einigen Metern Abstand von Gruppe zu Gruppe gehen wir nun auf den hochgezogenen Schlagbaum zu. Stumpf läßt uns der russische Soldat passieren.

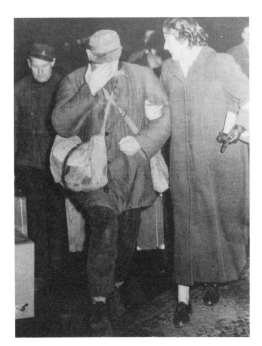

Heimkehr aus russischer Kriegsgefangenschaft.

1955 kamen die letzten deutschen Kriegsgefangenen aus der Sowjetunion in Friedland an.

Eine kurze Strecke Niemandsland durchmessen wir. Dann sind wir am hochgezogenen englischen Schlagbaum. Niemand kontrolliert hier mehr. Der englische Beamte steht lächelnd abseits. Ich ziehe meine Uhr. Es ist 11.45 Uhr am 4. Januar 1950. Diese Stunde will ich mir einprägen als meine zweite Geburtsstunde.

Mitten auf der Landstraße steht der katholische Lagerpfarrer von Friedland und streckt nach beiden Seiten seine Hände aus: „Willkommen in der Heimat!" Einige Kameraden werfen ihre russischen Pelzmützen in die Straßenbäume. Die Heilsarmee teilt belegte Brote und Kakao aus. Vor Freude habe ich keinen Hunger mehr.

Wir stehen und warten auf die Autobusse, die uns zum Lager fahren sollen. Nun schweifen meine Blicke über die hügelige Landschaft und die Berge in der Ferne. Das ist Deutschland und ich bin frei.

Im Lager Friedland werden wir durch verschiedene Baracken geschleust. Nach der ärztlichen Untersuchung will man noch vieles von uns wissen. Es geht von Tisch zu Tisch. Wir haben den Eindruck, daß der Engländer uns gleich in die Stammrolle aufnimmt. Am meisten beeindruckt mich die Baracke des Suchdienstes mit Tausenden von Fotografien an den Wänden und unzähligen Karteikarten der Vermißten. Nach Feldpostnummern und Einheiten sind sie geordnet. Mir werden die Namen der Vermißten meiner Einheit vorgelegt. Ich kann über niemanden Auskunft geben. In diesem engen Raum sind Leid und Schicksal von Hunderttausenden von Müttern, Vätern, Frauen und Kindern registriert. Seit Jahren suchen sie und werden sie weitersuchen nach ihren Söhnen und Vätern. Vergeblich rufen die meisten den Namen der Ihrigen.

Die Hälfte der Kameraden kann noch an diesem Abend in den Heimkehrerzug steigen. Sie werden im Laufe der Nacht oder morgen früh daheim eintreffen. Ich kann erst mit dem zweiten Schub fahren. Ein Telegramm schicke ich ab, daß ich morgen abend um 17 Uhr in Köln sein werde.

Wir haben 80 DM erhalten. Dafür können wir einkaufen. So brauchen wir armseligen Gefangenen nicht einmal mit leeren Händen zu Hause anzukommen. Wir staunen, was schon wieder angeboten wird.

Im ersten Morgengrauen habe ich mich fertig gemacht. Der Zug steht bereit, geheizte D-Zug-Wagen. Und nun rollen die Räder. Nach Hause! Nach Hause! Wir fiebern bei dem Gedanken, wie das Wiedersehen sich vollziehen wird.

Bald werde ich Zeuge erschütternder Szenen. Frauen schreien gellend und unbeherrscht. Eine fliegt ihrem Mann an den Hals und läßt ihn nicht wieder los. Im Hintergrund steht still und wartend der alte Vater. Tränen rollen über seine Wangen. Dann wird dem Heimkehrer sein Kind gereicht. Fünf oder sechs Jahre mag es alt sein. Er sieht es wahrscheinlich zum ersten Male. Staunend mustert er es von allen Seiten und scheu lächelt es seinen Vater an.

Die Glücklichen gehen. Aber da stehen noch einzelne Frauen mit ernsten Gesichtern. Sie haben vergeblich gewartet.

Auf den großen Bahnhöfen werden warme Getränke angeboten. In Hannover hält der Zug etwas länger. Frauen und junge Mädchen händigen jedem von uns eine große Tüte Gebäck aus. Wir spüren, daß die Heimat uns mit warmer Liebe empfängt.

Wir kommen ins Industriegebiet. Essen liegt hinter uns. Oberhausen! Duisburg! In meiner Brust wird es unruhig. Meine Frau wird in Köln auf dem Bahnsteig sein. Ich habe mein „Schiffchen" aufgesetzt. So werde ich trotz blauer Steppjacke zu erkennen sein. Ich stehe breit am geöffneten Fenster, als der Zug in den Kölner Hauptbahnhof einfährt. Viele Menschen stehen auf dem Bahnsteig. Meine Blicke schweifen suchend darüber hin, aber nirgendwo sehe ich meine Frau. Ich bin schon ausgestiegen und sehe immer noch niemanden. Ganz am äußersten Ende stehe ich. Aber da kommt sie gelaufen aus der Masse der Wartenden heraus. Sie läuft so behend wie in den ersten Jahren unserer Ehe. Und sie strahlt wie immer. Sie hat sich gar nicht verändert! Das ist ja nicht mehr die „mater dolorosa", wie sie mir zu meinem Entsetzen auf der Fotografie erschien, die ich vor 2 Jahren erhielt. Und nun liegen wir uns in den Armen. Wir drehen uns ein paarmal im Kreise. Wir schreien nicht und wir schluchzen nicht. Es ist uns, als hätten wir uns gestern zum letzten Male gesehen. „Wo ist der Junge?" — „Der steht unten an der Sperre bei Herrn J., der uns gefahren hat. Wir waren heute morgen um 6 Uhr schon am Zuge, weil dein zweites Telegramm noch nicht angekommen war. Da hat er die Frauen schreien hören und wollte nicht mit auf den Bahnsteig."

Wir steigen die Treppe hinunter. Da sehe ich meinen Jungen stehen. Er ist mir ganz vertraut, weil ich kurz vor der Abreise noch ein Bild von ihm bekommen habe. Zwölf Jahre ist er nun. Er war noch nicht zwei Jahre alt, als ich in den Krieg zog. Ich sah ihn das letzte Mal als er gerade in die Schule gekommen war. Da steht er nun, Blut von meinem Blut. Der Kontakt ist gleich da.

Eine Stunde Fahrt haben wir mit dem Auto bis zum Kirchdorf Ründeroth. Wir haben uns so viel zu sagen über die letzten Wochen des Bangens und Sehnens und über die letzten aufregenden Tage der frohen Erwartung.

Wir nähern uns dem Kirchdorf. Bald sind wir an dem Weg, der vor dem Dorfe abzweigt und zum Pfarrhaus führt. Ich bitte Herrn J, hier abzubiegen, damit ich still und unbemerkt in mein Haus komme. „Nein, ich möchte sie doch eben bis an die Kirche fahren." Meine Frau redet mir zu, es geschehen zu lassen.

Die Lichter von Ründeroth tauchen auf. Wieder wogt die Erregung durch meine Brust. „Hörst du die Glocken?" Ich lausche und schweige. „Das ist um deinetwillen!"

Langsam umfährt das Auto das alte Gotteshaus. Dann hält der Wagen auf dem Marktplatz. Der Vorsitzende des Presbyteriums öffnet die Wagentür. Der Mann strahlt, als er mir die Hand drückt und mich willkommen heißt. Und nun kommen sie alle gelaufen, viele, viele Menschen, die auf dem Marktplatz oder in den Türen der Häuser stehen. Es dauert einige Zeit, bis sie mich alle begrüßt haben.

Man hat auch meinen Konfirmanden und Regimentskameraden Siegfried Hillenbach geholt, der schon Weihnachten 1945 nach Hause gekommen ist. Er ist für mich die verkörperte Erinnerung an all die überstandenen Gefahren. Wir liegen uns in den Armen.

Zuletzt werde ich aufmerksam gemacht auf einen großen alten Herrn, der im Hintergrund steht. Es ist der Vater meines Freundes Eberhard. Er wartet auf Nachricht von seinem Sohn. Ich bestelle ihm Grüße und sage ihm, daß sein Sohn noch auf freiem Fuße war, als ich abfuhr. Darüber ist er sehr beruhigt. Mehr zu sagen, bringe ich noch nicht übers Herz. Ich habe ja auch noch den Trauring für seine Schwiegertochter in der Tasche!

Das Auto klettert den steilen Berg zum Pfarrhaus hinauf. Ich freue mich darauf, nun mit den Meinen allein sein zu können. Der Wagen hält. Die Gartenpforte ist flankiert von zwei Christbäumen mit brennenden Lichtern. Ich kann aber noch nicht eintreten. Denn auf der Straße stehen wieder zahlreiche Gemeindeglieder, die mich begrüßen wollen und denen ich Worte des Dankes sagen muß.

Aus dem Hintergrund des Waldes ertönen plötzlich machtvoll die Posaunen: „Lobe den Herren, den mächtigen König der Ehren!" Mein Sohn faßt mich bei der Hand und führt mich in den Wald. Dort steht der Posaunenchor unter einem Scheinwerfer des Feuerwehrautos, das dort aufgefahren ist.

Es ist 1/2 9 Uhr, als ich endlich durch die Gartenpforte trete. Aus dem Hause kommt mir meine Schwiegermutter entgegen. Eine Greisin ist sie geworden. Und sie war noch eine frische Frau, als ich in den Krieg zog. Erschütternd wird es mir klar, daß da nun in meinen Beziehungen zu vielen Menschen eine Lücke von 10 Jahren klaffen wird, die ich nicht ausfüllen kann. Die ich als Kinder kannte, werden inzwischen verheiratet sein.

Festlich erleuchtet ist das Zimmer und der Tisch wie zur Hochzeit gedeckt. Bei besonderen Gelegenheiten hat meine Frau es immer so gehalten. Ist es wahr? Hat sich nichts geändert? Bin ich wieder ganz im alten Gleise? Silberne Bestecke? Wein? Haben wir nicht den Krieg verloren? Sind wir nicht ausgeplündert worden? Jedenfalls sitze ich nun am Tisch wie ehemals, als wäre nichts geschehen in den 10 Jahren, als wäre alles nur ein böser Traum gewesen.

Nichts geschehen? In dieser Nacht erzählt meine Frau mir einen wahren Roman von den letzten Kriegstagen.

Mit dem Presbyterium habe ich ausgemacht, daß ich an dem ersten Sonntag (8.1.) noch nicht predige, sondern erst am 15.1., dem Jahrestag meiner Einführung als Pfarrer von Ründeroth vor 17 Jahren.

Am nächsten Sonntag, dem 15. Januar, ist die Kirche schon eine halbe Stunde vor Beginn so besetzt, daß niemand mehr hineingelassen wird.

Ich halte an einem der nächsten Tage noch eine Presbyteriumssitzung, um das Nötigste zu regeln. Dann entfliehe ich buchstäblich den immer wieder andrängenden Gemeindegliedern, um nach 7 Wochen der Erholung am 1. März mein Amt wieder anzutreten.

Es war eine Torheit, schon nach 7 Wochen der Erholung, die nur eine anstrengende „Verwandtenreise" war, und ausgerechnet in der Passionszeit wieder zu beginnen mit meiner Amtstätigkeit. Aber meine Ungeduld war zu groß und die der Gemeinde unvernünftig. Bei der Ordnung der Akten und Bücher am ersten Tage der Amtsübernahme brach mir immer wieder der kalte Schweiß aus.

Mein guter Vorsatz, alle Familien der Gemeinde in ein bis zwei Jahren durchzubesuchen, ließ sich nicht verwirklichen. Die Gemeinde war von 3500 auf 5000 Seelen gewachsen. Ich mußte das tun, was Gott mir vor die Füße legte. Nur wenige in der Gemeinde hatten dafür Verständnis. Die meisten waren enttäuscht. Der Rausch der Begeisterung, der sich bei meiner Heimkehr gezeigt hatte, war verflogen. Bei den Hausbesuchen fragte, nachdem einige Monate vergangen waren, selten noch jemand eingehender nach meinem Ergehen.

Ich hatte ein armes Volk erwartet. Und ich fand eine Bevölkerung, die sich breit macht in den Lebensgütern. Die Zahl der Kraftwagen auf den Straßen hatte sich verdreifacht, unbegreiflich für mich. Ich hatte gehofft, es in der Hauptsache mit suchenden und fragenden Menschen zu tun zu haben. Aber was fand ich? Menschen, die vergessen und nachholen wollten.

Zwei Freunde nahmen mich mit in ein Café auf der Königsallee in Düsseldorf. Die Prachtentfaltung war ungeahnt und üppiger als vor dem Kriege. Ungewöhnliche Preise! Eintritt, Garderobe und ein Kognak hatten die Geldbörse um 5 Mark erleichtert. Ich fragte mich: Wie können sich das die „Portokassenjünglinge", die hier sitzen, am hellen Nachmittag eines Werktages schon leisten? Uniformierte Kapelle. „Wir tanzen Samba!" Ich mußte es erst lernen, daß es einen Samba gibt. Girls in schimmernden, fantastischen Kostümen traten auf. Begeisterung, Jubel!

Mittlerweile habe ich mich längst daran gewöhnt, daß es einen Samba, Luxus und Üppigkeit gibt.

Quellennachweis

Adenauer, Dr. Konrad: „Erinnerungen"; 4 Bände, 1965—1968.

Budde, Otto: „Waldbröl, wie es wurde, was es ist"; Gummersbach 1981.

Buhr de, Wittenberg, Wittmitz: „Chronik von Marienheide"; Gummersbach 1986.

Brit. Control Commission for Germany: „Richtlinien der Mil. Regierung für die Verwaltung, die örtliche und die Gebietsregierung, sowie für den öffentlichen Dienst"; 2. Auflage Februar 1946.

Deuerlein, Ernst: „Potsdam 1945 — Ende und Anfang"; Köln 1970.

ders.: „Handbuch der deutschen Geschichte"; Konstanz 1965.

Erhard, Ludwig: „Deutsche Wirtschaftspolitik"; 1962.

Frank, Dieter: „Jahre unseres Lebens 1945—1949"; München 1980.

Freud, Michael: „Deutsche Geschichte"; München 1979.

Groß-Blotekamp: „Bewahrung — Bericht über die Kriegsgefangenschaft in Rußland 1945—1949"; Ründeroth 1983.

Knabe, Margret: „Meine Erinnerungen an den Zusammenbruch und an die ersten Nachkriegsjahre"; „Der Landkreis", Bonn 1986.

Kölnische Rundschau/Oberbergische-Volks-Zeitung: Serien 1985/86.

Kölner Stadtanzeiger: Serien 1985 und 1986.

Möllenhoff, Erich: „Arzt hinter Stacheldraht"; Lindhorst 1985.

Mühlenweg, Heinz: „Von Wilhelm II. zu Konrad I."; Gummersbach 1983.

Oberberg. Kreis: „Friedrich Wilhelm Goldenbogen — Ein Leben für den Oberbergischen Kreis"; Gummersbach 1979.

Siepmann, Karl Egon: „Mit drei Schnitten Brot ist der Hunger nicht mehr zu stillen"; „Der Landkreis", Bonn 1986.

Tieke, Wilhelm: „Bis zur Stunde Null"; Gummersbach 1985.

Woelke, Jürgen: „Kapital war nötig"; Gummersbach 1985.

Zapp, Milly: „Episoden und Skizzen aus meinen 80 Lebensjahren"; Bickenbach 1984.

Zentner, Kurt: „Aufstieg aus dem Nichts"; 2 Bände, Berlin 1954.

Archivunterlagen aus den Gemeinde- und Stadtarchiven Gummersbach, Kreisarchiv, Morsbach, Nümbrecht, Reichshof, Waldbröl, Wiehl.

Bilder: Kreisbildstelle (26); Archiv des Verfassers (73); Archiv der Firma Steinmüller (3); Birkenbeul (1); Buchen (2); Daubresse (3); Fabritius (2); Großblotekamp (5); Münch (2); Müller, Jürgen (4); Oehler (2); Dr. Röhrs (2); Rübenach (3); Spies (5).

Sonderbefehl

für die deutsche Bevölkerung der Stadt Bad Salzbrunn einschliesslich Ortsteil Sandberg.

Laut Befehl der Polnischen Regierung wird befohlen:

1. Am 14. Juli 1945 ab 6 bis 9 Uhr wird eine Umsiedlung der deutschen Bevölkerung stattfinden.

2. Die deutsche Bevölkerung wird in das Gebiet westlich des Flusses Neisse umgesiedelt.

3. Jeder Deutsche darf höchstens 20 kg Reisegepäck mitnehmen.

4. Kein Transport (Wagen, Ochsen, Pferde, Kühe usw.) wird erlaubt.

5. Das ganze lebendige und tote Inventar in unbeschädigtem Zustande bleibt als Eigentum der Polnischen Regierung.

6. Die letzte Umsiedlungsfrist läuft am 14. Juli 10 Uhr ab.

7. Nichtausführung des Befehls wird mit schärfsten Strafen verfolgt, einschließlich Waffengebrauch.

8. Auch mit Waffengebrauch wird verhindert Sabotage u. Plünderung.

9. Sammelplatz an der Straße Bhf. Bad Salzbrunn–Adelsbacher Weg in einer Marschkolonne zu 4 Personen. Spitze der Kolonne 20 Meter vor der Ortschaft Adelsbach.

10. Diejenigen Deutschen, die im Besitz der Nichtevakuierungsbescheinigungen sind, dürfen die Wohnung mit ihren Angehörigen in der Zeit von 5 bis 14 Uhr nicht verlassen.

11. Alle Wohnungen in der Stadt müssen offen bleiben, die Wohnungs- und Hausschlüssel müssen nach außen gesteckt werden.

Bad Salzbrunn, 14. Juli 1945, 6 Uhr.

Abschnittskommandant

(-) Zinkowski
Oberstleutnant

MILITÄRREGIERUNG DEUTSCHLAND
Regierungsbezirk KÖLN

Bekanntmachung
Rückführung polnischer Staatsangehöriger.

1. Ruckführung von polnischen Staatsangehörigen wird im Regierungsbezirk KÖLN am 28. Okt. 1945 beginnen.
2. Alle polnischen Staatsangehörigen, die augenblicklich nicht in Ausländerlagern sind und die wünschen, nach Polen zurückgeführt zu werden unter den augenblicklichen Umständen, die sie kennen, sollen ihren Namen und Adresse in den nächsten Ausländerlagern sofort angeben.
3. Eine Liste von polnischen Ausländerlagern im Regierungsbezirk KÖLN ist unten angegeben.
    (a) DUISDOR
    (b) STELLERSHAMMER
    (c) ETZEL
    (d) OSSENDORF
    (e) MÜLHEIM
    (f) BERG. GLADBACH

Im Auftrage der Militärregierung

RZAD WOJSKOWY W NIEMCZECH
Becyrk Kolonski

ODLOSZENIE
Repatriacja Polaków.

1. Repatriacja Polaków do Kraju rozpocznie sie, w Okregu Kolonskin w dniu 28. Pazdziernika, 45.
2. Wszyscy Polacy którzy nieznajdoja sie w Obozach, a chca, powrócic jaknajpredzej do Kraju w tych warunkach jakie JM sa znane, Maja swoje nazwiska i Adres podac w najblizszym Obozie Polskim.
3. Lista Obozów Polskich w Okregu Kolonskim jest nizej podana.
    (a) DUISDORF
    (b) STELLERSHAMMER
    (c) ETZEL
    (d) OSSENDORF
    (e) MÜLHEIM
    (f) BERG. GLADBACH

W JMIENIU RZADU WOJSKOWEGO

MILITÄR-REGIERUNG - DEUTSCHLAND
Regierungsbezirk Köln

Bekanntmachung

Registrierung aller Geschäftsbetriebe, Handel, Gewerbe und der freien Berufe.

1. Keine weiteren Registrierungen werden nach dem 15. Oktober 1945 angenommen.
2. Die einzige Ausnahme sind Geschäftseigentümer, die nach dem 15. Oktober 1945 erstmalig zum normalen Geschäftsort von einem Konzentrations- oder Kriegsgefangenenlager oder als Evakuierte zurückkehren.
3. Personen, die in § 2 angeführt sind, melden sich zur Registrierung:
    a) in Köln, Zimmer 27, Polizeipräsidium Kattenbug.
    b) sonstwo (im Regierungsbezirk) bei den örtlichen Polizeibehörden.

Auf Befehl der Militär-Regierung

Erstmals objektive Zeitungsmeldungen

Im ersten Leitartikel der „Rundschau" heißt es, der Leser müsse sich daran gewöhnen, daß er auch Meldungen finden werde, denen er nicht zustimmen könne. Trotzdem müsse man diese Nachrichten bringen, da sei eine der verderblichsten Erscheinungen im Dritten Reich gewesen, daß jede Nachricht tendenziös gefärbt und damit die Bildung einer eigenen Meinung bei den meisten Lesern nicht möglich gewesen sei.

Nobelpreis für Hermann Hesse

Hermann Hesse erhält den Nobelpreis für Literatur. Er hat sich in seinen Werken besonders mit der Loslösung heranwachsender Menschen aus dem Elternhaus auseinandergesetzt. Ein weiteres Motiv seiner Romane ist die Suche nach einer Harmonie von Geist und Sinnlichkeit — Verstand und Gefühl, die ihm als Gegensatz begriffen werden. Bei Hesse fließen auch Erfahrungen der Psychoanalyse ein.

Die Menschen leiden unter Hunger und — mit fortschreitender Jahreszeit — unter bitterer Kälte. 2000 Kalorien soll der Normalverbraucher am Tag bekommen, aber meist erhält er nicht einmal 1000. Vielen droht buchstäblich der Hungertod.

Es fehlt an Kohle, weil sich nicht genügend Männer als Bergmann ausbilden lassen wollen, obwohl Bergleute Sonderrationen bekommen. Kein Wunder, daß sich trotz drakonischer Strafen Gesetzlosigkeit ausbreitet. Einige Meldungen veranschaulichen das herrschende Chaos:

Postverkehr

Der Postverkehr von Deutschland ins Ausland wird vom 1. April an wieder zugelassen; einstweilen jedoch nur Mitteilungen familiären Inhalts

Fahrraddieb

Zu der harten Strafe von neun Monaten (ohne Bewährung!) wird ein Mann aus Bergisch Gladbach verurteilt, der in Weilerswist drei Fahrräder gestohlen hat.

Deutz–Düsseldorf

Auf der Strecke Köln-Deutz–Langenfeld–Düsseldorf fahren wieder durchgehende Züge.

Munition

Eine große Gefahr besonders für Kinder stellt die überall noch herumliegende Munition dar. Allein im Bezirk Oberhausen sind innerhalb von zwei Tagen sieben Kinder ums Leben gekommen, die mit scharfer Munition gespielt haben.

Zeitungen

Die „Kölnische Rundschau" bekommt nur Papier für 122 000 Exemplare. Die Leser werden gebeten, die Zeitung nach der Lektüre an Freunde und Nachbarn weiterzugeben.

Enttrümmerung

Zu einem freiwilligen Schutträumen an mindestens 60 Tagen hat der OB von München alle ehemaligen Nazis aufgefordert.

Plünderungen

Umherziehende Räuberbanden überfallen nachts abseits liegende Bauernhöfe, erschlagen die Bewohner und schleppen Geld und

Der Wiederaufbau Essens wird nach Expertenmeinung etwa 40 bis 50 Jahre dauern

Max Schmeling wird zu drei Monaten Gefängnis und 10 000 Mark Geldstrafe verurteilt, weil er entgegen einem Verbot der Militärregierung den Bau seines kleinen Hauses in Hamburg fortgesetzt hat.

Latein ist an den Gymnasien der Nord-Rheinprovinz wieder als erste Sprache vorgesehen. Außerdem soll die Schulzeit auf neun Jahre heraufgesetzt werden.

Vom 14. April bis auf weiteres sind die Stunden der Ausgangsbeschränkung von 22.30 Uhr bis 4.30 Uhr festgelegt worden.
Während dieser Stunden ist es allen Personen verboten, sich außerhalb ihrer Wohnstätten aufzuhalten.
Jede Person, die dieser Bekanntmachung zuwiderhandelt, setzt sich der Festnahme und strafrechtlichen Verfolgung aus.
■
Niemand darf seine Wohnung wechseln oder ihr mehr als drei Tage lang fernbleiben, ohne vorher die Genehmigung seines zuständigen Wohnungsamtes eingeholt zu haben. Es wird angeraten, eine längere Reise oder einen Wohnungswechsel über den Stadt- und Landkreis hinaus nicht mehr ohne Genehmigung der Wohnungsämter vorzunehmen.
■
Zur Sicherung der Ernährung wird der Großraum der Haupterzeugergebiete für Kartoffeln, Spät- und Wintergemüse, die Orte Siegburg, Geilenkirchen, Heinsberg, Erkelenz, Krefeld, Kempen, Moers, Geldern, Wesel, Dinslaken und das gesamte Vorgebirge besonders scharf kontrolliert.

Ortsfremde dürfen in diesen Gebieten nur die Straßen I. und II. Ordnung benutzen. Unberechtigten ist der Aufenthalt vollkommen untersagt.

Ausschnitte aus „40 Jahre Rundschau"

Jedem Atomforscher, der bereit ist, in die Sowjetunion überzusiedeln, bietet der Kreml ein Monatsgehalt von 6000 Rubeln. Nobelpreisträger Dr. Werner Heisenberg berichtet, ihm selbst habe man zusätzlich ein komfortables Haus, 50 Pfund Frischfleisch im Monat und 3600 Kalorien für jedes seiner sechs Kinder versprochen.

Männermangel zwingt dazu, Frauen jetzt auch in Berufen auszubilden, die bislang Männern vorbehalten waren. Dazu gehören Uhrmacher, Optiker, Graveure, Buchbinder, Buchdrucker, Anstreicher, Glaser und Herrenschneider.

Wegen Unruhestiftung werden drei Männer in Siegburg zu sechs Monaten Gefängnis verurteilt, weil sie das Wort „Hunger" an Häuserwände gemalt hatten.

Trittbrettfahren auf Straßenbahnen soll schärfer geahndet werden. Nicht nur der Gefahr wegen, sondern vor allem, weil die altersschwachen Straßenbahnen das zusätzliche Gewicht nicht mehr aushalten.

Interzonenpässe mit 15tägiger Dauer können jetzt in allen Besatzungszonen beantragt werden.

Ganz Deutschland leidet unter einer furchtbaren Kälteperiode. Die Temperaturen sinken vielerorts unter 20 Grad. Die Menschen hausen in Notunterkünften und Ruinen, in Kellern und zugigen Baracken.

Durch regelmäßige Stromsperren ist auch an Heizen mit Strom nicht zu denken, und die Kohleversorgung ist längst zusammengebrochen. Zahlreiche ältere Mitbürger sind infolge von Kälte und Unterernährung in einen Zustand der Apathie verfallen, so daß sie nicht mehr die Kraft aufbringen, sich von ihren Lagerstätten zu erheben und sich in die Schlangen vor den Lebensmittelläden einzureihen. Die ersten tragischen Todesfälle durch Erfrieren werden bereits im Januar gemeldet.

Aber auch dieser Winter und der unerbittliche Frost, der inzwischen zahllose Tote gefordert hat, gehen vorüber. Aber nun folgt der Hunger. Es kommt zu Streiks der unterernährten Arbeiter. Der Vorsitzende des Ortsausschusses Hamburg des Deutschen Gewerkschaftsbundes, Adolf Kummernuß, spricht im Rundfunk. In seiner Rede heißt es:

„In ernster Stunde richten die Hamburger Gewerkschaften den dringenden Appell an die Besatzungsmächte, das deutsche Volk vor dem Verhungern zu retten. Nachgewiesenermaßen sind in Hamburg in den letzten acht Tagen nur 800 Kalorien ausgegeben worden. Für diese wenigen Lebensmittel mußten die Menschen noch stundenlang anstehen. Unter diesen Umständen sind ein Arbeiten und ein Weiterleben unmöglich."

Die Kölner Gewerkschaftsleitung wendet sich gegen Generalstreik und Protestaktionen. Sie verlangt jedoch Sofortmaßnahmen zur entscheidenden Verbesserung der Lebensmittellage.

Die Militärregierung wird gebeten, aus Heeresbeständen Lebensmittel in solcher Menge zu geben, wie sie für die Behebung der augenblicklichen Krise erforderlich ist. In einem Brief an den britischen Staatsminister für Deutschland, Lord Pakenham, heißt es: „Wenn es nicht gelingt, die Arbeiterschaft ruhig und besonnen bei der Arbeit zu halten, dann bricht alles zusammen."

Natürlich hungern in diesem Jahr nicht nur die Deutschen; dennoch ist ein Vergleich interessant: Während in Deutschland durchschnittlich etwa 1000 Kalorien am Tag zur Verfügung stehen, erklärt der britische Ernährungsminister, daß der Durchschnittsverbrauch in England bei 2890 Kalorien liege.

Folge der katastrophalen Ernährungssituation ist ein Gesetz, das vom Ernährungsausschuß des Zwei-Zonen-Wirtschaftsrates in Frankfurt beschlossen wird. Ihm zufolge werden bei Warenhortungen aller Art härteste Strafen, die von dauerndem Gewerbeentzug bis hin zu Zuchthaus reichen, angedroht. Weiterhin beriet der Ausschuß über ein Gesetz, das ebenfalls strengste Strafen für die Fälschung von Lebensmittelkarten vorsieht.

Einäscherung

In einer norddeutschen Stadt mußten für die Einäscherung von Erfrorenen mehr Kohlen aufgewendet werden, als ausgereicht hätten, um diese Menschen vor dem Erfrieren zu bewahren. Diese erschütternde Mitteilung machte Dr. Konrad Adenauer vor dem Zonenausschuß der CDU in Ahlen (Westfalen). Adenauer wandte sich in diesem Zusammenhang gegen jede Art von Demontage.

Sonderzuteilung

Viel beneidet wird in diesen Tagen die gesamte Bevölkerung von Frechen, das mitten im Braunkohlegebiet liegt. Die Gemeinde ist in der Lage, jeder Familie, unabhängig von ihrer Kopfzahl, im Monat Februar einen ganzen (!) Zentner Briketts zuzuteilen. Das bedeutet pro Tag etwa drei Briketts, eine Menge, von der die anderen Menschen im Rheinland nur träumen können.

Aus „Rundschau 1947"

Als Tabakersatz wird eine Mischung aus getrocknetem Möhrenkraut, wilder Pfefferminze, Rhabarberblättern und Rohrkolbenflocken empfohlen.

Einen Goldschatz finden spielende Kinder in den Trümmern der fast 1000jährigen Anna-Kirche in Düren. Es handelt sich um den Kirchenschatz, der seit Ende des Krieges als verschollen galt.

Wölfe sind in den Ardennen aufgetaucht. Es wird befürchtet, daß einige Rudel in die Eifel wechseln könnten.

Einem „Autospringer" in Bonn, der wie zahllose seiner Zunftgenossen auf einen Lastwagen springt, um Lebensmittel zu stehlen, werden von einem Wächter, der mit einem Messer von unten durch die Plane sticht, an beiden Händen je vier Finger abgetrennt.

In Lessenich kehrt ein seit 1943 als gefallen geltender und inzwischen als tot erklärter Gefangener aus Rußland zurück. Acht Tage später kommt auch sein als vermißt geltender Bruder heim.

Verbandspäckchen, die zur Ausrüstung der Kölner Polizei gehören, müssen von den Beamten für eine Mark selbst gekauft werden. Die Polizisten sind gehalten, das Geld von den Verletzten später zurückzufordern, gegebenenfalls im Krankenhaus.

Sieben Kinder werden in Köln beim Spielen mit einer gefundenen Granate getötet. Vier von ihnen waren Geschwister.

Der „Pützchensmarkt", zu dem vor dem Krieg jeweils bis zu 80 000 Menschen strömten, wird erstmals wieder so groß wie vor 1939 sein.

Kronprinzessin Elizabeth von England bringt einen Jungen zur Welt, der auf den Namen Charles getauft wird.

Im Fordwerk Köln rollt der erste „Ford Taunus" vom Band. Technische Daten: Vier-Zylinder-Motor, Spitze 105 km und Spritverbrauch 8 Liter auf 100 km.

Giftmörderin erregt die Öffentlichkeit

Irmgard Swinka-Kuschinski

Kaum ein anderer Kriminalfall dieser düsteren Zeit erregt die Öffentlichkeit so sehr wie der der Giftmörderin Irmgard Swinka-Kuschinski, die nach 15 Morden (unter anderem in Köln-Kalk) in Unna gefaßt wird. Ihr Leben begann in asozialen Verhältnissen, sie kränkelt, heiratet mit 19, wird geschieden, stiehlt, wird mehrfach vorbestraft, stiehlt und betrügt weiter, wechselt ständig ihre Partner, geht auf den Strich.

Zuletzt kommt sie auf den Rote-Kreuz-Schwester-Trick: Sie besucht alleinstehende alte Damen und bringt Grüße von Bekannten, verabreicht „Medikamente", die jedoch Schlafmittel sind, und raubt die bewußtlosen Frauen aus. In 15 Fällen werden die Opfer nicht mehr wach. Nach einer beispiellosen Fahndung wird die Mörderin gefaßt. Das Urteil: lebenslanges Zuchthaus.

Tito rebelliert

Der Ausschluß Jugoslawiens aus der Komintern und die „Ächtung" Marschall Titos rufen in der ganzen Welt ungeheures Aufsehen hervor.

Rund 150 000 Gläubige nehmen am 15. August an der 700-Jahr-Feier des Kölner Doms teil. Anwesend ist auch der persönliche Vertreter des Papstes, Kardinal-Legat Clemens Micara. In einer grandiosen Prozession werden die Gebeine der Heiligen Drei Könige und die Schreine acht weiterer Heiliger durch die Trümmer der zerstörten Stadt von der Pfarrkirche Maria Lyskirchen zur Kathedrale zurückgebracht.

Über das Ausmaß der Verwüstungen im Dom hatten die zahlreichen angereisten Bischöfe, vor allem die Kardinäle aus Italien, wohl kaum eine realistische Vorstellung. Im Mai noch hatte es im „Osservatore Romano" optimistisch geheißen, man hoffe, daß die schweren Zerstörungen am Dom bis zum 15. August beseitigt werden könnten.

Gandhi ermordet

Von einem fanatischen Hindu wird in Neu-Delhi Mahatma Gandhi während einer öffentlichen Gebetsstunde erschossen. Der Mörder wird verhaftet. Ein hoher britischer Regierungsvertreter erklärt: „Gott Dank, daß der Täter kein Moslem war. Sonst würde die Hölle aus den Fugen gehen."

Umsturz in Prag

In Prag haben die Kommunisten die Macht übernommen. Außenminister Masaryk behält sein Amt, wenn auch nur zum Schein. In der Nacht zum 10. März stürzt er sich aus einem im zweiten Stock gelegenen Fenster des Czernin-Palastes. Er ist sofort tot. Angeblich sollte der Parteilose gezwungen werden, sich den Sozialdemokraten anzuschließen, die soeben mit den Kommunisten zusammengehen wollen.
Bereits im Januar hatte der letzte König hinter dem Eisernen Vorhang, König Michael von Rumänien, abgedankt. Er geht später ins Ausland.

Aus „Rundschau 1948"

Tanzveranstaltungen dürfen in den Eifeldörfern nur noch einmal im Monat abgehalten werden, um die Jugendlichen von der übertriebenen Vergnügungssucht zu heilen.

Uniformen tauchen wieder in den Straßen auf. Sie gehören den ersten Schülerlotsen.

23 Tote fordert ein Orkan, der über Westdeutschland hinwegfegt. Die meisten Opfer werden von einstürzenden Ruinen erschlagen.

Ein Drittel der Wälder in der Eifel ist abgeholzt. Die Besatzungsmächte haben in vier Jahren etwa 600 000 Festmeter Holz geschlagen.

Die letzte Droschke in Köln wird stillgelegt. Das Pferd ist zu alt, und das Geschäft lohnt nicht mehr.

Auf dem Kölner Dom sollen nun doch keine Radio-Antennen angebracht werden, wie zunächst geplant worden war.

Spielkasinos wird es „aus Takt gegenüber den Hungernden" weder in Köln noch in Düsseldorf geben. Der Bau eines Kasinos in Königswinter muß kategorisch verboten werden.

Nach Boogie-Woogie werden nun auch lateinamerikanische Tänze wie Samba oder Rumba „gesellschaftsfähig"

Aus Rußland kommt ein Kriegsgefangener zurück, der bereits 1918 für tot erklärt wurde.

Der Fürst von Monaco, Louis II., ist gestorben. Sein Nachfolger wird sein Enkel Rainier.

Seifenkistenrennen werden zum Modesport. Bei einer Veranstaltung in Bensberg werden 30 000 Zuschauer gezählt.

Zur Selbsthilfe greifen die Eifelbauern gegen die Wildschweinplage. Da Jäger noch immer keine Gewehre kaufen, sondern sie höchstens einmal zur Jagd ausleihen dürfen, jagen die Bauern das Schwarzwild nach altgermanischer Art: mit Wurfspießen, Knüppeln und Mistgabeln.

Schutt-Probleme

Eines der Hauptprobleme der zerstörten Städte ist die Frage: Wohin mit dem Schutt? Einen Teil kann Holland zum Bau von Deichen brauchen. Der Rhein wäre darüber hinaus ein idealer Transportweg.

In Köln sind Überlegungen im Gange, mit dem Schutt eine hügelartige Parklandschaft zwischen Aachener Straße und Universität anzulegen. Nach Meinung von Botanikern eignet sich eine normale Schutthalde gut zur Bepflanzung mit Bäumen, da sie zum großen Teil aus Lehm und Kalk besteht.

Neu aus Leverkusen

Leverkusen bringt Neues auf den Markt: Die Filmfabrik hat ihre ersten Agfacolor-Farbfilme auf den Markt gebracht. Für Amateurfotografen können jetzt farbengetreue Papierkopien hergestellt werden. Ein Bild im Postkartenformat soll um die 6 Mark kosten, bei Massenproduktion jedoch billiger werden.

Bayer Leverkusen hat ein Gerät entwickelt, mit dem man in nur zwei Minuten ein Schriftstück fotokopieren kann. Es ist so groß wie eine Reiseschreibmaschine. Eine Kopie kostet 28 Pfennig.

Schloß Röttgen in Porz wird wegen seiner günstigen geographischen Lage Sitz des englischen Hohen Kommissars.

12 Mädchen ertrinken im Kühlwasserbecken einer Gummersbacher Firma, dessen Boden durch Algen sehr glitschig war. Außerdem war das Baden dort verboten.

In Köln wird ernsthaft überlegt, ob den Hauptbahnhof abgerissen und zwischen Hansaring und Bahnhof Gereon neu angelegt werden soll.

Blockade beendet

Die Sowjets erkennen, daß sie durch eine Abriegelung West-Berlins nicht dessen Eingliederung in die Ostzone erreichen können, und heben die Blockade der Stadt auf.

DGB gegründet

Die Gewerkschaften der drei Westzonen schließen sich zum Deutschen Gewerkschaftsbund (DGB) zusammen.

Neue Zeitungen

Die Lizenzpflicht für die Herausgabe von Presseerzeugnissen erlischt. Ab sofort darf jeder Deutsche ein Zeitung gründen. Viele neue Zeitungen kommen (zum Teil wieder) auf den Markt.

DDR-Verfassung

Auch die Ostzone erhält eine Verfassung, die von einem sogenannten Volkskongreß erarbeitet wurde. Aus der „Ostzone" wird die Deutsche Demokratische Republik (DDR). Im Volksmund heißt der neue Staat nach wie vor „Ostzone" oder einfach nur „Zone"

Molotow geht

Der sowjetische Außenminister Molotow wird abgesetzt. Sein Nachfolger wird Wyschinski. Auch Außenhandelsminister Mikojan wird seines Postens enthoben.

Nachkriegs-KZ

130 000 Deutsche sind nach Kriegsende in sowjetischen Konzentrationslagern und NKWD-Gefängnissen ums Leben gekommen. In den ehemaligen Konzentrationslagern Sachsenhausen und Buchenwald leben noch 35 000 Menschen.

Werwolf-Mord

Die Mörder des Aachener Oberbürgermeisters Oppenhoff, der im März 1945 von „Werwölfen" umgebracht worden war, werden zu relativ milden Haftstrafen verurteilt.

Aus „Rundschau 1949"

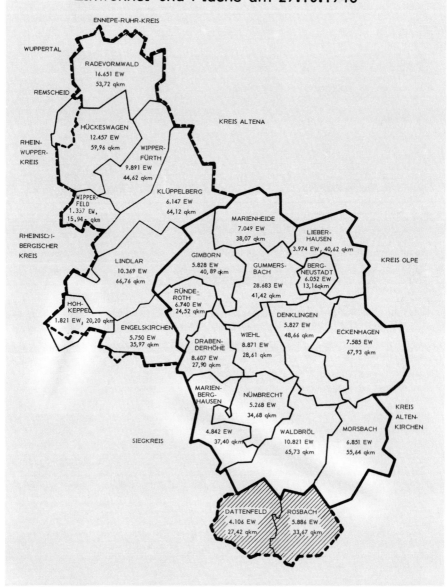

Aus „Der Landkreis", Oktober 1986

OBERBERGISCHER KREIS
- Einwohner und Fläche am 31.12.1985 -

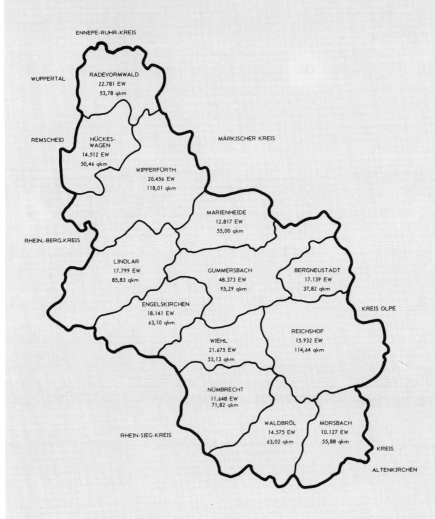

Einer von vielen Deutschlandplänen der Alliierten.